A tensão essencial

FUNDAÇÃO EDITORA DA UNESP

Presidente do Conselho Curador
Herman Jacobus Cornelis Voorwald

Diretor-Presidente
José Castilho Marques Neto

Editor-Executivo
Jézio Hernani Bomfim Gutierre

Conselho Editorial Acadêmico
Alberto Tsuyoshi Ikeda
Célia Aparecida Ferreira Tolentino
Eda Maria Góes
Elisabeth Criscuolo Urbinati
Ildeberto Muniz de Almeida
Luiz Gonzaga Marchezan
Nilson Ghirardello
Paulo César Corrêa Borges
Sérgio Vicente Motta
Vicente Pleitez

Editores-Assistentes
Anderson Nobara
Henrique Zanardi
Jorge Pereira Filho

Thomas S. Kuhn

A tensão essencial

Estudos selecionados sobre
tradição e mudança científica

Tradução
Marcelo Amaral Penna-Forte

editora
unesp

Licensed by The University of Chicago Press, Chicago, Illinois, U.S.A.

© 1977 University of Chicago. All rights reserved.

Título original: The Essencial Tension

© 2009 da tradução brasileira

Fundação Editora da UNESP (FEU)
Praça da Sé, 108
01001-900 – São Paulo – SP
Tel.: (0xx11) 3242-7171
Fax: (0xx11) 3242-7172
www.editoraunesp.com.br
www.livrariaunesp.com.br
feu@editora.unesp.br

CIP – Brasil. Catalogação na fonte
Sindicato Nacional dos Editores de Livros, RJ

K98t

Kuhn, Thomas S.
   A tensão essencial: estudos selecionados sobre tradição e mudança científica / Thomas S. Kuhn; tradução Marcelo Amaral Penna-Forte. – São Paulo: Editora Unesp, 2011.
   408p.

   Tradução de: The essencial tension.
   Inclui bibliografia e índice
   ISBN 978-85-393-0079-2

   1. Ciência – Filosofia.   2. Ciência – História.   I. Título.

10-6439.
                                                       CDD: 501
                                                       CDU: 501

Editora afiliada:

Para K. M. K.,
que continua a ser minha escatologista favorita.

Sumário

Apresentação 9

Parte I
Estudos historiográficos

1. As relações entre a História e a Filosofia da Ciência 27

2. Conceitos de causa no desenvolvimento da física 45

3. Tradição matemática *versus* tradição experimental
   no desenvolvimento das ciências físicas 55

4. A conservação da energia como exemplo
   de descoberta simultânea 89

5. A História da Ciência 127

6. As relações entre a História e a História da Ciência 145

Parte II
Estudos meta-históricos

7. A estrutura histórica da descoberta científica 183

8. A função da medição na física moderna   195

9. A tensão essencial: tradição e inovação na pesquisa científica   241

10. Uma função para os experimentos mentais   257

11. Lógica da descoberta ou psicologia da pesquisa?   283

12. Reconsiderações acerca dos paradigmas   311

13. Objetividade, juízo de valor e escolha de teoria   339

14. Comentários sobre a relação entre ciência e arte   361

Referências bibliográficas   375
Índice remissivo   389

Apresentação

Embora eu tenha trabalhado algum tempo com a ideia de publicar um volume de artigos selecionados, tal projeto poderia nunca ter vindo à luz, caso a Suhrkamp Verlag de Frankfurt não houvesse pedido autorização para reunir alguns de meus ensaios numa tradução alemã. Eu tinha reservas tanto em relação à lista proposta a princípio quanto a traduções que eu não poderia controlar completamente. Minhas dúvidas desapareceram quando um simpático visitante alemão, que desde então se tornou um amigo, aceitou ser o editor de um volume alemão reformulado. Tratava-se de Lorenz Krüger, professor de Filosofia da Universidade de Bielefeld. Ambos trabalhamos estreita e harmoniosamente na seleção e preparação dos conteúdos do volume. Além disso, foi ele quem me convenceu a escrever uma apresentação indicando as relações desses ensaios com minha obra mais conhecida, seja como preparação a ela, seja como desenvolvimento e correção. Sugeriu que tal texto deveria ajudar os leitores a entender melhor alguns aspectos centrais, mas aparentemente obscuros, de minha concepção a respeito do desenvolvimento científico. Uma vez que este livro é quase a versão no inglês original da edição alemã publicada sob seus cuidados,[1] tenho para com ele uma dívida muito especial.

---

[1] *Die Entstehung des Neuen: Studien zur Struktur der Wissenschaftsgeschichte*, 1977. Esse volume inclui um prefácio elaborado pelo professor Krüger. Na edição em inglês, suprimi

O trabalho exigido pela apresentação que Krüger imaginara é, inevitavelmente, de caráter autobiográfico, e meus esforços às vezes me deram a sensação de que minha vida intelectual passava diante de meus olhos. Apesar disso, os capítulos deste volume não correspondem, num aspecto central, ao *aperçus* autobiográfico motivado por meu retorno a eles. *A estrutura das revoluções científicas* apareceu apenas no fim de 1962, mas a convicção de que um livro como esse precisava ser escrito já me ocorrera quinze anos antes, quando era estudante de Física e trabalhava em minha tese de doutorado. Logo depois, abandonei a ciência para me dedicar à sua história, e os resultados publicados de minhas pesquisas, por alguns anos, foram estritamente históricos, em geral na forma de narrativas. De início, planejara reeditar aqui alguns desses antigos ensaios com a expectativa de fornecer o ingrediente autobiográfico então desejado – algumas indicações do papel decisivo da prática historiográfica no desenvolvimento de minhas concepções. Mas, ao pensar em diferentes seleções de artigos, pouco a pouco me persuadi de que as narrativas históricas não seriam capazes de evidenciar o que eu tinha em mente e poderiam até se mostrar significativamente enganadoras. Ainda que a experiência como historiador possa ensinar a Filosofia pelo exemplo, as lições desaparecem nos textos historiográficos acabados. Um relato do episódio que me conduziu pela primeira vez à História pode sugerir o que está em jogo aqui, e, ao mesmo tempo, oferecer um ponto de partida favorável para apreciar os ensaios que se seguem.

Uma narrativa histórica acabada consiste, sobretudo, em fatos acerca do passado, a maioria dos quais aparentemente incontestável. Diante disso, muitos leitores supõem que a principal tarefa do historiador é examinar textos, extrair deles os fatos relevantes e relatá-los num estilo literário e numa ordem cronológica aproximada. Tal era minha imagem da tarefa do historiador durante meus anos como físico, tarefa que eu não levava muito a sério. Quando mudei de opinião (e, logo depois, de ofício), as narrativas históricas que produzi talvez ainda expressassem, por sua própria natureza, essa mesma incompreensão. Na História, mais do que em qualquer outra

---

ou modifiquei algumas partes do prefácio dirigidas ao público alemão. Além disso, os dois ensaios não publicados até então, "As relações entre a História e a Filosofia da Ciência" e "Objetividade, juízo de valor e escolha de teoria", foram ligeiramente abreviados e aperfeiçoados. O primeiro tem agora uma nova conclusão que eu provavelmente não poderia ter apresentado da forma como fiz antes de ler o livro citado adiante, na nota 7.

disciplina que conheço, o produto final da pesquisa mascara a natureza do trabalho que o produziu.

Meu próprio esclarecimento começou em 1947, quando fui convidado a interromper temporariamente meu projeto no curso de Física para preparar uma série de conferências sobre as origens da mecânica do século XVII. Para tanto, eu precisava antes de tudo descobrir o que os predecessores de Galileu e Newton sabiam sobre o assunto; minhas investigações iniciais logo me levaram à discussão do movimento na *Física* de Aristóteles e a alguns trabalhos posteriores que decorriam dela. Como a maioria dos primeiros historiadores da ciência, abordei esses textos sabendo o que eram a física e a mecânica newtonianas. Como eles, eu abordava os textos com duas questões: "Quanto se conhece da mecânica na tradição aristotélica? Quanto foi deixado para os cientistas do século XVII descobrir?" Ao serem formuladas com o vocabulário newtoniano, essas questões exigiam respostas nos mesmos termos. Respostas que, por tais motivos, eram claras. Mesmo num nível aparentemente descritivo, os aristotélicos conheciam pouco de mecânica, e muito daquilo que tinham a dizer sobre ela simplesmente estava errado. Nenhuma tradição como essa poderia ter fornecido as bases para o trabalho de Galileu e de seus contemporâneos. Inevitavelmente, eles a rejeitaram e começaram mais uma vez o estudo da mecânica.

Generalizações como essa eram amplamente difundidas e, ao que parece, inevitáveis. Mas eram também intrigantes. Ao trabalhar com outros assuntos além da física, Aristóteles mostrou-se um observador naturalista sagaz. Além disso, em áreas como a biologia ou o comportamento político, suas interpretações dos fenômenos eram em geral profundas e perspicazes. Como seus talentos peculiares poderiam tê-lo abandonado de tal forma ao tratar do movimento? Como poderia ter dito tantas coisas aparentemente absurdas sobre ele? Acima de tudo, por que suas ideias foram levadas tão a sério, durante tanto tempo e por tantos sucessores? Quanto mais eu lia, mais intrigado ficava. É claro que Aristóteles poderia estar errado – e eu não tinha dúvidas de que estava –, mas era concebível que seus erros fossem tão gritantes?

Num memorável (e muito quente) dia de verão, minha perplexidade desapareceu de uma vez só. Percebi de repente os rudimentos estruturados de um modo alternativo de ler os textos com os quais estava pelejando. Pela primeira vez, dei a devida ênfase ao fato de o tema de Aristóteles ser a mudança de qualidade em geral, algo que abrangia tanto a queda de uma pedra quanto o crescimento de uma criança até a idade adulta. Em sua física, aquilo que viria a ser a mecânica não era mais do que um caso especial ainda não totalmente isolável. De maiores consequências foi reconhecer que os ingredientes permanentes do universo de Aristóteles, seus elementos ontologicamente primários e indestrutíveis, não eram corpos materiais, mas, ao contrário, qualidades que, uma vez impostas a qualquer porção da onipresente matéria neutra, constituíam um corpo material individual ou substância. A posição era uma qualidade na física de Aristóteles, e um corpo que mudasse de posição, portanto, permaneceria o mesmo corpo apenas no sentido discutível de que uma criança é o indivíduo que virá a ser. Num universo em que as qualidades eram primárias, o movimento era necessariamente uma mudança de estado, e não um estado.

Ainda que extremamente incompletos e precariamente enunciados, esses aspectos de meu novo entendimento a respeito da empreitada de Aristóteles devem indicar o que quero dizer com descobrir um novo modo de ler um conjunto de textos. Assim que o descobri, metáforas forçadas quase sempre se transformavam em relatos naturalistas, e muito do aparente absurdo desapareceu. Com isso, não me tornei um físico aristotélico, mas em certa medida aprendi a pensar como se fosse. Desde então, tive poucos problemas para entender por que Aristóteles disse o que disse sobre o movimento, ou por que suas afirmações foram levadas tão a sério. Ainda podia identificar dificuldades em sua física, mas não eram mais tão gritantes e poucas poderiam ser caracterizadas agora como meros equívocos.

Desde esse decisivo episódio no verão de 1947, a busca pelas melhores leituras, ou pelas melhores leituras possíveis, tem sido algo central em minha pesquisa histórica (e também algo sistematicamente eliminado das narrativas que relatam seu resultado). As lições aprendidas com a leitura de Aristóteles também instruíram minhas leituras de autores como Boyle e Newton, Lavoisier e Dalton, Boltzmann e Planck. Para resumir, são duas as lições. Primeira: há muitas maneiras de ler um texto, e as mais facilmente acessíveis em tempos recentes são, em geral, inadequadas quando aplicadas ao passado. Segunda: essa plasticidade dos textos não põe em pé de igualdade todas as maneiras de lê-los, pois algumas delas (espera-se que, no fim, seja apenas uma) possuem uma plausibilidade e uma coerência ausentes nas outras. Ao tentar transmitir essas lições aos estudantes, proponho-lhes uma máxima: ao ler a obra de um pensador importante, procure antes os aparentes absurdos do texto e pergunte-se como uma pessoa sensata poderia ter escrito aquilo. Quando encontrar uma resposta, prossigo, quando essas pas-

A tensão essencial

sagens fizerem sentido, talvez você descubra que outras passagens importantes, passagens que você achou ter compreendido, mudaram de sentido.[2]

Se este livro fosse voltado, sobretudo, para historiadores, não teria importância relatar esse fragmento autobiográfico. Aquilo que, como físico, tive de descobrir por conta própria, a maioria dos historiadores aprende pelo exemplo ao longo de sua formação profissional. Conscientes disso ou não, são todos profissionais do método hermenêutico. Em meu caso, porém, a descoberta da hermenêutica resultou em mais do que fazer a História parecer importante. Seu efeito mais imediato e decisivo incidiu, ao contrário, na visão que tenho da ciência. Esse é o aspecto de meu encontro com Aristóteles que me levou a contar aqui esse episódio.

Figuras como Galileu e Descartes, que estabeleceram os fundamentos da mecânica do século XVII, foram criadas dentro da tradição científica aristotélica, que fez contribuições essenciais às suas realizações. No entanto, um ingrediente crucial dessa realização foi a construção de um modo de ler os textos que a princípio me desorientou e do qual com frequência eles próprios foram vítimas. Descartes, por exemplo, logo no início de *Le monde* [*O mundo ou o tratado da luz*], ridiculariza Aristóteles, citando sua definição de movimento em latim, recusando-se a traduzi-la sob a alegação de que também não faria muito sentido em francês e, em seguida, ratificando sua afirmação com a apresentação da tradução. Contudo, por séculos, a definição de Aristóteles fez sentido e, provavelmente, em algum momento, até para o próprio Descartes. O que minha leitura de Aristóteles parecia revelar era uma espécie de mudança global no modo como a natureza era vista e a linguagem era aplicada a ela, uma mudança que não poderia ser descrita de maneira apropriada como constituída de acréscimos ao conhecimento ou de meras correções de equívocos. Esse tipo de mudança seria descrito em seguida por Herbert Butterfield como "usar outro tipo de chapéu pensante",[3] e as perplexidades daí advindas logo me levaram a livros sobre a psicologia da Gestalt e áreas afins. Enquanto descobria a História, descobri minha

---

2 Mais informações sobre esse assunto podem ser encontradas em Kuhn, "Notes on Lakatos", *Boston Studies in Philosophy of Science*, v.8, 1971, p.137-46.

3 Butterfield, *Origins of Modern Science, 1300-1800*, 1949, p.1 [ed. port.: *As origens da ciência moderna*, 1992]. Assim como aconteceu com minha compreensão da transformação nos primórdios da ciência moderna, a de Butterfield foi muito influenciada pelos escritos de Alexandre Koyré, em especial por seus *Études galiléennes* (1939) [ed. port.: *Estudos galilaicos*, 1986].

primeira revolução científica, e minhas buscas seguintes pelas melhores leituras foram sempre uma busca por episódios desse mesmo tipo – episódios que só podem ser reconhecidos e compreendidos quando retomamos modos desatualizados de ler textos não atuais.

Posto que uma de suas preocupações principais é a natureza e a relevância para a filosofia do ofício do historiador, uma conferência intitulada "As relações entre a História e a Filosofia da Ciência" é o primeiro dos ensaios reeditados neste livro. Apresentada na primavera de 1968, ainda não havia sido publicada porque sempre quis estender as observações finais sobre o que os filósofos podem ganhar quando levam a História mais a sério. Para nossos propósitos, contudo, essa deficiência pode ser remediada com os outros ensaios deste volume, e a própria conferência pode ser apreciada como um esforço para abordar de modo mais profundo as questões já aventadas nesta apresentação. Leitores mais bem informados podem considerá-la datada, o que é verdade em certo sentido. Nos quase nove anos desde sua primeira apresentação, muitos outros filósofos da ciência reconheceram a relevância da História da Ciência para os tópicos de seu interesse. Embora o interesse pela história que resulta daí seja bem-vindo, ele ainda deixa escapar em grande parte aquilo que me parece o aspecto filosófico central: o reajuste conceitual fundamental, que é a condição para o historiador retomar o passado ou, ao contrário, o passado se desenvolver rumo ao presente.

Três dos outros cincos ensaios da Parte I não requerem mais do que uma breve menção. "Conceitos de causa no desenvolvimento da física" é claramente um produto incidental da exposição às ideias de Aristóteles já descrita. Se essa exposição não tivesse me ensinado a totalidade de sua análise quadripartite das causas, talvez eu nunca tivesse reconhecido que a rejeição das causas formais no século XVII, em favor das causas mecânicas ou eficientes, balizou as discussões subsequentes sobre a explicação científica. O quarto ensaio, que trata da conservação da energia, é o único da Parte I escrito antes de meu livro sobre as revoluções científicas, e as poucas observações que tenho a fazer sobre ele estão a seguir, entre as observações sobre outros escritos do mesmo período. O sexto, "As relações entre a História e a História da Ciência", é, em certo sentido, um complemento do artigo que inicia a Parte I. Diversos historiadores o consideraram parcial e, de fato, ele é bastante pessoal e polêmico. Mas, desde que foi publicado, reparei que as frustrações expressas nele são quase universalmente compartilhadas por aqueles cujo interesse principal é o desenvolvimento das ideias científicas.

Apesar de terem sido escritos por outros motivos, "A História da Ciência" e "Tradição matemática *versus* tradição experimental" são ensaios mais pertinentes aos temas desenvolvidos em meu *A estrutura das revoluções científicas*. As páginas iniciais do primeiro podem ajudar a explicar, por exemplo, por que a abordagem da História da qual o livro depende começou a ser aplicada às ciências somente após o primeiro terço do século XX. Ao mesmo tempo, podem sugerir uma peculiaridade reveladora: os primeiros modelos do tipo de História que tanto influenciou a mim e a meus colegas *historiadores* são produto de uma tradição europeia pós-kantiana que, para mim e meus colegas *filósofos*, continua obscura. Em meu caso particular, por exemplo, mesmo o termo "hermenêutica", a que recorri anteriormente, não fazia parte de meu vocabulário até cinco anos atrás. Estou cada vez mais convencido de que aqueles que acreditam que a História pode ter uma profunda importância filosófica terão de aprender a superar a divisão há muito estabelecida entre a tradição filosófica continental e a de língua inglesa.

A penúltima parte de "A História da Ciência" também oferece um início de resposta a uma crítica persistente a meu livro. Tanto historiadores gerais quanto historiadores da ciência lamentam algumas vezes que meu relato a respeito do desenvolvimento científico seja baseado de maneira quase exclusiva em fatores internos às próprias ciências, e que eu deixe de situar as comunidades científicas na sociedade que as sustentam e da qual surgem seus membros, e pareça acreditar, portanto, que o desenvolvimento científico segue imune às influências do ambiente social, econômico, religioso e filosófico em que ocorre. É evidente que meu livro tem pouco a dizer sobre essas influências externas, mas não deve ser lido como se negasse sua existência. Ao contrário, pode ser entendido como uma tentativa de explicar por que a evolução das ciências mais desenvolvidas ocorre de modo mais amplamente isolado do ambiente social, embora não de todo, quando comparadas a áreas como a engenharia, a medicina, o direito e as artes (com exceção, talvez, da música). Além disso, lido desse modo, o livro pode oferecer algumas ferramentas rudimentares aos que pretendem explorar como e onde as influências externas se manifestam.

Sinais da existência dessas influências podem ser encontrados em outros artigos reeditados aqui, especialmente em "A conservação da energia" e "Tradição matemática *versus* tradição experimental". Mas a relevância principal deste último para meu livro sobre as revoluções científicas é de outra ordem. Ele enfatiza a persistência de um equívoco significativo em minha exposição passada e, ao mesmo tempo, sugere um modo de enfim corrigir esse erro. Ao longo de *A estrutura das revoluções científicas*, identifiquei e diferenciei as comunidades científicas com base nos assuntos com que trabalhava, insinuando, por exemplo, que termos como "óptica física", "eletricidade" e "calor" poderiam servir para designar comunidades científicas individuais, apenas porque designam o tópico de suas pesquisas. Uma vez apontado, o anacronismo torna-se óbvio. Prefiro agora sustentar que as comunidades científicas têm de ser descobertas mediante um exame dos padrões de educação e comunicação anterior à questão sobre os problemas de pesquisa específicos de cada grupo. O efeito dessa abordagem sobre o conceito de paradigma é indicado no sexto ensaio da Parte II e, sobre outros aspectos de meu livro, é desenvolvido no capítulo acrescentado na segunda edição. O ensaio "Tradição matemática *versus* tradição experimental" aplica essa mesma abordagem a algumas controvérsias históricas de longa data.

As relações entre *A estrutura das revoluções científicas* e os ensaios reeditados na Parte II são óbvias demais para merecer discussão e, portanto, vou apresentá-las de outro modo, dizendo o que posso sobre seu papel ou o estágio que registram no desenvolvimento de minhas concepções sobre a mudança científica. Com isso, esta apresentação voltará por um instante a ter um caráter explicitamente autobiográfico.

Após topar com o conceito de revolução científica em 1947, terminei minha tese em física e só depois comecei a estudar História da Ciência.[4] A primeira oportunidade de apresentar minhas ideias ainda em desenvolvimento veio de um convite para ministrar as *Lowell Lectures* na primavera de 1951, mas o principal resultado dessa empreitada foi me convencer de que ainda não conhecia bastante nem a História nem minhas ideias para seguir adiante com uma publicação. Por um período que eu esperava que fosse breve, mas que durou sete anos, deixei de lado meus interesses mais filosóficos e dediquei-me estritamente à História. Retornei a eles de forma consciente apenas no fim da década de 1950, após terminar um livro sobre a revolução copernicana[5] e conseguir certa estabilidade acadêmica.

---

4 O tempo necessário para minha formação autodidata foi proporcionado de início por uma indicação a *Junior Fellow* da Harvard Society of Fellows. Duvido que, sem isso, a transição tivesse sido bem-sucedida.

5 Kuhn, *The Copernican Revolution: Planetary Astronomy in the Development of Western Thought*, 1957 [ed. port.: *A revolução copernicana*, 2002].

O ponto em que estavam minhas concepções é então indicado pelo artigo que inicia a Parte II, "A estrutura histórica da descoberta científica". Embora tenha sido escrito apenas no fim de 1961 (época em que meu livro sobre as revoluções se encontrava quase terminado), as ideias que apresenta e os principais exemplos que emprega já eram bastante antigos para mim. O desenvolvimento científico depende em parte de um processo de mudança não cumulativa ou revolucionária. Algumas revoluções são amplas, tais como as associadas a nomes como Copérnico, Newton ou Darwin, mas, em sua maioria, são consideravelmente pequenas, como a descoberta do oxigênio ou do planeta Urano. O prelúdio usual às mudanças desse tipo é, a meu ver, a consciência de anomalias, de uma ocorrência ou de um conjunto de ocorrências que não se ajusta aos modos existentes de ordenação dos fenômenos. As mudanças que daí resultam exigem que se coloque um novo chapéu pensante, capaz de transformar o anômalo no esperado, mas que, nesse processo, também altere a ordem que será exibida por outros fenômenos que antes não eram problemáticos. Embora esteja apenas implícita, essa concepção da natureza da mudança revolucionária também orienta o artigo "A conservação da energia", reeditado na Parte I, em particular nas primeiras páginas. Esse artigo foi escrito durante a primavera de 1957, e estou quase certo de que "A estrutura histórica da descoberta científica" também poderia ter sido escrito nessa época ou até bem antes.

Um avanço de grande importância no entendimento de meu tópico tem forte relação com a preparação do segundo artigo da Parte II, "A função da medição", um tema que não me dispus a estudar antes. Ele surgiu de um convite para participar do Social Science Colloquium, na Universidade da Califórnia, em Berkeley, em outubro de 1956, e foi revisto e ampliado até quase sua forma atual durante a primavera de 1958. A segunda seção, "Os motivos para a medição normal", foi resultado dessas revisões; o segundo parágrafo contém a primeira descrição daquilo que estive muito perto de chamar, no título, de "ciência normal". Relendo agora esse parágrafo, sou pego pela frase:

> A maior parte da prática científica é, portanto, uma intensa e complexa operação de limpeza que consolida o terreno proporcionado pelas rupturas teóricas mais recentes e, com isso, fornece a preparação essencial para as rupturas que virão.

A transição desse tipo de expressão para "a ciência normal como resolução de enigmas", título do capítulo 4 de *A estrutura das revoluções científicas*, não exige muitos passos mais. Ainda que, há alguns anos, já tivesse me dado conta de que períodos governados por um ou outro modo tradicional de atividade tivessem necessariamente de ocorrer entre revoluções, a natureza especial dessa prática associada à tradição havia em grande parte me escapado anteriormente.

O artigo seguinte, "A tensão essencial", empresta seu título a este volume. Preparado para uma conferência realizada em junho de 1959 e publicado de início nos anais, revela um modesto desenvolvimento subsequente da noção de ciência normal. Do ponto de vista autobiográfico, no entanto, sua principal importância é a introdução do conceito de paradigma. Esse conceito me ocorreu apenas alguns meses antes de o trabalho ter sido lido e, no momento que o utilizei novamente, em 1961 e 1962, seu conteúdo havia atingido proporções imensas, a ponto de ofuscar minha intenção original.[6] O último parágrafo de "Reconsiderações acerca dos paradigmas", igualmente reeditado aqui, alude a essa expansão. Esta apresentação autobiográfica talvez seja o lugar adequado para ampliar essa alusão.

Passei 1958 e 1959 como *fellow* do Center for Advanced Study in the Behavioral Sciences, em Stanford, na Califórnia, onde pretendia escrever um esboço do livro sobre as revoluções. Logo que cheguei, preparei uma primeira versão de um capítulo sobre mudança revolucionária, mas tive problemas com as tentativas de preparar um capítulo equivalente sobre o interlúdio normal entre as revoluções. Naquela época, eu concebia a ciência normal como o resultado de um consenso entre os membros de uma comunidade científica. As dificuldades surgiram quando tentei especificar esse consenso, enumerando os elementos sobre os quais os membros de deter-

---

6 Logo após terminar o primeiro esboço de *A estrutura das revoluções científicas*, no início de 1961, escrevi o que considerei por alguns anos uma versão revista de "A tensão essencial" para uma conferência realizada em Oxford, em julho daquele ano. O trabalho foi publicado em Crombie (ed.), *Scientific Change*, 1963, p.347-69, com o título de "The Function of Dogma in Scientific Research" [A função do dogma na pesquisa científica]. Compará-lo a "A tensão essencial" (convenientemente disponível em Taylor e Barron (ed.), *Scientific Creativity: Its Recognition and Development*, 1963, p.341-54) mostra a velocidade e a amplitude da expansão de minha noção de paradigma. É por tal expansão que os dois artigos parecem ter fins diferentes, algo que de modo algum pretendi fazer.

minada comunidade supostamente estão de acordo. A fim de explicar como realizavam suas pesquisas e, em especial, a unanimidade com que em geral avaliavam as pesquisas realizadas por outros, tive de atribuir a eles um acordo sobre as características que definem termos quase teóricos, como "força" e "massa", "mistura" e "composto". Contudo, minha experiência tanto como cientista quanto como historiador indicava que essas definições raramente eram ensinadas, e que tentativas ocasionais de fornecê-las provocavam, na maioria das vezes, uma controvérsia declarada. Aparentemente, o consenso que eu procurava não existia, mas, sem ele, eu não encontrava uma forma de escrever o capítulo sobre ciência normal.

O que afinal percebi, em 1959, foi que não era preciso um consenso desse tipo. Se não aprendiam definições, os cientistas aprendiam ao menos modos padronizados de resolver um leque de problemas em que apareciam termos como "força" ou "composto". Aceitando um conjunto suficiente desses exemplos padrões, poderiam modelar suas pesquisas subsequentes com base neles, sem precisar estar de acordo sobre qual conjunto de características torna esses exemplos padrões e justifica sua aceitação. Esse procedimento se parecia muito com o utilizado por estudantes de línguas para aprender as conjugações verbais e as declinações de substantivos e adjetivos. Por exemplo, aprendem a recitar *amo, amas, amat, amamus, amatis, amant* e utilizam essa forma padrão para obter o presente do indicativo de outros verbos latinos da primeira conjugação. Em inglês, a palavra usual para os exemplos padrões empregados no ensino de línguas é *paradigm*, e a ampliação que faço desse termo para cobrir os problemas científicos padrões, como o plano inclinado e o pêndulo cônico, não parecia uma violência. Foi dessa forma que "paradigma" apareceu em "A tensão essencial", um ensaio preparado em cerca de um mês, tão logo percebi sua utilidade.

> [Os manuais] exibem soluções concretas de problemas que a profissão acabou aceitando como paradigmas e pedem ao estudante, então, que resolva sozinho, com lápis e papel ou no laboratório, problemas muito próximos, relacionados metodológica e substantivamente àqueles que lhe foram apresentados no manual ou nas aulas que lhe são associadas.

Apesar de em outras passagens o ensaio sugerir o que viria a acontecer nos dois anos seguintes, "consenso", em vez de "paradigma", permaneceu ali como o principal termo usado na discussão da ciência normal.

O conceito de paradigma mostrou ser o elemento faltante de que eu precisava para escrever o livro, e um primeiro esboço completo foi elaborado entre o verão de 1959 e o fim de 1960. Infelizmente, nesse processo, os paradigmas ganharam vida própria, desviando amplamente a discussão anterior, baseada na noção de consenso. Embora tivessem surgido simplesmente como soluções exemplares de problemas, expandiram seu império e abarcaram os livros clássicos em que esses exemplos aceitos foram expostos originalmente e, em seguida, o conjunto dos compromissos compartilhados pelos membros de uma comunidade científica em particular. Esse uso mais global do termo é o único que a maioria dos leitores do livro reconhece, e o resultado inevitável é confusão: muito do que é dito sobre paradigmas só se aplica ao sentido original do termo. Embora ambos os sentidos me pareçam importantes, precisam ser distinguidos, e a palavra "paradigma" só é apropriada ao primeiro. É evidente que criei dificuldades para muitos leitores sem necessidade.[7]

Os cinco artigos restantes deste volume requerem pouca discussão individual. Apenas "Uma função para os experimentos mentais" foi escrito antes de meu livro, mas teve pouca influência sobre seu formato. "Reconsiderações acerca dos paradigmas" foi o primeiro que escrevi, apesar de ter sido o último publicado, nas três tentativas que fiz de recuperar o sentido original dos paradigmas.[8] "Objetividade, juízo de valor e escolha de teoria" é uma conferência inédita, cujo objetivo é responder à acusação de que tornei a escolha das teorias algo inteiramente subjetivo. Esses escritos falam por si sós, juntamente com os dois que ainda não mencionei. Em vez de considerá-los um a um, encerrarei esta apresentação especificando dois aspectos do tema que faz a ligação entre todos os cinco.

---

7 Wolfgang Stegmüller foi especialmente bem-sucedido na tentativa de encontrar um caminho próprio para superar essas dificuldades. Na seção "What is a Paradigm?" de seu *Structure and Dynamics of Theories*, traduzido por Wohlhueter (1976, p.170-80), ele discute três sentidos do termo. O segundo, "classe II", capta exatamente minha intenção original.

8 "Reconsiderações acerca dos paradigmas" foi preparado para uma conferência realizada em março de 1969. Após terminá-lo, refiz parte do caminho em "Reflections on My Critics" [ed. bras.: "Reflexões sobre meus críticos", em *O caminho desde a estrutura*, 2003, p.155-216], o capítulo final de Lakatos e Musgrave (ed.), *Criticism and the Growth of Knowledge* (1970). Finalmente, ainda em 1969, preparei um capítulo suplementar para a segunda edição de *A estrutura das revoluções científicas*.

As discussões tradicionais a respeito do método científico buscam um conjunto de regras que permita a qualquer *indivíduo* que o siga produzir conhecimento. Tentei enfatizar, ao contrário, que, embora a ciência seja feita por indivíduos, o conhecimento científico é intrinsecamente produto de um *grupo*, e que nem sua eficácia peculiar nem a maneira como se desenvolve são compreendidas se não houver referência à natureza especial dos grupos que o produzem. Assim, meu trabalho tem sido profundamente sociológico, mas não a ponto de permitir separar esse tema da epistemologia.

Convicções como essa estão implícitas em "Lógica da descoberta ou psicologia da pesquisa?", ensaio em que comparo minhas concepções com as de sir Karl Popper. (As hipóteses de indivíduos são testadas pressupondo-se os compromissos compartilhados por seu grupo; de sua parte, os compromissos do grupo não são testados e o processo por meio do qual são suplantados difere drasticamente dos processos envolvidos na avaliação das hipóteses; termos como "engano" funcionam muito bem no primeiro contexto, mas podem ser inoperantes no segundo e assim por diante.) Essas convicções se tornam explicitamente sociológicas no fim desse ensaio e em toda a conferência sobre a escolha de teorias, em que tentei explicar como os valores compartilhados, embora incapazes de ditar as decisões de um indivíduo, podem, ainda assim, determinar a escolha do grupo que os compartilha. As mesmas preocupações, expressas de modo bastante diferente, estão presentes no ensaio final deste volume, em que abuso da liberdade concedida a um estudioso para explorar como diferenças relativas a valores compartilhados (e à audiência) podem afetar de maneira decisiva os padrões de desenvolvimento característicos da ciência e da arte. Hoje, parece-me urgente realizar comparações adicionais, mais bem informadas e sistemáticas, dos sistemas de valores que governam o fazer de várias disciplinas. Talvez devessem começar pelos grupos mais próximos, por exemplo, físicos e engenheiros, biólogos e médicos. O epílogo de "A tensão essencial" é pertinente a esse assunto.

Na literatura da Sociologia da Ciência, o sistema de valores científicos tem sido discutido em particular por R. K. Merton e seus seguidores. Recentemente, esse grupo recebeu críticas sucessivas, às vezes veementes, de sociólogos que, inspirados em meu trabalho, e por vezes apresentando-se informalmente como "kuhnianos", enfatizam o fato de os valores variarem entre comunidades diferentes e de uma época para outra. Além disso, esses críticos afirmam que quaisquer que sejam os valores de determinada comunidade, um ou outro sempre é violado por seus membros. Em tais circunstâncias, consideram absurdo encarar a análise de valores como um meio adequado para esclarecer o comportamento científico.[9]

As observações anteriores e os artigos que elas apresentam devem mostrar, contudo, quão seriamente equivocadas considero essas críticas. Embora não trate muito da especificação dos valores científicos, meu trabalho pressupõe desde sempre sua existência e seu papel.[10] Esse papel não requer que os valores sejam idênticos em todas as comunidades científicas, ou numa comunidade, ao longo do tempo. Tampouco que um sistema de valores seja tão precisamente especificado ou tão livre de conflitos internos que seja capaz, ainda que em princípio, de determinar, de maneira inequívoca, as escolhas individuais de cada cientista. Aliás, a importância dos valores como guia para a ação não diminuiria, caso os valores fossem, como sustentam alguns, simples racionalizações manifestadas com o intuito de proteger interesses especiais. A menos que estejamos confinados a uma teoria histórica ou sociológica conspiratória, é difícil não reconhecer que as racionalizações afetam em geral mais aqueles que as propõem do que aqueles a quem são dirigidas.

As últimas partes de "Reconsiderações acerca dos paradigmas" e a totalidade de "Uma função para os experimentos mentais" exploram outro problema central que surge quando consideramos o conhecimento científico um produto de grupos especiais. Uma das coisas que une os membros de qualquer comunidade científica e, ao mesmo tempo, os diferencia dos membros de outros grupos aparentemente similares é a posse de uma linguagem comum, de um dialeto especial. Esses ensaios sugerem que, ao aprender essa linguagem, como devem fazer para participar do ofício da comunidade, os novos membros adquirem um conjunto de compromissos cognitivos que não são, em princípio, cabalmente analisáveis no âmbito dessa mesma linguagem. Esses compromissos são consequência do modo como termos, frases e sentenças da linguagem são aplicados à natureza, e é

---

9 O *locus classicus* desse tipo de crítica é Barnes e Dolby, "The Scientific Ethos: A Deviant Viewpoint", *Archives européennes de sociologie*, v.11, n.5, 1970, p.3-25. Desde então, tem aparecido com frequência, em especial no jornal *Social Studies of Science* (antigo *Science Studies*).

10 Para uma primeira expressão, ver *The Structure of Scientific Revolutions*, 1970, p.152-56, 167-70 [ed. bras.: *A estrutura das revoluções científicas*, 2009]. Essas passagens foram extraídas, sem modificações, da primeira edição, de 1962.

sua relevância para a ligação linguagem-natureza que torna tão importante o sentido original e mais restrito de "paradigma".

Ao escrever o livro sobre as revoluções, eu as descrevi como episódios em que o significado de certos termos científicos se alterava, e sugeri que o resultado era a incomensurabilidade dos pontos de vista, aliada a uma falha parcial de comunicação entre os proponentes de diferentes teorias. Desde então, reconheci que "mudança de significado" denomina um problema, e não um fenômeno isolável, e estou convencido, sobretudo pelo trabalho de Quine, de que os problemas da incomensurabilidade e da comunicação parcial devem ser tratados de outro modo. Proponentes de diferentes teorias (ou de diferentes paradigmas, na acepção ampla do termo) falam línguas diferentes – línguas que expressam diferentes compromissos cognitivos, apropriados a diferentes mundos. Sua capacidade para se colocar do ponto de vista do outro é, portanto, inevitavelmente limitada pelas imperfeições dos processos de tradução e de determinação de referências. São essas as questões que mais me preocupam atualmente e espero ter mais a dizer sobre isso em breve.

Parte I
Estudos historiográficos

1
As relações entre a História e a Filosofia da Ciência[1]

O tema sobre o qual fui convidado a falar hoje são as relações entre a História e a Filosofia da Ciência. Para mim, mais do que para a maioria das pessoas, ele tem profunda importância, tanto pessoal como intelectual. Apresento-me a vocês como um profissional da História da Ciência. Meus alunos, em sua maioria, pretendem ser historiadores, e não filósofos. Sou membro da Associação Americana de História, e não da Associação Americana de Filosofia. Contudo, mais de dez anos desde que topei pela primeira vez com a filosofia, ainda como calouro, ela foi meu principal interesse paralelo e muitas vezes pensei fazer dela minha profissão, em vez da física teórica, a única área em que posso afirmar que tive propriamente uma formação. No decorrer desses anos, que vão até mais ou menos 1948, nunca havia me ocorrido que a História ou a História da Ciência pudesse ter algum interesse. Para mim, nessa época, assim como ainda hoje para a maioria dos cientistas e dos filósofos, o historiador era a pessoa que coletava e averiguava fatos sobre o passado e depois os organizava em ordem cronológica. É claro que escrever crônicas tinha pouco apelo para alguém cujos interesses fundamentais se direcionavam para a inferência dedutiva e os fundamentos teóricos.

---

1 *Isenberg Lecture*, proferida na Universidade Estadual de Michigan em 1º de março de 1968 e revisada em outubro de 1976.

Abordarei a seguir o porquê de essa imagem do historiador como cronista ser tão atraente para filósofos e cientistas. Essa atração contínua e seletiva não se deve à mera coincidência ou à natureza da História e, por isso, pode se mostrar especialmente reveladora. Mas, por ora, a questão ainda é autobiográfica. O que me conduziu tardiamente da física e da filosofia para a História foi a descoberta de que a ciência, quando vista a partir de fontes históricas, parece um empreendimento muito diferente do que aparece implícito na pedagogia científica e explícito nos relatos filosóficos usuais sobre o método científico. Surpreendi-me ao perceber que a História poderia ser relevante para o filósofo da ciência, e talvez para o epistemólogo, a ponto de superar seu papel clássico como fonte de exemplos de posições previamente sustentadas. Em outras palavras, a História poderia se revelar uma fonte particularmente relevante de problemas e novas intuições. Assim, embora tenha me tornado historiador, meus interesses mais profundos ainda são de caráter filosófico e, nos últimos anos, esses interesses se tornaram mais explícitos em minhas publicações. Em certa medida, portanto, faço tanto História quanto Filosofia da Ciência. É natural, então, que eu pense sobre a relação entre elas. Mas também a vivo, o que não é a mesma coisa. Essa dualidade de envolvimento estará inevitavelmente refletida na maneira como abordarei o assunto de hoje. A partir daqui, minha exposição se bifurca em duas partes bastante diferentes, embora estreitamente relacionadas. A primeira é um relato, às vezes muito pessoal, das dificuldades que podemos esperar de qualquer tentativa de aproximar os dois campos. A segunda, que trata de problemas mais explicitamente intelectuais, defende que o *rapprochement* é inteiramente merecedor do esforço muito especial que exige.

Poucos membros desta plateia precisarão ouvir que, ao menos nos Estados Unidos, a História e a Filosofia da Ciência são disciplinas distintas e separadas. Peço licença, desde o início, para apresentar as razões por que insisto em que devem ser mantidas assim. Apesar da necessidade premente de um novo tipo de diálogo entre os campos, isso deve ocorrer de modo interdisciplinar, e não intradisciplinar. Aqueles que conhecem meu envolvimento com o Programa de História e Filosofia da Ciência da Universidade de Princeton talvez achem estranha minha insistência em dizer que esse campo não existe. Em Princeton, no entanto, os historiadores e os filósofos da ciência seguem vias diferentes de estudo, ainda que parcialmente sobrepostas, prestam exames diferentes e recebem seus diplomas de departamentos diferentes: ou de História, ou de Filosofia. O que é particularmente admirável nesse desenho é ele oferecer uma base institucional para o diálogo entre os campos sem subverter a base disciplinar de cada um.

"Subversão" não é um termo muito forte para designar o resultado provável de uma tentativa de transformar os dois campos num só. Eles diferem em várias de suas características constitutivas centrais, das quais a mais geral e manifesta são seus respectivos objetivos. O produto final da maior parte da pesquisa histórica é uma narrativa, uma história, sobre pormenores do passado. É, em parte, uma descrição do que ocorreu (mera descrição, dizem às vezes os filósofos e os cientistas). Seu êxito, porém, depende não apenas de sua precisão, mas também de sua estrutura. A narrativa histórica tem de tornar plausíveis e compreensíveis os eventos que descreve. A História é, num sentido a que voltarei adiante, um empreendimento explicativo, e, no entanto, suas funções explicativas são obtidas quase sem recurso às generalizações explícitas. (Devo dizer, para aprofundamento posterior, que, quando discutem o papel das leis de cobertura em História, os filósofos extraem normalmente seus exemplos do trabalho de economistas e sociólogos, e não de historiadores. Nestes, é extremamente difícil encontrar generalizações na forma de leis.) O filósofo, ao contrário, procura sobretudo generalizações explícitas e de alcance universal. Ele não é um contador de histórias, sejam elas verdadeiras ou falsas. Seu objetivo é descobrir e enunciar o que é verdadeiro em todas as épocas e lugares, e não fornecer uma compreensão do que ocorreu num momento e num lugar específicos.

Todos aqui anseiam comentar e qualificar minhas grosseiras generalizações e alguns se dão conta de que elas se referem a profundos problemas de discriminação. No entanto, poucos acreditam que distinções como essa são totalmente vazias, portanto, avançarei delas para suas consequências. São estas que tornam importante a distinção de objetivos.

Dizer que a História da Ciência e a Filosofia da Ciência têm objetivos diferentes é sugerir que não se pode praticá-las ao mesmo tempo. Mas ainda não sugere as grandes dificuldades que existem em praticá-las alternadamente, trabalhando de vez em quando com problemas históricos e dedicando-se nos intervalos às questões filosóficas. Uma vez que meu próprio trabalho aponta, obviamente, para um padrão desse tipo, estou comprometido com a crença de que ele pode ser realizado. Devo reconhecer, no entanto, que cada troca é uma reviravolta pessoal, o abandono de uma disciplina por outra não totalmente compatível. Formar um estudante nas duas, ao mesmo tempo, é se arriscar a deixá-lo sem nenhuma. Tornar-se filósofo é, entre outras coisas, desenvolver uma atitude mental particular diante da avaliação tanto de problemas quanto de técnicas apropriadas para solucioná-los. Aprender a ser historiador também é desenvolver uma atitude mental, mas o resultado das duas experiências de aprendizado não é o mesmo. Acredito que seja impossível haver uma harmonização, uma vez que apresentaria problemas do mesmo tipo que encontramos quando tentamos harmonizar as figuras do pato e do coelho no famoso diagrama da Gestalt. Ainda que a maioria das pessoas consiga ver rapidamente ora o pato, ora o coelho, não há exercício ocular e esforço suficiente que levem a um pato-coelho.

Não era absolutamente essa a minha imagem da relação entre os dois empreendimentos quando me converti à História, há vinte anos. Ela vem de muitas experiências posteriores, às vezes dolorosas, como professor e escritor. Como professor, por exemplo, orientei seminários de pós-graduação em que futuros historiadores e filósofos liam e discutiam os mesmos clássicos da ciência e da filosofia; ambos os grupos eram aplicados e cuidadosos em suas tarefas, mas era difícil em geral acreditar que ambos haviam se debruçado sobre os mesmos textos. Viam indiscutivelmente os mesmos sinais, mas haviam sido treinados (programados, se preferirem) para processá-los de maneiras diferentes. Eram inevitavelmente os sinais processados (notas de leitura ou memória do texto, por exemplo), e não os próprios sinais, a base de seus relatos, paráfrases e contribuições para a discussão.

Distinções analíticas sutis, que escapavam completamente aos historiadores, eram frequentemente centrais nas leituras dos filósofos. A confrontação era instrutiva para os historiadores, mas as falhas nem sempre eram deles. Às vezes, as distinções sobre as quais os filósofos discorriam não se encontravam nos textos originais: eram produto do desenvolvimento posterior da ciência ou da filosofia, e sua introdução no processamento de sinais dos filósofos alterava o argumento. Quando ouviam uma paráfrase de uma posição de um historiador, os filósofos muitas vezes apontavam lacunas e inconsistências que o historiador não havia percebido. Mas às vezes se surpreendiam, quando descobriam que a paráfrase era precisa e as lacunas estavam no original. Sem se dar conta do que faziam, os filósofos refinavam o argumento enquanto liam o texto, porque sabiam qual era sua forma posterior. Mesmo com o livro aberto diante deles, era sempre difícil, e às vezes impossível, persuadi-los de que a lacuna estava realmente lá, que o autor, exatamente como eles, não havia compreendido a lógica do argumento. No entanto, quando finalmente percebiam isso, em geral percebiam também algo mais importante: aquilo que acreditavam ser uma lacuna fora introduzido, na verdade, pelas distinções analíticas que eles próprios haviam levado para o texto, e o argumento original, apesar de não ser mais uma filosofia viável, era sólido em seus próprios termos. Nesse ponto, o texto todo começava a parecer diferente. Tanto o alcance da transformação quanto a dificuldade pedagógica para produzi-la de maneira deliberada lembram a mudança da Gestalt.

Igualmente impressionante, como evidência desse processamento desigual, era a variedade do material textual analisado e relatado pelos dois grupos. Os historiadores sempre variavam mais. Partes importantes de suas reconstruções poderiam provir, por exemplo, de passagens em que o autor havia introduzido uma metáfora com o fim expresso de "ajudar o leitor". Ou, mais uma vez, ao notar um erro ou inconsistência evidentes no texto, o historiador gastava um bom tempo explicando como alguém tão brilhante podia ser capaz de se enganar dessa forma. Que aspectos do pensamento do autor, perguntava o historiador, podiam ser descobertos quando se atentava para uma inconsistência óbvia para nós e invisível para ele, ou que talvez sequer se tratasse de uma inconsistência? Para os filósofos, acostumados a construir um argumento e não a reconstruir o pensamento histórico, tanto as metáforas como os erros eram irrelevantes, e, às vezes, sequer eram notados. Seu interesse – perseguido com argúcia, habilidade e persistência raramente encontradas nos historiadores – incidia sobre a generalização filosófica explícita e sobre os argumentos que poderiam ser construídos em sua defesa. Como resultado, os textos que entregavam no fim do curso eram sempre menores e em geral muito mais coerentes do que os produzidos pelos historiadores. Mas estes, apesar de constantemente desajeitados do ponto de vista analítico, eram sempre mais capazes de reproduzir os principais ingredientes conceituais do pensamento dos autores que os dois grupos que haviam estudado juntos. O Galileu ou o Descartes que aparecia nos textos dos filósofos era melhor cientista ou filósofo, mas uma figura do século XVII menos plausível que a apresentada pelos historiadores.

Não discordo de nenhum desses modos de ler e relatar. Ambos são componentes essenciais, bem como produtos centrais da formação profissional. Mas as profissões são diferentes e elegem prioridades diferentes, segundo lhes convêm. Para os filósofos que frequentavam meus seminários, as tarefas prioritárias eram, em primeiro lugar, isolar os elementos principais de uma posição filosófica e, em segundo lugar, criticá-la e desenvolvê-la.

Esses estudantes estavam, por assim dizer, afiando o intelecto com as opiniões desenvolvidas por seus predecessores. Muitos continuarão a afiá-lo durante sua vida profissional. Os historiadores, de modo diferente, estavam interessados no viável e no geral apenas nas formas que, de fato, guiaram os autores em estudo. Seu interesse prioritário era descobrir o que cada um pensou, como veio a pensar assim e que consequências isso trouxe para ele, para seus contemporâneos e para seus sucessores. Ambos os grupos acreditavam que estavam realizando um esforço para compreender o essencial de uma posição filosófica passada, mas o modo como realizavam essa tarefa era condicionado pelos valores prioritários de suas disciplinas apartadas, e os resultados eram, em geral, distintos. Somente quando os filósofos se convertiam à História ou os historiadores à filosofia é que o trabalho adicional produzia uma convergência significativa.

Outro tipo bem diferente de evidência da profunda divisão interdisciplinar depende de um testemunho tão pessoal que talvez só possa convencer o seu autor. Mas uma vez que a experiência da qual deriva é comparativamente rara, o testemunho parece merecer registro. Eu mesmo, em diferentes épocas, escrevi artigos em física, História e algo parecido com filosofia. Nos três casos, o processo de escrever se mostrou desagradável, mas a experiência não foi a mesma em outros aspectos. Quando alguém começa a escrever um artigo em física, a pesquisa já está terminada. Tudo de que necessita está habitualmente em suas anotações. A tarefa consiste em selecionar, condensar e traduzir em linguagem clara. Em geral, apenas este último apresenta alguma dificuldade, e normalmente não é muito grande.

Preparar um artigo em História é diferente, mas há um paralelo importante aí. Antes de começar a escrever, é preciso realizar uma pesquisa considerável. Livros, documentos e outros registros têm de ser localizados e examinados, anotações têm de ser escritas, organizadas e reorganizadas. Meses ou anos são gastos em trabalhos desse tipo. No entanto, o fim da etapa não é, como na ciência, o fim do processo criativo. Na produção de uma narrativa histórica, as anotações selecionadas e condensadas não podem ser apenas reunidas. Além disso, ainda que usualmente a cronologia e a estrutura narrativa permitam ao historiador escrever de modo contínuo por um longo período, com base em anotações e esboços gerais, é comum surgirem pontos críticos em que a caneta ou a máquina de escrever se recusam a correr e a ação se interrompe de repente. Horas, dias ou semanas depois, ele descobre por que não foi possível avançar. Apesar de seu esboço dizer o que vem a seguir, e de suas anotações fornecerem todas as informações necessárias, não há uma transição viável do ponto em que está para a etapa posterior da narrativa. Elementos essenciais para essa conexão foram omitidos da história porque, naquele momento, não eram exigidos pela estrutura narrativa. O historiador deve retornar, às vezes, a documentos ou novas anotações, e reescrever parte substancial do artigo para que possa efetuar a conexão com o que vem em seguida. Enquanto a última página não for escrita, ele não pode ter certeza absoluta de que não terá de começar de novo, talvez do início.

Somente a última parte dessa descrição pode ser aplicada à preparação de um artigo em filosofia e, nesse caso, as idas e vindas são muito mais frequentes, e as frustrações que as acompanham, muito mais intensas. Apenas quem é capaz de compor um artigo completo de cabeça pode esperar longos períodos de redação ininterrupta. Mas se a redação definitiva em filosofia mostra certos paralelos com a redação em História, aquilo que a precede é inteiramente distinto. Exceto na História da Filosofia, e talvez na lógica, nos outros campos não há nada que se assemelhe à etapa de preparação do historiador. Na maior parte da filosofia, não existe nada equivalente à pesquisa. Esta começa com uma pergunta e uma indicação do modo como será tratada, ambas encontradas, em geral, no exame crítico do trabalho de algum outro filósofo. A pergunta passa a ser elaborada – no papel, na cabeça, em discussões com colegas – à espera do momento em que esteja pronta para ser expressa na redação. Na maioria das vezes, essa impressão está errada e o filósofo volta ao inquietante processo de elaboração, até que o artigo nasça afinal. É como se o artigo surgisse de uma vez só e não *seriatim*, como as peças de narrativa histórica.

Se, por um lado, não existe nada em filosofia análogo à pesquisa, existe algo em seu lugar virtualmente desconhecido na física e na História. Ao abordar esse assunto, retomaremos as diferenças entre as percepções e os comportamentos dos dois grupos de estudantes que frequentavam meus seminários.

Os filósofos criticam constantemente os trabalhos de seus colegas e de seus predecessores com cuidado e destreza. Nesse sentido, boa parte das discussões e publicações é socrática: uma justaposição de concepções moldadas por outras, com base no confronto crítico e na análise. O crítico que disse que os filósofos vivem lavando roupa suja foi pouco sensível, mas captou um dado essencial a respeito desse empreendimento. Ele percebeu o que, de fato, os filósofos faziam em meus seminários: moldavam suas próprias posições mediante a confrontação analítica, nesse caso, com o passado. Acredito que em nenhum outro campo o exame crítico cumpre papel tão importante. Às vezes os cientistas corrigem pequenas partes dos trabalhos de outros cientistas, mas aquele que só faz críticas, uma após a outra, acaba isolado na profissão. Os historiadores também sugerem correções de vez em quando e eventualmente atacam escolas rivais cuja abordagem eles desprezam. Mas, nesses casos, são raras as análises cuidadosas, e a tentativa explícita de discernir e preservar as intuições originais geradas pela outra escola é quase desconhecida. Embora fortemente influenciado pelo trabalho de colegas e predecessores, o historiador individual, assim como o físico e ao contrário do filósofo, molda seu trabalho por fontes primárias, com os dados que trata em sua pesquisa. O exame crítico pode tomar o lugar da pesquisa, mas um não equivale ao outro e ambos produzem tipos muito diferentes de disciplinas.

Esses são apenas os primeiros passos de um relato quase sociológico da História e da Filosofia como empreendimentos produtores de conhecimento. No entanto, devem ser suficientes para sugerir por que, sendo admirador de ambas, suspeito que qualquer tentativa de torná-las uma só provavelmente as subverteria. Quem convenci e quem, por uma ou outra razão, nunca precisou ser convencido, terão perguntas diferentes. Dadas as profundas e importantes diferenças entre os dois empreendimentos, o que um poderia dizer sobre o outro? Por que termino insistindo em que um diálogo ativo e crescente entre eles é urgente? É a essa questão, em particular a uma parte dela, que dedico minhas observações a seguir.

Qualquer resposta tem de ser decomposta em duas partes nada simétricas, das quais a primeira requer aqui não mais do que um resumo superficial. Os historiadores da ciência precisam da Filosofia por razões imediatamente patentes e bem conhecidas. É, para eles, uma ferramenta básica, como o conhecimento da ciência. Até o fim do século XVII, muito da ciência era filosofia. Após se separarem, essas disciplinas continuaram a interagir de modo em geral muito significativo. Para quem não domina o pensamento das principais escolas filosóficas dos períodos e áreas que estuda, um tratamento bem-sucedido de muitos problemas centrais da História da Ciência é impossível. Além disso, uma vez que é utópico esperar que qualquer aluno de História da Ciência saia da pós-graduação com um domínio de toda a História da Filosofia, ele tem de aprender a lidar sozinho com esse tipo de material, conforme sua pesquisa exija. O mesmo vale para o tanto de ciência de que precisará. Em ambas as áreas, ele deverá ser instruído por profissionais, por quem conhece as sutilezas e as armadilhas de suas disciplinas, e pode inculcar nele padrões de rigor, habilidade e excelência profissionais. Não há razão de princípio para que os historiadores fossem desajeitados no trato das ideias filosóficas em meus seminários. Com uma formação prévia adequada, a maioria teria se saído bem. Os efeitos dessa formação não se limitam apenas ao desempenho no lidar com fontes propriamente filosóficas. Cientistas em geral não são filósofos, mas lidam com ideias, e a análise de ideias há muito tem sido território dos filósofos. Os principais responsáveis pelo estabelecimento da próspera tradição contemporânea em História da Ciência – penso em particular em A. O. Lovejoy e, sobretudo, em Alexandre Koyré – eram filósofos antes de se voltar para a História das ideias científicas. Com eles, eu e meus colegas aprendemos a reconhecer a estrutura e a coerência de outros sistemas de ideias diferentes do nosso. Essa busca pela integridade de um modo de pensar abandonado não é o que os filósofos fazem em geral, e, na verdade, muitos a rejeitam como a glorificação do erro passado. Mas a tarefa pode ser cumprida, e a sensibilidade do filósofo às nuances conceituais é condição prévia. Não posso acreditar que os historiadores já tenham aprendido tudo que podiam dessa fonte.

Essas são razões suficientes para estimular a retomada de uma interação mais vigorosa entre filósofos e historiadores da ciência, mas também apresentam um argumento falho. Minha indagação dizia respeito à relação da História da Ciência com a Filosofia da Ciência e não com a História da Filosofia. O historiador da ciência pode tirar igual proveito de uma profunda imersão na literatura desse campo específico da filosofia? Devo responder que duvido muito. Houve filósofos da ciência, comumente aqueles de vago olhar neokantiano, com os quais os historiadores ainda podem aprender muito. Estimulo meus alunos a ler Émile Meyerson e, em alguns casos, Leon Brunschvicg. Mas recomendo esses autores pelo que viam no material histórico e não por suas filosofias, que, como a maioria de meus contemporâneos, rejeito. Por outro lado, os movimentos vivos da Filosofia da Ciência, em particular o modo como o campo é praticado no universo de língua inglesa, contêm pouca coisa que me parece relevante para o historiador, a meu ver. Esses movimentos têm objetivos e compreendem certos assuntos de maneira mais propícia a desencaminhar do que a esclarecer a pesquisa histórica. Embora eu admire e valorize muitos de seus aspectos, isso é resultado de meus próprios interesses, que não são exclusivamente históricos. Ninguém tem feito tanto nos últimos anos para esclarecer e aprofundar minhas considerações sobre os problemas filosóficos do que meu colega em Princeton, C. G. Hempel. Mas as conversas com ele e a familiaridade com seu trabalho não me adiantam nada quando trabalho, digamos, com a História da Termodinâmica ou da Teoria Quântica. Indico seus cursos a meus alunos de História, mas não recomendo enfaticamente que se matriculem.

Essas observações mostram o que eu tinha em mente quando disse que o problema das relações entre a História e a Filosofia da Ciência decompunha-se em duas partes que estão longe de ser simétricas. Apesar de não achar que a atual Filosofia da Ciência tenha muita relevância para o historiador da ciência, acredito piamente que muito do que se escreve em Filosofia da Ciência seria aprimorado, caso a História desempenhasse um papel mais contundente como pano de fundo em sua preparação. Antes de tentar justificar essa crença, no entanto, devo apresentar algumas restrições que se fazem necessárias. Quando falo aqui de História da Ciência, refiro-me à parte central do campo que se ocupa da evolução das ideias, dos métodos e das técnicas científicas, e não àquela parcela cada vez mais significativa que enfatiza o cenário social da ciência, em particular os padrões cambiantes da educação, da institucionalização e do apoio tanto moral quanto financeiro à ciência. A consequência filosófica desse último tipo de trabalho me parece muito mais problemática do que a da primeira e, de todo modo, sua análise requereria uma conferência à parte. Pelo mesmo motivo, ao falar da Filosofia da Ciência, não me refiro àquelas partes que se misturam com a lógica aplicada ou, ao menos não de forma convicta, às que versam sobre as implicações de teorias correntes para os problemas filosóficos tradicionais, como a causalidade ou o tempo e o espaço. Ao contrário, o que tenho em mente é aquela área central que se ocupa do científico em geral, que investiga, por exemplo, a estrutura das teorias científicas, o *status* das entidades teóricas ou as condições em que os cientistas podem alegar que produziram conhecimento sólido. Para essa parte da Filosofia da Ciência, e muito provavelmente apenas para ela, é que a História das ideias e técnicas científicas pode pretender ser relevante.

Para mostrar como isso acontece, deixem-me indicar, em primeiro lugar, um aspecto que faz a Filosofia da Ciência praticamente única entre as especialidades filosóficas reconhecidas: a distância que a separa de seu tema. Em campos como a lógica e, cada vez mais, a Filosofia da Matemática, os problemas que interessam ao profissional são gerados no próprio campo. A dificuldade para conciliar a implicação material com a relação "se [...] então" do discurso corriqueiro pode ser motivo para uma busca de sistemas lógicos alternativos, mas não reduz a importância ou o fascínio dos problemas gerados pelos sistemas clássicos de axiomas. Em outras áreas da Filosofia, em especial em ética e estética, os profissionais refletem sobre experiências que compartilham com grandes parcelas da humanidade e que não são de modo algum salvaguardas exclusivas de grupos profissionais claramente demarcados. Ainda que apenas o filósofo possa ser um esteta, a experiência estética é de cada um dos homens. A Filosofia da Ciência e a do Direito são as únicas que refletem sobre áreas que o filósofo, como tal, conhece pouco. E é bem mais provável que os filósofos do direito, se comparados aos da ciência, tenham recebido uma formação profissional considerável em sua área de interesse e tenham, como referência, os mesmos documentos que os profissionais da área em questão. Tomo isso como uma razão por que juízes e advogados leem com muito mais assiduidade obras de Filosofia do Direito do que os cientistas leem Filosofia da Ciência.

Meu primeiro argumento, portanto, é de que a História da Ciência pode ajudar a cruzar o fosso muito peculiar entre os filósofos da ciência e a própria ciência, e que ela pode servir de fonte de problemas e de dados. Mas não digo que seja a única disciplina capaz de fazer isso. A experiência efetiva na prática de uma ciência seria provavelmente uma ponte mais eficaz do que o estudo de sua história. A Sociologia da Ciência, se vier a se desenvolver a ponto de abarcar o conteúdo cognitivo da ciência, juntamente com sua estrutura organizacional, também poderá fazer isso. O interesse do historiador pelo desenvolvimento ao longo do tempo e a perspectiva adicional que obtém quando estuda o passado podem dar à História algumas vantagens específicas; voltarei à principal delas mais adiante. Por ora, contudo, minha tese é apenas que a História oferece o método mais prático e acessível – dos muitos possíveis – com que o filósofo pode ter um contato mais próximo com a ciência.

Há todo um arsenal contra esse argumento. Alguns vão apontar que esse fosso não atrapalha, embora seja lamentável. Muitos continuarão a insistir em que a História não pode, eventualmente, sanar a lacuna. Afinal, a parte da Filosofia da Ciência em questão aqui não reflete sobre uma teoria científica em particular, a não ser, às vezes, como ilustração. Seu objetivo são as teorias em geral. Além disso, ao contrário da História, ela se preocupa comparativamente menos com o desenvolvimento temporal da teoria e, em vez dele, enfatiza a teoria como estrutura estática, como amostra de conhecimento sólido em tempo e lugar determinados, embora não especificados. E, acima de tudo, na Filosofia da Ciência, a multiplicidade dos particulares, os detalhes idiossincráticos, que parecem ser os ingredientes da História, não cumprem nenhum papel. A filosofia trabalha com reconstruções racionais e tem de preservar de seu objeto apenas aqueles elementos essenciais à ciência como conhecimento sólido. Para tanto, diz-se, a ciência contida nos manuais universitários é adequada, se não ideal. Ou, ao menos, é adequada quando acrescida de uma apreciação de uns poucos clássicos, talvez as *Duas novas ciências*, de Galileu, e a "Introdução" e o "Escólio geral" dos *Principia*, de Newton.

Tendo anteriormente insistido em que a História e a Filosofia da Ciência têm objetivos bastante diferentes, não posso fazer objeções à tese segundo a qual elas podem trabalhar de maneira adequada com base em fontes diferentes. Entretanto, a dificuldade com os tipos de fonte examinados acima é que, trabalhando com eles, a reconstrução do filósofo não é reconhecida em geral como ciência, seja pelos historiadores, seja pelos próprios cientistas (com provável exceção dos cientistas sociais, cuja imagem da ciência tem a mesma origem que a dos filósofos). O problema não é que o relato filosófico da teoria seja muito abstrato, muito despojado de detalhes, muito geral. Historiadores e cientistas têm o direito de rejeitar tantos detalhes quanto o filósofo, de se mostrar preocupados com o essencial e de se encarregar da reconstrução racional. Em vez disso, a dificuldade reside na identificação do que é essencial. Para o historiador com inclinações filosóficas, o filósofo da ciência parece muitas vezes se equivocar ao identificar com o todo alguns poucos elementos escolhidos e, em seguida, forçá-los a cumprir um papel que não lhes é apropriado em princípio – e que seguramente não desempenham na prática, por mais abstrata que venha a ser a forma de descrever essa prática. Embora filósofos e historiadores busquem o essencial, os resultados de suas buscas não são os mesmos.

Este não é o lugar apropriado para enumerar os ingredientes faltantes. Muitos deles, em todo caso, são discutidos em meu trabalho anterior. Mas gostaria de indicar o que, na História, faz dela uma possível fonte para uma reconstrução racional da ciência distinta da mantida atualmente. Para isso, tenho antes de insistir em que a História não é o empreendimento que grande parte da filosofia contemporânea acredita que seja. Isto é, tenho de defender concisamente o que, com perspicácia, Louis Mink chamou de "autonomia da compreensão histórica".

Creio que ninguém mais acredita que a História seja mera crônica, uma coleção de fatos organizados por ordem de ocorrência. Ela é, como a maioria admitirá, um empreendimento explicativo, que leva à compreensão e deve, portanto, expor não apenas os fatos, mas também as conexões entre eles. Até o momento, no entanto, nenhum historiador produziu um relato plausível da natureza dessas conexões, e os filósofos recentemente preencheram esse vazio resultante com aquilo que é conhecido como "modelo da lei de cobertura". Refiro-me a seu caráter de versão articulada de uma imagem da História amplamente difundida, uma imagem que faz a disciplina parecer desinteressante aos que buscam generalizações na forma de leis, em particular filósofos, cientistas e cientistas sociais.

Segundo os proponentes do modelo da lei de cobertura, uma narrativa histórica é explicativa na medida em que os eventos que descreve são governados pelas leis da natureza e da sociedade às quais o historiador tem acesso consciente ou inconsciente. Dadas as condições obtidas no momento que a narrativa é iniciada, e dado ainda o conhecimento das leis de cobertura, quiçá com a ajuda de condições de contorno adicionais introduzidas posteriormente, pode-se prever o curso futuro de algumas partes centrais da narrativa. São essas as partes, e apenas essas, que podemos dizer que o historiador explicou. Caso as leis permitam apenas previsões grosseiras, dizemos que foi obtido um "esboço de explicação" e não uma explicação. Caso não permitam absolutamente nenhuma previsão, a narrativa não fornece nenhuma explicação.

É evidente que o modelo da lei de cobertura foi estabelecido com base numa teoria da explicação nas ciências naturais e, posteriormente, aplicado à História. Creio que quaisquer que sejam seus méritos no campo em que foi desenvolvido originalmente, nessa ampliação específica seu resultado é um desajuste quase completo. É muito provável que existam, ou venham a existir, leis do comportamento social que possam ser aplicadas à História. Mais cedo ou mais tarde, quando surgirem, os historiadores vão usá-las. Mas leis desse tipo são basicamente da alçada das ciências sociais e, com exceção da economia, poucas estão disponíveis. Disse antes que os filósofos se valem, em geral, dos escritos dos cientistas sociais para encontrar as leis que atribuem aos historiadores. Acrescentaria agora que, quando extraem exemplos dos textos de História, as leis que inferem são ao mesmo tempo óbvias e dúbias, por exemplo: "Homens famintos tendem a provocar tumultos". É provável que, acentuando as palavras "tendem a", a lei seja válida. Mas segue daí que a consideração a respeito da fome na França no século XVIII é menos essencial à narrativa que trata da primeira década desse século, quando não havia tumultos, do que a que trata da última, quando os tumultos ocorreram?

A plausibilidade de uma narrativa histórica seguramente não depende do poder de algumas leis confusas e discutíveis como essa. Se dependesse, a História não explicaria quase nada. Com poucas exceções, os fatos que preenchem as páginas das narrativas históricas seriam apenas ornamentais, os fatos pelos fatos, sem relação entre si ou com um objetivo maior. Mesmo os poucos fatos efetivamente conectados por alguma lei seriam desinteressantes, pois, à medida que fossem "cobertos", não acrescentariam nada ao que todos já sabem. É importante que fique claro que não estou defendendo que o historiador não tenha acesso a leis e generalizações, nem que não deva utilizá-las quando disponíveis. Mas argumento que, por mais que possam aumentar a solidez de uma narrativa histórica, as leis não são essenciais à sua força explicativa. Isso é feito, em primeiro lugar, pelos fatos que o historiador apresenta e pela maneira como os justapõe.

Na época em que eu era um físico com inclinações filosóficas, a imagem que eu fazia da História era semelhante à dos teóricos da lei de cobertura, e os filósofos habitualmente começavam meus cursos encarando-a do mesmo modo. O que mudou minhas concepções, e em geral mudava as deles, foi a experiência de compor uma narrativa histórica. Essa experiência é vital, porque a diferença entre aprender História e fazer História é muito maior do que na maioria das outras atividades criativas, como seguramente a Filosofia. Concluí daí, entre outras coisas, que a habilidade de prever o futuro não faz parte do arsenal do historiador. Ele não é cientista social nem vidente. Não é por acaso que ele conhece o fim da narrativa tão bem quanto o início, antes mesmo de começar a escrevê-la. A História não pode ser escrita na ausência dessa informação. Embora não tenha uma Filosofia da História ou da explicação histórica para apresentar aqui, posso ao menos delinear uma imagem mais apropriada da tarefa do historiador e sugerir por que sua realização pode levar a um tipo de compreensão.

Penso que, ao fazer seu trabalho, o historiador não é diferente da criança que é apresentada àqueles quebra-cabeças de peças quadradas. O historiador, porém, tem muito mais peças adicionais. Tem ou pode ter os dados, se não todos (o que seria isso?), ao menos uma coleção considerável. Sua tarefa é selecionar um conjunto que possa ser justaposto e assim fornecer os elementos do que, no caso da criança, será uma figura de um objeto reconhecível, encaixado de maneira aceitável, e, no caso do historiador e de seu leitor, uma narrativa plausível, com motivações e comportamentos reconhecíveis. Assim como a criança e seu quebra-cabeça, o historiador é governado em seu trabalho por regras que não podem ser violadas. Não pode haver espaço vazio no meio da figura ou da narrativa. Também não pode haver descontinuidades. Se o quebra-cabeça mostra uma cena campestre, as pernas de um homem não podem ser encaixadas no corpo de um carneiro. Na narrativa, um monarca tirânico não pode ser transformado num déspota esclarecido em apenas uma noite de sono. Há regras adicionais para o historiador que não existem para a criança. Por exemplo, a narrativa pode violar os fatos que o historiador preferiu omitir de sua história. Além disso, essa história tem de estar em conformidade com as leis da natureza e da sociedade que o historiador conhece. A violação de regras como essas é um pretexto para rejeitar tanto a figura do quebra-cabeça quanto a narrativa do historiador.

No entanto, tais regras podem apenas limitar, mas não determinar o resultado da tarefa da criança ou do historiador. Em ambos os casos, o critério básico para realizar a tarefa de maneira correta é o reconhecimento primitivo de que as peças se encaixam para formar algo familiar, ainda que previamente oculto. A criança já viu figuras, e o historiador, padrões de comportamento, similares. Acredito que esse reconhecimento da similaridade é anterior a todas as respostas à questão: similar a quê? Embora isso possa ser compreendido racionalmente, e talvez até modelado em computadores (certa vez me aventurei a algo do tipo), a relação de similaridade não é suscetível de reformulação na forma de leis. Ela é global, não redutível a um conjunto único de critérios dados de antemão e mais primitivos do que a própria relação de similaridade. Não se pode substituí-la por um enunciado da forma: "*A* é similar a *B* se, e somente se, os dois partilham as características *c, d, e* e *f*". Defendi alhures que o conteúdo cognitivo das ciências físicas depende, em parte, dessa mesma relação primitiva de similaridade entre exemplos concretos, ou paradigmas, do trabalho científico bem-sucedido, e que os cientistas modelam uma solução de problema em outra, sem saber absolutamente quais características da original têm de ser preservadas para que o processo se legitime. Sugiro agora que, na História, essa obscura relação global carrega praticamente todo o fardo de conectar os fatos. Se a ciência é explicativa, isso não ocorre porque suas narrativas são cobertas por leis gerais. Ocorre, ao contrário, porque o leitor que diz "agora eu sei o que aconteceu", diz ao mesmo tempo "agora faz sentido, agora eu compreendo; o que antes me parecia ser apenas uma lista de fatos, agora se encaixa num padrão reconhecível". Insisto em que a experiência que ele relata seja levada a sério.

Naturalmente, o que acaba de ser exposto é apenas a primeira etapa de um programa de reflexão e investigação filosófica, e não a solução do problema. Se muitos de vocês discordam de mim sobre seu provável desfecho, não é porque estão mais cientes do que eu das incompletudes e dificuldades, mas porque estão menos convencidos de que a ocasião exige uma ruptura radical com a tradição. Quanto a isso, no entanto, não darei razões aqui. O propósito da digressão que interrompo agora era identificar minhas convicções, e não justificá-las. O que me incomoda no modelo da lei de cobertura é o fato de ele fazer do historiador um cientista social *manqué*, cuja disparidade é compensada por detalhes fatuais desconexos. Ele dificulta o reconhecimento de que o historiador tem uma disciplina própria, diferente e grandiosa, que há uma autonomia (e uma integridade) na compreensão histórica. Se tal argumento parece agora – ainda que remotamente – plausível, ele prepara o caminho para minha conclusão principal. Quando emerge da contemplação das fontes e da construção da narrativa, o historiador da ciência tem o direito de afirmar que está familiarizado com os elementos essenciais. E se disser: "Não posso construir uma narrativa viável sem dar destaque a aspectos da ciência que os filósofos ignoram, nem posso encontrar vestígios dos elementos que eles consideram essenciais", ele merece atenção. O que diz é que o empreendimento reconstruído pelo filósofo não é, quanto a alguns de seus elementos essenciais, ciência.

Que tipo de lição o filósofo poderia aprender, se levasse mais a sério as construções de narrativa do historiador? Finalizo esta conferência com um único exemplo global e remeto a meu trabalho anterior para outras ilustrações, muitas das quais dependentes do exame de casos individuais. A esmagadora maioria do trabalho histórico se ocupa de processos, de desenvolvimentos ao longo do tempo. Em princípio, o desenvolvimento e a mudança não precisam ter uma função semelhante na filosofia, mas caso tivessem, na prática – e eu gostaria de insistir nisso –, a imagem que o filósofo faz da ciência, mesmo de seus aspectos estáticos, de questões como a estrutura de teorias e a confirmação de teorias, mudaria de maneira muito fecunda.

Considerem, por exemplo, a relação entre leis empíricas e teorias. Para os propósitos desta breve conclusão, apresentarei ambas sem entrar em detalhes. Apesar das dificuldades reais, às quais dei uma ênfase talvez excessiva em outro momento, as leis empíricas se ajustam relativamente bem à tradição aceita na Filosofia da Ciência. É claro que podem ser confrontadas diretamente com a observação ou experimento. Com relação ao assunto em pauta, quando emergem pela primeira vez, essas leis preenchem uma lacuna aparente e proporcionam uma informação que não se tinha antes. Conforme a ciência se desenvolve, podem ser aperfeiçoadas, mas as versões originais permanecem como aproximações das sucessoras e seu alcance é, portanto, óbvio ou prontamente resgatado. Em suma, enquanto forem puramente empíricas, as leis entram na ciência como adições líquidas ao conhecimento e, portanto, nunca são completamente deslocadas. Podem perder interesse e não ser mais citadas, mas isso é outra questão. A elaboração dessa posição, repito, enfrenta dificuldades importantes, pois já não é tão claro o que seria para uma lei ser puramente empírica. Mas, como uma idealização declarada, o relato tradicional das leis empíricas se ajusta bem à experiência do historiador.

No que diz respeito às teorias, a situação é diferente. A tradição as apresenta como coleções ou conjuntos de leis. Embora se admita que membros individuais de um conjunto sejam passíveis de confronto com a experiência apenas mediante as consequências dedutíveis do conjunto como um todo, ela equipara as teorias às leis tanto quanto possível. Essa equiparação já não se ajusta tão bem à experiência do historiador. Quando investiga certo período do passado, ele pode identificar no conhecimento da época lacunas que depois serão preenchidas por leis empíricas. Os antigos sabiam que o ar era compressível, mas ignoravam a regularidade que relaciona quantitativamente seu volume e sua pressão. Se indagados, possivelmente admitiriam essa ausência. Mas o historiador nunca ou raramente identifica lacunas que sejam depois preenchidas por uma teoria. Em sua época, a física aristotélica abrangia o mundo acessível e imaginável tão completamente como mais tarde a Física newtoniana. Para que esta fosse introduzida, aquela teve literalmente de ser deslocada. Depois disso, os esforços para resgatar a teoria aristotélica encontraram dificuldades de natureza muito diferente daquelas envolvidas no resgate de uma lei empírica. As teorias, tal como o historiador as conhece, não podem ser decompostas em seus elementos constituintes para uma comparação direta com a natureza ou entre si. Isso não significa que não possam, em absoluto, ser decompostas analiticamente, mas que as partes expressas por leis produzidas pela análise não podem, à diferença das leis empíricas, funcionar individualmente em tais comparações.

Uma doutrina central na física de Aristóteles era, por exemplo, a impossibilidade do vazio. Suponham que um físico dissesse que é possível produzir hoje, em laboratório, uma aproximação quase perfeita do vazio. Aristóteles provavelmente responderia que um recipiente do qual se retirou o ar e outros gases não é aquilo que ele entende por vazio. Essa resposta indicaria que a impossibilidade do vazio não era, em sua física, uma questão meramente empírica. Mas suponham agora que Aristóteles tivesse admitido a opinião do físico e anunciasse que, afinal, o vazio poderia existir na natureza. Ele precisaria de uma física inteiramente nova, pois seus conceitos de cosmos finito, lugar e movimento natural permanecem ou desaparecem com seu conceito de vazio. Nesse sentido também, o enunciado expresso na lei "não há vazios na natureza" não funciona exatamente como uma lei na física aristotélica. Isto é, ele não pode ser eliminado e substituído por uma versão aprimorada e, ao mesmo tempo, manter de pé o resto da estrutura.

Portanto, para o historiador, ou ao menos para este, as teorias são, em certos aspectos essenciais, holísticas. Tanto quanto se pode afirmar, sempre existiram (embora nem sempre numa forma que se pudesse descrever propriamente como científica) e sempre abrangeram todo o campo dos fenômenos naturais então concebíveis (embora sem muita precisão em geral). São nitidamente diferentes das leis nesses aspectos, e é inevitável que haja diferenças equivalentes no modo como se desenvolvem e são apreciadas. Sabemos muito pouco sobre esses últimos processos e não saberemos muito mais até aprendermos a reconstruir de maneira apropriada as teorias do passado. Hoje, quem se dedica a essa tarefa são os historiadores, e não os filósofos. Não há dúvida de que estes podem aprender, mas, como disse, é provável que com isso se tornem também historiadores. Eles seriam muito bem-vindos, mas eu lamentaria se, na transição, eles perdessem de vista seus problemas, um risco que considero real. Para evitar isso, insisto em que a História e a Filosofia da Ciência continuem a ser disciplinas separadas. O que é necessário tem mais chance de proceder de uma comunicação ativa do que de resultar de um casamento.

2
Conceitos de causa no desenvolvimento da física[1]

Por que um historiador da ciência deveria ser convidado a discursar, para uma plateia de psicólogos especializados em Psicologia infantil, sobre o desenvolvimento das noções causais na física? Uma primeira resposta é bem conhecida de todos os que têm familiaridade com as pesquisas de Jean Piaget. Suas investigações sutis a respeito de questões como os conceitos infantis de espaço, tempo, movimento ou do próprio mundo revelaram, repetidas vezes, paralelos notáveis com as concepções sustentadas por cientistas adultos de épocas passadas. Caso existam paralelos semelhantes em relação à noção de causa, sua elucidação deveria interessar tanto ao psicólogo quanto ao historiador.

Mas há também uma resposta mais pessoal e talvez mais apropriada a este historiador e a este grupo de psicólogos. Há quase vinte anos, descobri pela primeira vez, e mais ou menos ao mesmo tempo, tanto o interesse intelectual da História da Ciência quanto os estudos psicológicos de Jean Piaget. Desde então, ambos têm interagido fortemente em meus pensamentos e em minhas obras. De certo modo, aprendi o que sei sobre como fazer perguntas

---

1 Originalmente publicado como "Les notions de causalité dans le developpement de la physique", *Études d'épistémologie génétique*, v.25, 1971, p.7-18. Reimpresso com a permissão da Presses Universitaires de France (PUF).

sobre os cientistas mortos estudando como Piaget interrogava crianças vivas. Lembro-me nitidamente de como essa influência se fez notar em meu primeiro encontro com Alexandre Koyré, aquele que, mais do que qualquer outro historiador, tem sido meu *maître*. Disse a ele que foi com as crianças de Piaget que aprendi a compreender a física de Aristóteles. Sua resposta – a física de Aristóteles o ensinou a compreender as crianças de Piaget – apenas confirmou a impressão que eu tinha da importância daquilo que eu havia aprendido. Mesmo em áreas como a da causalidade, sobre as quais podemos não estar totalmente de acordo, tenho o orgulho de reconhecer as marcas indeléveis da influência de Piaget.

Para que o historiador da física tenha sucesso na análise da noção de causa, acredito que ele deva reconhecer dois aspectos relacionados, sobre os quais esse conceito difere da maioria daqueles com que está acostumado a lidar. Tal como em outras análises conceituais, ele tem de partir das ocorrências de palavras como "causa" e "porque" nas conversas e publicações dos cientistas. Mas essas palavras, ao contrário de outras relacionadas a conceitos como posição, movimento, peso, tempo, e assim por diante, não ocorrem regularmente no discurso científico e, quando ocorrem, o discurso é de um tipo muito especial. Somos tentados a dizer, conforme uma observação de M. Grize motivada por outras razões, que o termo "causa" funciona muito melhor no vocabulário metacientífico dos físicos do que no científico.

Essa observação não deve sugerir que o conceito de causa seja menos importante do que conceitos técnicos mais típicos, como os de posição, força e movimento. Mas de fato sugere que os instrumentos de análise disponíveis funcionam de modo diferente nos dois casos. Ao analisar a noção de causa, o historiador ou o filósofo têm de ser muito mais sensíveis do que de costume às nuances da linguagem e do comportamento. Têm de observar não apenas as ocorrências dos termos próximos a "causa", mas também as circunstâncias específicas em que esses termos foram utilizados. Inversamente, têm de basear alguns aspectos essenciais de sua análise na observação dos contextos em que, embora haja uma causa claramente manifesta, não há ocorrência de termos que indiquem quais partes da comunicação total fazem referência às causas. Antes de chegar ao fim, o analista que proceder desse modo concluirá provavelmente que se comparado, digamos, ao conceito de posição, o de causa exibe componentes essencialmente linguísticos e sociopsicológicos.

Esse aspecto da análise das noções causais está intimamente relacionado com um segundo, sobre o qual Piaget vem insistindo desde o início desta conferência. Ele disse que temos de considerar o conceito de causa sob duas rubricas, uma estrita e outra ampla. O conceito estrito, tal como o entendo, deriva da noção inicialmente egocêntrica de um agente ativo, aquele que puxa ou empurra, exerce uma força ou manifesta um poder. É muito próximo do conceito de causa eficiente em Aristóteles, uma noção que funcionou pela primeira vez de modo significativo na física técnica, na análise dos problemas de colisão no século XVII. A concepção ampla é, ao menos à primeira vista, muito diferente. Piaget a descreveu como a noção geral de explicação. Descrever a causa ou as causas de um evento é explicar por que ele ocorre. As causas figuram nas explicações físicas e as explicações físicas são geralmente causais. Reconhecer isso, porém, é confrontar mais uma vez a subjetividade intrínseca de alguns critérios que governam a noção de causa. Tanto o historiador quanto o psicólogo estão bem cientes de que a sequência de palavras que fornece uma explicação num estágio do desenvolvimento da física ou da criança pode nos levar simplesmente a questões em outro estágio. Basta dizer que a maçã cai por causa da atração gravitacional, ou que a atração tem de ser explicada antes que o questionamento acabe? Uma estrutura dedutiva especificada poderia ser uma condição necessária para a adequação de uma explicação causal, mas não é uma condição suficiente. Portanto, ao analisar a causalidade, temos de investigar as respostas particulares que, exceto por *force majeur*, levarão o regresso das questões causais a uma conclusão.

A coexistência de dois sentidos de causa intensifica outro problema que mencionamos apenas de passagem. Por razões ao menos em parte históricas, a noção estrita é muitas vezes considerada fundamental, e o conceito mais amplo é construído para se ajustar a ela, às vezes à força. As explicações que são causais no sentido estrito sempre envolvem um agente e um paciente, uma causa e um efeito subsequente. Mas há outras explicações de fenômenos naturais – examinaremos alguns mais adiante –, nas quais nenhum evento ou fenômeno anterior, nem qualquer agente ativo, aparece como *a causa*. Nada se ganha (e muito da naturalidade linguística é perdida) quando se declara que tais explicações são não causais: elas não carecem de nada que, caso fornecido, possa ser interpretado como a causa faltante. Mas as questões também não podem ser declaradas não causais: feitas em outras circunstâncias, teriam evocado uma resposta estritamente causal. Se pudermos traçar um limite entre as explicações causais e não causais dos fenômenos naturais, ele dependerá de sutilezas que aqui são irrelevantes. Também não é de muita utilidade transformar essas explicações, verbal ou matematicamente, e submetê-las a uma forma que permita o isolamento de um estado de coisas anterior que será considerado causa. É plausível que se possa sempre conduzir essa transformação (às vezes por uma das engenhosas técnicas ilustradas na apresentação de meu colega de mesa, Bunge), mas o resultado comum consiste em despojar a expressão transformada de sua força explicativa.

Um epítome dos quatro estágios principais na evolução das noções causais em física documentará e aprofundará o que já foi dito aqui. Ao mesmo tempo, abrirá caminho para algumas conclusões mais gerais. Até cerca de 1600, a tradição na física era aristotélica e a análise da causa por Aristóteles era predominante. Esta, no entanto, continuou a ser utilizada até muito depois de aquela ter sido abandonada e, por isso merece, já de início, um exame à parte. Segundo Aristóteles, toda mudança, inclusive todo vir a ser, apresenta quatro causas: material, eficiente, formal e final. Essas quatro causas esgotam os tipos de respostas que podem ser dadas a um pedido de explicação da mudança. No caso de uma estátua, por exemplo, a causa material de sua existência é o mármore; sua causa eficiente é a força exercida sobre o mármore pelos instrumentos do escultor; sua causa formal é a forma idealizada do objeto concluído, presente desde o início na mente do escultor; e a causa final é o incremento do número de belos objetos à disposição da sociedade grega.

Em princípio, qualquer mudança possui todas as quatro causas, uma de cada tipo, mas, na prática, a causa invocada na explicação efetiva variava grandemente conforme o campo. Ao considerar a ciência da física, os aristotélicos lançavam mão, em geral, de apenas duas causas, a formal e a final, comumente fundidas numa só. As mudanças violentas, aquelas que interrompiam a ordem natural do cosmos, eram obviamente atribuídas a causas eficientes, a empurrões e puxões, mas mudanças desse tipo não eram consideradas sujeitas a maiores explicações e, por isso, situavam-se fora da física. Essa disciplina tratava apenas da manutenção e da restauração da ordem natural, o que dependia apenas das causas formais. Assim, as pedras caíam na direção do centro da Terra porque sua natureza ou forma só podia ser realizada integralmente ali. O fogo subia para a periferia pela mesma razão, e a matéria celeste realizava sua natureza ao girar no mesmo lugar eterna e regularmente.

No decorrer do século XVII, explicações desse tipo passaram a ser vistas como logicamente deficientes, meros jogos de palavras, tautologias, e essa avaliação persistiu. O médico de Molière, ridicularizado por explicar a capacidade do ópio de induzir as pessoas ao sono em termos de sua "potência dormitiva", ainda hoje é um estereótipo cômico. Foi uma zombaria eficiente e, no século XVII, tinha razão de ser. Todavia, não há nenhuma imperfeição lógica em explicações como essa. Desde que as pessoas fossem capazes de explicar, como o foram os aristotélicos, um domínio relativamente amplo de fenômenos naturais com base num número relativamente restrito de formas, as explicações em termos de formas eram inteiramente satisfatórias. Estas se tornaram tautologias somente quando cada fenômeno distinto pareceu necessitar da invenção de uma forma distinta. Explicações de tipo exatamente paralelo ainda são bastante frequentes na maioria das ciências sociais. Caso se mostrem menos poderosas do que se desejaria, a dificuldade não está em sua lógica, mas em suas formas particulares de utilização. Aventarei, em breve, a ideia de que a explicação formal funciona hoje de modo muito eficaz na física.

Nos séculos XVII e XVIII, contudo, seu papel era mínimo. Depois de Galileu e Kepler, que normalmente localizavam regularidades matemáticas simples como causas formais que não exigiam análises adicionais, toda explicação tinha de ser mecânica. As únicas formas admissíveis eram os formatos e as posições dos corpúsculos últimos da matéria. Qualquer mudança, fosse de posição, fosse de outra qualidade qualquer, como a cor ou a temperatura, deveria ser entendida como o resultado do impacto físico de um grupo de partículas em outro. Assim, Descartes explicou o peso dos corpos como o resultado do impacto em sua superfície superior de partículas provenientes do éter circundante. As causas eficientes de Aristóteles, empurrões e puxões, dominavam a explicação da mudança. Até mesmo a obra de Newton, amplamente interpretada como uma licença para interações não mecânicas entre partículas, fez muito pouco para reduzir o domínio da causa eficiente. Ele sem dúvida se livrou de um mecanicismo estrito, mas foi muito atacado pelos que consideravam a introdução da ação a distância uma violação retrógrada dos padrões de explicação existentes. (Eles estavam certos. Os cientistas do século XVIII poderiam ter introduzido uma nova força para cada tipo de fenômeno, e uns poucos até começaram.) Mas as forças newtonianas eram consideradas, em geral, análogas às forças de contato, e a explicação continuou predominantemente mecânica.

Durante todo o século XVIII, em particular nas novas áreas da física (eletricidade, magnetismo, calor), a explicação foi amplamente conduzida em termos de causas eficientes.

Entretanto, no século XIX, uma mudança que já havia começado na mecânica propagou-se pouco a pouco por toda a física. À medida que o campo se matematizava, a explicação dependia cada vez mais da apresentação de formas apropriadas e da derivação de suas consequências. Com relação à estrutura, mas não em substância, a explicação ainda era a da física aristotélica. Impelido a explicar um fenômeno natural específico, o físico escrevia uma equação diferencial apropriada e dela deduzia, talvez em conjunto com condições de contorno especificadas, o fenômeno em questão. Seguramente podia ter de justificar a escolha das equações diferenciais, mas o que podia ser contestado era a formulação empregada, e não o tipo de explicação oferecida. Tivesse ou não escolhido a correta, era uma equação diferencial, uma forma que dava a explicação para o ocorrido. Na condição de explicação, a equação não é divisível para além disso. Não se poderia extrair dela, sem graves distorções, um agente ativo ou uma causa isolável temporalmente anterior ao efeito.

Considerem, por exemplo, por que Marte se move numa órbita elíptica. A resposta apresenta as leis de Newton aplicadas a um sistema isolado composto de dois corpos maciços, interagindo segundo uma atração inversamente proporcional aos quadrados das distâncias entre eles. Cada um desses elementos é essencial à explicação, mas nenhum é a causa do fenômeno. Também não são anteriores, mais do que simultâneos ou posteriores, ao fenômeno que deve ser explicado. Ou então considerem a questão mais limitada de Marte estar numa dada posição no céu num instante particular. A resposta é obtida com base na anterior, incluindo na solução da equação a posição e a velocidade de Marte num instante prévio qualquer. Essas condições de contorno descrevem um evento anterior, relacionado por deduções das leis ao evento que deve ser explicado. Mas é despropositado chamar o evento anterior – que pode ser substituído por uma infinidade de outros – de causa da posição de Marte no instante especificado pela questão. Se as condições de contorno fornecem a causa, esta deixa de ser explicativa.

Esses dois exemplos são esclarecedores também num segundo aspecto: são respostas a questões que não seriam feitas, ao menos não de um físico para outro. O que apresentamos antes como resposta poderia ser descrito de modo mais realista como soluções de problemas que o físico poderia se colocar ou colocar a alunos. Se as chamamos de explicações é porque, uma vez apresentadas e compreendidas, não há mais perguntas: tudo que o físico pode fornecer como explicação já foi dado. Mas há contextos em que perguntas muito semelhantes poderiam ser feitas e a estrutura da resposta seria diferente. Suponham que fosse observado que a órbita de Marte não é elíptica, ou que sua posição em um instante particular não fosse exatamente a prevista na solução do problema newtoniano de dois corpos em conjunto com as condições de contorno. O físico pergunta (ou perguntaria, antes de o fenômeno ser conhecido) o que está errado, por que a experiência frustra as expectativas. E a resposta, nesse caso, isola efetivamente uma causa específica: a atração gravitacional de outro planeta, no exemplo. Diferentemente das regularidades, as anomalias são explicadas em termos causais no sentido estrito. Mais uma vez, a semelhança com a física aristotélica é notável. As causas formais explicam a ordem natural, as causas eficientes, o que se afasta da ordem. Hoje em dia, porém, a irregularidade, assim como a regularidade, encontra-se no campo da física.

Esses exemplos da mecânica celeste podem ser repetidos em outras áreas da mecânica, na acústica, na eletricidade, na óptica ou na termodinâmica, tal como se desenvolveram no fim do século XVIII e início do século XIX. Mas a questão já deve estar clara. O que pode exigir mais ênfase, talvez, é que a semelhança com a explicação aristotélica apresentada pelas explicações nesses campos é apenas estrutural. As formas empregadas na explicação física do século XIX não eram como as de Aristóteles: eram versões matemáticas das formas cartesianas e newtonianas correntes nos séculos XVII e XVIII. Contudo, essa restrição às formas mecânicas se manteve apenas até os últimos anos do século XIX. A partir de então, com a aceitação das equações de Maxwell no campo eletromagnético e com o reconhecimento de que essas equações não poderiam ser derivadas da estrutura de um éter mecânico, a lista de formas que o físico podia utilizar começou a crescer.

A consequência, no século XX, foi mais uma revolução na explicação física, dessa vez não em sua estrutura, mas em sua substância. Meu colega de mesa Halbwachs mostrou muitos de seus detalhes. Ensaiarei aqui apenas algumas generalizações muito amplas sobre ela. O campo eletromagnético, como uma entidade física não mecânica fundamental, cujas propriedades formais são passíveis de descrição apenas em equações matemáticas, foi apenas o ponto de entrada para o conceito de campo na física. O físico contemporâneo reconhece outros campos além desse, e o número continua crescendo. Na maioria das vezes, são empregados para explicar fenômenos que ainda não eram reconhecidos no século XIX, mas em algumas áreas também substituíram as forças a elas reservadas, como ocorreu no eletromagnetismo. Assim como aconteceu no século XVII, o que antes era uma explicação deixou de ser. Mas as mudanças não afetaram apenas os campos, um novo tipo de entidade. A matéria também adquiriu propriedades formais mecanicamente inimagináveis – *spin*, paridade, estranheza, e assim por diante –, que só podiam ser descritas em termos matemáticos. Por último, a inclusão na física de um elemento probabilístico aparentemente inextirpável produziu outra alteração radical nos cânones da explicação. Hoje existem perguntas bem formuladas acerca de fenômenos observáveis – por exemplo, o instante em que uma partícula alfa deixa o núcleo – que os físicos declaram por princípio que não podem ser respondidas pela ciência. Como eventos particulares, a emissão de uma partícula alfa e diversos fenômenos similares são não causados. Qualquer teoria que os explique derrubaria a teoria quântica, e não apenas se somaria a ela. Talvez alguma transformação futura da teoria física venha a alterar essa concepção ou então tornar impossíveis as questões relevantes. Mas, neste momento, poucos físicos consideram que a lacuna causal seja uma imperfeição. Também esse fato pode nos ensinar algo sobre a explicação causal.

O que se deve concluir deste breve esboço? Como resumo, sugiro o seguinte. Embora o conceito estrito de causa tenha sido parte fundamental da física nos séculos XVII e XVIII, sua importância diminuiu no século XIX e quase desapareceu no século XX. As principais exceções são as explicações de ocorrências que parecem a princípio violar a teoria física existente, mas que, de fato, não o fazem. São explicadas pelo isolamento da causa específica da anomalia, ou seja, pela descoberta de um elemento não considerado na solução inicial do problema. Todavia, exceto nesses casos, a estrutura da explicação física é muito semelhante à desenvolvida por Aristóteles na análise das causas formais. Efeitos são deduzidos de umas poucas propriedades inatas, determinadas nas entidades de que trata a explicação. O *status* lógico dessas propriedades e das explicações delas deduzidas é o mesmo das formas aristotélicas. Mais uma vez, a causa na física se tornou causa no sentido amplo, ou seja, explicação.

No entanto, se a física moderna se assemelha à aristotélica na estrutura causal de seus argumentos, as formas específicas que hoje figuram na explicação física são radicalmente diferentes das consideradas na física da Antiguidade e da Idade Média. Mesmo na exposição sucinta que fizemos aqui, observamos duas grandes transformações nos tipos de forma que poderiam funcionar de maneira satisfatória na explicação física: das formas qualitativas (o grave ou o leve inatos) às formas mecânicas e, posteriormente, das mecânicas às matemáticas. Um relato mais detalhado mostraria outras transições mais sutis. Transições como essas, no entanto, levantam uma série de questões que devem ser comentadas, ainda que aqui devam sê-lo de modo breve e dogmático. O que dá origem a essas mudanças nos cânones explicativos? Qual é sua importância? Qual é a relação entre o modo explicativo mais antigo e o mais novo?

Com respeito à primeira dessas questões, digo que, na física, os novos cânones de explicação surgem com as novas teorias, das quais são em grande medida parasitários. Novas teorias físicas, como a de Newton, foram reiteradamente rejeitadas por pessoas que, apesar de admitir a capacidade de uma nova concepção de resolver problemas antes intratáveis, insistiam ainda assim que ela não explicava absolutamente nada. As gerações seguintes, levadas a aplicar a nova teoria por seu poder, na maioria das vezes também a consideraram explicativa. O sucesso pragmático de uma teoria científica parece assegurar o sucesso subsequente de seu modo explicativo associado. Contudo, a força explicativa pode levar um bom tempo para surgir. A experiência de muitos contemporâneos com a mecânica quântica e com a relatividade sugere que é possível acreditar com convicção numa teoria e, ainda assim, não ter a formação e a familiarização necessárias para acolhê-la como explicativa. Isso só vem com o tempo. Mas, até hoje, sempre veio.

Ser parasita de novas teorias não tira a importância dos novos modos de explicação. A inquietação do físico para compreender e explicar a natureza é uma condição essencial de seu trabalho. Cânones de explicação são parte daquilo que indica que ainda há problemas para resolver e alguns fenômenos permanecem sem explicação. Além disso, sejam quais forem os problemas a que um cientista se dedica, os cânones correntes condicionam em altíssimo grau os tipos de solução a que podem chegar. Não se pode compreender a ciência de qualquer período sem apreender os cânones explicativos aceitos por seus praticantes.

Enfim, após ter esboçado quatro estágios no desenvolvimento das noções causais na Física, pergunto se algum padrão geral pode ser observado nessa sucessão. Os cânones explicativos da física moderna são mais avançados em alguns sentidos do que, digamos, os do século XVIII, que, por sua vez, são mais avançados do que os da Antiguidade e da Idade Média? Em certo sentido, a resposta seguramente é positiva. A teoria física de cada um desses períodos é imensamente mais poderosa e precisa do que a dos períodos anteriores. Os cânones explicativos, por se associar completamente à própria teoria física, têm necessariamente de participar desse avanço: o desenvolvimento da ciência permite a explicação de fenômenos cada vez mais refinados. Todavia, é o fenômeno, e não as explicações, que é mais refinado em qualquer sentido óbvio. Se abstraída das teorias em que funciona, a gravidade é apenas diferente de uma tendência inata a realizar-se no centro da Terra, o conceito de campo é apenas diferente do de força. Vistas em si mesmas como expedientes explicativos, sem referência ao que as teorias que os empregam são capazes de explicar, as bases permissíveis da explicação física não parecem ser intrinsecamente mais avançadas numa época posterior do que numa anterior. Num dado sentido, as revoluções nos modos explicativos podem até se mostrar retrógradas. Embora estejam longe de ser conclusivas, as evidências sugerem que, com o desenvolvimento de uma ciência, esta passa a empregar em suas explicações um número cada vez maior de formas irredutivelmente distintas. No que se refere à explicação, a simplicidade da ciência pode ter diminuído com o tempo histórico. O exame dessa tese exigiria outro ensaio, mas mesmo o fato de considerá-la sugere uma conclusão que por ora será suficiente. Quando estudadas em si mesmas, as ideias de explicação e causa não fornecem evidências claras do progresso do intelecto tão manifesto na ciência de que provêm.

3
Tradição matemática *versus* tradição experimental no desenvolvimento das ciências físicas[1]

Qualquer um que estude a história do desenvolvimento científico depara constantemente com uma questão. Uma de suas versões poderia ser: "As ciências são muitas ou uma só?". Essa questão é evocada, em geral, por problemas concretos na organização da narrativa, que se tornam especialmente agudos quando se pede ao historiador da ciência que apresente um panorama da disciplina em conferências ou num livro de grande abrangência. Deveria tomar as ciências uma a uma, começando, por exemplo, pela matemática,

---

1 Originalmente publicado como "Mathematical versus Experimental Traditions in the Development of Physical Science", *The Journal of Interdisciplinary History*, v.7, 1976, p.1-31. Reimpresso com a permissão do Massachusetts Institute of Technology e dos editores do *Journal of Interdisciplinary History*. Este ensaio é uma versão revisada e estendida de uma palestra da série *George Sarton Memorial Lectures*, realizada em Washington em 1972, numa sessão conjunta da American Association for the Advancement of Science e da History of Science Society. Uma versão preliminar foi lida na Universidade Cornell um mês antes. Nos três anos seguintes, incorporei os comentários de tantos colegas que é impossível citá-los. Algumas dívidas especiais serão mencionadas em notas de rodapé. Aqui, registro apenas meus agradecimentos pelo encorajamento e pela contribuição à clareza do texto, oferecidos durante a revisão, a dois historiadores cujas preocupações coincidem com as minhas: Theodore Rabb e Quentin Skinner. A versão resultante foi publicada numa tradução francesa em *Annales*, v.30, 1975, p.975-98. Diversas alterações adicionais, ligeiras em sua maioria, foram introduzidas na versão em inglês.

passando para a astronomia, em seguida para a física, a química, a anatomia, a psicologia, a botânica e assim por diante? Ou deveria rejeitar a noção de que seu objetivo é um relato composto de campos individuais e considerá-lo antes conhecimento da natureza *tout court*? Nesse caso, ele seria forçado, na medida do possível, a considerar todos os objetos científicos de estudo, examinar o que as pessoas sabem acerca da natureza em cada época e delinear o modo como as mudanças no método, no ambiente filosófico ou na sociedade como um todo afetaram o corpo do conhecimento científico concebido como único.

Numa descrição mais matizada, ambas as abordagens podem ser reconhecidas como tendências historiográficas[2] de longa tradição e em geral estanques. A primeira, que trata a ciência como não mais do que uma coleção vagamente conexa de ciências separadas, é também caracterizada pela insistência de seus praticantes em examinar em minúcias o conteúdo técnico, tanto experimental quanto teórico, de versões passadas da especialidade em questão. Isso é um mérito considerável, pois as ciências são técnicas, e a História que ignora seu conteúdo trata, em geral, de outra empreitada inteiramente diferente, às vezes fabricando-a com esse propósito. Porém, historiadores que desejavam escrever a história de uma especialidade técnica entenderam repetidas vezes que os limites de seu tema eram os prescritos pelos manuais mais recentes no campo correspondente. Se, por exemplo, o tema é a eletricidade, a definição de um efeito elétrico com frequência se assemelha muito à fornecida pela física moderna. Com isso definido de

---

2 Para uma discussão mais ampla dessas duas abordagens, ver Kuhn, "History of Science", *International Encyclopaedia of the Social Sciences*, v.14, 1968, p.74-83 ["A História da Ciência", p.127-44 deste volume]. Note-se também que o modo de distinção das duas intensifica e ultrapassa a hoje bem mais conhecida distinção entre as abordagens internalista e externalista da História da Ciência. Quase todos os autores considerados hoje internalistas interessam-se pela evolução de uma única ciência ou por um conjunto fortemente associado de ideias científicas. Os externalistas pertencem quase invariavelmente ao grupo que trata a ciência como uma só. Contudo, os rótulos "internalista" e "externalista" só servem para isso. Os que se concentraram sobretudo em ciências individuais, como, por exemplo, Alexandre Koyré, não hesitaram em atribuir um importante papel às ideias extracientíficas no desenvolvimento científico. Resistiram em particular a levar em consideração fatores socioeconômicos e institucionais, como fizeram autores como B. Hessen, G. N. Clark e R. K. Merton. Mas esses fatores não intelectuais nem sempre foram muito apreciados por aqueles que consideram a ciência uma só. Por isso, com frequência, o "debate internalismo-externalismo" gira em torno de questões diferentes das que seus nomes sugerem e, por vezes, a confusão que daí resulta é danosa.

antemão, os historiadores podem procurar em fontes antigas, medievais e do início da modernidade referências apropriadas e, às vezes, daí resulta um impressionante registro do conhecimento da natureza acumulado pouco a pouco. Mas esse registro é extraído de livros e manuscritos dispersos, descritos em geral como obras de filosofia, literatura, história, mitologia ou religião. Assim, as narrativas desse gênero encobrem normalmente o fato de que a maioria dos itens agrupados como "elétricos" – por exemplo, o relâmpago, o efeito do âmbar, a tremelga (arraia-elétrica) – não costumavam ser correlacionados na época das descrições originais. É possível lê-las com cuidado, sem notar que os fenômenos hoje chamados "elétricos" não constituíam um tema próprio de estudo antes do século XVII, e sem encontrar um indício sequer de quando esse campo acabou se delimitando. Se o historiador tem de trabalhar com empreitadas que ocorreram nos períodos que lhe dizem respeito, então os relatos tradicionais do desenvolvimento das ciências individuais são muitas vezes profundamente a-históricos.

Não podemos dirigir críticas do mesmo tipo à segunda das duas principais tradições historiográficas, a que trata a ciência como uma única empreitada. Mesmo que se restrinja a um século ou a uma nação em particular, o tema de estudo dessa suposta empreitada mostra-se demasiado vasto, demasiado dependente de detalhes técnicos e demasiado difuso coletivamente para ser esclarecido pela análise histórica. Apesar da solene reverência a clássicos como o *Principia*, de Newton, ou a *Origem das espécies*, de Darwin, os historiadores que veem a ciência como uma só dispensaram, por isso mesmo, pouca atenção ao próprio conteúdo em desenvolvimento, e concentraram-se, em vez disso, na mudança da matriz intelectual, ideológica e institucional no âmbito da qual a ciência se desenvolve. Portanto, o conteúdo técnico dos manuais mais recentes é irrelevante para o tema e os trabalhos que produziram, em especial nas últimas décadas, foram integralmente históricos e por vezes muito esclarecedores. Sem dúvida, o desenvolvimento de instituições, valores, métodos e visões de mundo científicos constitui um tema de pesquisa histórica relevante por si só. A experiência sugere, porém, que não é tão coextensivo ao estudo do desenvolvimento científico como pensavam, em geral, os estudiosos. As relações entre o ambiente metacientífico, de um lado, e o desenvolvimento de teorias e experimentações científicas particulares, de outro, têm se mostrado indiretas, obscuras e controversas.

Em princípio, a tradição que considera a ciência uma só não pode contribuir para a compreensão dessas relações, pois nega *por pressuposição* o acesso aos fenômenos dos quais depende o desenvolvimento dessa compreensão. Compromissos sociais e filosóficos que promoveram o desenvolvimento de um campo específico em determinada época dificultaram-no em outra. Se especificarmos o período considerado, as condições que promovem avanços em uma ciência parecem com frequência adversas a outras.[3] Em tais circunstâncias, os historiadores que pretendem esclarecer o desenvolvimento científico efetivo precisarão ocupar um difícil terreno intermediário entre as duas alternativas tradicionais. Ou seja, não podem supor que a Ciência seja uma só, pois é evidente que não é. Mas tampouco podem pressupor as subdivisões de temas de estudo tipificadas nos manuais contemporâneos e na atual organização departamental das universidades.

Os manuais e a organização institucional são indicadores úteis das divisões naturais que o historiador deve buscar, mas deveriam corresponder ao período estudado. Em conjunto com outras fontes, podem ao menos fornecer uma lista preliminar dos vários campos de prática científica ativos num dado período. Consolidar essa lista, no entanto, é apenas o início da tarefa do historiador, pois ele ainda precisará se informar sobre as relações entre as áreas de atividade nomeadas, indagando, por exemplo, qual é o grau de interação entre elas e a facilidade com que um profissional poderia passar de uma para outra. Investigações desse tipo podem fornecer pouco a pouco um mapa da complexa estrutura da empreitada científica em certa época desejada, e mapas como esses são pré-requisitos para um exame dos complexos efeitos causados por fatores metacientíficos, intelectuais ou sociais no desenvolvimento das ciências. Mas um mapa estrutural não é por si só suficiente. Como os efeitos a serem examinados variam conforme o campo, o historiador que deseja compreendê-los terá de examinar ao menos as partes mais representativas de atividades técnicas, às vezes recônditas, pertencentes ao campo ou aos campos de seu interesse. Seja na História ou na Sociologia da Ciência, a lista de tópicos que podem ser estudados de modo proveitoso, sem dar atenção ao conteúdo das ciências examinadas, é extremamente pequena.

A pesquisa histórica do tipo que acabo de defender mal começou. Minha convicção de que essa alternativa será proveitosa não deriva de trabalhos novos – meus ou de terceiros –, mas de minha constante tentativa, como professor, de sintetizar os produtos aparentemente incompatíveis das

---

3 Sobre esse assunto, além do material a seguir, ver Kuhn, "Scientific Growth: Reflections on Ben-David's 'Scientific Role'", *Minerva*, v.10, 1972, p.166-78.

duas tradições estanques que descrevi.[4] Como é inevitável, os resultados dessa síntese ainda são provisórios e parciais, sempre estendendo ou ignorando os limites dos trabalhos acadêmicos existentes. No entanto, uma apresentação esquemática de um conjunto desses resultados pode servir tanto para ilustrar o que tenho em mente quando falo das distinções naturais mutáveis entre as ciências como para sugerir as vantagens que podem ser obtidas quando lhes damos atenção. Uma das consequências da versão aprimorada da posição que examinaremos aqui pode ser a reformulação do debate interminável sobre as origens da ciência moderna. Outra seria o isolamento de uma novidade importante que, no século XIX, ajudou a produzir a disciplina da física moderna.

As ciências físicas clássicas

Meu tema principal pode ser apresentado com uma pergunta. Do grande número de tópicos hoje incluídos nas ciências físicas, quais eram foco de atenção na atividade regular de especialistas já na Antiguidade? A lista é mínima. A astronomia é o tópico mais antigo e desenvolvido. No período helenístico, enquanto a pesquisa astronômica avançava de maneira até então sem precedentes, juntaram-se a ela duas outras: a óptica geométrica e a estática, incluindo a hidrostática. Esses três tópicos – astronomia, estática e óptica –

---

4 Esse problema de síntese me acompanha desde o início de minha careira, quando havia duas formas aparentemente distintas dele. A primeira, citada na nota 2, era como tornar as preocupações socioeconômicas relevantes para narrativas que diziam respeito ao desenvolvimento das ideias científicas. A segunda, acentuada pelo aparecimento do influente e admirável livro de Herbert Butterfield, *Origins of Modern Science* (1949), fala do papel do método experimental na revolução científica do século XVII. Nos primeiros quatro capítulos, Butterfield explica de modo plausível as principais transformações conceituais do início da ciência moderna como "decorrentes, em primeiro lugar, não de novas observações ou evidências adicionais, mas de transposições que estavam ocorrendo nas mentes dos próprios cientistas ... [por] usar outro tipo de chapéu pensante" (p.1). Os dois capítulos seguintes, "O método experimental no século XVII" e "Bacon e Descartes", trazem relatos mais tradicionais de seus temas. Embora pareçam relevantes para o desenvolvimento científico, contêm pouco material aproveitado de fato no restante do livro. Mais tarde percebi que uma razão para isso foi que Butterfield tentou assimilar, em especial no capítulo "A demorada revolução científica na Química", as transformações conceituais da ciência do século XVIII ao mesmo modelo (não foram novas observações, mas um novo chapéu pensante) que havia funcionado com tanto brilhantismo para o século XVII.

são as únicas partes das ciências físicas que, na Antiguidade, se tornaram objeto de tradição de pesquisa caracterizada por vocabulários e técnicas inacessíveis ao leigo e, com isso, por uma literatura exclusivamente voltada para seus praticantes. Ainda hoje, os *Corpos flutuantes*, de Arquimedes, e o *Almagesto*, de Ptolomeu, só podem ser lidos por aqueles que cultivaram proficiência técnica. Outros temas, como o calor e a eletricidade, foram posteriormente incluídos nas ciências físicas, tendo permanecido durante a Antiguidade apenas como classes curiosas de fenômenos, objeto de menções eventuais ou especulações e debates filosóficos (os efeitos elétricos, em particular, foram incluídos em várias dessas classes). Naturalmente, a restrição aos iniciados não é garantia de avanço científico, mas os três campos mencionados fizeram progressos tais que exigiam de fato as técnicas e os conhecimentos esotéricos responsáveis por seu isolamento. Além disso, se o acúmulo de soluções concretas para problemas aparentemente permanentes é uma medida do progresso científico, esses campos são as únicas partes daquilo que se tornariam as ciências físicas que tiveram um inequívoco progresso na Antiguidade.

Naquela época, no entanto, os três campos não eram estudados de maneira isolada, mas estavam intimamente associados a outros dois – a matemática e a harmonia[5] –, que em geral não entendemos mais como ciências físicas. Desse par, a matemática era ainda mais antiga e desenvolvida do que

---

5 A princípio, foi Henry Guerlac quem me convenceu da necessidade de incluir a teoria musical no conjunto das ciências clássicas. O fato de eu ter me esquecido inicialmente de um campo que não é mais considerado ciência indica como é fácil não perceber a força do preceito metodológico exposto nas páginas iniciais. Contudo, a harmonia não era exatamente o que chamaríamos hoje de teoria musical. Era antes uma ciência matemática que atribuía proporções numéricas aos numerosos intervalos de diversas escalas ou modos gregos. Como havia sete escalas, cada uma disponível em três gêneros e em quinze *tonoi*, ou chaves, a disciplina era complexa e exigia números de quatro ou cinco algarismos para a especificação de alguns intervalos. Uma vez que apenas os intervalos mais simples eram acessíveis empiricamente, como as proporções do comprimento de cordas vibrantes, a harmonia era ainda um tema altamente abstrato. Sua relação com a prática musical era no máximo indireta, mas permanece obscura. Historicamente, a harmonia data do século V a.C. e já estava muito desenvolvida na época de Platão e Aristóteles. Euclides é um dos muitos que escreveram tratados de Harmonia e cuja obra foi em grande parte suplantada por Ptolomeu, um fenômeno repetido também em outros campos. Por essas observações descritivas, e também pelas da nota 9, devo muito às várias conversas esclarecedoras com Noel Swerdlow. Antes delas, fui incapaz de seguir o conselho de Guerlac.

a astronomia. Dominada pela geometria desde o século V a.C., era concebida como a ciência das quantidades físicas reais, sobretudo espaciais, e muito participou para a determinação das características das outras quatro, agrupadas a seu redor. A astronomia e a harmonia tratavam respectivamente com posições e proporções e eram, por isso, literalmente matemáticas. A estática e a geometria óptica extraíam da geometria conceitos, diagramas e vocabulário técnico, e compartilhavam, ainda, de sua estrutura lógica comumente dedutiva, presente tanto na apresentação quanto na pesquisa. Não surpreende que, em tais circunstâncias, homens como Euclides, Arquimedes e Ptolomeu, que colaboraram para um desses temas, quase sempre tenham feito também contribuições significativas aos demais. Portanto, não é apenas o nível de desenvolvimento que faz das cinco um grupo natural, separado de outras especialidades antigas altamente desenvolvidas, como a anatomia e a fisiologia. Praticadas por um mesmo grupo e fazendo parte de uma tradição matemática comum, a astronomia, a harmonia, a matemática, a óptica e a estática são agrupadas aqui como as ciências físicas clássicas ou, de maneira mais simples, as ciências clássicas.[6] De fato, até listá-las como tópicos distintos é, em certo sentido, um anacronismo. As evidências que serão apresentadas sugerirão que, de alguns pontos de vista importantes, elas podem ser mais bem descritas como um campo único: o da matemática.

Outra característica compartilhada também aparece como condição prévia da unidade das ciências clássicas, característica essa que cumprirá um importante papel no equilíbrio deste texto. Embora todos os cinco campos, inclusive a matemática antiga, sejam empíricos e não apriorísticos, seu desenvolvimento considerável na Antiguidade não precisou de muitas observações refinadas ou, menos ainda, de experimentação. Para alguém capaz de identificar a geometria na natureza, algumas poucas observações relativamente simples, e em sua maior parte qualitativas, de sombras, re-

---

6 A abreviação "ciências clássicas" é uma possível fonte de confusão, pois a anatomia e a fisiologia também eram altamente desenvolvidas na Antiguidade Clássica e possuíam algumas – embora não todas – características do desenvolvimento das ciências físicas clássicas, tal como exposto aqui. No entanto, essas ciências biomédicas eram parte de outro agrupamento clássico, praticado por um grupo distinto, e não raro se associavam fortemente à medicina e às instituições médicas. Por essas e outras diferenças, tais agrupamentos não podem ser tratados em conjunto, e limito-me aqui às ciências físicas, em parte por minha competência, em parte para evitar uma complexidade excessiva. Ver, porém, notas 7 e 10.

flexos, alavancas e movimentos de estrelas e planetas, forneciam uma base empírica suficiente para a elaboração de teorias às vezes poderosas. Na próxima seção, quando serão examinadas, as aparentes exceções a essa ampla generalização (a observação astronômica sistemática na Antiguidade e a observação e a experimentação relacionada à refração e às cores prismáticas na Antiguidade e na Idade Média) apenas a reforçarão. Ainda que as ciências clássicas (inclusive a matemática, em aspectos importantes) fossem empíricas, os dados exigidos por seu desenvolvimento podiam ser fornecidos pela observação cotidiana, às vezes ligeiramente refinada e sistematizada.[7] Essa é uma das razões por que esse conjunto de campos pôde avançar tão rápido naquelas mesmas circunstâncias que não promoveram uma evolução significativa de outro grupo natural, aquele a que meu título alude como produto de uma tradição experimental.

Antes de examinarmos esse segundo conjunto, vamos considerar brevemente o modo como o primeiro se desenvolveu desde sua origem na Antiguidade. Todas as cinco ciências clássicas eram ativas no Islã desde o século IX, com um nível de competência técnica muitas vezes comparável ao da Antiguidade. A Óptica avançou de maneira notável e, em alguns lugares, o foco da matemática foi alterado pela incorporação de técnicas algébricas e de interesses em larga medida ausentes da tradição helenística, em especial a geométrica. No Ocidente latino, a partir do século XIII, as novas elaborações técnicas desses campos largamente matemáticos estavam subordinadas a uma tradição predominantemente filosófico-teológica, e as principais novidades se restringiam em especial à óptica e à estática. Contudo, partes significativas do corpo da matemática e da astronomia antiga e islâmica

---

7 Dados refinados ou mais elaborados só eram disponíveis, em geral, quando sua coleta contribuía para a consecução de alguma função social considerada importante. O fato de que a anatomia e a fisiologia, que exigiam esse tipo de dados, fossem altamente desenvolvidas na Antiguidade é consequência presumível de sua clara relevância para a medicina. E o fato de que mesmo essa relevância tenha sido algumas vezes contestada com paixão (pelos médicos da escola empírica!) ajuda a explicar a relativa escassez (exceto em Aristóteles e Teofrasto) de dados antigos aplicáveis às preocupações mais gerais a respeito da taxinomia, da comparação e do desenvolvimento, fundamentais para as ciências da vida a partir do século XVI. Das ciências físicas, apenas a astronomia requeria dados de claro uso social (calendários e, desde o século II a.C., horóscopos). Se dependessem da disponibilidade de dados refinados, talvez as demais não tivessem avançado mais do que o estudo de tópicos como, por exemplo, o calor.

foram preservadas e às vezes estudadas por seu valor intrínseco, até voltarem a ser objeto de uma pesquisa erudita continuada na Europa durante o Renascimento.[8] O conjunto das ciências matemáticas restabelecido então era muito semelhante a seu ancestral helenístico. Todavia, enquanto esses campos eram praticados no século XVI, um sexto tópico passou a associar-se cada vez mais a eles. Em parte como resultado da análise escolástica do século XIV, o tema do movimento em relação ao lugar foi destacado do tradicional problema filosófico da mudança qualitativa em geral, tornando-se um tema de estudo por direito próprio. Já bastante desenvolvido nas tradições filosóficas antiga e medieval, o problema do movimento, decorrente da observação cotidiana, era formulado em termos amplamente matemáticos. Desse modo, ele se adequava com naturalidade ao grupo das ciências matemáticas, às quais, desde então, seu desenvolvimento se associou fortemente.

Assim ampliadas, as ciências clássicas, do Renascimento em diante, continuaram a compor um conjunto bastante coeso. Copérnico especificou o público competente para julgar seu clássico da astronomia com estas palavras: "A matemática é escrita para matemáticos". Galileu, Kepler, Descartes e Newton são apenas algumas das muitas figuras do século XVII que transitavam com facilidade, e muitas vezes de modo que se revelou crucial, da matemática para a astronomia, a harmonia, a estática, a óptica e o estudo do movimento. Além disso, com exceção parcial da harmonia, os fortes vínculos entre esses campos largamente matemáticos persistiram, com poucas alterações, até o início do século XIX, muito depois de as ciências clássicas terem deixado de ser as únicas partes das ciências físicas sujeitas a um escrutínio intenso e contínuo. Os principais temas científicos das contribuições de Euler, Laplace ou Gauss, por exemplo, são quase idênticos àqueles propostos antes por Newton e Kepler. Praticamente a mesma lista abarcaria também os trabalhos de Euclides, Arquimedes e Ptolomeu. Além disso, assim como seus predecessores, os que praticavam essas ciências clássicas nos séculos XVII e XVIII, com algumas notáveis exceções, tinham pouco a extrair da experimentação e da observação refinada que pudesse

---

8 Esse parágrafo se beneficiou muito das discussões com John Murdoch sobre os problemas historiográficos que encontraríamos se as ciências clássicas fossem concebidas como tradições de pesquisas continuadas na Idade Média latina. Sobre isso, ver seu "Philosophy and the Enterprise of Science in the Later Middle Ages", em Elkana (ed.), *The Interaction between Science and Philosophy*, 1974, p.51-74.

levar a grandes consequências, ainda que, desde cerca de 1650, esses métodos tenham sido intensamente utilizados no estudo de outro conjunto de temas, mais tarde associado fortemente a partes desse grupo clássico.

Uma última observação sobre as ciências clássicas preparará o caminho para a consideração do movimento que promoveu novos métodos experimentais. Com exceção da harmonia,[9] todos os campos sofreram uma transformação radical nos séculos XVI e XVII, porém, essas transformações não ocorreram em nenhum outro campo das ciências físicas.[10] A matemática foi da geometria e da *ars rei et census* para a álgebra, a geometria analítica e o cálculo; a astronomia chegou às órbitas não circulares baseadas num Sol recém-deslocado para o centro; o estudo do movimento foi transformado por novas leis inteiramente quantitativas; e a óptica conquistou uma nova

---

9 Embora a harmonia não tenha sofrido transformações, seu *status* diminuiu muito entre o fim do século XV e o início do XVIII. Foi relegada cada vez mais às primeiras seções dos tratados dirigidos, sobretudo a assuntos mais práticos: a composição, o temperamento das escalas e a construção de instrumentos. À medida que esses temas se tornavam centrais, até nos tratados mais teóricos, a música se afastava das ciências clássicas. No entanto, essa separação veio muito tarde e nunca foi total. Kepler, Mersenne e Descartes escreveram sobre harmonia; Galileu, Huygens e Newton mostraram interesse por ela; *Tentamen novae theoriae musicae*, de Euler, faz parte de uma longa tradição. Após a publicação da obra de Euler, em 1739, a harmonia desapareceu da pesquisa dos principais cientistas, mas seu lugar já havia sido ocupado por um campo inicialmente afim: o estudo teórico e experimental de colunas de ar e cordas vibrantes, ou da acústica em geral. A carreira de Joseph Sauveur (1653-1716) ilustra com clareza a transição da Harmonia como música para a Harmonia como acústica.

10 É claro que ocorreram nas ciências clássicas da vida (anatomia e fisiologia), que foram também as únicas partes das ciências biomédicas que se alteraram durante a revolução científica. Mas as ciências da vida sempre dependeram da observação refinada e, algumas vezes, também da experimentação. Sua autoridade provinha de fontes antigas, às vezes distintas das consideradas pelas ciências físicas (Galeno, por exemplo), e seu desenvolvimento teve íntima relação com o da profissão médica e de suas instituições. Portanto, os fatores que devem ser considerados nas explicações das transformações conceituais, assim como nas da ampliação do domínio das ciências da vida nos séculos XVI e XVII, não são necessariamente os fatores que mais importam nas explicações de mudanças correspondentes nas ciências físicas. Todavia, conversas periódicas com meu colega Gerald Geison reforçaram minha antiga impressão de que elas também podem ser examinadas de maneira proveitosa de um ponto de vista como o aqui desenvolvido. Para tanto, a distinção entre as tradições matemática e experimental seria de pouca serventia, mas uma divisão entre as ciências da vida "médicas" e "não médicas" poderia ser crucial.

teoria da visão, uma primeira solução aceitável para o problema clássico da refração, e uma teoria das cores drasticamente modificada. À primeira vista, a estática, considerada a ciência das máquinas, é exceção. Contudo, como hidrostática – teoria dos fluidos –, foi estendida no século XVII à pneumática, o "mar de ar", e pode ser incluída na lista dos campos reconstruídos. Essas transformações conceituais das ciências clássicas são os eventos que introduziram as ciências físicas numa revolução mais ampla do pensamento ocidental. Assim, se a revolução científica for vista como uma revolução de ideias, são as mudanças nesses campos tradicionais, quase matemáticos, que devem ser compreendidas. Embora tenha havido ainda outros eventos cruciais para as ciências nos séculos XVI e XVII (a revolução científica não foi apenas uma revolução no pensamento), são de tipo diferente e, até certo ponto, independente.

A emergência das ciências baconianas

Passando para o surgimento de outro conjunto de campos de pesquisa, começo mais uma vez com uma pergunta, objeto de muita confusão e discordância na literatura histórica usual. O que havia de novo, se é que havia, no movimento experimental do século XVII? Alguns historiadores defenderam que a própria noção de basear a ciência em informações fornecidas pelos sentidos era nova. Segundo essa concepção, Aristóteles acreditava que as conclusões científicas podiam ser deduzidas dos primeiros princípios axiomáticos, e foi somente no fim do Renascimento que os homens se libertaram o suficiente de sua autoridade para estudar a natureza em vez dos livros. Mas esses resíduos da retórica do século XVII são absurdos. Os escritos metodológicos de Aristóteles contêm diversas passagens tão imperativas em relação à necessidade da observação cuidadosa quanto os escritos de Francis Bacon. Randall e Crombie delimitaram e estudaram uma tradição metodológica medieval que, do século XIII ao início do XVII, estabeleceu regras para extrair conclusões adequadas com base na observação e na experimentação.[11] As *Regulae*, de Descartes, e o *Novum organum*, de

---

11 Crombie, *Robert Grosseteste and the Origins of Experimental Science, 1100-1700* (1953); Randall Jr., *The School of Padua and the Emergence of Modern Science* (1961).

Bacon, devem muito a essa tradição. Uma filosofia empírica da ciência não era novidade na época da revolução científica.

Outros historiadores mostram que, independentemente daquilo que se pensou sobre a necessidade da observação e da experimentação, elas foram levadas a efeito com mais frequência no século XVII do que em qualquer época anterior. Com certeza, essa é uma generalização correta, mas ignora diferenças qualitativas essenciais entre as formas mais antigas de experimentação e as novas. Os que participaram do novo movimento experimental – chamado em geral de baconiano em razão de seu principal divulgador – não apenas expandiram e elaboraram os elementos empíricos presentes na tradição das ciências físicas clássicas como criaram, ainda, um tipo diferente de ciência empírica, que existiu em paralelo com o anterior, mas, por algum tempo, sem suplantá-lo. Uma caracterização sumária do papel ocasional da experimentação e da observação sistemática nas ciências clássicas ajudará a identificar as diferenças qualitativas que distinguem sua rival no século XVII da forma mais antiga da atividade experimental.

Quando examinamos os experimentos nas tradições antiga e medieval, muitos se revelam "experimentos mentais", construções em pensamento de possíveis situações experimentais cujo resultado pode ser previsto com tranquilidade por meio da experiência cotidiana prévia. Outros foram realizados em especial na óptica, mas para o historiador, é muito difícil, em geral, saber quando determinado experimento relatado na literatura foi mental ou real. Algumas vezes, os resultados apresentados não correspondem aos que seriam obtidos hoje ou, em outras, o aparato exigido não poderia ter sido produzido com os materiais e as técnicas existentes na época. Como consequência, temos problemas legítimos de decisão historiográfica que também afetam os estudiosos de Galileu. Não há dúvida de que ele realizou experimentos, mas destaca-se mais como o homem que levou a tradição medieval dos experimentos mentais à sua forma suprema. Infelizmente, nem sempre está claro com que aspecto ele se apresenta.[12]

Por fim, os experimentos que foram de fato levados a cabo parecem ter invariavelmente um destes dois objetivos. Alguns tencionavam demonstrar

---

12 Para um exemplo útil e bastante acessível da experimentação medieval, ver o Canto II do *Paraíso*, de Dante. As passagens localizáveis na rubrica "experimento, papel do no trabalho de Galileu" do índice remissivo de McMullin (ed.), *Galileo, Man of Science* (1965), evidenciam quão complexas e controversas continuam a ser as relações de Galileu com a tradição medieval.

uma conclusão já conhecida por outros meios. Roger Bacon escreve que, embora em princípio seja possível deduzir a capacidade da chama de queimar a carne, é mais conclusivo colocar a mão no fogo, dada a propensão da mente ao erro. Outros experimentos, alguns com resultados importantes, pretendiam fornecer respostas concretas a questões suscitadas pela teoria da época. O experimento de Ptolomeu sobre a refração da luz no limiar entre o ar e a água é um exemplo importante. Outro exemplo são os experimentos ópticos realizados na Idade Média para produzir cor fazendo a luz do Sol passar por globos cheios de água. Quando investigaram as cores prismáticas, Descartes e Newton deram continuidade a essa tradição antiga e, sobretudo, medieval. A observação astronômica mostra uma característica similar. Antes de Tycho Brahe, os astrônomos não examinavam os céus com cuidado nem seguiam os movimentos planetários de maneira sistemática; ao contrário, registravam o aparecimento, as oposições e outras configurações planetárias usuais cujas posições eram necessárias para compor efemérides ou calcular os parâmetros exigidos pela teoria da época.

Contrastemos esse estilo empírico com aquele cujo proponente mais ilustre foi Bacon. Quando alguém como Gilbert, Boyle e Hooke conduzia experimentos, era raro que quisesse demonstrar o que já era conhecido ou determinar um pormenor necessário à expansão de uma teoria existente. O que desejava era ver como a natureza se comportava em circunstâncias que nunca haviam sido observadas antes, ou às vezes nunca havia ocorrido. A produção característica desses homens eram vastas histórias naturais ou experimentais, em que reuniam miscelâneas de dados que consideravam um pré-requisito para a construção da teoria científica. Examinadas com atenção, essas histórias se mostram, em geral, mais direcionadas à escolha e à preparação de experimentos do que supunham seus autores. No mais tardar a partir de 1650, aqueles que produziam essas histórias se guiavam em geral por uma ou outra versão da filosofia atômica ou corpuscular. Desse modo, era dada preferência aos experimentos capazes de revelar a forma, a ordenação e o movimento de corpúsculos, e as analogias que formavam a base das justaposições dos relatos de pesquisa individuais revelam com frequência o mesmo conjunto de compromissos metafísicos.[13] De início, porém, a lacuna entre, de um lado, a teoria metafísica e, de outro, os experi-

---

13 Um exemplo ampliado é fornecido em Kuhn, "Robert Boyle and Structural Chemistry in the Seventeenth Century", *Isis*, v.43, 1952, p.12-36.

mentos individuais era imensa. Poucas vezes o corpuscularismo que subjaz a grande parte da experimentação do século XVII exigiu a realização de um experimento em particular ou forneceu seu resultado exato. Assim, a experimentação foi altamente valorizada, enquanto a teoria foi depreciada na maioria das vezes. A interação que de fato houve entre elas era em geral inconsciente.

Essa atitude perante o papel e o *status* do experimento é apenas a primeira das novidades que distinguem o novo movimento experimental do mais antigo. A segunda é a maior ênfase dada aos experimentos que o próprio Bacon descreveu como "torcer a cauda do leão". Eram experimentos que forçavam a natureza, exibindo-a sob condições que nunca seriam obtidas sem a intervenção firme do experimentador. Aqueles que colocavam em sequência grãos, peixes, ratos e várias substâncias químicas no vácuo produzido por um barômetro ou bomba de ar mostram justamente esse aspecto da nova tradição.

A referência ao barômetro e à bomba de ar leva a uma terceira novidade do movimento baconiano, talvez a mais notável de todas. Antes de 1590, os equipamentos experimentais se resumiam aos instrumentos para observação astronômica. Os cem anos seguintes testemunharam a rápida introdução e exploração de telescópios, microscópios, termômetros, barômetros, bombas de ar, detectores de carga elétrica e vários outros dispositivos experimentais. É característica do mesmo período a rápida adoção, por parte dos estudiosos da natureza, do arsenal de aparelhagem química que, antes disso, só era encontrado nas oficinas dos artífices e nas alcovas dos alquimistas. Em menos de um século, a ciência física se tornou instrumental.

Essas grandes mudanças foram acompanhadas de muitas outras, das quais uma merece destaque. Os experimentalistas baconianos depreciavam os experimentos mentais e privilegiavam os relatos circunstanciados e precisos. Entre os resultados dessa insistência, às vezes encontramos confrontos bem-humorados com a tradição experimental mais antiga. Robert Boyle, por exemplo, ridiculariza Pascal por causa de um livro sobre hidrostática, em que, ainda que seus princípios sejam irrepreensíveis, as abundantes ilustrações experimentais foram claramente construídas em pensamento para se adequar a eles. Segundo Boyle, *Monsieur* Pascal não diz como colocar um homem com uma ventosa na perna no fundo de um tubo de 7 metros cheio de água. Também não informa onde encontrar um artesão que tenha as habilidades sobre-humanas requeridas para a construção dos refinados instrumentos dos quais dependem alguns de seus experimentos.[14] Ao examinar a literatura da tradição a que Boyle pertence, o historiador pode dizer, sem dificuldade, quais experimentos foram de fato conduzidos. O próprio Boyle cita testemunhas, às vezes fornecendo seus títulos de nobreza.

Uma vez admitida a novidade qualitativa do movimento baconiano, como sua existência afetou o desenvolvimento da ciência? Com relação às transformações conceituais das ciências clássicas, as contribuições do baconianismo foram muito pequenas. Alguns experimentos até tiveram seu papel, mas todos com raízes profundas na tradição mais antiga. O prisma adquirido por Newton para estudar "o célebre fenômeno das cores" descende de experimentos medievais com globos cheios de água. O plano inclinado é tomado dos estudos clássicos sobre máquinas simples. O pêndulo, embora tenha sido de fato uma novidade, é antes de tudo uma nova manifestação concreta de um problema que os teóricos medievais do *impetus* haviam considerado em conexão com o movimento oscilatório de uma corda vibrante ou de um corpo em queda até o centro da Terra e em seu retorno à superfície. O barômetro foi concebido e analisado a princípio como um instrumento hidrostático, uma bomba de transmissão selada e cheia de água, projetada para realizar o experimento mental com que Galileu havia "demonstrado" os limites da aversão da natureza ao vácuo.[15] Somente após os incrementos na obtenção do vácuo e a demonstração de que a altura da coluna variava com as condições do tempo e com a altitude é que o barômetro e seu descendente, a bomba de ar, entraram para o rol dos instrumentos baconianos.

Igualmente relevante é o fato de que, embora os experimentos mencionados tenham sido muito importantes, há poucos semelhantes a eles e sua eficácia particular se deve à proximidade com aquilo que as teorias desenvolvidas na ciência clássica que os inspirou podiam confrontar. Os resultados do experimento de Torricelli com o barômetro e do de Galileu com o plano inclinado já eram em grande parte previstos. Se Newton não tivesse

---

14 Boyle, "Hydrostatical Paradoxes, Made out by New Experiments", em Birch (ed.), *The Works of the Honourable Robert Boyle*, 1744, v.2, p.414-47; a discussão do livro de Pascal encontra-se na primeira página.

15 Para um prelúdio medieval a respeito da abordagem de Galileu ao pêndulo, ver Clagett, *The Science of Mechanics in the Middle Ages*, 1959, p.537-8, 570-1. Sobre o barômetro de Torricelli, ver a quase desconhecida monografia de Waard, *L'expérience barométrique, ses antécédents et ses explications* (1936).

tido acesso à recém-descoberta lei da refração, uma lei que se procurava na tradição clássica desde Ptolomeu até Kepler, o experimento com o prisma não teria sido mais eficaz para a transformação da teoria das cores do que seus predecessores tradicionais. Pela mesma razão, as consequências desse experimento contrastam de maneira muito clara com as dos experimentos não tradicionais, que, no decorrer do século XVII, revelaram efeitos ópticos qualitativamente novos, como a interferência, a difração e a polarização. Estas últimas, como não são produto da ciência clássica e não podem ser justapostas às suas teorias, tiveram pouca relação com o desenvolvimento da óptica até o início do século XIX. Após todas as devidas qualificações, muitas delas imperiosas, veremos que Alexandre Koyré e Herbert Butterfield estavam certos. A transformação das ciências clássicas durante a revolução científica é mais corretamente imputável a novos modos de olhar velhos fenômenos do que a uma série de descobertas experimentais não antecipadas.[16]

Em tais circunstâncias, diversos historiadores, inclusive Koyré, descreveram o movimento baconiano como uma fraude, algo irrelevante para o desenvolvimento da ciência. No entanto, essa avaliação, assim como aquela que às vezes se opõe a ela com veemência, é o resultado de se conceber a ciência como uma só. Se contribuiu pouco para o desenvolvimento das ciências clássicas, o baconianismo de fato deu origem a um grande número de novos campos científicos, em geral a partir de ofícios anteriores. O estudo do magnetismo, que tirou seus primeiros dados da experiência anterior com a bússola naval, é um desses casos. A eletricidade decorreu de esforços para descobrir a relação entre a atração do ferro pelo ímã e a da palha pelo âmbar friccionado. Além disso, em seu desenvolvimento posterior, os dois campos dependeram da elaboração de instrumentos novos, mais poderosos e mais refinados. Ambos são novas ciências baconianas típicas. Uma generalização quase idêntica pode ser aplicada ao estudo do calor. Durante muito tempo um tópico de especulação nas tradições filosófica e médica, tornou-se tema de investigações sistemáticas após a invenção do termômetro. A química se apresenta como um caso diferente e muito mais complexo. Muitos de seus principais instrumentos, reagentes e técnicas foram desenvolvidos bem antes da revolução científica, mas até o fim do século XVI eram do-

---

16 Koyré, *Études galiléennes* (1939) [ed. port.: *Estudos galilaicos*, 1986.]; Butterfield, *Origins of Modern Science*, op. cit.

mínio sobretudo de artesãos, boticários e alquimistas. Foi somente depois de uma reavaliação das artes e das técnicas de manipulação que começaram a ser usados com regularidade na busca experimental do conhecimento da natureza.

Já que esses e outros campos semelhantes eram foco recente da atividade científica no século XVII, não surpreende que de início seu exercício produzisse apenas umas poucas transformações mais notáveis do que a descoberta repetida de efeitos experimentais antes desconhecidos. Se a marca de um campo científico desenvolvido é possuir um corpo consistente de teorias, capaz de produzir previsões refinadas, as ciências baconianas permaneceram subdesenvolvidas durante todo o século XVII e boa parte do XVIII. Tanto sua literatura de pesquisa quanto seus padrões de crescimento são mais parecidos com os que encontramos hoje em diversas ciências sociais do que com os das ciências clássicas da época. Por volta de meados do século XVIII, porém, a experimentação nesses campos se tornou mais sistemática, concentrando-se pouco a pouco em conjuntos mais restritos de fenômenos considerados especialmente reveladores. Na química, o estudo das reações de substituição e de saturação era um dos tópicos dominantes; na eletricidade, o estudo da condução e da garrafa de Leyden; em termometria e calorimetria, o estudo da temperatura de misturas. Ao mesmo tempo, conceitos corpusculares e outros foram cada vez mais adaptados a essas áreas específicas de pesquisa experimental. As noções de afinidade química ou de fluidos elétricos e suas atmosferas são exemplos particularmente bem conhecidos.

As teorias em que funcionavam conceitos desse tipo permaneceram predominantemente qualitativas durante algum tempo e vagas em geral, mas, apesar disso, podiam ser confrontadas com experimentos particulares e com uma precisão sem par nas ciências baconianas do começo do século XVIII. Além disso, com os refinamentos que permitiram a tais confrontações avançar pelo último terço do século e tornar-se pouco a pouco o centro de seus respectivos campos, as ciências baconianas logo atingiram um estado muito próximo do das ciências clássicas na Antiguidade. A eletricidade e o magnetismo se tornaram ciências desenvolvidas com os trabalhos de Aepinus, Cavendish e Coulomb; o estudo do calor, com Black, Wilcke e Lavoisier; a química, de maneira mais lenta e incerta, mas ainda na época da revolução química de Lavoisier. No início do século seguinte, as descobertas ópticas qualitativamente novas do século XVII foram assimiladas à ciência mais antiga da óptica. Com a ocorrência de eventos como esse, a ciência baconiana enfim amadureceu e justificou a confiança, embora nem sempre a metodologia, de seus fundadores do século XVII.

De que maneira, em seus quase dois séculos de amadurecimento, o conjunto das ciências baconianas se relacionou com o outro conjunto, aqui denominado "clássico"? Essa questão tem sido muito pouco estudada, mas creio que a resposta é: com pouca frequência e, quando muito, com dificuldades consideráveis – intelectuais, institucionais, e às vezes políticas. Ao longo do século XIX, os dois conjuntos, o clássico e o baconiano, permaneceram distintos. *Grosso modo*, as ciências clássicas eram agrupadas como "matemáticas", e as ciências baconianas eram consideradas, em geral, "filosofia experimental", ou, na França, *physique expérimentale*. Por seus laços de continuidade com a farmácia, a medicina e diversos ofícios, a química era, em parte, membro desse último grupo e, em parte, agregado de especialidades mais práticas.[17]

A separação entre ciências clássicas e baconianas pode ser seguida a partir da origem destas últimas. O próprio Bacon se mostrava incrédulo não apenas com as matemáticas, mas também com a totalidade da estrutura quase dedutiva da ciência clássica. Os críticos que o ridicularizam porque não reconheceu a ciência superior de sua época não perceberam seu objetivo. Ele não rejeitou o copernicanismo porque preferia o sistema ptolomaico, mas rejeitou ambos porque, a seu ver, nenhum sistema tão complexo, abstrato e matemático poderia contribuir para o conhecimento ou controle da natureza. Seus seguidores na tradição experimental, embora aceitassem a cosmologia copernicana, raramente tentaram obter a proficiência e a sofisticação exigidas para o entendimento ou o exercício das ciências clássicas. Essa situação se manteve no século XVIII: Franklin, Black e Nollet a exibiam com tanta clareza quanto Boyle e Hooke.

A situação inversa se revela muito mais equívoca. Quaisquer que sejam as causas do movimento baconiano, elas também interferiram nas ciências clássicas já estabelecidas. Novos instrumentos chegaram a esses campos, em especial à astronomia. Os padrões de relatos e avaliações de dados mu-

---

17 Para um primeiro estágio do desenvolvimento da química como tema de interesse intelectual, ver Boas, *Robert Boyle and Seventeenth-Century Chemistry* (1958). Para um estágio posterior vitalmente importante, ver Guerlac, "Some French Antecedents of the Chemical Revolution", *Chymia*, v.5, 1959, p.73-112.

daram. Por volta da última década do século XVII, confrontos como o que ocorreu entre Boyle e Pascal eram inimagináveis. Entretanto, como já se sugeriu, o efeito desses desenvolvimentos foi um refinamento gradual e não uma mudança apreciável na natureza das ciências clássicas. Já antes disso, a astronomia havia sido instrumental, e a óptica, experimental. Os méritos quantitativos relativos à observação ao telescópio e a olho nu permaneceram discutíveis ao longo de todo o século XVII. Com exceção do pêndulo, os instrumentos da mecânica eram sobretudo expedientes de demonstração pedagógica, e não de pesquisa. Nessas condições, embora tivesse diminuído, o fosso ideológico entre as ciências baconianas e clássicas definitivamente não havia desaparecido. No século XVIII, os principais praticantes das ciências matemáticas oficiais realizaram poucos experimentos e deram poucas contribuições ao progresso de novas áreas experimentais.

À primeira vista, Galileu e Newton são exceções. Mas apenas este último é de fato uma exceção, e ambos esclarecem a natureza da divisão clássico-baconiana. Membro orgulhoso da Accademia dei Lincei, Galileu desenvolveu o telescópio, o escape para o pêndulo e uma forma rudimentar de termômetro, além de outros instrumentos novos. É evidente que participou de maneira significativa de certos aspectos do movimento que aqui chamamos de baconiano. Mas como sugere a carreira de Leonardo, as preocupações instrumentais ou de engenharia não tornam ninguém um experimentalista, e a atitude dominante de Galileu em relação a esse aspecto da ciência permanece no âmbito da forma clássica. Em certas ocasiões, proclamou que o poder de sua mente tornava desnecessária a realização dos experimentos que descrevia; em outras, quando, por exemplo, considerou as limitações das bombas de água, abdicou da crítica e lançou mão de aparelhos que iam além da capacidade da tecnologia da época. A crítica de Boyle a Pascal aplica-se tal e qual a Galileu. Revela uma figura que foi capaz de fazer – e fez – contribuições sensíveis às ciências clássicas, mas não, com exceção do desenho de instrumentos, às baconianas.

Educado na época do apogeu do baconianismo britânico, Newton participou de ambas as tradições de maneira inequívoca. Todavia, como enfatizou I. B. Cohen há duas décadas, o resultado foi duas linhas distintas de influência newtoniana, uma delas descende de seus *Principia*, a outra, da *Óptica*.[18] Essa interpretação ganha um significado especial quando se

---

18 Cohen, *Franklin and Newton* (1956).

observa que, embora os *Principia* se encontrem inteiramente na tradição clássica, a *Óptica* definitivamente não se situa de maneira inequívoca na baconiana. Como seu tema era a óptica, um campo já bastante desenvolvido, Newton pôde justapor repetidas vezes certos experimentos à teoria, e foi dessas justaposições que resultaram seus feitos. Boyle, cuja *Experimental History of Colours* contém muitos dos experimentos em que Newton baseou sua teoria, não se aventurou a tanto, contentando-se em observar que seus resultados sugeriam especulações que poderiam se mostrar promissoras.[19] Hooke, que descobriu os "anéis de Newton", o primeiro tópico do livro II da *Óptica*, acumulou dados de forma semelhante. Newton, ao contrário, selecionou-os e serviu-se deles para elaborar uma teoria, de modo muito parecido como seus predecessores na tradição clássica se utilizavam da informação menos recôndita, fornecida em geral pela experiência cotidiana. Mesmo quando tratava de tópicos baconianos como química, eletricidade e calor, como fez nas "Questões" da *Óptica*, Newton escolhia, da crescente literatura experimental, as observações e os experimentos que poderiam esclarecer questões teóricas. Embora não se pudessem esperar nesses campos ainda emergentes consequências tão profundas quanto na óptica, conceitos como o de afinidade química, disseminados nas "Questões", revelaram-se fontes valiosas para os adeptos baconianos mais sistemáticos e seletivos do século XVIII, que retornaram a elas repetidas vezes. Aquilo que encontravam na *Óptica* e em suas "Questões" era um uso não baconiano do experimento baconiano, um produto da profunda imersão simultânea de Newton na tradição científica clássica.

Entretanto, com exceção parcial de seus contemporâneos continentais Huygens e Mariotte, o exemplo de Newton é único. Depois do início do século XVIII, quando seus trabalhos científicos já haviam terminado, ninguém mais participou de modo destacado de ambas as tradições, uma situação também refletida no desenvolvimento das instituições científicas e das carreiras profissionais, ao menos até o início do século XIX. Apesar da necessidade de muitas pesquisas adicionais nessa área, as observações que se seguem sugerem o padrão geral que tais pesquisas provavelmente aperfeiçoarão.

Ao menos num nível elementar, as ciências clássicas se estabeleceram no currículo regular da universidade medieval. No decorrer dos séculos XVII

---

19 Millar (ed.), *The Works of the Honourable Robert Boyle*, op. cit., p.42-3.

e XVIII, aumentou o número de cadeiras consagradas a elas. Os homens que as ocuparam, juntamente com os nomeados para as recém-fundadas academias de ciências da França, da Prússia e da Rússia, foram os principais colaboradores do desenvolvimento das ciências clássicas. Nenhum pode ser descrito de modo adequado como amador, embora esse termo tenha sido aplicado indiscriminadamente aos praticantes da ciência nos séculos XVII e XVIII como um todo. Já os praticantes das ciências baconianas eram comumente amadores, à parte os químicos que seguiam carreira na indústria, em farmácias e em algumas escolas de medicina no século XVIII. As universidades não abriram espaço para outras ciências experimentais senão na última metade do século XIX. Apesar de alguns de seus praticantes terem recebido cargos nas diversas academias nacionais de ciências, na maioria das vezes ainda eram cidadãos de segunda categoria. Apenas na Inglaterra, onde as ciências clássicas começaram a declinar de maneira acentuada antes mesmo da morte de Newton, eles eram bem representados, um contraste que será explorado adiante.

Quanto a isso, o exemplo da Académie des Sciences francesa é instrutivo e seu exame servirá, ao mesmo tempo, de pano de fundo para um tópico a ser discutido na próxima seção. Guillaume Amontons (1663-1705), conhecido por suas contribuições tanto ao desenho quanto à teoria associada a instrumentos baconianos como o termômetro e o higrômetro, nunca foi além do grau de *élève*, categoria que se equiparava à do astrônomo Jean Le Fèvre. Pierre Polinière (1671-1734), muito citado como o introdutor da *physique expérimentale* na França, nunca se associou à Academia. Apesar de os dois principais colaboradores franceses das ciências elétricas do século XVIII terem sido acadêmicos, o primeiro, C. F. de C. Du Fay (1698-1739), foi nomeado para a seção de Química, enquanto o segundo, o Abade Nollet (1700-1770), foi membro de uma seção mais diversificada, oficialmente reservada aos praticantes das *arts mécaniques*. Após sua eleição para a Royal Society de Londres, Nollet alcançou categorias mais elevadas, sucedendo, entre outros, ao conde de Buffon e a Ferchauld de Réaumur. Por outro lado, o famoso construtor de instrumentos, Abraham Breget, um homem com o tipo de talento para o qual fora planejada a seção de Mecânica, só entrou para a Academia após seu nome ser formalmente registrado por determinação real, em 1816, quando tinha 69 anos de idade.

O que esses casos isolados sugerem é também o que indica a organização formal da Academia. A seção de *physique expérimentale* só foi introduzida em 1785, quando foi incluída na divisão de Matemática (juntamente com Geometria, Astronomia e Mecânica) em vez de reservada às *sciences physiques* mais manipulativas (Anatomia, Química e Metalurgia, Botânica e Agricultura, História Natural e Mineralogia). Após 1815, quando o nome da nova seção foi alterado para *physique générale*, por algum tempo, muitos poucos de seus membros eram experimentalistas. Tomando o século XVIII como um todo, a contribuição dos acadêmicos para as ciências físicas baconianas foi inferior à dos médicos, farmacêuticos, industriais, fabricantes de instrumentos, conferencistas itinerantes e outros homens que tiravam seu sustento de atividades não associadas à ciência. Mais uma vez, a exceção é a Inglaterra, onde a Royal Society era vastamente povoada por esses amadores, e não por homens que tivessem feito carreira primeiro nas ciências.

As origens da ciência moderna

Retornemos agora ao período entre fins do século XVIII e meados do século XVII. As ciências baconianas estavam em gestação; as clássicas passavam por uma transformação radical. Com as mudanças concomitantes nas ciências da vida, esses dois conjuntos de eventos constituem o que seria chamado de revolução científica. Embora em nenhum momento neste ensaio ousemos explicar suas causas extraordinariamente complexas, vale a pena observar como a questão das causas se torna diferente quando os desenvolvimentos que se deseja explicar são subdivididos.

Não surpreende que apenas as ciências clássicas tenham mudado durante a revolução científica. Os outros campos das ciências físicas quase não existiam até muito perto do fim desse período. Além disso, quando existiam, não possuíam ainda um corpo significativo de doutrinas técnicas unificadas para ser reconstruído. Inversamente, parte dos motivos da transformação das ciências clássicas repousa em suas próprias linhas de desenvolvimento anteriores. Apesar de os historiadores divergirem muito quanto ao peso que se deve atribuir a elas, poucos duvidam que algumas reformas medievais das doutrinas antigas, islâmica ou latina, foram da maior importância para figuras como Copérnico, Galileu e Kepler. Não encontro raízes escolásticas similares para as ciências baconianas, apesar das esporádicas atribuições desse feito à tradição metodológica que descende de Grosseteste.

Muitos outros fatores hoje comumente invocados para explicar a revolução científica contribuíram de fato para a evolução tanto das ciências clássicas quanto das baconianas, mas em geral de modos diversos e em graus desiguais. Os efeitos dos novos ingredientes intelectuais – de início herméticos e, em seguida, mecânico-corpusculares – no ambiente em que a ciência moderna foi praticada em seus primórdios proporcionam um primeiro exemplo dessas diferenças. Nas ciências clássicas, os movimentos herméticos promoveram algumas vezes o *status* da matemática, encorajaram as tentativas de encontrar regularidades matemáticas na natureza e, vez ou outra, aceitaram as formas matemáticas assim descobertas como causas formais, o término da cadeia causal.[20] Tanto Galileu como Kepler são exemplos do papel ontológico crescente da matemática, e este último exibe ainda outra influência hermética mais oculta. De Kepler e Gilbert a Newton, ainda que de forma mais atenuada no fim, as simpatias e antipatias naturais dominantes no pensamento hermético ajudaram a preencher o vazio criado pelo colapso das esferas aristotélicas, que até então mantinham os planetas em suas órbitas.

Após o primeiro terço do século XVII, à medida que o misticismo hermético era rejeitado, seu lugar, ainda nas ciências clássicas, era rapidamente ocupado por outra forma de filosofia corpuscular derivada do atomismo antigo. Forças de atração e repulsão entre corpos massivos ou microscópicos já não eram admissíveis, uma fonte de muitas objeções a Newton. Mas no interior do universo infinito apregoado pelo corpuscularismo, não poderia haver centros ou direções preferíveis. Movimentos naturais persistentes só poderiam ocorrer em linhas retas e só poderiam ser alterados por colisões corpusculares. De Descartes em diante, essa perspectiva leva diretamente à primeira lei do movimento de Newton e – por meio do estudo das colisões, um problema novo – também à sua segunda lei. Um dos fatores da

---

20 O valor crescente atribuído à matemática, como instrumento ou ontologia, por muitos dos primeiros cientistas modernos foi reconhecido há quase meio século e descrito durante muito tempo como uma resposta ao neoplatonismo renascentista. Mudar o termo para "hermetismo" não facilita a explicação desse aspecto do pensamento científico (embora tenha servido para reconhecer outras novidades importantes); essa mudança ilustra uma limitação definitiva dos estudos mais recentes de interpretação e comentário que não pude evitar aqui. Em seu uso corrente, "hermetismo" designa uma variedade de movimentos presumivelmente relacionados: neoplatonismo, cabalismo, rosa-cruzismo e outros, que necessitam de uma distinção urgente em termos temporais, geográficos, intelectuais e ideológicos.

transformação das ciências clássicas foi, sem dúvida alguma, o novo clima intelectual, primeiro hermético e depois corpuscular, no qual elas foram praticadas depois de 1500.

Esse mesmo novo ambiente intelectual afetou as ciências baconianas, mas em geral por outros motivos e de modos diferentes. Não há dúvida de que a ênfase hermética nas simpatias ocultas ajuda a explicar o crescente interesse pelo magnetismo e pela eletricidade a partir de 1550. Influências similares promoveram a química da época de Paracelso à de Van Helmont. Mas a pesquisa recente sugere que a maior contribuição do hermetismo às ciências baconianas, e talvez à revolução científica como um todo, foi a figura fáustica do mago, absorto na manipulação e no controle da natureza, em geral com o auxílio de engenhosos expedientes, instrumentos e máquinas. Reconhecer Francis Bacon como uma figura de transição entre o mago Paracelso e o filósofo experimental Robert Boyle foi mais importante para mudar a compreensão histórica da forma como surgiram as novas ciências experimentais do que qualquer outra coisa nos tempos recentes.[21]

Para os campos baconianos, à diferença de seus contemporâneos clássicos, os efeitos da transição para o corpuscularismo foram mais equívocos, principal razão por que o hermetismo permaneceu mais tempo associado a temas como os da química e do magnetismo do que, digamos, da astronomia ou da mecânica. Declarar que o açúcar é doce porque suas partículas arredondadas confortam a língua não é um avanço óbvio em relação a lhe atribuir uma potência adoçante. A experiência do século XVIII demonstraria que os desenvolvimentos das ciências baconianas requeriam comumente a orientação fornecida por conceitos como afinidade e flogisto, que não são categoricamente distintos das simpatias e antipatias naturais do movimento hermético. Mas o corpuscularismo separou de fato as ciências experimentais da magia, promovendo assim a independência necessária. Mais do que isso, forneceu uma justificativa para a experimentação que nenhuma forma de aristotelismo ou platonismo poderia ter dado. Enquanto a tradição que regia a explicação científica demandava a especificação de causas formais ou essências, somente os dados fornecidos pelo curso natural dos eventos poderiam ter relevância. Experimentar ou forçar a natureza era submetê-la

---

21 Yates, "The Hermetic Tradition in Renaissance Science", em Singleton (ed.), *Science and History in the Renaissance*, 1968, p.255-74; Rossi, *Francis Bacon: From Magic to Science* (1968) [ed. bras.: *Francis Bacon: da magia à ciência*, 2006].

à violência, escondendo assim o papel das "naturezas" ou das formas que fazem as coisas ser o que são. Num universo corpuscular, contudo, a experimentação tinha uma óbvia relevância para as ciências. Ela não poderia alterar as condições mecânicas e as leis das quais decorriam os fenômenos naturais, mas poderia esclarecê-las de um modo que lhe fosse peculiar. Essa foi a lição que Bacon extraiu tantas vezes da fábula do Cupido.

É óbvio que o novo ambiente intelectual não foi a causa única da revolução científica; outros fatores mais comumente invocados para explicá-la tornam-se persuasivos quando examinados um a um nas ciências clássicas e nas baconianas. Ao longo do Renascimento, o monopólio da universidade medieval sobre a erudição acabou. Novas fontes de riqueza, novos modos de vida e novos valores se combinaram para promover o grupo classificado antes como de artífices e artesãos. A invenção da imprensa e a recuperação de antigas fontes adicionais possibilitaram a seus membros o acesso a um legado científico e tecnológico que antes só estava disponível, se tanto, no cenário das universidades clericais. Uma das consequências, resumida na vida de Brunelleschi e de Leonardo, foi o surgimento de artistas-engenheiros nas guildas de artífices ao longo dos séculos XV e XVI, cujas habilidades incluíam pintura, escultura, arquitetura, fortificações, abastecimento de água, e desenho de máquinas de guerra e de edifícios. Apoiados por um sistema cada vez mais elaborado de patronato, esses homens foram empregados e, cada vez mais, ornamentos das cortes renascentistas e dos governos das cidades do norte da Europa. Alguns ainda estavam informalmente associados aos círculos humanistas que os haviam introduzido nas fontes herméticas e neoplatônicas. Mas não foram estas que legitimaram seu *status* de participantes do novo saber erudito. Foi, ao contrário, a habilidade de compreender e comentar de modo convincente obras como *De architetura*, de Vitrúvio, a *Geometria* e a *Óptica*, de Euclides, o pseudoaristotélico *Questões mecânicas* e, a partir de meados do século XVI, *Dos corpos flutuantes*, de Arquimedes, e a *Pneumática*, de Herão.[22]

---

22 Rossi, *Philosophy, Technology, and the Arts in the Early Modern Era* (1970). No entanto, Rossi e os estudiosos anteriores do assunto não discutem a possível relevância da distinção dos ofícios praticados pelos artistas-engenheiros dos introduzidos depois no mundo erudito por figuras como Vannuccio Biringuccio e Agricola. Para alguns aspectos dessa distinção, introduzida adiante, devo muito a conversas com meu colega Michael S. Mahoney.

A importância desse novo grupo para a revolução científica é indiscutível. Galileu, em muitos aspectos, e Simon Stevin, em todos, são dois de seus produtos. Digno de destaque, porém, é que as fontes que seus membros utilizaram e os campos que mais os influenciaram faziam parte do grupo aqui chamado de clássico. Quer como artistas (da perspectiva), quer como engenheiros (da construção e do abastecimento de água), eles se valeram, em geral, de obras de matemática, estática e óptica. De vez em quando, a astronomia também era incluída, mas em menor grau. Um dos interesses de Vitrúvio era o desenho de relógios de sol mais precisos, que os artistas-engenheiros renascentistas estenderam, vez ou outra, ao desenho de outros instrumentos astronômicos.

Embora útil apenas aqui e ali, o interesse dos artistas-engenheiros pelos campos clássicos foi um fator significativo de suas reconstruções. É provável que tenha sido também a fonte dos novos instrumentos de Brahe e, seguramente, do interesse de Galileu pela resistência dos materiais e pelo poder limitado das bombas de água – esta última levou diretamente ao barômetro de Torricelli. Embora mais controverso, parece plausível que o interesse pela engenharia, promovido pela fabricação de armas em especial, tenha ajudado a separar o problema do movimento local do problema filosófico mais geral da mudança e, ao mesmo tempo, tornado os números mais relevantes para sua consecução, em detrimento das proporções geométricas. Foram esses e outros temas correlatos que levaram à inclusão de uma seção de *arts mécaniques* na Academia francesa e motivaram sua inclusão nas seções de Geometria e Astronomia. O fato de ter, em seguida, oferecido um lar para as ciências baconianas, é a contrapartida dos interesses dos artistas-engenheiros renascentistas, que não abrangiam os aspectos não mecânicos ou não matemáticos de ofícios como a tecelagem, o tingimento, a fabricação de vidros ou a navegação. Foram precisamente estes, no entanto, os ofícios que desempenharam um enorme papel na gênese das novas ciências experimentais. Os enunciados programáticos de Bacon demandavam histórias naturais de todas elas, e algumas dessas histórias de ofícios não mecânicos foram escritas.

Uma vez que a possível utilidade de uma separação, mesmo que analítica, entre ofícios mecânicos e não mecânicos não foi ainda sugerida, o que segue é ainda mais exploratório do que o precedente. Como temas de interesse erudito, os últimos parecem ter sido posteriores aos primeiros. É plausível que as artes não mecânicas tenham sido fomentadas, de início, por atitudes inspiradas em Paracelso, e seu estabelecimento é demonstrado por trabalhos como *Pyrotechnia*, de Biringuccio, *De re metallica*, de Agricola, *Newe Attractive*, de Robert Norman, e os *Discours*, de Bernard Palissy, o primeiro destes publicado em 1540. Embora o *status* alcançado pelas artes mecânicas ajude seguramente a explicar o surgimento desses livros, o movimento que os produziu é ainda assim distinto. Poucos praticantes dos ofícios não mecânicos foram apoiados por patronato ou conseguiram, antes do fim do século XVII, ir além das fronteiras das guildas. Nenhum poderia ter recorrido a uma tradição literária clássica significativa, fato que provavelmente tornou a literatura hermética pseudoclássica e a figura do mago mais importantes para eles do que para seus contemporâneos dos campos mecânico-matemáticos.[23] Com exceção da química, a prática efetiva de médicos e boticários raramente era combinada com discursos eruditos a seu respeito. Ainda assim, os médicos, contudo, são maioria entre os que escreveram obras eruditas, não apenas sobre química, mas também sobre outros ofícios não mecânicos, que forneceram dados importantes para o desenvolvimento das ciências baconianas. Agricola e Gilbert são apenas os exemplos mais antigos.

As diferenças entre as duas tradições cujas origens estão em ofícios precedentes podem ajudar a explicar ainda uma terceira. Embora os artistas-engenheiros renascentistas fossem úteis à sociedade, soubessem e, por vezes, baseassem nisso suas pretensões, os elementos utilitários em seus escritos eram muito menos persistentes e estridentes do que seus correspondentes nos escritos daqueles que estabeleceram os ofícios não mecânicos. Basta lembrar de quão pouco Leonardo se importava se os dispositivos mecânicos que inventava poderiam ou não ser construídos, ou comparar os escritos de Galileu, Pascal, Descartes e Newton aos de Bacon, Boyle e Hooke. Ainda que presente em ambos os conjuntos de escritos, o utilitarismo é central apenas no último, fato que pode dar um indício para a última das principais diferenças que separam as ciências clássicas e as baconianas.

---

23 Embora nenhum trate diretamente da questão, dois artigos recentes sugerem como o hermetismo e, em seguida, o corpuscularismo poderiam figurar na batalha do século XVII por um *status* sociointelectual: Rattansi, "The Helmontian-Galenist Controversy in Restoration England", *Ambix*, v.12, 1964, p.1-23; Brown, "The College of Physicians and the Acceptance of Latromechanism in England, 1665-1695", *Bulletin of the History of Medicine*, v.44, 1970, p.12-30.

Com exceção da química, que encontrou uma base institucional diversificada por volta do fim do século XVII, as ciências baconianas e as clássicas floresceram em diferentes cenários nacionais desde 1700. Praticantes de ambas podem ser encontrados na maioria dos países europeus, mas o centro das ciências baconianas foi claramente a Grã-Bretanha, ao passo que o da matemática foi o continente, em especial a França. Newton é o último matemático britânico antes de meados do século XIX que pode ser comparado a figuras continentais como Bernoulli, Euler, Lagrange, Laplace e Gauss. Nas ciências baconianas, o contraste começa mais cedo e é menos acentuado, mas antes da década de 1780 é difícil encontrar experimentalistas continentais cujas reputações rivalizavam com as de Boyle, Hooke, Hauksbee, Gray, Hales, Black e Priesteley. Além disso, os primeiros lembrados tendem a se concentrar na Suíça e, mais ainda, na Holanda. Boerhaave, Musschenbroeck e Saussure são exemplos disso.[24] Esse padrão geográfico requer estudos mais sistemáticos, mas se o relato considerar as populações relativas, sobretudo a produtividade relativa nas ciências baconianas e clássicas, é provável que ele se mostre bastante claro. Tal investigação poderá mostrar, ainda, que as diferenças nacionais aqui esboçadas só emergiram depois de meados do século XVII, tornando-se mais nítidas à medida que as gerações se sucediam. Não seriam as diferenças entre as atividades da Académie des Sciences e da Royal Society no século XVIII maiores do que as da Accademia del Cimento, a Montmor Academy e o "Invisible College" britânico?

Das numerosas explicações rivais sobre a revolução científica, apenas uma fornece um indício desse padrão de contrastes geográficos. Trata-se da chamada tese de Merton, uma reelaboração das explicações sobre a emergência do capitalismo dadas por Weber, Troeltsch e Tawney quando aplicadas à ciência.[25] Depois da fase inicial de proselitismo evangélico, o que se alega é que as comunidades protestantes ou puritanas forneceram um *ethos*, ou "ética", especialmente conveniente ao desenvolvimento da ciência. Dentre seus principais componentes destacavam-se uma forte inclinação utilitarista, uma elevada valorização do trabalho, inclusive do

---

24 Informações pertinentes a esse assunto podem ser encontradas em Brunet, *Les physiciens Hollandais et la méthode expérimental en France au XVIIIe siècle* (1926).

25 Merton, *Science, Technology and Society in Seventeenth Century England* (1970). Essa nova edição do trabalho original de 1938 inclui uma "Selected Bibliography: 1970", que fornece uma boa orientação sobre a controvérsia que se estende desde sua aparição.

trabalho manual e manipulativo, e uma desconfiança do sistema que encorajava cada um a ser seu próprio intérprete das Escrituras e, depois, da natureza. Deixando de lado as dificuldades para identificar esse *éthos*, coisa que outros talvez não consigam fazer, e determinar se é correto atribuí-lo a todos os protestantes ou apenas a algumas formas de puritanismo, o principal inconveniente desse ponto de vista é a pretensão de explicar demais. Se Bacon, Boyle e Hooke parecem se ajustar à tese de Merton, Galileu, Descartes e Huygens, não. Em todo caso, não está claro se existiram em algum lugar comunidades puritanas ou protestantes pós-evangélicas antes de a revolução científica já estar em curso. Não surpreende que a tese de Merton seja controversa.

No entanto, ela é bem mais atrativa quando aplicada não à revolução científica como um todo, mas ao movimento que fez progredir as ciências baconianas. O ímpeto inicial desse movimento de poder sobre a natureza por meio de técnicas instrumentais e manipulativas foi, sem dúvida, apoiado pelo hermetismo. Mas os filósofos corpusculares, que substituíram o hermetismo a partir de 1630, não partilhavam valores semelhantes e, mesmo assim, o baconismo continuou a prosperar. O fato de isso ter ocorrido sobretudo em países não católicos sugere que ainda pode ser valioso saber o que vem a ser o "puritano" ou o *ethos* em relação à ciência. Dois fragmentos isolados de informações biográficas podem tornar o problema particularmente curioso. Denis Papin, que construiu a segunda bomba de ar de Boyle e inventou a panela de pressão, era um huguenote que fugiu da França por causa das perseguições de meados do século XVII. Abraham Breguet, um construtor de instrumentos que foi imposto à Academia de Ciências em 1816, era um imigrante de Neuchâtel, para onde sua família havia fugido após a revogação do Edito de Nantes.

A gênese da física moderna

Meu tópico final será apresentado como um epílogo, um esboço exploratório de uma posição que deverá ser desenvolvida e modificada em pesquisas posteriores. Entretanto, após traçar as linhas do desenvolvimento em geral separado das ciências clássicas e baconianas até fins do século XVIII, tenho de perguntar ao menos o que aconteceu depois. Todos aqueles que estão familiarizados com o cenário científico contemporâneo reconhecerão que as ciências físicas não se ajustam mais ao padrão anteriormente esboçado, fato que justamente torna difícil o próprio reconhecimento do padrão. Quando e como aconteceu a mudança? Qual foi sua natureza?

Parte da resposta é que, ao longo do século XIX, as ciências físicas participaram do rápido crescimento e da transformação ocorridos em todas as profissões eruditas. Campos antigos, como a medicina e o direito, adquiriram novas formas institucionais, mais rígidas e com padrões intelectuais mais exclusivos do que haviam conhecido até então. Nas ciências, a partir do fim do século XVIII, o número de publicações e de sociedades aumentou rapidamente, e muitas, à diferença das tradicionais academias nacionais e de suas publicações, restringiam-se a campos científicos específicos. Disciplinas antigas, como a Matemática e a Astronomia, tornaram-se profissões com formas institucionais próprias.[26] Fenômenos similares ocorreram de modo apenas ligeiramente mais moroso nos novos campos baconianos, e um dos resultados foi a liberação dos laços que antes os mantinham unidos. A Química, em particular, no mais tardar na metade do século, tornou-se uma profissão intelectual separada, ainda associada à indústria e a outras áreas experimentais, mas agora com uma identidade própria. Em parte por essas razões institucionais, em parte pelo efeito na pesquisa química da teoria atômica de Dalton e, depois, da crescente atenção dispensada aos compostos orgânicos, os conceitos químicos logo passaram a diferir daqueles utilizados em outras áreas das ciências físicas. Enquanto isso, tópicos como calor e eletricidade deixavam de ser tratados na química e eram relegados à filosofia experimental ou a um novo campo, a física, que aos poucos tomava seu lugar.

Uma segunda fonte importante de mudança no século XIX foi a alteração gradual na percepção da identidade da matemática. Talvez até a metade do século, tópicos como mecânica celeste, hidrodinâmica, elasticidade e vibrações de meios contínuos e descontínuos constituíam o centro da pesquisa profissional em Matemática. Setenta e cinco anos depois, isso seria "Matemática aplicada", uma área separada e usualmente de menor *status* que as questões mais abstratas da "Matemática pura", que se tornariam centrais na disciplina. Embora cursos sobre mecânica celeste ou até mesmo sobre teoria eletromagnética ainda fossem ministrados por membros das

---

26 Mendelsohn, "The Emergence of Science as a Profession in Nineteenth-Century Europe", em Hill (ed.), *The Management of Scientists* (1964).

faculdades de Matemática, eles passaram a ser técnicos, e seus tópicos não se situavam mais no interior das fronteiras do pensamento matemático.[27] A separação resultante entre pesquisas em matemática e em ciências físicas necessita com urgência de mais estudos, tanto por seu interesse intrínseco quanto por seu efeito no desenvolvimento destas últimas. É duplamente o caso, porque essa separação ocorreu de modo diferente e em ritmo diferente em países diferentes, tornando-se fator de desenvolvimento de outras diferenças nacionais, que discutiremos adiante.

Uma terceira variedade de mudança, de especial relevância para os tópicos considerados neste ensaio, foi a matematização extraordinariamente rápida e completa de diversos campos baconianos no primeiro quarto do século XIX. Dos que hoje constituem o domínio da física, apenas a mecânica e a hidrodinâmica exigiam conhecimentos matemáticos avançados antes de 1800. Nos outros, geometria, trigonometria e álgebra elementares eram mais do que suficientes. Vinte anos depois, os trabalhos de Laplace, Fourrier e Sadi Carnot fizeram da Matemática avançada uma ferramenta essencial para o estudo do calor; Poisson e Ampère fizeram o mesmo com a eletricidade e o magnetismo; e Jean Fresnel e seus seguidores tiveram um impacto semelhante no campo da óptica. Somente quando suas novas teorias matemáticas foram aceitas como modelos é que uma profissão com identidade semelhante à da física moderna passou a ser uma das ciências. Seu surgimento exigiu a redução das barreiras conceituais e institucionais que separavam os campos clássico e baconiano.

Por que, quando e como tais barreiras foram reduzidas é um problema que merece muito mais pesquisas. Mas não há dúvida de que uma parte importante da resposta será encontrada no desenvolvimento interno dos campos relevantes ao longo do século XVIII. As teorias qualitativas tão prontamente matematizadas após 1800 só vieram a existir durante e após a década de 1780. A teoria de Fourrier impôs o conceito de calor específico e a separação sistemática das noções de calor e temperatura. Por volta do fim do século, as contribuições de Laplace e Carnot à teoria do calor exigiram,

---

27 Reminiscências importantes sobre a relação entre a matemática e a física matemática na Inglaterra, na França e nos Estados Unidos na década de 1920 foram preservadas em entrevistas com Leon Brillouin, E. C. Kemble e N. F. Mott, e encontram-se nos *Archives for History of Quantum Physics*. Para mais informações, ver Kuhn, Heilbron, Forman e Allen, *Sources for History of Quantum Physics: An Inventory and Report* (1967).

além disso, o reconhecimento do aquecimento adiabático. A matematização pioneira das teorias eletrostática e magnética realizada por Poisson foi viabilizada pelo trabalho anterior de Coulomb, do qual a maior parte só apareceu na década de 1790.[28] A matematização de Ampère para a interação entre correntes elétricas foi produzida quase simultaneamente à sua descoberta dos efeitos de que trata a teoria. Em especial com relação à matematização da teoria do calor e da teoria elétrica, avanços recentes nas técnicas matemáticas também tiveram seu papel. Com provável exceção da óptica, os trabalhos que, entre 1800 e 1825, tornaram inteiramente matemáticos campos antes experimentais não poderiam ter sido escritos duas décadas antes do início do surto da matematização.

No entanto, o desenvolvimento interno, sobretudo dos campos baconianos, não pode explicar como a matemática foi introduzida em 1800. Como se deduz dos nomes dos autores das novas teorias, os primeiros matematizadores eram invariavelmente franceses. Afora alguns trabalhos de George Green e Gauss, pouco conhecidos a princípio, não houve nada parecido em nenhum outro lugar até a década de 1840, quando britânicos e alemães começaram tardiamente a adotar e adaptar o exemplo dado pela geração francesa anterior. Fatores institucionais e individuais serão identificados talvez como os principais responsáveis por essa liderança francesa inicial. Começando muito lentamente na década de 1760, com as nomeações de Nollet e Monge para lecionar *physique expérimentale* na École du Génie, em Mézières, os temas baconianos foram introduzidos pouco a pouco na formação dos engenheiros militares franceses.[29] Esse movimento culminou, na década de 1790, com a fundação da École Polytechnique, um novo tipo de instituição de ensino, em que os estudantes eram expostos tanto aos temas clássicos pertinentes às *arts mecaniques* quanto à Química, ao estudo do calor e a outros tópicos afins. Não pode ser mera coincidência que os

---

28 Alguns aspectos do problema da matematização da física são analisados em Kuhn, "The Function of Measurement in Modern Physical Science", *Isis*, v.52, 1961, p.161-93 ["A função da medição na Física moderna", p.195-240 deste volume], quando publiquei pela primeira vez a distinção entre as ciências clássica e baconiana. Outros aspectos podem ser encontrados em Fox, *The Caloric Theory of Gases from Lavoisier to Regnault* (1971).

29 Informações relevantes encontram-se em Taton, "L'école royale du génie de Mézières", em Taton (ed.), *Enseignement et diffusion des sciences en France au XVIIIe siècle*, 1964, p.559-615.

construtores de teorias matemáticas baseadas em campos experimentais tenham sido todos professores ou alunos da École Polytechnique. Também foi de suma importância para a direção tomada por seus trabalhos a liderança magistral de Laplace na aplicação da física matemática de Newton a temas não matemáticos.[30]

Por razões ainda obscuras e controversas, a prática da nova física matemática declinou rapidamente na França a partir de cerca de 1830, em parte por um declínio geral da vitalidade da ciência no país. Todavia, papel mais relevante talvez tenha cabido à reafirmação da primazia tradicional da matemática, que se afastou dos interesses concretos da física a partir de meados do século. Após 1850, à proporção que a física se tornava matemática em todo o seu domínio, sem prescindir contudo de experimentações refinadas, a contribuição francesa declinou um século e chegou a níveis sem paralelo em campos antes comparáveis como a química e a matemática.[31] Ao contrário das outras ciências, a física requeria o estabelecimento de uma passagem segura através da divisão clássico-baconiana.

Aquilo que havia começado na França no primeiro quarto do século XIX seria recriado em outros lugares, de início na Grã-Bretanha e na Alemanha, após meados da década de 1840. Em ambos os países, como já deve estar claro, as formas institucionais existentes inibiram de início a criação de um campo que dependesse da comunicação fluente entre especialistas em experimentação, de um lado, e em matemática, de outro. O sucesso singular da Alemanha – atestado pelo papel preponderante dos alemães nas transformações conceituais da física no século XX – deve ser imputado, em parte, ao rápido crescimento e à consequente plasticidade das instituições de ensino alemãs numa época em que estudiosos como Neumann, Weber,

---

30 Fox, "The Rise and Fall of Laplacian Physics", *Historical Studies in the Physical Sciences*, v.4, 1976, p.89-136; Silliman, "Fresnel and the Emergence of Physics as a Discipline", ibid., p.137-62.

31 Informações relevantes e orientações sobre a ainda esparsa literatura a respeito desse tópico encontram-se em Fox, "Scientific Enterprise and the Patronage of Research in France, 1800-70", *Minerva*, v.11, 1973, p.442-73; Paul, "La science française de la seconde partie du XIXe siècle vue par les auteurs anglais et américains", *Revue d'histoire des sciences*, v.27, 1974, p.147-63. Note-se, porém, que ambos estão mais interessados no declínio das ciências francesas como um todo, um efeito certamente menos pronunciado do que o declínio da física francesa, e talvez bastante diferente. Conversas com Fox reforçaram minhas convicções e ajudaram a organizar minhas observações a respeito dessa questão.

Helmholtz e Kirchhoff criavam uma nova disciplina, em que tanto os experimentalistas quanto os teóricos matemáticos eram associados como profissionais da física.[32]

Nas primeiras décadas do século XX, esse modelo alemão se propagou pelo resto do mundo. Com isso, a longa divisão entre as ciências físicas experimentais e a matemática se atenuou cada vez mais, dando até mesmo a impressão de ter desaparecido. De outro ponto de vista, porém, podemos descrevê-la melhor como deslocada de uma posição entre campos separados para o interior da própria física, em que continua a promover tensões tanto individuais quanto profissionais. A meu ver, é apenas porque a teoria física hoje é totalmente matemática que a física teórica e a física experimental se mostram empreitadas tão diferentes, a ponto de quase ninguém poder aspirar a destacar-se em ambas. Nenhuma dicotomia entre experimentação e teoria caracterizou campos como a química ou a biologia, em que a teoria é menos intrinsecamente matemática. Portanto, talvez a clivagem entre a ciência matemática e a experimental ainda permaneça enraizada na natureza da mente humana.[33]

---

32 McCormmach, "Editor's Foreword", *Historical Studies in the Physical Sciences*, v.3, 1971, p.ix-xxiv.

33 Outros fenômenos lembrados com frequência, mas ainda muito pouco estudados, também indicam uma base psicológica para essa clivagem. Muitos matemáticos e físicos teóricos têm se mostrado ardentemente interessados e envolvidos com música, e alguns tiveram dificuldade para decidir entre a carreira musical e a científica. Não se observa um envolvimento tão difundido nas ciências experimentais, nem mesmo na física experimental (acredito que nem em outras disciplinas sem relação manifesta com a música). Mas a música, ou ao menos parte dela, embora tenha participado do grupo das ciências matemáticas, nunca fez parte das ciências experimentais. Também pode ser revelador o estudo adicional de uma distinção sutil, mencionada em geral pelos físicos, entre o físico "matemático" e o físico "teórico". Ambos utilizam intensamente a matemática, muitas vezes nos mesmos problemas, mas aqueles tendem a tomar o problema físico como algo conceitualmente fixado e a desenvolver técnicas matemáticas para aplicá-las a ele, ao passo que estes pensam mais fisicamente, adaptando a concepção de seu problema às ferramentas matemáticas disponíveis, em geral mais limitadas. Lewis Pyenson, a quem devo muito pelos valiosos comentários a meus esboços iniciais, desenvolveu ideias interessantes sobre a evolução dessa distinção.

4
A conservação da energia como exemplo de descoberta simultânea[1]

Entre 1842 e 1847, a hipótese da conservação da energia foi anunciada ao público por quatro cientistas europeus amplamente dispersos – Mayer, Joule, Colding e Helmholtz. Todos eles, exceto o último, trabalhavam em completa ignorância uns dos outros.[2] A coincidência é notável, apesar de os

---

1 Originalmente publicado como "Energy Conservation as an Example of Simultaneous Discovery", em Clagett (ed.), *Critical Problems in the History of Science*, 1959, p.321-56. Reimpresso com a permissão dos diretores da Universidade de Wisconsin.

2 Mayer, "Bemerkungen über die Kräfte der unbelebten Natur", *Annalen der Chemie und Pharmacie*, v.42, 1842. Usei a versão existente na excelente coleção de Weyrauch, *Die Mechanik der Wärme in gesammelten Schriften von Robert Mayer*, 1893, p.23-30. Esse volume será citado como Weyrauch, I. Do mesmo autor, o volume que o acompanha, *Kleinere Schriften und Briefe von Robert Mayer* (1893), será citado como Weyrauch, II. Joule, "On the Calorific Effects of Magneto-Electricity, and on the Mechanical Value of Heat", *Philosophical Magazine*, v.23, 1843. Usei a versão que se encontra em *The Scientific Papers of James Prescott Joule*, 1884, p.123-59. Esse volume será citado como Joule, *Papers*. Colding, "Undersögelse on de almindelige Naturkraefter og deres gjensidige Afhaengighed og isaerdeleshed om den ved visse faste Legemers Gnidning udviklede Varme", *Dansk. Vid. Selsk*, v.2, 1851, p.121-46. Estou em dívida com Kirsten Emilie Hedebol pela tradução desse artigo. Sem dúvida, ele é bem mais completo do que o original não publicado, lido por Colding perante a Sociedade Real da Dinamarca em 1843, mas inclui muita informação sobre o original. Ver também Colding, "On the History of the Principle of the Conservation of

quatro anúncios serem singulares apenas por combinar uma generalidade em sua formulação com aplicações quantitativas concretas. Sadi Carnot, antes de 1832, Marc Séguin, em 1839, Karl Holtzmann, em 1845, e G. A. Hirn, em 1854, registraram de forma independente suas convicções de que o calor e o trabalho são quantitativamente intercambiáveis, e calcularam um valor para o coeficiente de conversão ou algo equivalente.[3] Naturalmente,

---

Energy", *Philosophical Magazine*, v.27, 1864, p.56-64. Helmholtz, *Ueber die Erhaltung der Kraft: Eine physikalische Abhandlung* (1847). Usei a reedição anotada que se encontra em *Wissenschaftliche Abhandlungen von Hermann Helmholtz*, 1882, v.1, p.12-75. Essa coleção será citada como Helmholtz, *Abhandlungen*.

3 A versão de Carnot para a hipótese da conservação está dispersa num caderno de anotações escrito entre a publicação de seu estudo, em 1824, e sua morte, em 1832. A versão mais confiável das anotações encontra-se em Picard, *Sadi Carnot, biographie et manuscrit* (1927). Uma fonte mais adequada é o apêndice da reedição recente de *Réflexions sur la puissance motrice du feu* (1953), de Carnot. Note-se que Carnot considerou o material dessas notas incompatível com a tese principal de suas famosas *Réflexions*. De fato, os elementos essenciais dessa tese podem ser salvos, mas é necessária uma alteração tanto em seu enunciado quanto na linha de raciocínio que seguia. Séguin, *De l'influence des chemins de fer et de l'art de les construire*, 1839, p.xvi, 380-96. Holtzmann, *Über die Wärme und Elasticität der Gase und Dämpfe* (1845). Usei a tradução de W. Francis, que se encontra em *Taylor's Scientific Memoirs*, v.4, 1846, p.189-217. Como acreditava na teoria calórica do calor e utilizou-a em sua monografia, Holtzmann é um estranho candidato à lista de descobridores da conservação da energia. Entretanto, também acreditava que a mesma quantidade de trabalho consumida na compressão isotérmica de um gás tinha sempre de produzir o mesmo aumento de calor no gás. Como resultado, conduziu uma das primeiras determinações do coeficiente de Joule e seu trabalho é citado repetidas vezes pelos primeiros, que escreveram sobre termodinâmica como um importante ingrediente de sua teoria. Não se pode dizer que Holtzmann tenha compreendido alguma coisa da conservação da energia tal como a definimos hoje. Mas para esta investigação sobre a descoberta simultânea, os juízos dos contemporâneos são mais relevantes do que o nosso. Para muitos, Holtzmann era parte ativa na evolução da teoria da conservação. Hirn, "Études sur les principaux phénomènes que présentent les frottements médiats, et sur les diverses manières de déterminer la valeur mécanique des matières employées au graissage des machines", *Bulletin de la societé industrielle de Mulhouse*, v.26, 1854, p.188-237; e "Notice sur les lois de la production du calorique par les frottements mediats", ibid., p.238-77. É difícil acreditar que Hirn desconhecesse os trabalhos de Mayer, Joule, Helmholtz, Clausius e Kelvin quando escreveu seus "Études", em 1854. Mas depois de ler o artigo, considerei a reivindicação de descoberta independente (apresentada em sua "Notice") muito convincente. Como nenhuma das histórias usuais cita esses artigos ou reconhece a existência das alegações de Hirn, parece apropriado esboçar aqui suas bases. As pesquisas de Hirn tratavam da eficiência relativa de vários lubrificantes de motores como função da

a conversibilidade entre calor e trabalho é somente um caso específico de conservação da energia, mas a falta de generalidade nesse segundo grupo de anúncios ocorreu outras vezes na literatura do período. Entre 1837 e 1844, C. F. Mohr, William Grove, Faraday e Liebeg descreveram o mundo dos fenômenos como manifestação de uma única "força", que pode ocorrer sob forma elétrica, térmica, dinâmica ou várias outras, mas não pode, em todas as transformações que sofre, ser criada ou destruída.[4] A então chamada força é aquilo que os cientistas viriam a conhecer depois como energia. A História da Ciência não oferece exemplo mais impressionante do que esse para o fenômeno conhecido como descoberta simultânea.

Já citamos doze homens que, num curto período de tempo, compreenderam sozinhos partes essenciais do conceito de energia e de sua conservação. Poderíamos aumentar esse número, mas não seria proveitoso.[5]

---

pressão na embreagem, do torque aplicado etc. Inesperadamente, assim diz ele, suas medições o levaram à conclusão de que "a quantidade absoluta de calórico desenvolvida pelo atrito mediado [por exemplo, o atrito entre duas superfícies separadas por um lubrificante] é direta e estritamente proporcional ao trabalho mecânico absorvido pelo atrito. E, se expressarmos o trabalho em quilogramas elevados à altura de um metro e a quantidade de calórico em calorias, teremos que a razão desses números é muito próxima de 0,0027 [o que corresponde a 370 kg.m/cal], para qualquer velocidade e temperatura e qualquer material lubrificante" (p.202). Até quase 1860, Hirn tinha dúvidas quanto à validade da lei no caso de lubrificantes impuros ou na ausência de lubrificação (ver, em particular, seu *Récherches sur l'équivalent mécanique de la chaleur*, 1858, p.83). Mas, apesar das dúvidas, seu trabalho aponta nitidamente para um dos caminhos de meados do século XIX rumo a parte considerável da conservação da energia.

4 Mohr, "Ueber die Natur der Wärme", *Zeitschrift für Physik*, v.5, 1837, p.419-45; e "Ansichten über die Natur der Wärme", *Annalen der Chemie und Pharmacie*, v.24, 1837, p.141-7. Grove, *On the Correlation of Physical Forces: Being the Substance of a Course of Lectures Delivered in the London Institution in the Year 1843* (1846). Grove afirma que não introduziu novos elementos nessa primeira edição depois que as conferências foram realizadas. As edições posteriores e mais acessíveis são muito revisadas à luz de trabalhos subsequentes. Faraday, *Experimental Researches in Electricity*, 1844, v.2, p.101-4. A "Seventeenth Series" original, da qual são parte, foi lida perante a Royal Society em março de 1840. Liebig, *Chemische Briefe*, 1844, p.114-20. Com esse trabalho, assim como com o de Grove, é preciso ter cuidado com as alterações introduzidas nas edições publicadas após a conservação da energia ter sido reconhecida como lei científica.

5 Uma vez que algumas de minhas conclusões dependem da lista particular de nomes escolhidos para o estudo, é necessário adiantar algumas palavras sobre o processo dessa seleção. Tentei incluir todos aqueles que, na visão de seus contemporâneos ou sucessores imediatos, alcançaram de forma independente parte significativa da

A multiplicidade apresentada já é suficiente para sugerir que, ao longo das duas décadas anteriores a 1850, a atmosfera do pensamento científico europeu incluía elementos capazes de conduzir os cientistas receptivos a uma nova e importante visão da natureza. Identificar esses elementos, tal como se encontram nos trabalhos daqueles por eles afetados, pode nos dizer algo sobre a natureza da descoberta simultânea. É possível que até dê substância a estes truísmos óbvios, mas completamente vazios: "Uma descoberta científica tem de se ajustar ao seu tempo" ou "Tudo ocorre em seu devido tempo". O problema é desafiador. O principal objetivo deste artigo, por-

---

conservação da energia. A esse grupo adicionei Carnot e Hirn, cujo trabalho seguramente seria considerado, caso fosse conhecido. A falta de uma influência efetiva é irrelevante do ponto de vista desta investigação. Esse procedimento gerou uma lista de doze nomes, e tenho ciência de apenas quatro outros cuja inclusão poderia ser reivindicada. São eles: Von Haller, Roget, Kaufmann e Rumford. Apesar da defesa apaixonada de P. S. Epstein (*Textbook of Thermodynamics*, 1937, p.27-34), Von Haller não foi incluído nessa lista. A ideia de que o atrito dos fluidos nas artérias e veias contribui para o calor corporal não implica nenhuma parte da noção de conservação da energia. Qualquer teoria que explique a geração de calor por atrito poderia abarcar a concepção de Von Haller. Podemos arrolar razões mais admissíveis a favor de Roget, que realmente utilizou a impossibilidade do movimento perpétuo para argumentar contra a teoria de contato para o galvanismo (ver nota 28). Eu o omiti apenas porque ele não parece ciente da possibilidade de estender o argumento e porque suas concepções estão no trabalho de Faraday, que as estendeu. Hermann von Kaufmann talvez devesse ser incluído. Segundo Georg Helm, seu trabalho é idêntico ao de Holtzmann (*Die Energetik nach ihrer geschichtlichen Entwickelung*, 1898, p.64). Como não pude examinar os escritos de Kaufmann, e Holtzmann talvez seja um caso um tanto duvidoso, pareceu-me melhor não aumentar a lista. Com relação a Rumford, o mais difícil de todos, indicarei adiante que, antes de 1825, a teoria dinâmica do calor não conduziu seus defensores à conservação da energia. Até meados do século não havia uma conexão necessária, nem mesmo provável, entre esses dois conjuntos de ideias. Entretanto, Rumford foi mais do que um teórico dessa concepção. Também disse: "Segue necessariamente [da teoria dinâmica] [...] que a soma das forças ativas no universo tem sempre de permanecer constante" (*Complete Works*, 1876, v.3, p.172), e isso soa conservação da energia. Talvez seja. Mas, ainda assim, Rumford parece totalmente alheio à sua importância. Não pude encontrar essa observação aplicada ou mesmo repetida em nenhum outro lugar de sua obra. Minha tendência, portanto, é considerar o trecho uma réplica ligeira, apropriada a uma audiência francesa, do teorema do século XVIII sobre a conservação da *vis viva*. Tanto Daniel Bernoulli quanto Lavoisier já haviam aplicado esse teorema à teoria dinâmica (ver nota 96) sem chegar a nada parecido com a conservação da energia. Não vejo razões para supor que Rumford tenha visto mais do que eles.

tanto, é proceder a uma identificação preliminar das fontes do fenômeno denominado descoberta simultânea.

Antes de avançarmos até esse objetivo, porém, temos de nos deter na própria expressão "descoberta simultânea". Ela descreve o fenômeno que nos propomos investigar? No caso ideal de uma descoberta simultânea, duas ou mais pessoas anunciariam a mesma coisa, ao mesmo tempo, e em total ignorância dos trabalhos uns dos outros, mas nada disso se assemelha nem de longe ao ocorrido durante o desenvolvimento da conservação da energia. As violações da simultaneidade e da influência mútua são secundárias, mas não há dois desses homens que tenham dito a mesma coisa. Até bem perto do fim do período da descoberta, foram poucos os artigos que apresentaram mais do que semelhanças fragmentárias, recuperadas em parágrafos ou sentenças isoladas. É necessária grande habilidade para selecionar e lidar com excertos para, por exemplo, fazer a defesa da teoria dinâmica do calor empreendida por Mohr se mostrar semelhante à discussão sobre as limitações intrínsecas do motor elétrico conduzida por Liebig. Um diagrama das passagens que se sobrepõem nos artigos elaborados pelos pioneiros da conservação da energia seria algo como um jogo de palavras cruzadas inacabado.

Felizmente não é necessário nenhum diagrama para percebermos as diferenças mais essenciais. Alguns pioneiros, como Séguin e Carnot, discutiram apenas um caso específico da conservação da energia, utilizando abordagens muito diferentes. Outros, como Mohr e Grove, anunciaram um princípio de conservação universal, mas, como veremos, suas tentativas ocasionais de quantificar sua "força" imperecível lançam dúvidas sobre seu significado concreto. Apenas em retrospecto podemos dizer que todos esses enunciados parciais tratam dos mesmos aspectos da natureza.[6] O problema

---

6 Isso pode explicar por que os pioneiros se beneficiaram tão pouco dos trabalhos uns dos outros, mesmo quando os leram. De fato, nossos doze homens não eram estritamente independentes. Grove e Helmholtz conheciam o trabalho de Joule e citaram-no em seus artigos de 1843 e 1847 (Grove, *On the Correlation of Physical Forces*, op. cit., p.39, 52; Helmholtz, *Abhandlungen*, op. cit., v.1, p.33, 35, 37, 55). Joule, por sua vez, conhecia e citou o trabalho de Faraday (Joule, *Papers*, op. cit., p.189). Liebig, embora não tenha citado Mohr e Mayer, deve ter conhecido seus trabalhos, pois foram publicados em seu próprio jornal (sobre o conhecimento de Liebig da teoria de Mohr, ver também Kahlbaum, *Liebig und Friedrich Mohr, Briefe, 1834-1870*, 1897). É presumível que informações biográficas mais precisas revelem outras interdependências. Mas essas interdependências, ao menos as identificadas, não

das descobertas divergentes não se restringe aos cientistas cujas formulações eram patentemente incompletas. Mayer, Colding, Joule e Helmholtz não diziam as mesmas coisas nas datas usualmente dadas como o instante de suas descobertas da conservação da energia. Não foi apenas *amour prope* que motivou a afirmação posterior de Joule de que a descoberta que anunciara em 1843 era diferente da publicada por Mayer em 1842.[7] Durante esses anos, seus artigos apresentavam importantes áreas de sobreposição, mas foi somente no livro de Mayer de 1845, e nas publicações de Joule de 1844 e 1847, que suas teorias se tornaram substancialmente coextensivas.[8]

Em suma, embora indique o tema central deste artigo, a expressão "descoberta simultânea" não o descreve, caso seja tomada ao pé da letra. Mesmo para o historiador familiarizado com os conceitos envolvidos na conservação da energia, os pioneiros não comunicam todos a mesma coisa. Naquela época, em geral não havia nenhuma comunicação entre eles. O que percebemos em seus trabalhos não é realmente a descoberta simultânea da conservação da energia, mas, ao contrário, a rápida e por vezes desordenada irrupção de elementos conceituais e experimentais com base nos quais a

---

parecem importantes. Em 1847, Helmholtz parece não ter ciência nem da generalidade das conclusões de Joule nem da sobreposição destas com suas próprias conclusões. Cita apenas as descobertas experimentais de Joule e, mesmo assim, de modo muito seletivo e crítico. Até as controvérsias sobre a prioridade na segunda metade do século, Helmholtz não parecer ter compreendido quanto havia sido antecipado. Quase o mesmo ocorre na relação entre Joule e Faraday. Deste último, Joule retirou ilustrações, mas não inspiração. O caso de Liebeg é ainda mais revelador. Ele poderia ter deixado de citar Mohr e Mayer, pois estes não forneciam nenhuma ilustração relevante nem pareciam tratar da mesma questão. Aparentemente, aqueles a quem chamamos de expoentes da conservação da energia poderiam ler os trabalhos uns dos outros sem perceber com clareza que falavam das mesmas coisas. Aliás, o fato de tantos terem escrito a partir de diferentes contextos intelectuais e sociais pode explicar a escassez da leitura dos trabalhos uns dos outros.

7 Joule, "Sur l'equivalent mécanique du calorique", *Comptes rendus*, v.28, 1849, p.132-5. Usei a versão que se encontra em Weyrauch, II, p.276-80. Essa é apenas a primeira ressalva na controvérsia a respeito da prioridade, mas já indica sobre o que será a controvérsia. Qual dos dois (posteriormente mais do que dois) enunciados diferentes deve ser identificado como conservação da energia?

8 Mayer, *Die organische Bewegung in ihrem Zusammenhange mit dem Stoffwechsel* (1845), em Weyrauch, I, p.45-128. A maioria dos artigos de Joule entre 1843 e 1847 é relevante, mas em particular "On the Changes of Temperature Produced by the Rarefaction and Condensation of Air" (1845) e "On Matter, Living Force, and Heat" (1847), em Joule, *Papers*, op. cit., p.172-89, 265-81.

teoria seria em breve composta. São esses elementos que nos interessam aqui. Sabemos por que eles estavam lá: a energia é conservada, a natureza se comporta desse modo. Mas não sabemos por que esses elementos se tornaram de súbito acessíveis e reconhecíveis. Esse é o problema fundamental deste artigo. Por que, entre 1830 e 1850, os conceitos e experimentos necessários a uma completa enunciação da conservação da energia estavam tão próximos da consciência científica?[9]

Essa questão pode ser facilmente tomada como um pedido para que todos os quase incontáveis fatores que motivaram individualmente os pioneiros a fazer suas descobertas particulares sejam listados. Assim interpretada, ela não tem solução, ao menos não ao alcance do historiador. Mas este pode tentar outro tipo de resposta. A imersão contemplativa nos trabalhos dos pioneiros e no de seus contemporâneos pode revelar um subgrupo de fatores que parecem ser mais significativos do que outros, por serem particularmente recorrentes, específicos do período, e terem surtido um efeito decisivo sobre a pesquisa individual.[10] A profundidade de meu contato com

---

9   Essa formulação tem uma vantagem considerável sobre a versão usual. Ela não implica, nem mesmo permite, a questão "Quem realmente descobriu primeiro a conservação da energia?". Como um século de controvérsias infrutíferas já demonstrou, uma extensão ou restrição convenientes na definição da conservação da energia põe a coroa na cabeça de quase todos os pioneiros, o que é mais uma indicação de que eles não podem ter descoberto a mesma coisa. Essa formulação também impede, por impossibilidade, uma segunda questão: será que Faraday (Séguin, Mohr ou qualquer um dos pioneiros) realmente apreendeu o conceito de conservação da energia, ainda que de modo intuitivo? Ele realmente pertence à lista dos pioneiros? Essas questões não têm respostas concebíveis, exceto pela preferência de quem responde. Mas qualquer que seja a resposta, Faraday (Séguin etc.) fornece evidências úteis sobre as forças que levaram à descoberta da conservação da energia.

10 Esses três critérios, em particular o segundo e o terceiro, ditam a orientação deste estudo num sentido que não é imediato à primeira vista, pois desvia a atenção das condições da descoberta da conservação da energia e a canaliza para o que podemos chamar de estopins responsáveis pela descoberta simultânea. As próximas páginas, por exemplo, deixarão implícito que todos os pioneiros fizeram uso significativo dos elementos conceituais e experimentais da calorimetria e muitos deles também dependeram de novas concepções químicas advindas do trabalho de Lavoisier e de seus contemporâneos. Esses e outros desenvolvimentos nas ciências teriam de ocorrer antes que a conservação da energia, tal como a conhecemos, pudesse ser descoberta. Entretanto, não isolei de forma explícita elementos como esses, pois não parecem distinguir os pioneiros de seus predecessores. Uma vez que tanto a calorimetria quanto a nova química, já algum tempo antes do período da descoberta simultânea, eram propriedade comum de todos os cientistas, elas não poderiam

o tema ainda não permite um juízo definitivo. Mas estou inteiramente seguro quanto a dois desses fatores e suspeito que um terceiro também seja relevante. Vou chamá-los de "disponibilidade dos processos de conversão", "interesse pelas máquinas"* e "filosofia da natureza". Analisemos um a um.

A disponibilidade dos processos de conversão é resultado, sobretudo, de uma série de descobertas que decorreram da invenção da bateria por Alessandro Volta, em 1800. Segundo a teoria do galvanismo prevalecente ao menos na França e na Inglaterra, a corrente elétrica era obtida à custa das forças de afinidade química, e essa conversão se revelou apenas o primeiro passo de uma sequência.[11] A corrente elétrica invariavelmente produzia calor e, em circunstâncias apropriadas, luz. Além disso, por eletrólise, a corrente podia superar as forças de afinidade química, transformando a sequência num círculo fechado. Esses foram os primeiros frutos do trabalho de Volta e seguiram-se outras descobertas de conversões mais notáveis, durante uma década e meia até 1820.[12] Nesse ano, Oersted demonstrou os efeitos magnéticos da corrente. O magnetismo, por sua vez, podia produzir movimento e já se sabia, havia muito, que o movimento era capaz de produzir eletricidade por atrito. Outra sequência de conversões estava fechada.

---

ter fornecido o estímulo imediato que desencadeou o trabalho dos pioneiros. Como condições da descoberta, esses elementos têm interesse e importância próprios. Mas é pouco provável que seu estudo esclareça o problema da descoberta simultânea que interessa a este artigo. (Esta nota foi adicionada ao manuscrito original em resposta a questões levantadas na discussão que se seguiu a sua apresentação oral.)

* Kuhn utiliza de preferência o termo *engine* e, em raras passagens, *motor*. Procurei preservar as construções habituais em português, utilizando "máquina" e "motor", conforme a ocasião. Parte da fluência do texto, porém, depende da quase imediata associação dos termos *engine*, *engineer* e *engineering*, os dois últimos quase sempre traduzidos aqui por "engenheiro" e "engenharia". (N.T.)

11 Faraday fornece poucas, mas boas, informações sobre o progresso da significativa controvérsia entre os expoentes das teorias químicas e de contato no galvanismo (*Experimental Researches in Electricity*, op. cit., p.18-20). Conforme seu relato, a teoria química foi predominante na França e na Inglaterra desde pelo menos 1825, mas a teoria de contato ainda era a predominante na Alemanha e na Itália quando Faraday escreveu em 1840. Acaso a predominância da teoria de contato na Alemanha poderia explicar o motivo antes surpreendente por que Mayer e Helmholtz omitiram a bateria em suas explicações das transformações de energia?

12 Sobre as descobertas subsequentes, ver Whittaker, *A History of the Theories of Aether and Electricity*, v.1, *The Classical Theories*, 1951, p.81-4, 88-9, 170-1, 236-7. Sobre as descobertas de Oersted, ver também Stauffer, "Persistent Errors Regarding Oersted's Discovery of Electromagnetism", *Isis*, v.44, 1953, p.307-10.

Em 1822, Seebeck mostrou que o calor aplicado a um par bimetálico produzia diretamente uma corrente. Doze anos depois, Peltier reverteu esse impressionante exemplo de conversão, mostrando que a corrente poderia, em certas ocasiões, absorver calor e produzir frio. As correntes induzidas, descobertas por Faraday em 1831, foram apenas outro fato, ainda que particularmente notável, de uma classe de fenômenos já considerados típicos na ciência do século XIX. Na década posterior a 1827, o progresso da fotografia forneceu outro exemplo, e a identificação de Melloni da luz com o calor radiante confirmou uma longa suspeita sobre a conexão fundamental entre dois outros aspectos da natureza aparentemente discrepantes.[13]

Sem dúvida, alguns processos de conversão já estavam disponíveis antes de 1800. O movimento já havia produzido cargas eletrostáticas e as atrações e repulsões resultantes, movimento. Geradores de eletricidade estática haviam produzido, vez ou outra, reações químicas, inclusive dissociações, e as reações químicas haviam produzido tanto luz quanto calor.[14] Explorado nas máquinas a vapor, o calor podia produzir movimento e este, por sua vez, gerava calor por atrito ou impacto. Contudo, no século XVIII, esses fenômenos permaneciam isolados, poucos pareciam centrais para a pesquisa científica, e mesmo estes eram estudados por grupos diferentes. Foi somente na década de 1830, quando pouco a pouco foram classificados em conjunto com os muitos exemplos descobertos seguidamente pelos cientistas do século XIX, é que começaram de fato a se parecer com processos de conversão.[15] Nessa altura, era inevitável que nos laboratórios os cientistas passassem de diversos fenômenos químicos, térmicos, elétricos, magnéticos ou dinâmicos para outros fenômenos de quaisquer desses tipos e também ópticos. Problemas antes separados ganhavam múltiplas inter-relações, e era isso que Mary Sommerville tinha em mente quando, em 1834, deu à sua famosa obra de divulgação científica o título de *On the Connexion of the Physical Sciences*. "O progresso da Ciência moderna", ela diz no prefácio, "em es-

---

13 Cajori, *A History of Physics*, 1922, p.158, 172-4. Grove chama a atenção em particular para os primeiros processos fotográficos (*On the Correlation of Physical Forces*, op. cit., p.27-32). Mohr dá grande ênfase ao trabalho de Melloni ("Ueber die Natur der Wärme", op. cit., p.419).

14 Para os efeitos químicos da eletricidade estática, ver Whittaker, *A History of the Theories of Aether and Electricity*, op. cit., p.74, n.2.

15 A única exceção é significativa e será discutida adiante. No século XVIII, as máquinas a vapor foram às vezes consideradas dispositivos de conversão.

pecial nos últimos cinco anos, tem sido notável em sua tendência a [...] unir ramos separados [da ciência, de modo que hoje] [...] existe um tal laço de união que não se pode obter proficiência em um ramo sem o conhecimento dos demais."[16] A observação de Sommerville delimita a "nova aparência" que a ciência física adquirira entre 1800 e 1835. Essa nova aparência, em conjunto com as descobertas que a produziram, revelou-se uma das principais condições para o aparecimento da noção de conservação da energia.

Entretanto, exatamente porque produziu uma "aparência" e não um único fenômeno de laboratório claramente definido, a disponibilidade dos processos de conversão se une ao desenvolvimento da conservação da energia por uma imensa variedade de modos. Faraday e Grove chegaram a uma ideia muito próxima à de conservação com base num levantamento de toda a rede de processos de conversão tomados em conjunto. Para eles, a conservação era quase literalmente uma racionalização do fenômeno descrito por Sommerville como a nova "conexão". C. F. Mohr, por outro lado, tirou a ideia de *conservação* de uma fonte muito diferente, provavelmente metafísica.[17] Mas, como veremos, é apenas porque tentou elucidar e defender essa ideia nos termos dos novos processos de conversão que a concepção inicial de Mohr se parece com a conservação *da energia*. Mayer e Helmholtz apresentam ainda outra abordagem. Começaram aplicando seus conceitos de conservação a fenômenos mais antigos, bem conhecidos. Mas até estenderem suas teorias às novas descobertas, não estavam desenvolvendo a mesma teoria que, digamos, Mohr e Grove. Outro grupo ainda, formado por Carnot, Séguin, Holtzmann e Hirn, ignorou completamente os novos processos de conversão. Mas não seriam descobridores da conservação da energia se estudiosos como Joule, Helmholtz e Colding não tivessem mostrado que os fenômenos térmicos, com os quais trabalhavam esses engenheiros do calor, eram partes integrais da nova rede de conversões.

Penso que existe uma excelente razão para a complexidade e a variedade dessas relações. Num sentido importante, ainda que exija um esclarecimento posterior, a conservação da energia não é nada mais do que a contrapartida teórica dos processos laboratoriais de conversão, descobertos

---

16 Sommerville, *On the Connexion of the Physical Sciences*, 1834, prefácio.

17 As razões para distinguir a abordagem de Mohr da de Grove e Faraday serão examinadas adiante (nota 84). O texto que lhe é associado considera as possíveis fontes da convicção de Mohr quanto à conservação da "força".

ao longo das quatro primeiras décadas do século XIX. Cada conversão laboratorial tem como correspondente teórico uma transformação na forma da energia. É por isso que, como veremos, Grove e Faraday puderam derivar a conservação da própria rede de conversões laboratoriais. Mas o que o próprio homomorfismo (entre teoria, conservação da energia e a rede inicial de processos laboratoriais de conversão) indica é que não era necessário começar pela apreensão da rede como um todo. Liebig e Joule, por exemplo, começaram com um único processo de conversão e foram levados, pelas conexões entre as ciências, a todas as partes da rede. Mohr e Colding começaram com uma ideia metafísica e transformaram-na ao aplicá-la à rede. Em suma, exatamente porque as novas descobertas do século XIX formam uma rede de conexões entre partes da ciência antes esparsas, elas puderam ser apreendidas quer isoladas, quer em conjunto, numa grande variedade de modos e, ainda assim, ao fim e ao cabo, levar ao mesmo resultado. Creio que isso explica por que puderam se juntar à pesquisa dos pioneiros de tantos modos diferentes. E, o que é mais importante, explica por que, apesar da diversidade de pontos de partida, as pesquisas dos pioneiros convergiram para um desenlace comum. O que Sommerville chamou de novas conexões entre as ciências revelou-se muitas vezes ligações que uniram abordagens e enunciados discrepantes numa única descoberta.

A sequência das pesquisas de Joule ilustra com nitidez o modo como a rede de processos de conversão de fato balizou o caminho experimental para a conservação da energia e, assim, forneceu as ligações essenciais entre vários pioneiros. Em 1838, quando Joule escreveu pela primeira vez, seu interesse exclusivo pelo desenho de motores elétricos aperfeiçoados isolou-o de todos os outros pioneiros da conservação da energia, com exceção de Liebig. Ele só estava trabalhando num dos muitos novos problemas originados pelas descobertas do século XIX. Por volta de 1840, suas avaliações sistemáticas de motores em termos de trabalho e "rendimento" [*duty*] estabelecem uma ligação com as pesquisas dos engenheiros do vapor, Carnot, Séguin, Hirn e Holtzmann.[18] Essas conexões, no entanto, desapareceram em 1841 e 1842, quando o desânimo de Joule com o projeto de motores o

---

18 Os onze primeiros itens de Joule, *Papers* (p.1-53), tratam exclusivamente de melhorias em motores e eletroímãs e cobrem o período de 1838 a 1841. As avaliações sistemáticas dos motores nos termos dos conceitos da Engenharia, como trabalho e "rendimento", ocorrem nas p.21-5, 48. Sobre o uso que Joule faz do conceito de trabalho ou equivalentes em publicações mais antigas, ver p.4.

forçou a buscar um aperfeiçoamento das baterias que os faziam funcionar. Interessavam-lhe agora as novas descobertas da química, e ele absorveu todas da concepção de Faraday quanto ao papel essencial dos processos químicos no galvanismo. Além disso, sua pesquisa nesses anos se concentrou no que seriam depois dois dos processos de conversão escolhidos por Grove e Mohr para ilustrar suas vagas hipóteses metafísicas.[19] As conexões com os trabalhos de outros pioneiros eram cada vez mais numerosas.

Em 1843, impelido pela descoberta de um erro em seu trabalho anterior com as baterias, Joule reintroduziu o motor e o conceito de trabalho mecânico. A ligação com a engenharia do vapor já estava estabelecida e, ao mesmo tempo, pela primeira vez, os artigos de Joule começaram a se assemelhar às investigações sobre as relações da energia.[20] Mas mesmo em 1843, a semelhança com a conservação da energia ainda era incompleta. Foi apenas quando Joule estabeleceu outras novas conexões, entre 1844 e 1847, é que sua teoria realmente abarcou as concepções de pesquisadores tão diferentes quanto as de Faraday, Mayer ou Helmholtz.[21] Partindo de um problema isolado, sem querer Joule teceu grande parte da trama de conexões entre as novas descobertas do século XIX. Enquanto isso, seu trabalho foi pouco a pouco interligado ao dos outros pioneiros e, quando muitas dessas ligações se tornaram claras, sua descoberta se mostrou semelhante à conservação da energia.

O trabalho de Joule mostra que a conservação da energia poderia ser descoberta com base num único processo de conversão, seguido do delineamento da rede. Mas, como já dissemos, esse não era o único modo possível de os processos de conversão afetarem a descoberta da conservação da energia. É provável que C. F. Mohr, por exemplo, tenha extraído seu conceito inicial de uma fonte independente dos novos processos de conversão, mas utilizou em seguida as novas descobertas para esclarecer e elaborar suas ideias. Em 1839, perto do fim de uma longa e às vezes incoerente defesa da teoria dinâmica do calor, Mohr subitamente ratificou:

---

19 O interesse de Joule por baterias, e em particular pela produção elétrica de calor por meio de baterias, domina as cinco principais contribuições de *Papers*, p.53-123. Minha observação de que Joule foi levado às baterias pelo desânimo do desenho de motores é uma conjectura, ainda que muito provável.

20 Ver nota 2. Esse artigo é aquele em que se diz comumente que Joule enunciou a conservação da energia.

21 Ver nota 8.

Além dos 54 elementos químicos conhecidos, há, na natureza das coisas, apenas mais um agente, e ele se chama força [*Kraft*]. Pode aparecer em várias circunstâncias, como o movimento, a afinidade química, a coesão, a eletricidade, a luz, o calor e o magnetismo, e a partir de um desses fenômenos, todos os outros tipos podem ser induzidos.[22]

Um conhecimento da conservação da energia torna claro o sentido dessas afirmações. Mas na ausência de um conhecimento desse teor, elas seriam quase inteiramente desprovidas de significado, caso Mohr não tivesse introduzido de imediato duas páginas sistemáticas de exemplos experimentais. Os experimentos, é claro, eram exatamente os velhos e novos processos de conversão arrolados acima. Os mais recentes vinham à frente e foram essenciais para a argumentação de Mohr. Especificavam por si só o tema e mostravam a rigorosa similaridade deste com Joule.

Mohr e Joule ilustram dois dos modos como os processos de conversão poderiam afetar os descobridores da conservação da energia. Contudo, como indicará meu último exemplo, extraído dos trabalhos de Faraday e Grove, eles não foram os únicos. Embora Faraday e Grove tenham chegado a conclusões muito próximas das de Mohr, não houve passos inesperados em seu caminho até as conclusões. Ao contrário de Mohr, eles parecem ter derivado a conservação da energia diretamente dos processos experimentais de conversão que haviam estudado em minúcias em suas próprias pesquisas. Como seus caminhos são contínuos, o homomorfismo entre a conservação da energia e os novos processos de conversão aparece com mais nitidez em seus trabalhos do que em quaisquer outros.

Em 1834, Faraday produziu cinco conferências sobre as novas descobertas na química e no galvanismo, e uma sexta, intitulada "Relations of Chemical Affinity, Electricity, Heat, Magnetism, and Other Powers of Matter" [Relações entre afinidade química, eletricidade, calor, magnetismo e outros poderes da matéria]. Suas anotações fornecem o mote da última conferência com estas palavras: "Não podemos dizer que nenhum [desses poderes] seja a causa dos demais, mas apenas que todos estão conectados e são devidos a uma causa comum". A fim de ilustrar a conexão, Faraday oferece nove demonstrações experimentais da "produção de qualquer um [dos

---

22 Mohr, "Ueber die Natur der Wärme", op. cit., p.442.

poderes] a partir de outro, ou da conversão de um em outro".[23] O desenvolvimento de Grove parece ser paralelo. Em 1842, ele incluiu uma observação quase idêntica à de Faraday numa conferência com o sugestivo título de "On the Progress of Physical Science" [Sobre o progresso da ciência física].[24] No ano seguinte, ampliou essa observação isolada em sua famosa série de conferências *On the Correlation of Physical Forces*. "A posição que busco estabelecer neste ensaio", diz ele, "é que [qualquer um] dos vários agentes [*agencies*] imponderáveis [...] calor, luz, Eletricidade, magnetismo, afinidade química e movimento [...] pode, como uma força, produzir os demais ou ser neles convertidos".[25]

Esse é o conceito da conversibilidade universal dos poderes naturais, o que, deixemos claro, não é o mesmo que a noção de conservação. Mas os passos restantes se mostraram pequenos e um tanto óbvios, em sua maioria.[26] Todos, exceto um, que discutiremos adiante, podem ser dados pela aplicação, ao conceito da conversibilidade universal, dos expedientes filosóficos sempre úteis sobre a igualdade de causas e efeitos ou a impossibilidade do movimento perpétuo. Uma vez que qualquer poder é capaz de produzir qualquer outro *e ser por ele produzido*, a igualdade entre causas e efeitos exige uma equivalência quantitativa uniforme entre cada um dos pares de poderes. Se não houver essa equivalência, uma série de conversões escolhida de modo adequado resultaria na criação de poder, ou seja, em movimento perpétuo.[27] Em todas as suas manifestações e conversões, o poder tem de ser conservado. Essa compreensão não ocorreu nem de uma vez, nem a todos, nem com perfeito rigor lógico, mas ocorreu.

Embora não possuísse nenhuma concepção geral dos processos de conversão, Peter Mark Roget opôs-se em 1829 à teoria de contato de Volta

---

23 Jones, *The Life and Letters of Faraday*, 1870, v.2, p.47.

24 Grove, *A Lecture on the Progress of Physical Science since the Opening of the London Institution* (1842). Embora a primeira página seja datada de 1842, a data é seguida de "[Não publicado]". Desconheço quando se deu a publicação, mas uma observação preliminar do autor indica que o texto foi escrito logo depois de a conferência ter sido apresentada.

25 Grove, *On the Correlation of Physical Forces*, op. cit., p.8.

26 As razões para chamar os passos restantes de "óbvios" aparecem nos parágrafos finais do artigo (ver nota 93).

27 Estritamente falando, essa derivação só é válida se todas as transformações de energia forem reversíveis, o que não é o caso. Mas tal equívoco escapou completamente aos pioneiros.

para o galvanismo, porque implicava a criação de poder a partir de nada.[28] Faraday reproduziu independentemente esse argumento em 1840 e logo o aplicou às conversões em geral. Disse ele:

> Temos muitos processos pelos quais a forma de poder é capaz de ser alterada de tal modo que ocorra uma aparente conversão de uma pela outra [...] Mas em nenhum caso [...] há uma pura criação de força, uma produção de poder sem a correspondente exaustão de algo que o forneça.[29]

Em 1842, Grove repensou o argumento a fim de provar a impossibilidade de induzir uma corrente elétrica a partir do magnetismo estático e, no ano seguinte, generalizou-o ainda mais.[30] Se fosse verdade, escreveu,

> que o movimento [pode] ser subdividido ou alterado em sua natureza, de modo a tornar-se calor, eletricidade etc., segue daí que, quando coletamos as forças dissipadas e alteradas e as reconvertemos, o movimento inicial, afetando a mesma quantidade de matéria e com a mesma velocidade, deverá ser reproduzido, assim como a alteração da matéria produzida pelas outras forças.[31]

No contexto da exaustiva discussão de Grove dos processos conhecidos de conversão, essa citação é um enunciado completo de todos os componentes da conservação da energia, exceto os quantitativos. Além disso, Grove sabia o que estava dizendo: "O grande problema que ainda espera ser solucionado, no que tange à correlação das forças físicas, é o estabelecimento de seu equivalente de poder, ou de sua relação mensurável com um dado padrão".[32] Os fenômenos de conversão não poderiam levar os cientistas mais longe do que isso no caminho para a enunciação da conservação da energia.

O caso de Grove leva esta discussão dos processos de conversão a andar quase em círculos. Em suas conferências, a conservação da energia aparece como a contrapartida teórica direta das descobertas nos laboratórios do

---

28 Roget, *Treatise on Galvanism* (1829). Só tive acesso à passagem tal como citada por Faraday, *Experimental Researches in Electricity*, op. cit., p.103, n.2.

29 Faraday, loc. cit.

30 Grove, *A Lecture on the Progress of Physical Science*, op. cit., p.20.

31 Idem, *On the Correlation of Physical Forces*, op. cit., p.47.

32 Ibid., p.45.

século XIX, e foi dessa sugestão que comecei. É verdade que apenas dois dos pioneiros de fato derivaram suas versões da conservação da energia dessas novas descobertas. Mas como essa derivação era possível, cada um dos pioneiros foi afetado pela disponibilidade dos processos de conversão. Seis deles trabalharam desde o início de suas pesquisas com as novas descobertas. Sem elas, Joule, Mohr, Faraday, Grove, Liebig e Colding não estariam em nossa lista.[33] Os outros seis pioneiros mostram de modo mais sutil, mas não menos importante, a relevância dos processos de conversão. Mayer e Helmholtz se voltaram tardiamente para as novas descobertas, mas, quando o fizeram, tornaram-se candidatos à mesma lista dos seis primeiros. Carnot, Séguin, Hirn e Holtzmann são casos mais interessantes. Nenhum deles mencionou os novos processos de conversão. Mas suas contribuições, sendo uniformemente obscuras, teriam desaparecido por completo da História, caso não tivessem sido capturadas pela rede mais ampla explorada pelos autores já citados.[34] Quando não ditaram o trabalho individual, na maioria das vezes os processos de conversão decidiram sua recepção. Se não estivessem disponíveis, o problema da descoberta simultânea talvez não existisse. Em todo caso, certamente seria bem diferente.

A concepção extraída por Grove e Faraday dos processos de conversão, entretanto, não é idêntica àquilo que hoje os cientistas chamam de conser-

---

33 Não estou de todo seguro de que esse seja o caso de Colding, em especial porque não examinei seu artigo inédito de 1843. As páginas iniciais do de 1851 (nota 2) contêm muitos exemplos de processos de conversão e, portanto, são remanescentes da abordagem de Mohr. Além disso, Colding era um protegido de Oersted, cuja reputação se devia ao fato de ter descoberto as conversões eletromagnéticas. Por outro lado, a maioria dos processos de conversão citados explicitamente por Colding data do século XVIII. Em seu caso, suspeito que exista um laço anterior entre os processos de conversão e a metafísica (ver nota 84 e o texto que lhe é associado). É muito provável que nenhum deles possa ser visto, lógica ou psicologicamente, como mais fundamental no desenvolvimento de suas ideias.

34 As anotações de Carnot só foram publicadas em 1872, e apenas porque continham antecipações de uma importante lei científica. Séguin teve de chamar a atenção para as passagens relevantes de seu livro de 1839. Hirn não se incomodou em reivindicar o crédito, mas anexou uma nota para negar plágio em seu artigo de 1854. Este foi publicado num jornal de Engenharia que nunca vi citado por nenhum cientista. O artigo de Holtzmann, por não ser obscuro, é a exceção. Mas se outros não tivessem descoberto a conservação da energia, o estudo de Holtzmann teria continuado a parecer como as outras tantas extensões do estudo de Carnot, porque é basicamente o que é (ver nota 3).

vação da energia, e não devemos subestimar a importância do elemento faltante. *On the Correlation of Physical Forces*, de Grove, contém a visão leiga da conservação da energia. Numa formulação ampliada e revista, mostrou-se uma das mais populares e eficientes divulgações da nova lei científica.[35] Mas esse papel só seria alcançado após o trabalho de Joule, Mayer, Helmholtz e seus sucessores ter fornecido uma subestrutura quantitativa completa para a concepção da correlação de forças. Quem já lidou com um tratamento matemático e numérico da conservação da energia tem o direito de questionar se, na ausência dessa subestrutura, Grove teria, afinal, alguma coisa para popularizar. A "relação mensurável com um dado padrão" das várias forças físicas é um ingrediente essencial da conservação tal como a conhecemos, e Grove, Faraday, Roget ou Mohr não foram capazes nem de se aproximar dela.

De fato, a quantificação da conservação da energia revelou-se de uma dificuldade insuperável para aqueles pioneiros cujo principal equipamento intelectual consistia de conceitos relacionados aos novos processos de conversão. Grove pensou ter descoberto a chave da quantificação na lei de Dulong e Petit, que relacionava a afinidade química ao calor.[36] Mohr acreditou ter produzido a relação quantitativa quando equiparou o calor despendido para elevar a temperatura da água em 1 °C à força estática necessária para comprimir a mesma quantidade de água a seu volume original.[37] Mayer a princípio mediu a força por meio do *momentum* que era capaz de produzir.[38] Essas iniciativas fortuitas foram todas improdutivas e, desse grupo, apenas Mayer conseguiu ir além delas. Para tanto, teve de utilizar conceitos de um aspecto da Física do século XIX muito diferente, um aspecto a que me re-

---

35 Entre 1850 e 1875, o livro de Grove foi reimpresso pelo menos seis vezes na Inglaterra, três nos Estados Unidos, duas na França e uma na Alemanha. Os acréscimos, é claro, foram numerosos, mas tenho ciência de apenas duas revisões essenciais. Na discussão original sobre o calor (p.8-11), Grover sugeriu que o movimento macroscópico pode ser visto como calor apenas enquanto não é transformado em movimento microscópico. Além disso, é claro, suas modestas tentativas de quantificação estavam completamente fora dos trilhos (ver adiante).

36 Grove, *On the Correlation of Physical Forces*, op. cit., p.46.

37 Mohr, "Ueber die Natur der Wärme", op. cit., p.422-3.

38 Weyrauch, II, p.102-5. Isso está em seu primeiro artigo, "Ueber die quantitative und qualitative Bestimmung der Kräfte", enviado a Poggendorf em 1841, mas publicado somente após a morte de Mayer. Quando escreveu seu segundo artigo, o primeiro publicado, Mayer já havia aprendido um pouco mais de Física.

feri acima como interesse por motores e cuja existência assumo agora por se tratar de um conhecido subproduto da Revolução Industrial. Quando examinarmos esse aspecto da ciência, encontraremos a fonte principal dos conceitos – em particular o de efeito mecânico ou trabalho – exigidos para a formulação quantitativa da conservação da energia. Além disso, descobriremos uma multidão de experimentos e concepções qualitativas relacionadas tão de perto à conservação da energia que, coletivamente, fornecem quase um segundo caminho independente até ela.

Começarei considerando o conceito de trabalho. Sua discussão fornecerá tanto um pano de fundo relevante quanto uma oportunidade para fazermos algumas observações essenciais a respeito de uma visão mais usual a respeito das fontes dos conceitos quantitativos que estão por trás da conservação da energia. A maioria das histórias ou pré-histórias da conservação da energia insinua que o modelo para a quantificação dos processos de conversão foi o teorema dinâmico conhecido desde quase o início do século XVIII como conservação da *vis viva*.[39] Esse teorema teve papel de destaque na história da dinâmica e, afinal, também se mostrou um caso específico de conservação da energia. Ele poderia ter fornecido um modelo. E penso que a impressão predominante que o forneceu de fato é enganadora. A conservação da *vis viva* foi relevante para a derivação da conservação da energia por Helmholtz, e um caso específico desse mesmo teorema dinâmico (a queda livre) foi, em última análise, de grande auxílio para Mayer. Mas esses homens também extraíram elementos significativos de outra tradição em geral afastada – a da engenharia de água, vento e vapor –, e essa tradição é da maior importância para o trabalho dos outros cinco pioneiros que chegaram a produzir uma versão quantitativa da conservação da energia.

Há uma excelente razão para isso. A *vis viva* é mv^2, o produto da massa pelo quadrado da velocidade. Mas, até bem tarde, essa quantidade não havia aparecido no trabalho de nenhum dos pioneiros, exceto nos de Carnot, Mayer e Helmholtz. Como grupo, os pioneiros se preocuparam muito pouco com a energia do movimento, e menos ainda em utilizá-la como medida quantitativa fundamental. O que de fato utilizaram, ao menos os que foram mais bem-sucedidos, foi *fs*, o produto da força pela distância, uma quantida-

---

39 Seria mais exato dizer que a maior parte da pré-história da conservação da energia são sobretudo listas de antecipações, e que estas ocorreram de modo particularmente frequente na literatura mais antiga sobre a *vis viva*.

de conhecida por vários nomes: efeito mecânico, poder mecânico, trabalho. Essa quantidade, porém, não aparece como uma entidade conceitual independente na literatura da dinâmica. Mais precisamente, mal aparece até 1820, quando a literatura francesa (e apenas esta) foi enriquecida de súbito por uma série de trabalhos sobre assuntos como a teoria das máquinas ou a mecânica industrial. Esses livros, com efeito, tornaram o trabalho uma entidade conceitual independente e importante, e ainda a relacionaram de forma explícita à *vis viva*. Mas o conceito não foi inventado por esses livros. Ao contrário, decorreu de um século de práticas de engenharia em que, em geral, sua utilização era completamente independente da *vis viva* e de sua conservação. Essa fonte interna à tradição da engenharia é tudo que os pioneiros da conservação da energia precisavam e foi tudo que a maioria deles usou.

Seria necessário outro artigo para documentar essa conclusão, mas passo a ilustrar as considerações das quais ela provém. Até 1743, a importância geral da conservação da *vis viva* para a dinâmica tem de ser resgatada de suas aplicações em dois tipos específicos de problemas: a colisão elástica e a queda não livre.[40] O produto da força pela distância não importa para o primeiro, uma vez que a colisão elástica conserva numericamente a *vis viva*. Em outras aplicações, por exemplo, a braquistócrona e o pêndulo isocrônico, o deslocamento vertical, em detrimento do produto da força pela distância, é o que aparece no teorema de conservação. A afirmação de Huygens de que o centro de gravidade de um sistema de massas não pode se elevar além de sua posição inicial em repouso é típica.[41] Veja-se a famosa formulação de

---

40 A literatura do início do século XVIII contém muitos enunciados gerais sobre a conservação da *vis viva* considerada uma força metafísica. Essas formulações serão analisadas em breve. Para os propósitos atuais, note-se apenas que nenhuma delas é adequada aos problemas técnicos da dinâmica, e são formulações como essas que nos interessa aqui. Há uma excelente discussão das formulações tanto dinâmicas quanto metafísicas em Haas, *Die Entwicklungsgeschichte des Satzes von der Erhaltung der Kraft* (1909), de modo geral, a mais completa e confiável pré-história da conservação da energia. Outros detalhes proveitosos podem ser encontrados em Schimank, "Die geschichtliche Entwicklung des Kraftbegriffs bis zum Aufkommen der Energetik", em Schimank e Pietsch (ed.), *Robert Mayer und das Energieprinzip, 1842-1942* (1942). Sou grato ao professor Erwin Hiebert por ter chamado minha atenção para esses dois trabalhos proveitosos e pouco conhecidos.

41 Huygens, *Horologium oscillatorium* (1673). Usei a edição alemã de Heckscher e Oettingen, *Die Pendeluhr*, 1913, n.192, p.112.

Daniel Bernoulli em 1738: a conservação da *vis viva* é "a igualdade entre a descida real e a subida potencial".[42]

As formulações mais gerais, inauguradas pelo *Traité* de D'Alembert em 1743, suprimiram até mesmo o deslocamento vertical, que podia ser concebido como uma concepção embrionária de trabalho. D'Alembert afirma que as forças que atuam sobre um sistema de corpos interconectados aumentarão sua *vis viva* em $\Sigma\, m_i\, u_i^2$, em que u_i são as velocidades que as massas m_i teriam adquirido caso se movessem livremente nas mesmas trajetórias sob as mesmas forças.[43] Aqui, como na versão posterior de Daniel Bernoulli para o teorema geral, o produto da força pela distância entra apenas em certas aplicações particulares para permitir o cálculo das u_i individuais. Não tem nome nem importância geral; *vis viva* é um parâmetro conceitual.[44] O mesmo parâmetro domina as formulações analíticas posteriores. A *Mechanica* de Euler, a *Mécanique analytique* de Lagrange e a *Mécanique celeste* de Laplace dão ênfase exclusiva a forças centrais deriváveis de funções potenciais.[45] Nesses

---

42 Bernoulli, *Hydrodynamica, sive de viribus et motibus fluidorum, commentarii*, 1738, p.12.

43 D'Alembert, *Traité de dynamique* (1743). Só tive acesso à segunda edição (1758), em que o material relevante está nas p.252-3. A discussão das mudanças introduzidas na primeira edição não justifica supor que ele tenha alterado a formulação original no que se refere a esse ponto.

44 Bernoulli, "Remarques sur le principe de la conservation des forces vives pris dans un sense général". *Hist. Acad. de Berlin*, 1748, p.356-64.

45 Euler, *"Mechanica sive motus scientia analytice exposita"*, em *Opera omnia*, 1911-, ser.2., v.2, p.74-7. A primeira edição é de São Petersburgo, 1736. Lagrange, *Mécanique analytique*, 1788, p.206-9. Cito a primeira edição porque a segunda, tal como editada nos volumes 11 e 12 de *Oeuvres* de Lagrange (1867-92), traz uma mudança significativa. Na primeira edição, a conservação da *vis viva* é formulada apenas para parâmetros independentes do tempo e para forças centrais ou outras também integráveis. Ela toma, em seguida, a forma $\Sigma\, m_i\, u_i^2 = 2H + 2\,\Sigma\, m_i\, \pi_i$, em que H é uma constante de integração e os π_i são funções das coordenadas de posição. Na segunda edição (1811-15, em *Oeuvres*, v.11, p.306-10), Lagrange repete o exposto acima, mas restringe-o a uma classe particular de corpos elásticos a fim de levar em consideração o tratado de engenharia de Lazare Carnot (nota 46), a quem cita. Para um relato mais completo do problema de engenharia abordado por Carnot, ele dá como referência a seus leitores sua própria *Théorie des fonctions analytiques*, 1797, p.399-410, em que sua versão do problema de Carnot é formulada de maneira mais explícita. Tal formulação torna o impacto da tradição na engenharia muito aparente, pois o conceito de trabalho começa agora a aparecer. Lagrange afirma que acréscimos de *vis viva* entre dois estados dinâmicos do sistema é dado por $2(P)$ + $2(Q)$ + ..., em que (P) – Lagrange a denomina *"aire"* – é $\Sigma_i \int P_i\, dp_i$, e P_i é a força no i-ésimo corpo na direção das coordenadas de posição p_i. Os *"aires"* são, é claro,

trabalhos, a integral do produto da força pelos deslocamentos infinitesimais só ocorre na derivação da lei de conservação. A própria lei iguala a *vis viva* a uma função das coordenadas de posição.

Foi apenas em 1782, no *Essai sur les machines en général*, de Lazare Carnot, que o produto da força pela distância passou a ter um nome e uma prioridade conceitual na teoria dinâmica.[46] Mas essa nova concepção dinâmica do conceito de trabalho não foi realmente empregada ou difundida antes de 1819-1839, quando recebeu plena expressão nas obras de Navier, Coriolis, Poncelet e outros.[47] Todos eles se ocupavam da análise de máquinas em movimento. Disso resulta que o trabalho – a integral da força com relação à distância – foi seu parâmetro conceitual fundamental. Entre outros resultados típicos e significativos dessa reformulação estavam a introdução do

---

apenas trabalho. Laplace, *Traité de mécanique céleste* (1798-1825). As passagens relevantes encontram-se com mais facilidade em *Oeuvres complètes*, 1878-1912, v.1, p.57-61. Matematicamente, o tratamento de 1798 lembra mais a formulação de Lagrange de 1797 do que a forma anterior de 1788. Mas tal como nas formulações anteriores à Engenharia, a lei de conservação que inclui uma integral de trabalho foi rapidamente deixada de lado em favor do enunciado mais restrito que emprega uma função potencial.

46 Carnot, *Essai sur les machines en général* (1782). Consultei esse trabalho em *Oeuvres mathématiques*, de Carnot (1797), mas apoio-me, sobretudo, na segunda edição, mais importante e ampliada, *Principes fondamentaux de l'équilibre et du mouvement* (1803). Carnot introduz vários termos para o que chamamos de trabalho, dos quais os mais importantes: "force vive latent" e "moment d'activité" (ibid., p.38-43). Ele diz: "O tipo de quantidade a que dei o nome de 'momento de atividade' desempenha um papel muito extenso na teoria das máquinas em movimento, pois é em geral essa quantidade que se tem de economizar o mais possível para que se derive de um agente [isto é, de uma fonte de potência] todo o efeito de que é capaz" (ibid., p.257).

47 Um apanhado útil da história inicial desse importante movimento é dado em Navier, "Détails historiques sur l'emploi du principes des forces vives dans la théorie des machines et sur diverses roues hydrauliques", *Annales de Chimie et de Physique*, v.9, 1818, p.146-59. Parece que a edição de Navier da *Architecture hydraulique*, de Bélidor (1819), contém a primeira apresentação desenvolvida da nova Engenharia física, mas ainda não examinei esse trabalho. Os tratados usuais são: Coriolis, *Du calcul de l'effet des machines, ou considérations sur l'emploi des moteurs et sur leur évaluation pour servir d'introduction a l'étude speciale des machines* (1829); Navier, *Résume des leçons données a l'École des ponts et chaussées sur l'application de la mécanique à l'établissement des constructions et des machines* (1838, v.2); e Poncelet, *Introduction à la mécanique industrielle* (1870). Este último apareceu originalmente em 1829 (parte em litogravura, em 1827). A edição ampliada, e hoje padrão, da qual foi retirada a terceira edição, apareceu em 1830-39.

termo "trabalho" e de unidades para sua mensuração, a redefinição da *vis viva* como $\frac{1}{2}\,mv^2$, a fim de preservar a prioridade conceitual da medida do trabalho, e a formulação explícita da lei de conservação em termos da igualdade entre o trabalho realizado e a energia cinética gerada.[48] Somente com essas reformulações, a conservação da *vis viva* pôde fornecer um modelo conceitual adequado para a quantificação dos processos de conversão que quase nenhum dos pioneiros adotou então. Ao contrário, voltaram à mesma tradição da engenharia mais antiga, em que Carnot e seus sucessores franceses haviam encontrado os conceitos necessários às suas novas versões do teorema dinâmico da conservação.

Sadi Carnot é a única exceção. Suas anotações manuscritas passam da asserção de que calor é movimento à convicção de que é *vis viva* molecular, e que seu aumento, portanto, tem de ser igual ao trabalho realizado. Esses passos remetem ao domínio imediato da relação entre trabalho e *vis viva*. Mayer e Helmholtz também poderiam ter sido exceções, pois ambos poderiam ter feito bom uso da reformulação francesa. Mas nenhum deles parece ter se dado conta disso. Ambos começaram considerando o trabalho (isto é, o produto do peso pela altura) uma medida da "força" e, em seguida, cada um derivou por si mesmo algo muito semelhante à reformulação francesa.[49]

---

48 A adoção formal do termo "trabalho" [*work, travail*] é comumente creditada a Poncelet (*Introduction*, op. cit., p.64), embora muitos outros a tenham informalmente usado antes. Poncelet também fornece um relato útil das unidades (*dynamique, dyname, dynamie* etc.) utilizadas, em geral, para medir essa quantidade (p.74-5). Coriolis (*Du calcul de l'effet des machines*, op. cit., p.iv) foi o primeiro a insistir que a *vis viva* é $\frac{1}{2}\,mv^2$, de modo que se igualava numericamente ao trabalho que pode produzir. Também fez muito uso do termo "*travail*", do qual Poncelet pode tê-lo tirado. A reformulação da lei de conservação ocorreu de modo gradual, começando com Lazare Carnot e passando por todos esses trabalhos posteriores.

49 Assim que considerou um problema quantitativo em seu primeiro artigo publicado, Mayer disse: "Uma causa, cujo efeito é a elevação de um peso, é uma força; uma vez que essa força leva à queda de um corpo, vamos chamá-la de força de queda [*Fallkraft*]" (Weyrauch, I, p.24). Essa é a medida da engenharia, não da teoria dinâmica. Ao aplicá-la ao problema da queda livre, Mayer chega de imediato a $\frac{1}{2}\,mv^2$ (note-se a fração) como a medida da energia do movimento. O caráter grosseiro dessa derivação e sua ausência de generalidade indicam sua ignorância dos textos de engenharia franceses. O único texto francês que ele menciona em seus escritos (Lamé, *Cours de physique de l'École polytechnique*, 1840) não trata absolutamente da *vis viva* nem de sua conservação. Helmholtz usa os termos *Arbeitskraft, bewegende Kraft, mechanische Arbeit* e *Arbeit* para designar sua força mensurável fundamental (Helmholtz, *Abhandlungen*, v.1, p.12, 17-8). Ainda não pude traçar o percurso desses

Os outros seis pioneiros que alcançaram, ou chegaram perto de obter, a quantificação dos processos de conversão não poderiam sequer ter utilizado essa reformulação. Ao contrário de Mayer e Helmholtz, aplicaram o conceito de trabalho diretamente a um problema em que a *vis viva* não entrava, pois era constante de ciclo para ciclo. Joule e Liebig são casos típicos. Ambos começaram comparando o "rendimento" do motor elétrico com o da máquina a vapor. Quanto peso, perguntaram eles, cada uma dessas máquinas pode erguer, a uma distância fixa, para determinado gasto de carvão ou zinco? Essa é uma questão fundamental para todo o programa de pesquisa de ambos, assim como para os programas de Carnot, Séguin, Holtzmann e Hirn. Não é, porém, uma questão extraída da dinâmica, seja a velha ou a nova.

Entretanto, também não era uma questão nova, com exceção de sua aplicação à Eletricidade. A avaliação de máquinas em termos do peso que cada uma pode erguer a uma altura pré-fixada está implícita nas descrições de máquinas feitas por Savery em 1702 e explícita nas discussões sobre rodas de água conduzidas por Parent em 1704.[50]

Com uma variedade de nomes, em particular "efeito mecânico", o produto do peso pela altura forneceu a medida básica do desempenho das máquinas do começo ao fim dos trabalhos em Engenharia de Desagulier, Smeaton e Watt.[51] Borda aplicou a mesma medida às máquinas hidráuli-

---

termos na literatura alemã anterior, mas seus paralelos nas tradições de engenharia francesa e inglesa são óbvios. Além disso, a expressão *bewegende Kraft* é utilizada pelo tradutor da versão de Clapeyron do estudo de Sadi Carnot como equivalente da francesa *puissance motrice* (*Pogg. Ann.*, v.59, 1843, p.446), e Helmholtz cita essa tradução (p.17, n.1). Nesse sentido, o laço com a tradição de engenharia é explícito. Helmholtz não estava, porém, ciente da tradição francesa de engenharia. Como Mayer, ele deriva o fator de ½ na definição da energia do movimento e não está ciente de nenhum precedente (p.18). Mais importante, ele não identifica ∫*Pdp* como trabalho ou *Arbeitskraft*, chamando-a, ao contrário, de "soma de tensões" (*Summe der Spannkräfte*) sobre a dimensão espacial do movimento.

50 Na verdade, a unidade implícita no trabalho de Savery é o cavalo-vapor, mas isso inclui como parte o produto do peso pela altura. Ver Dickinson e Jenkins, *James Watt and the Steam Engine*, 1927, p.353-4. Parent, "Sur la plus grande perfection possible des machines", *Hist. Acad. Roy.*, 1704, p.323-38.

51 Desagulier, *A Course of Experimental Philosophy*, 1763, 2v., em particular, v.1, p.132, e v.2, p.412. Essa edição póstuma é praticamente a reimpressão da segunda edição (1749). Smeaton, "An Experimental Inquiry concerning the Natural Powers of Water and Wind to Turn Mills, and Other Machines, depending on a Circular Motion", *Phil. Trans.*, v.51, 1759, p.51. Aqui, a medida é o produto do peso pela altura

cas, e Coulomb, ao poder dos ventos e ao poder animal.[52] Esses exemplos, oriundos de vários períodos do século XVIII, porém mais frequentes com o passar tempo, poderiam ser multiplicados quase ao infinito. No entanto, mesmo esses poucos já são capazes de preparar o caminho para uma estatística pouco notada, mas virtualmente decisiva. Dos nove pioneiros que lograram, completa ou parcialmente, quantificar os processos de conversão, todos eles, com exceção de Mayer e Helmholtz, eram formados em engenharia ou trabalhavam diretamente com máquinas quando deram suas contribuições à conservação da energia. Dos seis que calcularam valores independentes para o coeficiente de conversão, todos, com exceção de Mayer, estavam envolvidos diretamente com máquinas ou tinham formação na área.[53] Para realizar seus cálculos, precisavam do conceito de trabalho, e a fonte desse conceito era sobretudo a tradição da engenharia.[54]

---

por unidade de tempo. Contudo, a dependência do tempo é excluída em seu "An Experimental Examination of the Quantity and Proportion of Mechanic Power Necessary to be Employed in Giving Different Degrees of Velocity to Heavy Bodies", *Phil. Trans.*, v.66, 1776, p.458. Para Watt, ver Dickinson e Jenkins, *James Watt and the Steam Engine*, op. cit., p.353-6.

52 Borda, "Mémoires sur les roues hydrauliques", *Mem. l'Acad. Roy.*, 1767, p.272. Aqui, a medida é o produto do peso pela velocidade vertical. A altura substitui a velocidade em Coulomb, "Observation théorique et expérimentale sur l'effet des moulins à vent, et sur la figure de leurs ailes", ibid., 1781, p.68, e em "Résultat de plusieurs expériences destinées à déterminer la quantité d'action que les hommes peuvent fournir par leur travail journalier, suivant les différentes manières dont ils emploient leurs forces", *Mem. de l'Inst.*, v.2, 1799, p.381.

53 Mayers afirma que adorava construir modelos de rodas de água quando garoto e aprendeu a impossibilidade do movimento perpétuo ao estudá-los (Weyrauch, II, p.390). Ele poderia ter aprendido, ao mesmo tempo, a medida adequada aos produtos das máquinas.

54 O professor Hiebert indaga se o conceito de trabalho mecânico não poderia ter surgido da estática elementar e, em especial, da formulação que deriva a estática do princípio das velocidades virtuais. O tema merece mais pesquisas, porém, minha resposta hoje seria negativa, ao menos de modo equívoco. Os elementos de estática eram um item importante no equipamento de todos os engenheiros do século XVIII e, portanto, o princípio das velocidades virtuais, ou algum equivalente, era recorrente nos escritos da época sobre problemas de engenharia. Muito provavelmente, os engenheiros não poderiam ter desenvolvido o conceito de trabalho sem o auxílio do princípio estático preexistente. Mas como indica a discussão anterior, se o conceito de trabalho do século XVIII emergiu do princípio mais antigo das velocidades virtuais, só o fez quando esse princípio estava firmemente enraizado na tradição da engenharia, e apenas quando essa tradição voltou sua atenção para a avaliação das fontes de poder, como, por exemplo, animais, quedas de água, vento

O conceito de trabalho é a contribuição mais decisiva para a conservação da energia feita pelo interesse pelas máquinas no século XIX, e por isso lhe dediquei tanto espaço. Mas esse interesse pelas máquinas contribuiu para o aparecimento da conservação da energia de diversos outros modos, e devemos analisar pelo menos alguns deles. Por exemplo, muito antes da descoberta dos processos de conversão eletroquímica, os estudiosos das máquinas a vapor ou acionadas por água perceberam algumas vezes que elas constituíam meios de transformar a força latente no combustível ou na queda da água em força mecânica capaz de erguer peso. Em 1738, Daniel Bernoulli disse estar persuadido "de que, se toda a *vis viva* que se esconde em um pé cúbico de carvão fosse invocada e aplicada de modo útil ao motor de uma máquina, realizar-se-ia mais do que com o esforço diário de oito ou dez homens".[55] Ao que parece, essa observação, feita no auge de uma controvérsia sobre a *vis viva* metafísica, não teve influência ulterior. Ainda assim, a mesma percepção das máquinas é recorrente, de modo mais explícito entre os autores franceses de engenharia. Para Lazare Carnot, por exemplo, "o problema de girar a pedra de um moinho por impacto, pela água, pelo vento ou pelo poder animal ... é o de consumir a máxima [porção] possível do trabalho realizado por esses agentes".[56] Para Coriolis, a água, o vento, o vapor e os animais eram simples fontes de trabalho, e as máquinas tornavam-se dispositivos para aplicá-lo de forma útil e transmiti-lo à incumbência a ser realizada.[57] Aqui, as próprias máquinas levaram a uma concepção dos processos de conversão muito próxima da produzi-

---

ou vapor. Portanto, retomando o vocabulário da nota 10, sugiro que o princípio das velocidades virtuais pode ter sido uma condição para a descoberta da conservação da energia, mas dificilmente foi o detonador. [Esta nota foi adicionada ao manuscrito original em resposta a questões levantadas na discussão.]

55 Bernoulli, *Hydrodynamica, sive de viribus et motibus fluidorum*, op. cit., p. 231.

56 Carnot, *Principes fondamentaux de l'équilibre et du mouvement*, op. cit., p.258. Note-se também que, tão logo Lagrange se voltou para o problema de Carnot (nota 45), ele passa a falar do mesmo modo. Na *Théorie des Fonctions analytiques*, ele diz que as quedas de água, o carvão, a pólvora, os animais etc. "contêm uma quantidade de *vis viva* que se pode explorar, mas que não se pode aumentar por nenhum meio mecânico. Deve-se [portanto] sempre conceber a máquina como direcionada a expender certa quantidade de *vis viva* [na incumbência] ao consumir outra determinada *vis viva* [na fonte]" (*Oeuvres*, op. cit., v.9, p.410).

57 Coriolis, *Du calcul de l'effet des machines*, op. cit., cap.1. Para Coriolis, o teorema da conservação aplicado a uma máquina perfeita seria o "princípio da transmissão do trabalho".

da pelas novas descobertas do século XIX. Esse aspecto do problema das máquinas também pode explicar por que os engenheiros do vapor – Hirn, Holtzmann, Séguin e Sadi Carnot – foram levados, como Grove e Faraday, ao mesmo aspecto da natureza.

O fato de que as máquinas pudessem ser vistas como expedientes de conversão, e às vezes se assemelhassem a isso, pode ainda explicar outra coisa. Não foi por essa razão que os conceitos de engenharia se mostraram tão facilmente transferíveis para os problemas mais abstratos da conservação da energia? O conceito de trabalho é apenas o exemplo mais importante dessa transferência. Joule e Liebig chegaram à conservação da energia ao se propor uma questão antiga da engenharia – o que é "rendimento"? –, com relação aos novos processos de conversão nos motores elétricos à bateria. Mas essa questão – quanto de trabalho por quanto de combustível? – abarca a noção de um processo de conversão. Retrospectivamente, chega a soar como um pedido por um coeficiente de conversão. Em todo caso, Joule respondeu finalmente à questão elaborando um. Ou consideremos essa transferência ainda mais surpreendente de conceitos de engenharia. Embora suas concepções fundamentais sejam incompatíveis com a conservação da energia, a *Réflexion sur la puissance motrice du feu*, de Sadi Carnot, foi citada tanto por Helmholtz quanto por Colding como a aplicação mais extraordinária da impossibilidade do movimento perpétuo a um processo de conversão não mecânica.[58] Helmholtz pode muito bem ter tirado da obra de Carnot o conceito analítico de um processo cíclico que desempenhou um enorme papel em seu artigo clássico.[59] Holtzmann derivou seu valor para o coeficiente de conversão mediante uma modificação mínima dos procedimentos analíticos de Carnot, e a própria discussão de Carnot

---

58 Helmholtz, *Abhandlungen*, v.1, p.17. Colding, "Naturkraefter", *Dansk. Vid. Selsk.* v.2, 1851, p.123-4. Uma evidência particularmente interessante das aparentes similaridades entre a teoria da conservação da energia e a incompatível teoria de Carnot para as máquinas a calor é fornecida por Carlo Matteucci. Seu artigo, "De la relation qui existe entre la quantité de l'action chimique et la quantité de chaleur, d'électricité et de lumière qu'elle produit", *Bibliothèque universelle de Genève, Supplement*, v.4, 1847, p.375-80, é um ataque a vários expoentes iniciais da conservação da energia. Ele descreve seus oponentes como um grupo de físicos que "tem tentado mostrar que o ilustre princípio de Carnot sobre a força motriz do calor pode ser aplicado aos outros fluidos imponderáveis".

59 Helmholtz, *Abhandlungen*, v.1, p.18-9, reproduz a noção abstrata inicial de Helmholtz para o processo cíclico.

sobre a conservação da energia emprega repetidas vezes dados e conceitos de seu estudo anterior – e fundamentalmente incompatível. Esses exemplos podem ao menos fornecer um indício da facilidade e da frequência com que os conceitos de engenharia foram aplicados na elaboração da lei, científica e abstrata, da conservação.

Meu último exemplo da fecundidade do interesse pelas máquinas no século XIX é menos diretamente associado a elas. Ainda assim, realça a multiplicidade e a variedade das relações que levaram a engenharia a ser um fator tão importante nesse relato sobre a descoberta simultânea. Mostrei alhures que muitos pioneiros compartilhavam grande interesse pelo fenômeno conhecido como compressão adiabática.[60] Qualitativamente, esse fenômeno oferece uma demonstração ideal da conversão do trabalho em calor; quantitativamente, a compressão adiabática fornecia o único meio de calcular um coeficiente de conversão à luz dos dados existentes. É claro que a descoberta da compressão adiabática não tem nada ou quase nada a ver com o interesse pelas máquinas, mas em geral os experimentos do século XIX, tão utilizados pelos pioneiros, estavam relacionados apenas com essa preocupação prática. Dalton, e Clément e Désormes, que realizaram um importante trabalho inicial sobre a compressão adiabática, também contribuíram com medições primárias para o vapor, usadas por muitos pioneiros.[61] Poisson, que desenvolveu uma teoria primitiva da compressão adiabática, aplicou-a no mesmo artigo à máquina a vapor, e seu exemplo foi imediatamente seguido por Sadi Carnot, Coriolis, Navier e Poncelet.[62] Embora

---

60 Kuhn, "The Caloric Theory of Adiabatic Compression", *Isis*, v.49, 1958, p.132-40.

61 Dalton, "Experimental Essays on the Constitution of Mixed Gases; on the Force of Steam or Vapour from Water and Other Liquids in Different Temperatures, Both in a Torricellian Vacuum and in Air; on Evaporation; and on the Expansion of Gases by Heat", *Manch. Mem.*, v.5, 1802, p.535-602. O segundo ensaio, embora tenha advindo dos interesses meteorológicos de Dalton, foi logo explorado pelos engenheiros franceses e britânicos. Clément e Désormes, "Mémoires sur la théorie des machines à feu", *Bulletin des sciences par la societé philomatique*, v.6, 1819, p.115-8; e "Tableau relatif à la théorie général de la puissance mécanique de la vapeur", ibid., v.13, 1826, p.50-3. O segundo estudo aparece na íntegra no jornal de Crelle: *Journal für die Baukunst*, v.6, 1833, p.143-64. Sobre a contribuição desses homens à compressão adiabática, ver meu artigo citado na nota 60.

62 Poisson, "Sur la chaleur des gaz et des vapeurs", *Annales de Chimie et de Physique*, v.23, 1823, p.337-52. Sobre Navier, Coriolis e Poncelet, que dedicaram capítulos aos cálculos das máquinas a vapor, ver nota 47.

utilizasse outro tipo de dados, Séguin pertence a esse mesmo grupo. Dulong, cujo relato clássico sobre a compressão adiabática é muito citado pelos pioneiros, foi colaborador próximo de Petit, e enquanto essa colaboração durou, Petit produziu um relato quantitativo da máquina a vapor oito anos antes de Carnot.[63] Há até mesmo um indício de interesse governamental. O prêmio oferecido e entregue pelo Institut National em 1812 a Delaroche e Bérard por sua pesquisa clássica sobre gases pode muito bem ter sido motivado pelo interesse do governo francês pelas máquinas.[64] O trabalho posterior de Regnault sobre o mesmo assunto seguramente o foi. Suas famosas investigações sobre as propriedades térmicas dos gases e do vapor ostentavam o pomposo título de "Experimentos, conduzidos por ordem do ministro das Obras Públicas e por convite da Comissão Central para Máquinas a Vapor, para determinar as leis principais e os dados numéricos pertinentes aos cálculos das máquinas a vapor".[65] Suspeitamos que, sem essas ligações com problemas notórios da engenharia do vapor, dados importantes sobre a compressão adiabática não teriam chegado às mãos dos pioneiros da conservação da energia. Nesse exemplo, a preocupação com as máquinas pode não ter sido essencial para seu trabalho, mas certamente facilitou suas descobertas.

Como o interesse pelas máquinas e as descobertas dos processos de conversão no século XIX dizem respeito à maioria dos novos experimentos e conceitos técnicos comuns a grande parte dos descobridores da conservação da energia, este estudo sobre a descoberta simultânea poderia acabar aqui. Mas uma última olhadela nos artigos dos pioneiros suscita um sentimento desconfortável de que ainda falta algo, talvez algo que não seja um componente substancial. Não teríamos essa sensação se os pioneiros, à semelhança de Carnot e Joule, tivessem começado com um problema técnico bem delineado e prosseguido aos poucos até atingir o conceito da conservação da

---

63 Petit, "Sur l'emploi du principe des forces vives dans le calcul de l'effet des machines", *Annales de Chimie et de Physique*, v.8, 1818, p.287-305.

64 Delaroche e Bérard, "Mémoire sur la détermination de la chaleur spécifique des differents gaz", *Annales de Chimie et de Physique*, v.85, 1813, p.72-110, 113-82. Desconheço uma evidência direta que relacione o prêmio ganho por esse estudo aos problemas da engenharia do vapor, mas a Academia ofereceu um prêmio para aperfeiçoamentos de máquinas a vapor já em 1793. Ver Guerlac, "Some Aspects of Science during the French Revolution", *The Scientific Monthly*, v.80, 1955, p.96.

65 Em *Mem. de l'Acad.*, v.21, 1847, p.1-767.

energia. Com Colding, Helmholtz, Liebig, Mayer, Mohr e Séguin, a noção de uma força metafísica, imperecível e subjacente parece ser anterior à sua pesquisa e não tem quase relação com ela. Podemos dizer, sem meias palavras, que esses pioneiros parecem ter adotado uma ideia capaz de se tornar conservação da energia antes mesmo de encontrar evidências para isso. Os fatores já apresentados neste artigo podem explicar como, afinal, eles puderam lhe dar outra roupagem e, com isso, um sentido. Mas a discussão ainda não esclarece suficientemente a existência dessa ideia. Entre doze pioneiros, um ou dois casos não causariam incômodo. As fontes de inspiração científica são notoriamente inescrutáveis, mas a presença de uma lacuna importante em seis dos doze casos é surpreendente. Embora não possa resolver completamente o problema que isso representa, devo ao menos considerá-lo.

Já mencionamos algumas dessas lacunas. Sem nenhum comentário, Mohr passou da defesa da teoria dinâmica do calor para a afirmação de que há apenas uma força na natureza e ela é quantitativamente inalterável.[66] Liebig deu um salto similar com o "rendimento" dos motores elétricos quando afirmou que os equivalentes químicos dos elementos determinam o trabalho passível de ser extraído dos processos químicos, seja por meios elétricos ou térmicos.[67] Colding diz que a ideia da conservação lhe ocorreu em 1839, quando ainda era um estudante, mas só fez o anúncio em 1843, para poder reunir evidências.[68] A biografia de Helmholtz traz uma história semelhante.[69] Séguin aplicou com total confiança seu conceito da conversi-

---

66 Ver nota 22 e o texto que lhe é associado.

67 Liebig, *Chemische Briefe*, op. cit., p.115-7.

68 Colding, "History of Conservation", *Philosophical Magazine*, v.27, 1864, p.57-8.

69 Leo Koenigsberger (*Hermann von Helmholtz*, 1906, p.25-6, 31-3) sugere que as ideias de Helmholtz sobre a conservação já estavam completas em 1843, e afirma que, por volta de 1845, as tentativas de encontrar uma prova experimental motivaram todas as pesquisas de Helmholtz. Mas Koenigsberger não apresenta evidências e pode não estar inteiramente correto. Em dois artigos sobre o calor fisiológico escritos em 1845 e 1846, Helmholtz não observa que o calor corporal pode ser despendido em trabalho mecânico (compare-se com a discussão de Mayer, adiante). No segundo desses artigos, oferece a explicação calórica usual para a compressão adiabática em termos da troca entre capacidade de calor e pressão. Em suma, suas ideias não poderiam estar completas antes ou muito próximo de 1847. Contudo, os artigos de 1845 e 1846 mostram que, nessa época, Helmholtz estava preocupado em combater o vitalismo, que para ele implicava a criação de força a partir de nada. Mostram também que ele conhecia os trabalhos de Clapeyron e de Holtzmann, e julgava-os relevantes. Nesse sentido, ao menos, Koenigsberger deve estar certo.

bilidade do calor e do movimento aos cálculos das máquinas a vapor, ainda que sua única tentativa de confirmar a ideia tenha sido inteiramente vã.[70] O salto de Mayer foi comentado inúmeras vezes, mas sua amplitude nem sempre é notada. Da constatação de que o sangue venoso é mais claro nos trópicos à conclusão de que é necessário menos oxidação interna quando o corpo perde menos calor para o ambiente, o passo é pequeno.[71] Crawford já havia chegado a essa conclusão com base na mesma evidência em 1778.[72] Na década de 1780, Laplace e Lavoisier haviam estabelecido essa associação ao relacionar o oxigênio inspirado à perda de calor do corpo.[73] Uma linha de pesquisa contínua une seu trabalho aos estudos bioquímicos de Liebig e Helmholtz sobre a respiração no início da década de 1840.[74] Embora Mayer aparentemente não soubesse disto, sua observação sobre o sangue venoso foi uma simples redescoberta de evidências de uma teoria bioquímica já bem conhecida, e controversa. Mas não foi nessa teoria que Mayer deu um salto. Ele insistia que a oxidação interna tinha de ser equilibrada, considerando tanto a perda de calor do corpo como o trabalho físico que o corpo realizava. Para essa formulação, a cor mais clara do sangue venoso nos trópicos é irrelevante. A ampliação que Mayer fez da teoria exigia a descoberta de que as pessoas tranquilas, ao contrário das agitadas, têm sangue venoso mais claro.

A ocorrência persistente desses saltos mentais sugere que muitos dos descobridores da conservação da energia estavam consideravelmente predispostos a perceber uma única e indestrutível força na raiz de todos os fenômenos naturais. Essa predisposição já foi mencionada antes e vários historiadores têm ao menos insinuado que se trata de um resíduo de uma metafísica similar cuja origem é a controvérsia ocorrida no século XVIII sobre a conservação da *vis viva*. Leibniz, Jean e Daniel Bernoulli, Hermann e Châtelet disseram coisas como "a *vis* [*viva*] nunca perece; é verdade que

---

70 Séguin, *De l'influence des chemins de fer*, op. cit., p.383. Séguin tentou sem sucesso medir a diferença nas quantidades de calor extraídas na caldeira e no condensador de uma máquina a vapor.

71 Weyrauch, I, p.12-4.

72 Färber, "The Color of Venous Blood", *Isis*, v.45, 1954, p.3-9.

73 Lavoisier e Laplace, "Mémoire sur la chaleur", *Hist. de l'Acad.*, 1780, p.355-408.

74 Helmholtz discute muito dessas pesquisas no artigo "Wärme, physiologisch", escrito em 1845 para a *Encyclopädische Wörterbuch der medicinischen Wissenschaften* (*Abhandlungen*, v.2, p.680-725).

pode parecer perdida, mas sempre se pode descobri-la novamente em seus efeitos, se for possível vê-los".[75] Há uma profusão de enunciados como esse, e seus autores, embora de maneira grosseira, tentaram de fato identificar a origem da *vis viva* dentro e fora de fenômenos não mecânicos. O paralelo com Mohr e Colding é muito próximo.

Mesmo assim, conceitos metafísicos desse tipo, característicos do século XVIII, parecem uma fonte pouco provável para a predisposição do século XIX que estamos examinando. Embora o teorema dinâmico da conservação tenha uma história contínua desde o século XVIII até o presente, sua contrapartida metafísica encontrou poucos defensores, ou nenhum, depois de 1750.[76] Para descobrir o teorema *metafísico*, os pioneiros da conservação da energia teriam de retornar a livros no mínimo centenários. Nem seus trabalhos nem suas biografias sugerem que tenham sido influenciados de modo significativo por essa parte da história intelectual antiga.[77]

No entanto, enunciados como os dos leibnizianos e os dos pioneiros da conservação da energia no século XIX podem ser reiteradamente encontrados na literatura de um segundo movimento filosófico, a *Naturphilosophie*.[78]

---

75 Haas, *Die Entwicklungsgeschichte des Satzes von der Erhaltung der Kraft*, op. cit., p.16, n. Citado em *Institutions physiques de Madame la Marquise du Chastellet adressée à Mr. son Fils* (1742).

76 Ibid., p.17.

77 Nenhum dos pioneiros menciona em seus artigos originais a literatura do século XVIII sobre a conservação. No entanto, Colding diz que teve seu primeiro lampejo da conservação ao ler D'Alembert em 1839 (*Philosophical Magazine*, v.27, 1864, p.58), e Koenigsberger diz que Helmholtz leu D'Alembert e Daniel Bernoulli por volta de 1842 (*Hermann von Helmholtz*, op. cit., p.26). Esses contraexemplos, porém, não alteram de fato minha tese. D'Alembert omitiu toda e qualquer menção ao teorema metafísico da conservação na primeira edição do *Traité* e, na segunda, repudiou a concepção (1758, a começar do "Avertissement" e nas p.xvii-xxiv). Na verdade, D'Alembert foi um dos primeiros a insistir na liberação da dinâmica daquilo que considerava mera especulação metafísica. Para tirar suas ideias dessa fonte, seria necessário que Colding tivesse uma forte predisposição. Já a *Hydrodynamica*, de Bernoulli, é uma fonte mais adequada (ver, por exemplo, o texto que acompanha a nota 55), mas Koenigsberger lança uma hipótese muito plausível de que Helmholtz consultou Bernoulli para elaborar melhor sua concepção prévia da conservação.

78 As raízes da *Naturphilosophie* podem, é claro, ser traçadas de Kant e Wolff a Leibniz. Este, por sua vez, foi o autor do teorema metafísico da conservação sobre o qual escreveram tanto Wolff quanto Kant (Haas, *Die Entwicklungsgeschichte des Satzes von der Erhaltung der Kraft*, op. cit., p.15-8). Portanto, os dois movimentos não são de todo independentes.

Ao colocar o organismo como a metáfora fundamental de sua ciência universal, os seguidores da *Naturphilosophie* buscavam sempre um princípio unificador para todos os fenômenos naturais. Schelling, por exemplo, sustentava "que os fenômenos magnéticos, elétricos, químicos e, finalmente, até mesmo os orgânicos deveriam se entrelaçar, formando uma grande associação ... [que] se estende por toda a natureza".[79] Antes até da descoberta da bateria, insistia que "sem dúvida alguma, apenas uma única força se manifesta, em suas variadas formas, na luz, na eletricidade, e assim por diante".[80] Essas citações apontam para um aspecto do pensamento de Schelling amplamente documentado por Bréhier e, mais recentemente, por Stauffer.[81] Como um *Naturphilosoph*, Schelling sempre procurou nas ciências de sua época processos de transformação e conversão. No início de sua carreira, a química lhe pareceu a ciência física básica. A partir de 1800, passou a considerar o galvanismo "o verdadeiro fenômeno limítrofe entre ambas as naturezas [a orgânica e a inorgânica]".[82] Muitos dos seguidores de Schelling, cuja doutrina dominou a universidade alemã e muitas universidades vizinhas ao longo do primeiro terço do século XIX, davam uma ênfase similar aos novos processos de conversão. Stauffes mostrou que Oersted – cientista e *Naturphilosoph* – persistiu em sua longa busca por uma relação entre a eletricidade e o magnetismo, em grande parte em razão de sua convicção filosófica básica de que ela devia existir. Tão logo foi descoberta a interação, o eletromagnetismo desempenhou papel relevante na elaboração ulterior de Herbart da subestrutura científica da *Naturphilosophie*.[83] Em suma, muitos *Naturphilosophen* extraíram de sua filosofia uma concepção dos processos fí-

---

79 Citado em Stauffer, "Speculation and Experiment in the Background of Oersted's Discovery of Electromagnetism", *Isis*, v.48, 1957, p.37, baseando-se em *Einleitung zu seinem Entwurf eines Systems der Naturphilosophie* (1799), de Schelling.

80 Citado em Haas, *Die Entwicklungsgeschichte des Satzes von der Erhaltung der Kraft*, op. cit., p.45, n.61, baseando-se em *Erster Entwurf eines Systems der Naturphilosophie* (1799), de Schelling.

81 Bréhier, *Schelling* (1912). Essa é a discussão mais proveitosa que encontrei e seguramente deveria ser acrescentada à lista de Stauffer das contribuições ao estudo das complexas relações entre a ciência e a *Naturphilosophie* (*Isis*, v.48, 1957, p.37, n.21).

82 Stauffer, "Speculation and Experiment", op. cit., p.36, baseando-se em "Allgemeiner Deduktion des dynamischen Processes oder der Kategorien der Physik" (1800), de Schelling.

83 Haas, *Die Entwicklungsgeschichte des Satzes von der Erhaltung der Kraft*, op. cit., p.41.

sicos muito próxima da que Faraday e Grove parecem ter extraído das novas descobertas do século XIX.[84]

A *Naturphilosophie* poderia, portanto, ter fornecido um pano de fundo filosófico propício à descoberta da conservação da energia. Além disso, ao menos seus fundamentos eram familiares a vários pioneiros. Colding era protegido de Oersted.[85] Liebig estudou dois anos com Schelling e, embora depois o descrevesse como um desperdício, nunca renunciou ao vitalismo que assimilou nesses anos.[86] Hirn citou tanto Oken quanto Kant.[87] Mayer não estudou a *Naturphilosophie*, mas tinha colegas próximos que o fizeram.[88] O pai de Helmholtz, amigo íntimo do jovem Fichte e ele próprio um *Naturphilosoph*

---

84 É impossível, é claro, distinguir com clareza entre a influência da *Naturphilosophie* e a dos processos de conversão. Bréhier (*Schelling*, op. cit., p.23-2) e Windelband (*History of Philosophy*, 1901, p.597-8) destacam que os próprios processos de conversão eram uma fonte importante para a *Naturphilosophie*, de modo que ambos eram comumente apreendidos em conjunto. Esse fato deve ser tomado como um esclarecimento sobre algumas dicotomias expostas na primeira parte deste artigo, pois alguma vezes a distinção entre as duas fontes do conceito da conservação é igualmente difícil de ser aplicada a cada um dos pioneiros. Já indiquei a dificuldade no caso de Colding (nota 33). Com relação a Mohr e Liebig, estou propenso, por ora, a dar prioridade psicológica à *Naturphilosophie*, porque nenhum dos dois se ocupou a fundo dos novos processos de conversão em suas pesquisas e ambos realizaram grandes saltos. Seus casos contrastam nitidamente com os de Grove e Faraday, que parecem ter seguido um caminho contínuo, desde os processos de conversão até a conservação. Contudo, essa continuidade pode ser enganosa. Grove menciona Coleridge (*On the Correlation of Physical Forces*, op. cit., p.25-7), e Coleridge foi o principal expoente britânico da *Naturphilosophie*. Como o problema levantado por esses exemplos me parece real e não resolvido, acho por bem realçar que ele afeta apenas a organização, e não a tese principal, deste artigo. Talvez os processos de conversão e a *Naturphilosophie* devessem ser tratados numa mesma seção, porém ambos devem ser considerados.

85 Vinding, "Colding, Ludwig August", *Dansk Biografisk Leksikon*, 1933-44, p.377-82. Sou grato a Roy e Ann Lawrence por um sumário desse esboço bibliográfico tão útil.

86 Meyer, *A History of Chemistry*, 1906, p.274. Merz, *European Thought in the Nineteenth Century*, 1923-50, v.1, p.178-218, em particular a última página.

87 Hirn, "Études sur les lois et sur les principes constituants de l'univers", *Revue d'Alsace*, v.1, 1850, p.24-41, 127-42, 183-201; ibid., v.2, 1851, p.24-45. As referências aos textos relacionados à *Naturphilosophie* são relativamente frequentes, embora não sejam muito favoráveis. Por outro lado, o próprio título da obra sugere a *Naturphilosophie* e é bastante apropriado ao conteúdo.

88 Hell, "Robert Mayer", *Kantstudien*, v.19, 1914, p.222-48.

menor, sempre exortou o filho a abandonar o mecanicismo estrito.[89] Ainda que o próprio Helmholtz tenha sido forçado a retirar qualquer discussão filosófica de seu estudo clássico, ele reconheceu, por volta de 1881, importantes resíduos kantianos que haviam escapado à censura anterior.[90]

Naturalmente, esses fragmentos biográficos não provam débitos intelectuais. Contudo, podem justificar uma forte suspeita e seguramente fornecem orientação para futuras pesquisas. Por ora, insistirei apenas que essa pesquisa deve ser feita e que há excelentes razões para supor que serão proveitosas. Muitas dessas razões foram expostas acima, mas a principal ainda não foi dada. Embora a Alemanha, na década de 1840, não tivesse ainda atingido a eminência científica da França ou da Grã-Bretanha, cinco de nossos doze pioneiros eram alemães; um sexto, Colding, era um discípulo dinamarquês de Oersted, e um sétimo, Hirn, era um alsaciano autodidata que havia lido os *Naturphilosophen*.[91] A não ser que a *Naturphilosophie* autóctone no ambiente educacional desses sete homens tenha tido papel produtivo em suas pesquisas, é difícil entender por que mais da metade dos pioneiros saiu de uma área que mal havia iniciado uma primeira geração de produções científicas significativas. E isso não é tudo. Se confirmada, a influência da *Naturphilosophie* também pode ajudar a explicar por que esse grupo específico de cinco alemães, um dinamarquês e um alsaciano inclui também cinco dos seis pioneiros em cujas abordagens da conservação da energia foi possível notar uma lacuna conceitual marcante.[92]

---

89 Koenigsberger, *Hermann von Helmholtz*, op. cit., p.3-5, 30.

90 Helmholtz, *Abhandlungen*, v.1, p.68.

91 Pode-se encontrar muito material biográfico e bibliográfico para o estudo da vida e do trabalho de Hirn no *Bulletin de la Societé d'histoire naturelle de Colmar*, v.1, 1899, p.183-335.

92 Séguin seria o sexto pioneiro, mas a fonte de suas ideias permanece um completo mistério. Ele a atribui a seu tio, Montgolfier (*De l'influence des chemins de fer*, op. cit., p.xvi), sobre quem não pude obter informações relevantes. A estatística acima não pretende sugerir que os que foram expostos à *Naturphilosophie* tenham sido invariavelmente afetados por ela. Também não defendo que aqueles cujos trabalhos não apresentam lacunas conceituais não tenham sido, *ipso facto*, influenciados por ela (ver as observações sobre Grove na nota 84). O que constitui o enigma não é a presença de pioneiros provenientes da área dominada pelas tradições intelectuais alemãs, mas sua predominância. [O parágrafo a seguir foi adicionado ao manuscrito original em resposta a questões levantadas na discussão.] O professor Gillispie, em seu artigo, chama a atenção para um movimento francês do século XVIII pouco conhecido, que exibe paralelos notáveis com a *Naturphilosophie*. Caso esse

A tensão essencial

Esta discussão preliminar acerca da descoberta simultânea termina aqui. Compará-la às suas fontes primárias e secundárias torna clara sua inconclusão. Quase nada foi dito, por exemplo, sobre a teoria dinâmica do calor ou a concepção da impossibilidade do movimento perpétuo. Ambas são de grande importância nas histórias usuais e exigiriam um trabalho mais extenso. Mas se eu estiver certo, os fatores aqui desconsiderados, e outros semelhantes a eles, não entrariam numa exposição completa da descoberta simultânea com a mesma premência dos três discutidos aqui. A impossibilidade do movimento perpétuo, por exemplo, foi um instrumento intelectual essencial para a maioria dos pioneiros. O modo como muitos chegaram à conservação da energia não pode ser entendido sem ele. Todavia, reconhecer o instrumento intelectual não contribui muito para a compreensão da descoberta simultânea, visto que a impossibilidade do movimento perpétuo é endêmica no pensamento científico desde a Antiguidade.[93] Sabendo que o instrumento estava presente, a questão era: por que adquiriu de súbito uma nova importância e um novo domínio de aplicação? Para nós, essa é a indagação mais importante.

---

movimento estivesse ainda em voga na França do século XIX, meu contraste entre a tradição científica alemã e a que predominava em outras partes da Europa seria questionável. Mas não encontrei nada parecido com a *Naturphilosophie* em nenhuma das fontes francesas do século XIX que examinei, e o professor Gillespie me garantiu que, pelo que sabe, o movimento que seu artigo cita desapareceu por volta da virada do século (com exceção, talvez, de partes da Biologia). Note-se, além disso, que esse movimento do século XVIII, difundido em particular entre artesãos e inventores, pode fornecer uma chave para o enigma de Montgolfier (ver acima).

93 Mach, *History and Root of the Principle of the Conservation of Energy*, 1911, p.19-41; e Haas, *Die Entwicklungsgeschichte des Satzes von der Erhaltung der Kraft*, op. cit., cap.4. Devemos lembrar ainda que, em 1775, a Academia Francesa decidiu formalmente não considerar mais supostos projetos de máquinas de movimento perpétuo. Quase todos os nossos pioneiros fizeram uso da impossibilidade do movimento perpétuo, e nenhum mostrou sentir a menor necessidade de argumentar em prol da validade desse conceito. Em contraste, viram a necessidade de defender longamente a validade do conceito da conversibilidade universal. Grove, por exemplo, inicia seu *On the Correlation of Physical Forces* (op. cit., p.1-3) com um apelo para que uma ideia radical tivesse uma acolhida justa. Essa ideia vem a ser exatamente o conceito da conversibilidade universal, desenvolvido de forma ampla em seu texto (p.4-44). A impossibilidade do movimento perpétuo é causalmente aplicada a tal ideia, sem nenhum argumento independente, nas últimas sete páginas do livro (p.45-52). Fatos como esses levaram-me a considerar um tanto óbvios os passos entre a conversibilidade universal e uma versão não quantitativa da conservação.

Thomas S. Kuhn

O mesmo argumento aplica-se, em parte, a meu segundo exemplo de fator desconsiderado. Apesar da merecida fama de Rumford, a teoria dinâmica do calor estava perto da consciência científica quase desde a época de Francis Bacon.[94] Mesmo no fim do século XVIII, quando foi temporariamente ofuscada pelos trabalhos de Black e Lavoisier, a teoria dinâmica era descrita, em geral, nas discussões sobre o calor, ainda que apenas para ser refutada.[95] Com relação ao fato de a concepção de calor como movimento ter figurado no trabalho dos pioneiros, temos sobretudo de entender por que, a partir de 1830, tal concepção ganha uma importância que raramente teve antes.[96]

---

94 Sobre as teorias do calor do século XVII, ver Boas, "The Establishment of the Mechanical Philosophy", *Osiris*, v.10, p. 1952, p.412-541. Encontram-se muitas informações sobre as teorias do século XVIII dispersas em: McKie e Heathcote, *The Discovery of Specific and Latent Heat* (1935), e Metzger, *Newton, Stahl, Boerhaave et la doctrine chimique* (1930). Muitas outras informações proveitosas podem ser encontradas em Berthold, *Rumford und die Mechanische Warmetheorie* (1875), embora o autor salte muito rapidamente do século XVII para o século XIX.

95 Uma vez que a teoria calórica nem estava presente em sua forma desenvolvida antes da publicação do *Traité élémentaire de chimie*, de Lavoisier, em 1789, dificilmente poderia ter eliminado a teoria dinâmica durante a década que o separa da publicação do trabalho de Rumford. Para evidências de que mesmo os mais destacados defensores da teoria calórica continuaram a discuti-la, ver Séguin, "Observations générales sur le calorique [...] réflexions sur la théorie de MM. Black, Crawford, Lavoisier, et Laplace", *Annales de Chimie*, v.3, 1789, p.148-242, e v.5, 1790, p.191-271, em particular v.3, p.182-90. Naturalmente, a teoria material do calor tem raízes mais antigas que Lavoisier, mas Rumford, Davy et al. opunham-se de fato à nova teoria, e não à antiga. Seus trabalhos, em especial o de Rumford, podem ter mantido viva a teoria dinâmica depois de 1800, mas Rumford não criou a teoria. Ela não havia morrido.

96 Raramente se reconhece que, quase até meados do século XIX, um cientista brilhante poderia aplicar a conservação dinâmica da *vis viva* à noção de que calor é movimento sem reconhecer que o calor e o trabalho eram então conversíveis. Consideremos os três exemplos a seguir. Daniel Bernoulli, nos parágrafos habitualmente citados da seção X de seu *Hydrodynamica*, equipara o calor a partículas de *vis viva* e deriva as leis dos gases. Em seguida, no parágrafo 40, aplica essa teoria ao calcular a altura da qual deve cair um determinado peso a fim de comprimir um gás a uma fração determinada de seu volume inicial. Sua solução dá a energia do movimento, extraída da queda do peso, para a compressão do gás, mas não considera que essa energia tem de ser transferida às partículas do gás e, portanto, aumentar a temperatura do gás. Lavoisier e Laplace, nas p.357-9 de seu clássico estudo (nota 73), aplicam a conservação da energia à teoria dinâmica a fim de mostrar que, para qualquer propósito experimental, as teorias calórica e dinâmica eram equivalentes. Biot repete o mesmo argumento em seu *Traité de physique expérimentale et mathématique*,

Fora isso, a teoria dinâmica não aparece muito. Somente Carnot a utilizou como meio essencial a seu avanço. Mohr saltou da teoria dinâmica para a conservação, mas seu artigo indica que outros expedientes poderiam ter surtido o mesmo efeito. Grove e Joule aderiram à teoria, mas não mostraram nenhuma dependência significativa em relação a ela.[97] Holtzmann, Mayer e Séguin se opuseram a ela – Mayer, com veemência, até o fim de sua vida.[98] As conexões aparentemente próximas entre a conservação da energia e a teoria dinâmica são em larga medida retrospectivas.[99]

Comparemos esses dois fatores desconsiderados com os três que discutimos. A irrupção da descoberta dos processos de conversão data de 1800. As discussões técnicas das máquinas dinâmicas eram ingrediente escasso na literatura científica antes de 1760, e sua profundidade aumentou em ritmo constante a partir de então.[100] A *Naturphilosophie* chegou ao auge nas duas primeiras décadas do século XIX.[101] Além disso, todos esses três ingredientes, talvez com exceção do último, desempenharam papéis importantes

---

1816, v.1, p.66-7, e mais adiante, no mesmo capítulo. O engano de Grove quanto ao calor (nota 35) indica que mesmo a concepção dos processos de conversão era às vezes insuficiente para afastar os cientistas desse erro praticamente universal.

97 Grove, *On the Correlation of Physical Forces*, op. cit., p.7-8. Joule, *Papers*, op. cit., p.121-3. Talvez estes não tivessem desenvolvido suas teorias, caso não tivessem tentado conceber o calor como movimento, mas seus trabalhos publicados não indicam conexões tão decisivas.

98 O estudo de Holtzmann é baseado na teoria do calórico. Sobre Mayer, ver Weyrauch, I, p.265-72, e II, p.320, n.2. Sobre Séguin, ver *De l'influence des chemins de fer*, op. cit., p.xvi.

99 A facilidade e a celeridade com que a teoria dinâmica foi identificada com a conservação da energia são indicadas pelas inadequadas interpretações contemporâneas de Mayer citadas em Weyrauch, II, p.320, 428. Contudo, o caso clássico é o de lorde Kelvin. Tendo empregado a teoria calórica em suas investigações e escritos até 1850, ele inicia seu famoso artigo, "On the Dynamical Theory of Heat" (*Mathematical and Physical Papers*, 1882, v.1, p.174-5), com uma série de observações sobre Davy ter "estabelecido" a teoria dinâmica 53 anos antes. "As recentes descobertas de Mayer e Joule", ele continua, "proporcionam, *se necessário*, uma confirmação perfeita das concepções de sir Humphry Davy" [grifo meu]. Mas se Davy estabeleceu a teoria dinâmica em 1799, e se o restante da conservação segue daí, como Kelvin dá a entender, o que o próprio Kelvin estava fazendo antes de 1852?

100 As teorias abstratas das máquinas dinâmicas não possuem início estabelecido no tempo. Tomo o ano de 1760 em virtude de sua relação com os importantes e amplamente citados trabalhos de Smeaton e Borda (notas 51 e 52).

101 Merz, *European Thought in the Nineteenth Century*, op. cit., v.1, p.178, n.1.

nas pesquisas de ao menos metade dos pioneiros. Isso não quer dizer que esses fatores expliquem as descobertas, individuais ou coletivas, da conservação da energia. Muitas descobertas e noções antigas foram essenciais para o trabalho de todos; outras e novas cumpriram papéis significativos no trabalho de cada um. Não buscamos – nem buscaremos – as causas de tudo que se passou. Mas ainda assim os três fatores aqui discutidos podem fornecer a constelação fundamental, dada a questão com a qual começamos: por que, entre 1830 e 1850, tantos conceitos e experimentos necessários a uma completa enunciação da conservação da energia estavam tão próximos da consciência científica?

5
A História da Ciência[1]

Como disciplina profissional independente, a História da Ciência é um novo campo que ainda está emergindo de uma longa e variada pré-história. Somente a partir de 1950, e de início apenas nos Estados Unidos, é que a maioria de seus profissionais, mesmo os mais jovens, dedicou-se ou formou-se para uma carreira acadêmica em tempo integral nesse campo. De seus predecessores – em sua maioria historiadores apenas nas horas vagas e que, por isso, derivavam seus valores e propósitos sobretudo de outro campo –, essa geração mais jovem herdou um leque de objetivos por vezes inconciliáveis. As tensões resultantes, embora amenizadas com o amadurecimento da profissão, ainda são perceptíveis, em especial na disparidade do público-alvo a que se destina a literatura em História da Ciência. Nessas circunstâncias, é inevitável que qualquer relato conciso sobre o desenvolvimento e o estado atual do campo seja prognóstico e mais pessoal do que o de uma profissão já há muito estabelecida.

---

1 Originalmente publicado como "History of Science". *International Encyclopaedia of the Social Sciences*, v.14, 1968, p.74-83. Reimpresso com a permissão de Crowell, Collier & Macmillan.

O desenvolvimento do campo

Até bem pouco tempo atrás, aqueles que escreviam a História da Ciência eram, em sua maioria, cientistas profissionais – algumas vezes destacados. Em geral, a História era para eles um produto incidental da pedagogia e nela encontravam, além de seu interesse intrínseco, um meio de elucidar os conceitos de sua especialidade, estabelecer a tradição e atrair os estudantes. A introdução histórica com que ainda hoje iniciam tantos tratados técnicos e monografias é uma ilustração contemporânea daquilo que durante muitos séculos foi a principal forma e a fonte exclusiva da História da Ciência.

Esse gênero tradicional teve início na Antiguidade clássica, tanto com capítulos históricos de tratados técnicos quanto com umas poucas histórias independentes das ciências antigas mais desenvolvidas, como a astronomia e a matemática. Obras similares – em conjunto com um corpo crescente de biografias heroicas – apresentam um relato contínuo do Renascimento até o século XVIII, quando a produção foi estimulada pela concepção iluminista da ciência, que a via como fonte e, ao mesmo tempo, modelo de progresso. Dos últimos cinquenta anos desse período advêm os primeiros estudos históricos que, às vezes, ainda são usados como tais, entre eles as narrativas históricas incluídas nos trabalhos técnicos de Lagrange (matemática), bem como os grandiosos tratados independentes de Montucla (matemática e ciências físicas), Priestley (eletricidade e óptica) e Delambre (astronomia). No século XIX e no início do século XX, apesar do surgimento de abordagens alternativas, os cientistas continuaram a produzir tanto biografias ocasionais quanto histórias magistrais de suas próprias especialidades, como, por exemplo, Kopp (química), Poggendorff (física), Sachs (botânica), Zittel e Geikie (geologia) e Klein (matemática).

A segunda das principais tradições filosóficas, por vezes indistinguível da primeira, foi mais explicitamente filosófica em seus objetivos. No início do século XVII, Francis Bacon proclamou a utilidade das histórias do conhecimento para os que pretendiam descobrir a natureza e o uso adequado da razão humana. Condorcet e Comte são os mais famosos dos autores com inclinação filosófica que, seguindo a orientação de Bacon, ensaiaram basear descrições normativas da verdadeira racionalidade em levantamentos históricos do pensamento científico ocidental. Antes do século XIX, essa tradição permaneceu predominantemente programática e produziu poucas pesquisas históricas significativas. Mas em seguida, sobretudo nos escritos de Whewell, Mach e Duhem, os interesses filosóficos se tornaram um dos principais motivos para a atividade criativa em História da Ciência e, desde então, mantém sua importância.

Ambas as tradições historiográficas, em especial quando controladas pelas técnicas de crítica textual da história política alemã do século XIX, produziram monumentos ocasionais de erudição, que o historiador contemporâneo desconhece por sua conta e risco. Ao mesmo tempo, porém, reforçaram um conceito do campo que hoje é amplamente rejeitado pela profissão. O objetivo dessas histórias mais antigas era esclarecer e aprofundar a compreensão de métodos científicos ou conceitos *contemporâneos*, expondo sua evolução. Empenhado em tais objetivos, o historiador escolhia, em geral, uma única ciência estabelecida ou especialidade da ciência – uma cujo *status* de conhecimento sólido não fosse facilmente posto em dúvida –, e descrevia quando, onde e como passaram a existir os elementos que constituíam seus temas substantivos e métodos de inferência na época em que escrevia. Era raro que fossem levadas em consideração observações, leis ou teorias que a ciência contemporânea havia abandonado por julgá-las incorretas ou insignificantes, a não ser que indicassem uma moral metodológica ou explicassem um longo período de aparente esterilidade. Princípios seletivos similares regiam a discussão dos fatores externos à ciência. A religião, vista como entrave, e a tecnologia, vista como um pré-requisito ocasional aos avanços na instrumentação, foram praticamente os únicos fatores a receber atenção. Há pouco tempo, o desenlace dessa abordagem foi parodiado de modo brilhante pelo filósofo Joseph Agassi.

Até o início do século XIX, traços muito semelhantes a esses caracterizavam a maioria dos escritos históricos. A paixão romântica por tempos e lugares distantes teve de se combinar com os padrões acadêmicos da crítica bíblica, antes mesmo que os historiadores gerais fossem levados a reconhecer o interesse e a integridade de sistemas de valores diferentes dos seus. (O século XIX, por exemplo, foi o primeiro período em que se mencionou que a Idade Média tinha uma história.) Essa mudança de sensibilidade, que a maioria dos historiadores contemporâneos pressupõe essencial para seu campo, não se refletiu de imediato na História da Ciência. Ainda que não concordassem em outros pontos, tanto o historiador romântico quanto o cientista historiador continuaram a ver o desenvolvimento da ciência como uma marcha quase mecânica do intelecto, a revelação dos segredos da natureza, em sucessão regular, diante de métodos convincentes, aplicados com habilidade. Foi apenas no século XX que os historiadores da ciência aprenderam aos poucos a ver seu tema de estudo como algo diferente do acúmulo cronológico de resultados positivos numa especialidade técnica definida em retrospecto. Diversos fatores contribuíram para essa mudança.

O mais importante foi talvez a influência da História da Filosofia, a partir de fins do século XIX. Nesse campo, apenas o estudioso mais tendencioso confiaria em sua habilidade para distinguir o conhecimento positivo do erro e da superstição. Ao tratar de ideias que já haviam perdido seu apelo, o historiador dificilmente poderia escapar da força de uma prescrição que Bertrand Russell expressaria mais tarde numa frase sucinta: "Ao estudar um filósofo, a atitude correta não é nem a reverência nem o desprezo, mas, acima de tudo, uma espécie de simpatia hipotética, até que seja possível saber como seria acreditar em suas teorias". Essa atitude em relação aos pensadores do passado chegou à História da Ciência através da filosofia. Em parte, foi aprendida com homens como Lange e Cassirer, que trabalharam historicamente com figuras ou ideias importantes para o desenvolvimento científico (*As bases metafísicas da ciência moderna*, de Burtt, e *A grande cadeia do ser*, de Lovejoy, foram especialmente importantes nesse sentido), e, em parte, com um pequeno número de epistemólogos neokantianos, em particular Brunschvicg e Meyerson, cuja busca por categorias quase absolutas de pensamento em ideias científicas do passado produziu brilhantes análises genéticas de conceitos que a tradição principal na História da Ciência ou dispensou, ou compreendeu mal.

Essas lições foram reforçadas por outro evento decisivo para o surgimento da profissão contemporânea. Quase um século depois de a Idade Média ter se tornado importante para o historiador geral, a busca de Pierre Duhem pelas fontes da ciência moderna divulgou uma tradição de pensamento físico medieval à qual, em contraste com a física de Aristóteles, não poderia ser negado um papel essencial na transformação da teoria física que teve lugar no século XVII. Muitos dos elementos da física e dos métodos de Galileu se encontravam ali. Mas não era possível assimilá-la por completo à física de Galileu ou de Newton, deixando intacta a estrutura da chamada revolução científica e, ao mesmo tempo, estendendo-a no tempo. As novidades essenciais do século XVII só poderiam ser entendidas caso a Ciência medieval fosse explorada em seus próprios termos, e, em seguida, como base para o florescimento da "nova Ciência". Mais do que qualquer outro, esse desafio deu forma à moderna historiografia da ciência. Os escritos que suscitou a partir de 1920, em especial os de E. J. Dijksterhuis, Anneliese Maier e, sobretudo, Alexandre Koyré, são modelos que muitos contemporâneos procuram reproduzir. Além disso, a descoberta da ciência medieval e de seu papel no Renascimento expôs uma área em que a História da Ciência pode e deve ser integrada a tipos mais tradicionais de História. Essa tarefa mal começou, mas a síntese pioneira de Butterfield e os estudos específicos de Panofsky e Frances Yates demarcam uma trilha que seguramente será prolongada e percorrida.

Um terceiro fator na formação da moderna historiografia da ciência é a reiterada insistência em que o estudioso do desenvolvimento científico deve se ocupar do conhecimento positivo como um todo, e histórias das ciências gerais devem substituir as histórias das ciências individuais. Essa exigência, que, como programa, pode ser traçada desde Bacon e, em particular, Comte, pouco influenciou os trabalhos acadêmicos até o início deste século, quando foi retomada com vigor pelo universalmente respeitado Paul Tannery, e então posta em prática nas pesquisas monumentais de George Sarton. A experiência posterior mostrou que as ciências não são, de fato, uma só, e mesmo a erudição sobre-humana exigida por uma História da Ciência geral dificilmente poderia costurar sua evolução conjunta numa narrativa coerente. Mas a tentativa foi crucial, pois ressaltou a impossibilidade de atribuir ao passado as divisões do conhecimento existentes nas composições curriculares científicas contemporâneas. Hoje, na medida em que se voltam pouco a pouco para investigações detalhadas de ramos individuais da ciência, os historiadores estudam campos que de fato existiam nos períodos que lhes interessam, e fazem isso conscientes do estado de outras disciplinas na época.

Ainda mais recentemente, outro conjunto de influências começou a dar forma ao trabalho contemporâneo em História da Ciência. A consequência foi uma preocupação crescente – devida, em parte, à História geral e, em parte, à sociologia alemã e à historiografia marxista – com o papel de fatores não intelectuais no desenvolvimento científico, em especial institucionais e socioeconômicos. Essas influências, ao contrário das acima discutidas, e os trabalhos sensíveis a elas ainda não foram bem assimilados pela profissão emergente. Com todas as suas novidades, a nova historiografia ainda se mantém voltada, de preferência, para a evolução das ideias científicas e dos instrumentos (matemáticos, observacionais e experimentais) com os quais elas interagem entre si e com a natureza. Seus melhores praticantes, como

Koyré, costumam minimizar a importância dos aspectos não intelectuais da cultura para os desenvolvimentos históricos que estudam. Alguns poucos agiram como se a intromissão de considerações econômicas ou institucionais na História da Ciência fosse uma negação da integridade da própria ciência. O resultado é que às vezes parecem existir dois tipos distintos de História da Ciência, que de vez em quando aparecem entre as mesmas duas coberturas, mas raramente apresentam um intenso e fecundo contato. A forma ainda predominante, em geral denominada "abordagem interna", diz respeito à substância da ciência como conhecimento. Sua nova rival, geralmente denominada "abordagem externa", diz respeito às atividades dos cientistas como um grupo social no interior de uma cultura mais ampla. Reunir as duas talvez seja o maior desafio encontrado hoje pela profissão, e há cada vez mais sinais de resposta. Ainda assim, infelizmente, qualquer levantamento do estado atual do campo tem de tratá-los como empreendimentos quase sempre separados.

História interna

Quais são as máximas da nova historiografia interna? Tanto quanto possível, o historiador deve deixar de lado a ciência que conhece (nunca é inteiramente assim, mas se fosse, a História não poderia ser escrita). Sua ciência deve ser aprendida com os manuais e os jornais do período que está estudando, e deve dominar estes e a tradição autóctone que exibem antes de tratar dos inovadores cujas descobertas e invenções alteraram a direção do avanço científico. Ao abordar os inovadores, o historiador deve tentar pensar como eles pensaram. Sabendo que os cientistas muitas vezes se tornam famosos por resultados que não pretendiam alcançar, ele deve perguntar em que problemas o autor trabalhava e como se tornaram problemas para ele. Sabendo que uma descoberta histórica raramente se passa do modo como depois é atribuída a seu autor nos manuais (os objetivos pedagógicos inevitavelmente alteram a narrativa), o historiador deve perguntar o que o autor acreditava ter descoberto e o que considerava ser a base dessa descoberta. E, nesse processo de reconstrução, deve dispensar atenção especial aos erros aparentes do autor, não para julgar seu mérito, mas por revelarem muito mais sobre a mente em ação do que as passagens em que um cientista parece registrar um resultado ou argumento ainda em vigor na ciência atual.

Durante trinta anos, as atitudes que essas máximas tentam esboçar têm guiado cada vez mais a melhor tradição de comentários e interpretações da História da Ciência, e este artigo trata predominantemente de uma dessas tradições. (Há outras, é claro, mas a distinção não é tão nítida, e os esforços mais valiosos dos historiadores da ciência são dedicados em grande parte a elas. Mas este não é o lugar para analisar trabalhos como os de, digamos, Needham, Neugebauer e Thorndike, cuja indispensável contribuição tem sido estabelecer e tornar acessíveis textos e tradições conhecidos apenas por meio de mitos.) No entanto, o tema é imenso, há poucos historiadores da ciência profissionais (em 1950, nos Estados Unidos, havia pouco mais de meia dúzia) e suas escolhas de tópicos não são nada aleatórias. Ainda há vastas áreas em que não são claras nem mesmo suas linhas básicas de desenvolvimento.

Talvez em virtude de seu próprio prestígio, a física, a química e a astronomia dominam a literatura histórica da ciência. Mas mesmo nesses campos, os esforços se distribuem de modo desigual, em particular neste século. A fim de obter um conhecimento contemporâneo no passado, os cientistas-historiadores do século XIX compilaram levantamentos que iam muitas vezes da Antiguidade até sua época, ou muito perto disso. No século XX, alguns cientistas, como Dugas, Jammer, Partington, Truesdell e Whittaker, escreveram de um ponto de vista similar, e alguns de seus levantamentos traçaram a história de alguns campos específicos até quase os dias de hoje. Mas poucos profissionais das ciências mais desenvolvidas ainda escrevem histórias, e os membros da profissão emergente foram, até aqui, mais restritos e sistematicamente seletivos, o que acarreta uma série de consequências lamentáveis. A imersão profunda e empática nas fontes, exigida pelo trabalho, torna quase proibitivos os levantamentos de longo alcance, ao menos enquanto o campo não for examinado em mais profundidade. Tendo a oportunidade de começar do zero – ao menos era assim que viam as coisas –, esse grupo tentou naturalmente estabelecer as fases mais antigas do desenvolvimento de uma ciência, e poucos foram além disso. Além disso, até poucos anos atrás, quase nenhum membro desse novo grupo tinha domínio suficiente da ciência (em especial da matemática, a barreira decisiva) para se tornar participante indireto das pesquisas mais recentes das disciplinas tecnicamente mais desenvolvidas.

Como resultado, apesar de a situação estar mudando rápido com a chegada de mais pessoas, e de pessoas mais bem preparadas, a literatura recente em História da Ciência tende a se interromper no instante em que o material de origem técnica se torna inacessível para alguém com formação científica elementar. Há excelentes estudos sobre matemática até Leibniz (Boyer e Michel), astronomia e mecânica até Newton (Clagett, Costabel, Dijksterhuis, Koyré e Maier), eletricidade até Coulomb (Cohen) e química até Dalton (Boas, Crosland, Daumas, Guerlac e Metzger), mas não há quase nenhum trabalho dessa nova tradição sobre a física matemática do século XVIII ou alguma ciência física do século XIX.

Com relação às ciências biológicas e da Terra, a literatura é ainda menos desenvolvida, em parte porque somente as especialidades relacionadas à medicina, como a fisiologia, haviam adquirido *status* profissional antes do fim do século XIX. Há poucos levantamentos antigos efetuados por cientistas, e os membros da nova profissão mal começaram a explorar esses campos. Há uma expectativa de rápida mudança, ao menos na biologia, mas até aqui as únicas áreas bem estudadas são o darwinismo do século XIX e a anatomia e a psicologia dos séculos XVI e XVII. Quanto ao segundo tópico, os melhores estudos (por exemplo, O'Malley e Singer) tratam, em geral, de problemas e pessoas específicos e, com isso, apenas expõem uma tradição científica em desenvolvimento. Na ausência de histórias adequadas sobre as especialidades técnicas que proporcionaram dados e problemas a Darwin, a literatura sobre a evolução é escrita num grau de generalidade filosófica que torna difícil perceber por que a *Origem das espécies* é um feito tão importante e, menos ainda, uma realização científica. O estudo exemplar de Dupree sobre o botânico Asa Gray é uma das poucas exceções dignas de nota.

A nova historiografia ainda não atingiu as ciências sociais. Quando existe literatura histórica nesses campos, é produzida inteiramente pelos profissionais da área em questão; talvez o exemplo mais notável seja *History of Experimental Psychology* [História da Psicologia experimental], de Boring. Como as histórias mais antigas das ciências físicas, na maioria das vezes, essa literatura é indispensável, porém, como História, compartilha suas limitações. (A situação é típica das ciências relativamente novas, que adquirem assim uma história quase oficial; depois disso, aplica-se algo muito semelhante à lei de Gresham.) Por conseguinte, essa área oferece oportunidades particulares para o historiador da ciência e, mais ainda, para o historiador social ou intelectual, cuja formação, em geral, é especialmente apropriada às exigências desses campos. As publicações preliminares de Stocking sobre a história da antropologia americana fornecem um exemplo particularmente útil da perspectiva que o historiador intelectual pode aplicar a um campo científico cujos conceitos e vocabulário se tornaram esotéricos há bem pouco tempo.

História externa

As tentativas de ambientar a ciência num contexto social que possa aprimorar a compreensão tanto de seu desenvolvimento como de seus efeitos têm apresentado três formas características, das quais a mais antiga é o estudo das instituições científicas. O bispo Thomas Sprat preparou sua pioneira história da Royal Society antes de ela ter recebido seu primeiro reconhecimento formal e, desde então, surgiram inúmeras histórias de sociedades científicas feitas por seus membros. Tais livros são úteis para o historiador sobretudo como fontes, mas apenas no século XX os estudiosos do desenvolvimento científico começaram a utilizá-los. Ao mesmo tempo, começaram a examinar seriamente outros tipos de instituições, em particular as de ensino, que poderiam promover ou inibir o avanço científico. Como em outras áreas da História da Ciência, a maior parte da literatura trata do século XVII. O que há de melhor está espalhado em periódicos (os relatos mais extensos, que antes eram padrão, lamentavelmente estão desatualizados) e pode ser localizado, assim como muito do que diz respeito à História da Ciência, na "Critical Bibliography" anual do jornal *Isis* e no *Bulletin Signalétique*, publicado trimestralmente pelo Centre National de la Recherche Scientifique de Paris. O estudo clássico de Guerlac sobre a profissionalização da química francesa, a história da Lunar Society de Schofield e uma obra coletiva recente (de Taton) sobre a educação científica na França são uns dos poucos trabalhos sobre instituições científicas do século XVIII. Quanto ao século XIX, os estudos de Cardwell sobre a Inglaterra, de Dupree sobre os Estados Unidos e de Vucinich sobre a Rússia começaram a substituir as observações fragmentárias, porém muito sugestivas, que se encontram espalhadas, muitas vezes em notas de rodapé, no primeiro volume da *History of European Thought in the Nineteenth Century* [História do pensamento europeu no século XIX], de Merz.

Os historiadores intelectuais têm estudado muitas vezes o impacto da ciência sobre vários aspectos do pensamento ocidental, em particular nos séculos XVII e XVIII. Quanto ao período a partir de 1700, tais estudos são peculiarmente insatisfatórios quando vistos como tentativas de demonstrar a influência, e não apenas o prestígio, da ciência. Nomes como Bacon, Newton ou Darwin são símbolos poderosos: há muitos motivos para invocá-los, além do registro de uma dívida real. E a identificação de paralelos conceituais isolados, por exemplo, entre as forças que mantêm os planetas em suas órbitas e o sistema de separação de poderes na Constituição americana, demonstra, na maioria das vezes, a ingenuidade da interpretação, e não a influência da ciência em outras áreas da vida. Não há dúvida de que os conceitos científicos, em especial os de longo alcance, ajudam de fato a mudar as ideias extracientíficas, mas a análise de seu papel na produção desse tipo de mudança requer imersão na literatura científica. A historiografia mais antiga da ciência, por sua própria natureza, não fornecia o que era necessário, ao passo que a nova é muito recente e seus resultados, muito fragmentários, para causar algum efeito considerável. Embora a lacuna pareça pequena, não há fosso que precise mais de uma ponte do que aquele que separa o historiador da ciência do historiador das ideias. Felizmente, há poucos trabalhos que possam indicar a direção. Entre os mais recentes, encontram-se os estudos pioneiros de Nicolson sobre a ciência na literatura dos séculos XVII e XVIII, a discussão sobre a religião natural de Westfall, o capítulo de Gillispie sobre a ciência no Iluminismo, e o monumental levantamento de Roger sobre o papel das ciências da vida no pensamento francês do século XVIII.

O interesse pelas instituições e pelas ideias funde-se naturalmente numa terceira abordagem do desenvolvimento científico. Trata-se do estudo da ciência em áreas geográficas demasiado pequenas para permitir uma concentração no desenvolvimento de qualquer especialidade técnica particular, mas homogêneas o bastante para aprimorar a compreensão da ambientação e do papel social da ciência. De todos os tipos de história externa, esse é o mais novo e mais revelador, pois induz ao mais amplo domínio de experiência e habilidade histórica e sociológica. A pequena, mas rapidamente crescente literatura sobre a ciência na América (Dupree, Hindle e Shryock), é um exemplo expressivo dessa abordagem, e é provável que estudos atuais sobre a ciência na Revolução Francesa gerem esclarecimentos similares. Merz, Lilley e Ben-David indicaram aspectos do século XIX sobre os quais muito esforço terá de ser despendido. Contudo, o tópico que suscitou mais atenção e atividade é o desenvolvimento da ciência na Inglaterra do século XVII. Uma vez que a literatura sobre esse tema se tornou o centro de um debate turbulento tanto sobre a origem da ciência moderna quanto sobre a natureza da História da Ciência, é um foco adequado para uma discussão própria. Aqui, exemplificou um tipo de pesquisa. Agora, os problemas que apresenta fornecerão uma perspectiva sobre as relações entre as abordagens interna e externa à História da Ciência.

A tese de Merton

A controvérsia mais nítida no debate sobre a ciência do século XVII é a chamada tese de Merton, que é, na verdade, a sobreposição de duas teses provenientes de fontes distintas. Ambas pretendem explicar a produtividade especial da Ciência do século XVII pela correlação de seus objetivos e valores, resumidos no programa de Bacon e de seus seguidores, e outros aspectos da sociedade contemporânea. A primeira, que deve algo à historiografia marxista, enfatiza quanto os baconianos esperavam aprender com as artes práticas e, com isso, tornar a ciência útil. Eles estudaram repetidas vezes as técnicas dos artesãos – fabricantes de vidro, metalurgistas, marinheiros e afins – e muitos se dedicaram também a problemas práticos prementes da época, como a navegação, a drenagem do solo e o desmatamento. Os novos problemas, dados e métodos causados por essa nova preocupação, segundo Merton, são uma das principais razões da transformação substantiva sofrida por diversas ciências ao longo do século XVII. A segunda tese aponta para as mesmas novidades do período, mas vê o puritanismo como seu principal instigador. (Não precisa haver conflito. Max Weber, cuja sugestão pioneira foi estudada por Merton, argumentava que o puritanismo ajudou a legitimar o interesse pela tecnologia e pelas artes úteis.) Segundo ela, os valores das comunidades puritanas estabelecidas – por exemplo, a ênfase na justificação pelo trabalho e na comunhão direta com Deus através da natureza – fomentaram tanto o interesse pela ciência quanto o tom empírico, instrumental e utilitário que a identificou no século XVII.

Desde então, ambas as teses foram estendidas e atacadas com veemência, mas não houve consenso. (Um confronto importante, centrado em trabalhos de Hall e de Santillana, encontra-se no simpósio do Institute for the History of Science, editado por Clagett; o artigo pioneiro de Zilsel sobre William Gilbert pode ser encontrado na coleção de artigos relacionados do *Journal of the History of Ideas*, editada por Wiener e Noland. Boa parte da literatura restante, que é bem volumosa, pode ser procurada nas notas de rodapé de uma controvérsia sobre o trabalho de Christopher Hill publicada recentemente.) Nessa literatura, as críticas mais persistentes são direcionadas à definição e à aplicação do rótulo "puritano" empregadas por Merton, e parece que agora está claro que nenhum termo tão estreitamente doutrinal em suas implicações pode ser útil. Sem dúvida, dificuldades como essa podem ser eliminadas, já que a ideologia baconiana não era nem restrita aos cientistas nem distribuída de maneira uniforme em todas as classes e áreas da Europa. O rótulo de Merton pode ser inadequado, mas não há dúvida de que o fenômeno que descreveu existe. Os argumentos mais importantes contra sua posição provêm da transformação recente na História da Ciência. A imagem de Merton da revolução científica, embora tenha se mantido por um longo período, estava caindo em descrédito na época em que ele escreveu sua obra, em particular em relação ao papel atribuído por ele ao movimento baconiano.

Os participantes da tradição historiográfica mais antiga declararam algumas vezes que a ciência, tal como a concebiam, não devia nada a valores econômicos ou doutrinas religiosas. No entanto, a ênfase de Merton na importância do trabalho manual, da experimentação e da confrontação direta com a natureza era bem familiar e conveniente a eles. Em contraste, a nova geração de historiadores alega ter mostrado que as revisões radicais da astronomia, da matemática, da mecânica e mesmo da óptica nos séculos XVI e XVII devem muito pouco às novas observações, instrumentações e experimentações. O principal método de Galileu, segundo eles, era o tradicional experimento mental da ciência escolástica levado a um novo grau de perfeição. O ambicioso e ingênuo programa de Bacon foi desde o início uma ilusão ineficaz. As tentativas de se mostrar útil falharam consistentemente, e as montanhas de dados fornecidos pelos novos instrumentos foram um auxílio diminuto na transformação da teoria científica vigente. Se as novidades intelectuais são necessárias para explicar por que homens como Galileu, Descartes e Newton foram capazes de repente de perceber de modo diferente fenômenos bem conhecidos, essas novidades são predominantemente intelectuais e incluem o neoplatonismo renascentista, a ressurgência do atomismo antigo e a redescoberta de Arquimedes. Contudo, essas correntes intelectuais foram tão predominantes e produtivas nas católicas Itália e França quanto nos círculos puritanos da Grã-Bretanha e da Holanda. E em nenhum lugar da Europa – onde foram mais fortes entre os cortesãos do que entre os artesãos – tais correntes se mostram em débito significativo com a tecnologia. Se Merton estivesse certo, a nova imagem da revolução científica aparentemente estaria errada.

Em versões mais cuidadosas e detalhadas, que incluem esclarecimentos essenciais, esses argumentos são convincentes apenas até certo ponto. De fato, os que transformaram a teoria científica no século XVII falavam às vezes como baconianos, mas ainda falta mostrar se a ideologia que alguns deles abraçaram produziu algum efeito importante, substancial ou metodológico em suas contribuições centrais para a ciência. Essas contribuições são mais bem compreendidas como resultado da evolução interna de uma reunião de campos que, ao longo dos séculos XVI e XVII, foram exercidos com vigor renovado e num novo ambiente intelectual. Essa objeção, contudo, pode ser relevante apenas para a revisão da tese de Merton, não à sua rejeição. Um aspecto da efervescência que os historiadores têm rotulado com frequência de "revolução científica" foi um movimento programático radical centrado na Inglaterra e nos Países Baixos, embora durante certo período fosse visível também na Itália e na França. Esse movimento, que mesmo a forma atual do argumento de Merton torna mais compreensível, alterou drasticamente o apelo, o lugar e a natureza de muitas pesquisas científicas durante o século XVII, e essas mudanças foram permanentes. Muito provavelmente, como afirmam os historiadores contemporâneos, nenhuma dessas novas características desempenhou um grande papel na transformação dos conceitos científicos no século XVII, mas ainda assim os historiadores têm de aprender a lidar com elas. Talvez as sugestões abaixo, cuja importância mais geral será discutida na próxima seção, possam se mostrar úteis.

Afora as ciências biológicas, para as quais os fortes laços com técnicas e instituições da medicina ditaram um padrão de desenvolvimento mais complexo, os principais ramos da ciência que sofreram transformação no decorrer dos séculos XVI e XVII foram a astronomia, a matemática, a mecânica e a óptica. Foi seu desenvolvimento que fez a revolução científica parecer uma revolução de conceitos. É significativo, porém, que esse grupo de campos consista exclusivamente de ciências clássicas. Altamente desenvolvidos na Antiguidade, entraram para os currículos das universidades medievais, onde muitos foram bastante aprimorados. A metamorfose ocorrida no século XVII, na qual os que se encontravam nas universidades continuaram a desempenhar um papel significativo, pode ser retratada de modo razoável como, antes de tudo, uma extensão de uma tradição antiga e medieval, desenvolvida num novo ambiente conceitual. Apenas ocasionalmente é preciso recorrer ao movimento programático baconiano para explicar a transformação desses campos.

Por volta do século XVII, no entanto, essas não eram as únicas áreas de intensa atividade científica, e outras – entre elas o estudo da eletricidade e do magnetismo, da química e dos fenômenos térmicos – exibem padrão diferente. Como ciências, como campos a serem escrutinados de modo sistemático em prol de uma maior compreensão da natureza, todas eram novidade durante a revolução científica. Suas principais raízes não estavam na tradição erudita das universidades, mas em geral nos ofícios estabelecidos, e eram todas criticamente dependentes tanto do novo programa de experimentações quanto da nova instrumentação que, com frequência, os artesãos ajudavam a introduzir. Com exceção de uma ou outra vez nas escolas de Medicina, raramente encontraram lugar nas universidades antes do século XIX. Nesse período, foram exercidas por amadores reunidos em torno das novas sociedades científicas, que eram as manifestações institucionais da revolução científica. É óbvio que esses campos são os que, ao lado do novo estilo de prática que representam, uma tese revisada de Merton poderia nos ajudar a compreender. Ao contrário do que aconteceu nas ciências clássicas, a pesquisa nesses campos acrescentou muito pouco à compreensão humana da natureza ao longo do século XVII, fato que tornou fácil ignorá-las na avaliação do ponto de vista de Merton. Mas as realizações do fim do século XVIII e do século XIX não serão compreendidas se não forem levadas plenamente em consideração. O programa baconiano, se de início foi estéril em frutos conceituais, ainda assim inaugurou diversas das principais ciências modernas.

História interna e externa

Uma vez que salientam as distinções entre estágios anteriores e posteriores da evolução de uma ciência, as observações sobre a tese de Merton ilustram aspectos do desenvolvimento científico discutidos de modo mais amplo por Kuhn. Este sugere que, no início do desenvolvimento de um novo campo, necessidades sociais e valores são um dos principais determinantes dos problemas em que se concentram seus praticantes. Ainda durante esse período, os conceitos que empregam para solucionar problemas são em grande medida condicionados pelo senso comum da época, por uma tradição filosófica preponderante ou pelas ciências então contemporâneas de maior prestígio. Os novos campos que emergiram no século XVII e algumas ciências sociais servem de exemplo. Kuhn afirma, porém, que a evolução posterior de uma especialidade técnica difere de modo significativo desse quadro em termos que foram apenas insinuados no desenvolvimento das ciências clássicas durante a revolução científica. Os profissionais de uma ciência madura são pessoas treinadas num sofisticado corpo de teorias tradicionais e técnicas instrumentais, matemáticas e verbais. Como consequência, formam uma subcultura específica, cujos membros formam um público exclusivo e o corpo de juízes do trabalho de cada um. Os problemas em que trabalham esses especialistas não são mais postos pela sociedade exterior, mas por um desafio interno de aumentar o alcance e a precisão do ajuste entre a teoria existente e a natureza. Os conceitos utilizados na resolução desses problemas são normalmente parentes próximos daqueles proporcionados pela formação prévia na especialidade. Em suma, comparados com os de outras atividades profissionais e criativas, os praticantes de uma ciência madura são insulados com eficácia do ambiente cultural em que levam sua vida extraprofissional.

Esse insulamento bastante peculiar, embora ainda incompleto, é a razão presumível por que a abordagem interna à História da Ciência, concebida como autônoma e independente, pareceu tão próxima de um triunfo completo. Num grau sem paralelos em outros campos, pode-se compreender o desenvolvimento de uma especialidade técnica individual sem ir além da própria literatura da especialidade e da de alguns vizinhos próximos. Vez ou outra apenas, o historiador precisa prestar especial atenção a um conceito, problema ou técnica particular que penetrou no campo vindo de fora. Não obstante, a aparente autonomia da abordagem interna é enganadora quanto a elementos essenciais, e o entusiasmo às vezes empregado em sua defesa obscureceu alguns problemas importantes. O insulamento de uma comunidade científica amadurecida, sugerido pela análise de Kuhn, diz respeito sobretudo a conceitos e, em menor grau, à estrutura de problemas. Existem, contudo, outros aspectos do avanço científico, como sua ocorrência no tempo. Esses aspectos dependem em nível crítico de fatores salientados pela abordagem externa ao desenvolvimento científico. Em particular quando as ciências são percebidas como um grupo que interage, e não como uma coleção de especialidades, os efeitos cumulativos de fatores externos podem ser decisivos.

Tanto o fascínio da ciência como carreira quanto os diferenciados atrativos dos diversos campos são condicionados significativamente, por exemplo, por fatores externos à ciência. Além disso, como o progresso em certo campo às vezes depende de um desenvolvimento prévio de outro, as taxas diferenciais de crescimento podem afetar um padrão evolucionário por inteiro. Considerações similares, como já mencionamos acima, desempenham papel importante na eclosão e na forma inicial de novas ciências. Além do mais, uma nova tecnologia, ou outra mudança nas condições da sociedade, pode alterar seletivamente a estima pelos problemas da especialidade ou até mesmo criar novos. Ao fazê-lo, pode às vezes acelerar a descoberta em áreas em que uma teoria estabelecida deveria funcionar, mas não o faz, antecipando assim sua rejeição e substituição por uma nova. Ocasionalmente, pode até traçar os contornos da nova teoria ao deixar patente que a crise a que correspondem ocorre numa determinada área de problemas em detrimento de outras. Ou ainda, com a intermediação crucial de uma reforma institucional, as condições externas podem criar novos canais para a comunicação entre especialidades antes estanques e, com isso, fomentar um intercâmbio mutuamente benéfico que, caso contrário, teria sido ausente ou muito postergado.

Existem muitas outras formas pelas quais a cultura mais ampla atua sobre o desenvolvimento científico, inclusive mediante subsídio direto, mas o esboço anterior deve ter exposto de modo suficiente a direção que deve agora tomar o desenvolvimento da História da Ciência. Embora tenham certa autonomia natural, as abordagens interna e externa à História da Ciência são, de fato, vieses complementares. Até que sejam praticadas desse modo, cada uma extraindo elementos da outra, é improvável que certos aspectos importantes do desenvolvimento científico sejam compreendidos. Esse modo de praticá-las ainda mal começou, como indica a resposta à tese de Merton, mas talvez as categorias analíticas por ele exigidas estejam se tornando claras.

A relevância da História da Ciência

Passando, à guisa de conclusão, à questão assentada nos juízos mais pessoais dentre os aqui expostos, pode-se perguntar que possível safra será colhida do trabalho dessa nova profissão. Em primeiro lugar, e mais importante, haverá mais e melhores histórias da ciência. Como qualquer outra disciplina acadêmica, a principal responsabilidade do campo deve ser consigo mesmo. Entretanto, os crescentes sinais de seu impacto seletivo sobre outros empreendimentos podem ser um bom pretexto para uma breve análise.

Das áreas com que se relaciona a História da Ciência, a menos provável de sofrer um impacto significativo é a própria pesquisa científica. Os defensores da História da Ciência têm descrito vez ou outra seu campo como um rico manancial de ideias e métodos esquecidos, alguns dos quais capazes de resolver dilemas científicos contemporâneos. Quando um novo conceito ou teoria é empregado com sucesso numa ciência, alguns precedentes, antes ignorados, são em geral descobertos na literatura mais antiga do campo. É natural se perguntar se a atenção dada à História não teria acelerado a inovação. É quase certo, porém, que a resposta é não. A quantidade de material a ser pesquisado, a ausência de categorias de classificação apropriadas e as diferenças sutis, mas usualmente amplas, entre a antecipação e a inovação efetiva, tudo isso se funde para sugerir que a invenção, e não a redescoberta, permanecerá a fonte mais eficiente da novidade científica.

Os efeitos mais prováveis da História da Ciência sobre os campos que ela registra são indiretos, por meio da promoção de um maior entendimento da própria atividade científica. Ainda que dificilmente possa resolver enigmas particulares da pesquisa, uma apreensão mais clara da natureza do desenvolvimento científico pode estimular a reconsideração de questões como educação, administração e política científicas. Mas é provável que o discernimento implícito que o estudo histórico é capaz de produzir tenha, antes, de ser explicitado com a intervenção de outras disciplinas. Atualmente, três delas parecem ser especialmente eficazes.

Embora a intrusão ainda provoque mais calor do que luz, a Filosofia da Ciência é hoje o campo em que o impacto da História da Ciência é mais aparente. Feyerabend, Hanson, Hesse e Kuhn insistiram recentemente na inadequação da imagem idealizada que a ciência faz do filósofo tradicional e, na busca de uma alternativa, todos recorreram em larga medida à História. Seguindo os caminhos indicados pelas clássicas alegações de Norman Campbell e Karl Popper (e às vezes influenciados de modo significativo também por Ludwig Wittgenstein), eles ao menos levantaram problemas não mais suscetíveis de serem ignorados pela Filosofia da Ciência. A solução desses problemas pertence ao futuro, talvez a um futuro indefinidamente distante. Não há, por ora, nenhuma "nova" Filosofia da Ciência desenvolvida e madura. Mas o questionamento dos estereótipos mais antigos, na maior parte positivistas, já tem se mostrado um estímulo e um desimpedimento para alguns praticantes das ciências mais novas, as que mais dependiam de cânones explícitos do método científico em sua busca por uma identidade profissional.

Um segundo campo em que a História da Ciência provavelmente terá efeitos cada vez maiores é a Sociologia da Ciência. Em última instância, nem os interesses nem as técnicas desse campo precisam ser históricos. Mas no atual estado subdesenvolvido da especialidade, os sociólogos da Ciência podem aprender com a História algo sobre a configuração do empreendimento que investigam. Escritos recentes de Ben-David, Hagstrom, Merton e outros fornecem evidências de que estão fazendo isso. É muito provável que seja por meio da sociologia que a História da Ciência produzirá seu primeiro impacto sobre a política e a administração científica.

Firmemente associada à Sociologia da Ciência (talvez equivalente a esta, caso ambas sejam interpretadas de maneira conveniente) está uma área que, embora ainda mal exista, é muitas vezes descrita como "a ciência da ciência". Seu objetivo, nas palavras de Derek Price, principal expoente do novo campo, é nada menos do que "a análise teórica da estrutura e do comportamento da própria ciência", e suas técnicas são uma combinação eclética das utilizadas por historiadores, sociólogos e econometristas. Ninguém pode ainda predizer em que medida esse objetivo é alcançável, mas qualquer progresso em sua direção elevará inevitável e imediatamente a importância, tanto para os cientistas sociais quanto para a sociedade, de um estudo continuado, sério e detalhado em História da Ciência.

6
As relações entre a História e a História da Ciência[1]

O convite para escrever este ensaio me incita a tratar das relações entre meu próprio campo e outros tipos de História. "Há algumas décadas", diz o texto, "a História da Ciência tem parecido uma disciplina isolada, com ligações apenas muito tênues com outros tipos de estudo histórico". Essa generalização, que se engana apenas ao supor que a separação não se dá mais do que há poucas décadas, expõe um problema que tenho combatido, emocional e intelectualmente, desde que comecei a lecionar História da Ciência, há vinte anos. Meus colegas e alunos não estão menos cientes dele e sua existência em muito influencia a determinação tanto da intensidade quanto dos rumos do desenvolvimento de nossa disciplina. É estranho, porém, que, embora tenhamos remoído entre nós essa questão, ninguém fez desse problema um tema para discussão e escrutínio públicos. Desse modo, a opor-

---

1 Originalmente publicado como "The Relations between History and History of Science", *Daedalus*, v.100, 1971, p.271-304. Reimpresso com a permissão da American Academy of Arts and Sciences. Ao revisar este ensaio, aproveitei alguns comentários feitos na conferência para a qual foi preparado, em particular os de M. I. Finley. De maior auxílio ainda foram as críticas feitas por diversos colegas: T. M. Brown, Roger Hahn, J. L. Heilbron e Carl Schorske. Nenhum deles concorda inteiramente com as concepções aqui expressas, mas o ensaio resultou melhor em razão de suas intervenções.

tunidade para fazê-lo é bem-vinda. É pouco provável que os historiadores da ciência, caso tenham de atuar sozinhos, sejam bem-sucedidos na resolução dos dilemas centrais de seu campo.

Essa percepção de minha incumbência determina minha abordagem. Vivi esse tópico mais do que o estudei. Os dados que trago para analisar são, por isso, mais pessoais e impressionistas do que sistemáticos, e disso resultou, dentre outras coisas, uma análise restrita à situação nos Estados Unidos. Tentarei evitar paroquialismos, mas sem a expectativa de ser completamente imparcial, pois me dedico ao assunto como seu defensor, como alguém preocupado com alguns obstáculos centrais ao desenvolvimento e à exploração de seu campo específico.

Apesar do apoio unânime, mas apenas verbal, dos historiadores à importância do papel específico da ciência no desenvolvimento da cultura ocidental ao longo dos últimos quatro séculos, para a maior parte deles a História da Ciência é um território ainda desconhecido. Em muitos casos, talvez a maioria, a resistência às viagens exploratórias não traz prejuízos aparentes, pois o desenvolvimento científico tem pouca relevância manifesta para muitos problemas centrais da história ocidental. Mas os que levam em consideração o desenvolvimento socioeconômico, ou os que discutem mudanças de valores, atitudes ou ideias, esses têm aludido constantemente à ciência e é presumível que continuem a fazê-lo. Mesmo eles, no entanto, limitam-se a observar a ciência a distância, fixando-se nas fronteiras que lhes poderiam franquear o acesso ao território e aos nativos que discutem. Essa resistência é prejudicial, tanto ao seu próprio trabalho quanto ao desenvolvimento da História da Ciência.

A fim de identificar com mais nitidez o problema, começarei este ensaio mapeando a fronteira que, até o presente momento, tem separado os campos tradicionais do estudo histórico da História da Ciência. Concedendo que parte da separação seja devida apenas ao caráter intrinsecamente técnico da ciência, tentarei isolar e examinar as consequências dessa divisão, ainda assim considerável, que deverão ser explicadas por outros meios. Na busca dessas explicações, discutirei primeiro alguns aspectos da historiografia tradicional da ciência que têm afastado caracteristicamente os historiadores e, algumas vezes, também os desencaminharam. Entretanto, uma vez que essa tradição já se encontra bastante ultrapassada há um quarto de século, não pode explicar por inteiro a atitude atual dos historiadores. Uma compreensão mais completa deve depender também do exame de determinados aspectos da estrutura e da ideologia tradicionais da profissão de historiador, tópicos que serão examinados de forma sucinta na penúltima seção. Ao menos para mim, as fontes mais sociológicas da divisão que serão discutidas ali parecem centrais, e é difícil imaginar como poderão ser inteiramente superadas. No entanto, considerarei, por último, alguns desenvolvimentos mais recentes, sobretudo em minha própria disciplina, que indicam que uma aproximação ao menos parcial poderá caracterizar a década que temos pela frente.

O que queremos dizer quando falamos da História da Ciência como uma "disciplina isolada"? Em parte, que quase nenhum aluno de História lhe dá a menor atenção. Desde 1956, meus cursos de História da Ciência foram oferecidos regularmente aos alunos dos cursos de História do departamento ao qual eu pertencia. Ainda assim, apenas cerca de um em cada vinte eram graduandos plenos [*undergraduate major*] ou pós-graduandos em História, excetuando os de História da Ciência. Dos inscritos, a maioria era formada, em geral, por cientistas ou engenheiros e, entre os demais, os filósofos e os cientistas sociais excediam em número os historiadores, mas os alunos de Literatura não ficavam longe. Ainda relacionado a isso, nos dois departamentos de História dos quais fiz parte, a área de História da Ciência era oferecida como graduação curta [*minor field*] aos historiadores que prestavam os respectivos exames de qualificação na pós-graduação. Contudo, só me lembro de cinco alunos que a elegeram em catorze anos, algo particularmente lamentável, pois esses exames poderiam ser caminhos eficazes para uma aproximação. Durante certo tempo, receei que fosse falha minha, uma vez que minha formação era em Física, não em História, e minha didática talvez mantivesse alguns resquícios indesejáveis. Mas todos os colegas com quem partilhava meu desapontamento, muitos dos quais formados em História, relatavam as mesmas experiências. Além disso, o tema que lecionavam parecia não importar. Cursos sobre a revolução científica ou a ciência durante a Revolução Francesa não eram mais atraentes aos futuros historiadores do que cursos sobre o desenvolvimento da física moderna. Aparentemente, a palavra "ciência" no título era suficiente para repelir os alunos de História.

Esses fenômenos possuem um corolário igualmente revelador. Embora seja um campo pequeno, a História da Ciência cresceu mais de dez vezes nos últimos quinze anos, em especial nos últimos oito. A maioria dos novos membros da disciplina é lotada em departamentos de História – que é, insistirei adiante, onde devem estar. Mas a pressão para contratá-los quase sempre é exercida de fora dos departamentos que eles acabam por integrar, não de dentro. A iniciativa é tomada, em geral, por cientistas ou filósofos que convencem a administração a criar uma cátedra em História. Somente depois de cumprida essa condição é que um historiador pode ser nomeado. Desse modo, ele é bem aceito em seu novo departamento – nenhum grupo me recebeu de forma tão calorosa ou me proporcionou tantos amigos próximos quanto meus colegas historiadores; no entanto, o historiador da ciência é sutilmente solicitado a manter certa distância intelectual. Já tive de defender mais de uma vez, por exemplo, o trabalho de um colega ou aluno da acusação de um historiador de que não se tratava realmente de um trabalho em História da Ciência, mas apenas de História. De modo um tanto obscuro, e talvez por isso importante, espera-se – às vezes até mesmo entre os historiadores da ciência mais antigos – que um historiador da Ciência não seja exatamente um historiador.

As observações precedentes dizem respeito aos índices sociais de isolacionismo. Passemos a algumas de suas consequências pedagógicas e intelectuais. Estas parecem ser sobretudo de dois tipos, mas nenhum pode ser examinado em detalhes até discutirmos adiante em que medida são apenas efeitos inevitáveis do caráter intrinsecamente técnico das fontes científicas. No entanto, mesmo uma descrição superficial será, neste ponto, capaz de indicar a direção do argumento.

Uma consequência geral do isolacionismo tem sido a renúncia do historiador à responsabilidade de avaliar e retratar o papel da ciência no desenvolvimento da cultura ocidental desde o fim da Idade Média. O historiador da ciência pode e deve dar contribuições essenciais a essa tarefa, ao menos fornecendo os livros, as monografias e os artigos que serão as principais fontes para outros tipos de historiadores. Mas como seu principal compromisso é com a especialidade, o estudioso do desenvolvimento científico não é mais responsável pela tarefa de integração do que o historiador das ideias ou o do desenvolvimento socioeconômico, e em geral está bem menos preparado do que estes para realizá-la. O que se faz necessário é uma interpenetração dos interesses e resultados dos historiadores da ciência com os daqueles que se dedicam a outros campos históricos, e essa interpenetração, se é que ocorreu, não se manifesta no trabalho da maioria dos historiadores de hoje. Não se pode pôr em seu lugar apenas os reconhecimentos globais corriqueiros de que a ciência tem sido, de uma forma ou de outra, amplamente importante para o desenvolvimento da sociedade moderna ocidental.

A tensão essencial

Tomados em conjunto com os poucos exemplos tradicionais utilizados para ilustrá-los, esses reconhecimentos às vezes exageram e muitas vezes distorcem a natureza, a extensão e o instante preciso do papel das ciências.

Os compêndios sobre o desenvolvimento da civilização ocidental ilustram as principais consequências dessa falta de interpenetração. Talvez o mais notável seja a quase total omissão do desenvolvimento científico desde 1750, período em que a ciência assumiu seu papel principal como motor da História. Um capítulo sobre a Revolução Industrial – cuja relação com a ciência é ao mesmo tempo interessante, obscura e pouco discutida – é às vezes seguido de um capítulo sobre o darwinismo, quase sempre o social. E, em geral, é tudo! A esmagadora maioria do espaço dedicado à ciência em todos os livros, exceto em bem poucos de História geral, é reservada ao período anterior a 1750, um desequilíbrio com consequências desastrosas às quais retornarei adiante.[2]

A omissão da ciência, embora menos exagerada, também caracteriza as discussões da história europeia antes de 1750. Com relação à atribuição de espaço, contudo, esse descuido tem sido generosamente retificado desde a aparição, em 1949, do admirável *Origins of Modern Science* [Origens da ciência moderna], de Herbert Butterfield. Hoje, quase todos os compêndios incluem um capítulo ou seção à parte sobre a revolução científica dos séculos XVI e XVII. Mas esses capítulos muitas vezes erram ao reconhecer, e ainda mais ao confrontar, a principal novidade historiográfica encontrada por Butterfield na literatura especializada corrente e divulgada a uma audiência mais ampla: o papel relativamente mais restrito desempenhado pelos novos métodos experimentais nas substanciais mudanças das teorias durante a revolução científica. Neles ainda predominam os velhos mitos sobre o papel do método, a cujas consequências retornarei mais à frente.[3]

---

2 Roger Hahn me convenceu de que alguns manuais mais recentes dão sinais de mudança. Talvez eu esteja *apenas* impaciente. Mas o progresso dos últimos seis anos, se é que ocorreu, ainda me parece lento, disperso e incompleto. Por que, por exemplo, *Making of the Modern Mind* [A constituição da mentalidade moderna], de J. H. Handall, um livro publicado em 1926 e já há muito desatualizado, ainda não foi superado por um levantamento equilibrado do papel da ciência no desenvolvimento do pensamento ocidental?

3 De fato, um aspecto da discussão de Butterfield tem ajudado a manter os mitos. As novidades historiográficas a que seu livro dá acesso estão concentradas nos capítulos 1, 2 e 4, que tratam do desenvolvimento da astronomia e da mecânica. Contudo, elas são emparelhadas com relatos essencialmente tradicionais sobre as concepções

Talvez seja certa percepção dessa insuficiência que, de modo geral, faça os historiadores relutar em ministrar uma leitura sobre o nascimento da ciência moderna. Às vezes, quando não conseguem encontrar um historiador da ciência que a ministre, simplesmente indicam os capítulos de Butterfield como bibliografia complementar e deixam a discussão para os encontros. Butterfield, ou a bomba, persuadiu-os de que têm de dispensar alguma atenção à ciência, e eles se desincumbem da obrigação com um bloco de informações sobre a revolução científica. Mas é raro que os capítulos produzidos dessa maneira tenham consciência dos problemas que seus temas causaram às últimas gerações de especialistas acadêmicos. Como norma geral, os alunos devem procurar em outros lugares exemplos dos padrões críticos comumente defendidos pela profissão.

Mas a omissão da literatura especializada atual é apenas parte do problema e talvez não seja a mais séria. Mais central é a seletividade peculiar com que os historiadores abordam as ciências, por intermédio de fontes primárias ou secundárias. Ao tratar, digamos, da música ou das artes, o historiador pode consultar notas de programas ou catálogos de exposições, mas também ouve as sinfonias e vê as pinturas; além disso, quaisquer que sejam suas fontes, a discussão tem relação com elas. Ao tratar das ciências, no entanto, ele lê e discute quase exclusivamente trabalhos programáticos: Novum organum, de Bacon, mas de preferência o livro I (os ídolos) ao livro II (o calor como movimento); o Discurso do método, de Descartes, mas não os três ensaios substantivos a que serve de introdução; O ensaiador, de Galileu, mas apenas as páginas introdutórias das Duas novas ciências, e assim por diante. A mesma seletividade aparece na atenção que o historiador dispensa às fontes secundárias: Do mundo fechado ao universo infinito, de Koyré, mas não seus Estudos galilaicos ou sua história sobre o problema da queda; As bases metafísicas da ciência moderna, de E. A. Burtt, mas não o magistral Mechanisering van Het Wereldbeeld [A mecanização do quadro do mundo], de E. J. Dijksterhuis.[4] Mesmo no tratamento de obras individuais, há uma ten-

---

metodológicas de Bacon e Descartes, ilustradas num capítulo sobre William Harvey. As duas versões resultantes dos requisitos para uma ciência transformada são difíceis de conciliar, fato particularmente aparente na discussão subsequente de Butterfield sobre a revolução química.

4 A seguinte observação pode reforçar esse ponto. Nas artes, quem cria e quem critica pertencem a grupos separados, com frequência hostis. Os historiadores podem algumas vezes se fiar nestes últimos, mas sabem a diferença entre artistas e críticos,

dência marcante, que ilustrarei adiante, de evitar os capítulos que tratam de contribuições técnicas.

Não sugiro que o que os cientistas dizem sobre o que fazem seja irrelevante para sua atuação e suas realizações concretas. Tampouco sugiro que os historiadores não devam ler ou discutir trabalhos programáticos. Mas, como deveria indicar o paralelo com as notas de programa, a relação dos prefácios e dos escritos programáticos com a ciência substantiva raramente é literal e sempre é problemática. Os primeiros têm de ser lidos, é claro, pois com frequência são o meio pelo qual as ideias científicas alcançam um público mais amplo. Todavia, em geral, são enganadores com respeito a toda uma série de questões com as quais o historiador deve, e em geral pretende, lidar: de onde vieram as ideias científicas influentes? O que lhes conferia autoridade e apelo especiais? Em que medida tais ideias permaneceram as mesmas a partir do momento em que se tornaram efetivas na cultura mais ampla? E, por último, caso sua influência não seja literal, em que sentido se deve realmente à ciência à qual é imputada?[5] Em suma, o impacto intelectual das ciências sobre o pensamento extracientífico não será compreendido sem que se dê atenção também ao núcleo técnico da ciência. O fato de os historiadores costumarem tentar esse passe de mágica indica que uma parte essencial do que foi descrito até aqui como uma lacuna entre a História e a História da Ciência deve ser percebida mais exatamente como uma barreira entre o grupo dos historiadores e as ciências. Também a esse ponto retornarei adiante.

Mas antes de observar mais de perto como os historiadores abordam as ciências, tenho de perguntar quanto é razoável esperar deles. Essa questão, por sua vez, exige uma nítida separação entre os problemas da história

---

e tomam o cuidado de se familiarizar também com as obras de arte. Na ciência, ao contrário, os equivalentes mais próximos dos trabalhos de crítica são escritos pelos próprios cientistas, em geral em capítulos de abertura ou em ensaios separados. Os historiadores se fiam *exclusivamente* nesses trabalhos de "crítica" e não notam – pois seus autores são também cientistas criadores – que essa seleção deixa de fora a ciência. Sobre a importância do papel da crítica na arte e na ciência, ver meu "Comment [on the Relation of Science and Art]", *Comparative Studies in Society and History*, v.11, 1969, p.403-12 ["Comentários sobre a relação entre ciência e arte", p.361-73 deste volume].

5 Para um exemplo do gênero de esclarecimento que pode ser dado por alguém que conhece a ciência e sua história, ver a discussão do papel da ciência no Iluminismo em Gillispie, *The Edge of Objectivity*, 1960, cap.5.

intelectual, de um lado, e os da história socioeconômica, de outro. Vou considerá-los um de cada vez.

A história intelectual é a área em que a seletividade do historiador em relação às fontes exerce seu efeito inicial e seria proveitoso saber se há alguma alternativa. Com exceção dos historiadores da ciência, entre os quais as habilidades necessárias também são raras, quase nenhum historiador tem a formação adequada para, digamos, ler os trabalhos de Euler e Lagrange, Maxwell e Boltzmann, Einstein e Bohr. Mas essa é uma lista muito especial em vários aspectos. Todos os nomes listados são de físicos matemáticos, o mais velho ainda não havia nascido na primeira década do século XVIII e, até onde sei, nenhum provocou mais do que um impacto tênue e indireto sobre o desenvolvimento do pensamento extracientífico.

A última afirmação, que é crucial, pode ser discutível e até estar errada nos casos de Einstein e Bohr. As discussões do cenário intelectual contemporâneo referem-se com frequência à relatividade e à teoria quântica quando abordam questões como os limites da ciência e da razão, mas os argumentos a favor da influência direta – como contra o apelo à autoridade na defesa de concepções sustentadas por outros motivos – foram, até agora, extremamente forçados. Minha suspeita, que fornece ao menos uma razoável hipótese de trabalho, é que, após uma ciência ter se tornado totalmente técnica, em especial matematicamente técnica, seu papel, como força na história intelectual, torna-se relativamente insignificante. É provável que existam exceções, mas se Einstein e Bohr forem assim considerados, as exceções provam a regra. Quaisquer que tenham sido seus papéis, são diferentes dos exercidos por, digamos, Galileu e Descartes, Lyell e Playfair, Darwin ou até Freud, todos lidos por leigos. Se o historiador intelectual tem a obrigação de levar em consideração os cientistas, trata-se, em geral, de figuras pioneiras no desenvolvimento de seus campos.

Não admira que, justamente por serem pioneiras as figuras com as quais ele tem de trabalhar, o historiador intelectual possa tratá-las com profundidade, se assim o desejar. Não seria uma tarefa fácil. Não quero dizer com isso que o esforço seja dispensável, mas apenas que não há outro modo. Tampouco que todos os historiadores seriam responsáveis por realizá-la, independentemente de seus interesses. Mas aqueles cujas preocupações incluíssem as ideias influenciadas pelo desenvolvimento científico poderiam estudar as fontes de origem científica e técnica que hoje são apenas mencionadas por eles. Muito pouco da literatura técnica escrita antes de 1700 é inacessível a quem possui uma formação científica de nível médio sólida, caso esteja disposto a ter um pequeno trabalho adicional no decorrer da pesquisa. Com relação ao século XVIII, essa mesma formação é suficiente para enfrentar a literatura da química, da física experimental (em particular eletricidade, óptica e calor), da geologia e da biologia – toda a ciência, em suma, com exceção da mecânica e da astronomia matemáticas. No século XIX, a maior parte da física e boa parte da química se tornaram excessivamente técnicas, mas a ciência do ensino médio dá acesso à quase toda a literatura em geologia, biologia e psicologia. Não sugiro que o historiador deva se tornar um historiador da ciência onde quer que o desenvolvimento científico se mostre relevante ao tópico que estuda. Aqui, como em qualquer outro lugar, a especialização é inevitável. Mas, em tese, poderia fazê-lo e, portanto, seguramente dominar a literatura secundária especializada em seu tópico. Abstendo-se de fazer até isso, ignora elementos e problemas constitutivos do avanço científico, e o resultado aparece em seu trabalho, como indicarei brevemente.

A lista anterior dos tópicos acessíveis ao historiador intelectual é reveladora em dois aspectos. Primeiro, como já indicado, ela inclui todos os assuntos técnicos prováveis de despertar seu interesse na qualidade de historiador intelectual. Segundo, é coextensiva à lista de campos que foram mais e mais bem discutidos pelos historiadores da ciência. Ao contrário do que diz certa impressão muito popular, os historiadores da ciência quase nunca trataram em profundidade do desenvolvimento dos assuntos mais avançados tecnicamente. Os estudos sobre a história da mecânica são esparsos desde antes da publicação dos *Principia*, de Newton; as histórias da eletricidade terminam em Franklin ou, no máximo, em Charles Coulomb; as da química, em Antoine Lavoisier ou John Dalton, e assim por diante. As principais exceções, ainda que não as únicas, são os compêndios de cientistas de viés liberal, às vezes inestimáveis como obras de referência, mas praticamente inúteis para aqueles que se interessam pelo desenvolvimento das ideias. Por mais lamentável que seja, esse desequilíbrio em favor dos assuntos relativamente não técnicos não deveria surpreender. Em sua maioria, os que produziram os modelos que os historiadores da ciência contemporâneos buscam reproduzir não foram cientistas nem tiveram grande formação científica. Em todo caso, é muito curioso que sua formação também não tenha sido em História, ainda que os historiadores pudessem ter feito o trabalho, e até melhor, já que suas preocupações não teriam sido focadas de maneira tão estrita em aspectos conceituais. Eles vieram, ao contrário, da filosofia, embora a maioria, como Koyré, venha das escolas continentais, em que a separação entre História e Filosofia não é tão aguda como no mundo anglófono. Tudo isso sugere, mais uma vez, que parte central do problema a que se refere este artigo provém de atitudes dos historiadores perante a ciência.

Analisarei um pouco mais essas atitudes na parte final deste ensaio, mas primeiro tenho de perguntar se fazem diferença para as tarefas intelectuais a que os historiadores se propõem. Na grande maioria dos casos que envolvem ideias científicas apenas de forma marginal ou não as envolvem, é claro que não. Em diversos outros casos, porém, problemas característicos resultam daquilo que já descrevi como a História obtida predominantemente em prefácios e trabalhos programáticos. Quando as ideias científicas são discutidas sem referência aos problemas técnicos concretos para os quais foram forjadas, o que resulta é uma noção enganadora do modo como as teorias científicas evoluem e interferem no ambiente extracientífico.

Uma das formas desse desencaminhamento sistemático é particularmente nítida em discussões sobre a revolução científica, inclusive naquelas conduzidas por historiadores da ciência mais antigos: a ênfase excessiva no papel dos novos métodos, em especial no poder da experimentação de criar, por si mesma, novas teorias científicas. Ao acompanhar a persistente controvérsia em torno da chamada tese de Merton, por exemplo, sempre desanimo com a deturpação quase universal do sentido do debate. A meu ver, o que está mesmo em jogo é a explicação para o surgimento e o predomínio do movimento baconiano na Inglaterra. Tanto os defensores quanto os críticos da tese de Merton simplesmente pressupõem que a explicação para o surgimento da nova filosofia experimental é equivalente à explicação para o desenvolvimento científico. Assim entendido, se o puritanismo ou outra nova tendência religiosa elevou a dignidade das atividades manuais e promoveu a busca de Deus em Suas obras, então, *ipso facto*, ele fomentou a ciência. Reciprocamente, se uma ciência de primeira linha se desenvolve em países católicos, então os movimentos religiosos protestantes não podem ser responsáveis pelo surgimento da ciência do século XVII.

Entretanto, essa polarização tudo ou nada é desnecessária e pode estar errada. Podemos arrolar razões mais admissíveis para a tese de que, comparativamente, o experimentalismo baconiano teve pouco a ver com as principais mudanças nas teorias científicas que marcaram a revolução científica. A astronomia e a mecânica foram transformadas com recurso mínimo à experimentação, e em nenhum caso aos novos tipos de experimentação. Na óptica e na fisiologia, a experimentação desempenhou maior papel, mas os modelos não eram baconianos, e sim clássicos e medievais: Galeno na fisiologia, Ptolomeu e Alhazen na óptica. Esses campos, além da matemática, esgotam a lista dos que transformaram radicalmente suas teorias no decorrer da revolução científica. No tocante às suas práticas, não se poderia esperar que o experimentalismo ou seu suposto correlato religioso fizessem muita diferença.

No entanto, se estiver correta, essa concepção não torna o baconismo ou os novos movimentos religiosos irrelevantes para o desenvolvimento científico. O que de fato sugere é que o papel dos métodos e valores baconianos não foi produzir novas teorias nas ciências já estabelecidas, mas, ao contrário, tornar os novos campos, em geral os que tinham raízes em antigos ofícios, acessíveis ao escrutínio científico (por exemplo, o magnetismo, a química, a eletricidade e o estudo do calor). Esses campos, porém, não passaram por um reordenamento teórico significativo até meados do século XVIII, quando só então se pode constatar que o movimento baconiano nas ciências não foi uma fraude. O fato de a Grã-Bretanha – e não a França católica, em especial antes da revogação do Edito de Nantes – ter tido um papel preponderante na ordenação desses campos novos e mais baconianos pode indicar que uma revisão da tese de Merton ainda poderá se revelar imensamente informativa. Talvez até nos ajude a compreender por que certo lugar-comum sobre a ciência ainda resiste ao escrutínio: ao menos desde 1700 até 1850, a ciência britânica foi predominantemente experimental e mecânica, enquanto a francesa foi racionalista e matemática. Além disso, poderá nos esclarecer sobre os papéis muito especiais da Escócia e da Suíça no desenvolvimento científico do século XVIII.

Acredito que o fato de que os historiadores tenham tido dificuldade até para imaginar possibilidades como essas se deve, ao menos em parte, à convicção generalizada de que os cientistas descobrem a verdade por meio de uma aplicação quase mecânica (e talvez não muito interessante) do método científico. Tendo relatado a descoberta do método científico no século XVII, o historiador poderia, como de fato o faz, deixar a ciência mudar por conta própria. Tal atitude, no entanto, não pode ser de todo consciente, pois há outro produto incidental importante da história dos prefácios incompatível com ela. Nas raras ocasiões em que passam dos métodos científicos para os aspectos substantivos das novas teorias científicas, os historiadores invariavelmente parecem dar demasiada ênfase ao papel da atmosfera circunjacente às ideias extracientíficas. Não afirmo de modo algum que essa atmosfera é irrelevante para o desenvolvimento científico, mas, exceto nos estágios rudimentares do desenvolvimento de um campo, o ambiente intelectual reage sobre a estrutura teórica de uma ciência apenas na exata medida que for capaz de se mostrar relevante para os problemas técnicos concretos dos quais se ocupam os praticantes desse campo. No passado, os historiadores da ciência podem ter se preocupado em excesso com esse núcleo técnico, mas em geral os historiadores ignoram por completo sua existência. Sabem que ele está ali, mas agem como se fosse mero produto da ciência – da ação metódica apropriada num ambiente adequado – e não o mais essencial de todos os vários determinantes do desenvolvimento de uma ciência. A consequência dessa abordagem lembra a história da roupa nova do imperador.

Vejamos dois exemplos concretos. Tanto os historiadores intelectuais quanto os historiadores da arte descrevem muitas vezes as novas correntes intelectuais do Renascimento, em especial o neoplatonismo, que permitiu a Kepler introduzir a elipse na astronomia, rompendo assim com o domínio das órbitas compostas de movimentos circulares perfeitos. Segundo essa concepção, as observações neutras de Tycho, somadas ao ambiente intelectual renascentista, resultaram nas leis de Kepler. O que quase sempre ignoram, porém, é o fato elementar de que as órbitas elípticas teriam sido inúteis se aplicadas a quaisquer esquemas astronômicos geocêntricos. Antes que o uso das elipses pudesse transformar a astronomia, o Sol teria de substituir a Terra como centro do universo. Esse passo, contudo, só foi dado meio século antes do trabalho de Kepler e, para ele, o novo ambiente *intelectual* do Renascimento contribuiu apenas de forma equívoca. Permanece em aberto a questão, tão interessante quanto importante, se Kepler não poderia ter chegado às elipses sem o auxílio do neoplatonismo.[6] Contar a história sem referência a nenhum dos fatores técnicos dos quais depende a resposta a essa questão é representar equivocadamente o modo como as leis e as teorias científicas se unem ao domínio das ideias como um todo.

---

6 Kuhn, *The Copernican Revolution*, 1957, p.135-43 [ed. port.: *A revolução copernicana*, 2002]; Hanson, *Patterns of Discovery*, 1958, cap.4. Note-se que há outros aspectos do pensamento de Kepler em relação aos quais a relevância do neoplatonismo está acima de qualquer dúvida.

Um exemplo mais importante do mesmo efeito ocorre nas inúmeras discussões correntes sobre a origem da teoria da evolução de Darwin.[7] Dizem que a condição para transformar a grande cadeia estática de seres numa escada rolante em contínuo movimento foi a circulação de ideias como a perfectibilidade e o progresso infinitos, a economia competitiva do *laissez-faire* de Adam Smith e, sobretudo, as análises populacionais de Malthus. Não duvido que fatores desse tipo tenham exercido influência vital. Quem quer duvide disso faria bem em se perguntar como, em sua ausência, o historiador poderia entender a proliferação, em particular na Inglaterra, de teorias evolucionistas pré-darwinianas como as de Erasmus Darwin, Spencer e Robert Chambers. Contudo, essas teorias especulativas eram anátemas para os cientistas que Charles Darwin teve de convencer a fim de tornar sua teoria da evolução um item padrão da herança intelectual do Ocidente. Ao contrário de seus predecessores, o que ele fez foi mostrar como os conceitos evolucionistas deveriam ser aplicados à enorme quantidade de registros observacionais que havia sido acumulada na primeira metade do século XIX e, independentemente das ideias evolucionistas, já causava problemas a várias especialidades científicas reconhecidas. Essa parte da história de Darwin, sem a qual o todo não pode ser compreendido, exige análises tanto da mu-

---

7 Ver, por exemplo, Young, "Malthus and the Evolutionists: The Common Context of Biological and Social Theory", *Past and Present*, n.43, 1969, p.109-45, um ensaio que inclui muita orientação útil à literatura recente sobre o darwinismo. Note-se, porém, uma ironia que ilustra os problemas de percepção discutidos aqui. Young inicia deplorando a suposição, muito disseminada entre "os historiadores da ciência e outros tipos de historiadores [...] de que as ideias e descobertas científicas podem ser tratadas como unidades relativamente inequívocas, com limites nitidamente bem definíveis [...] e que os fatores "não científicos" [têm] desempenhado uma parte relativamente pequena na configuração do desenvolvimento das ideias científicas". Seu estudo se apresenta como "um estudo de caso que pretende derrubar as barreiras numa pequena área entre a História da Ciência e outros ramos da História". É óbvio que esse é justamente o tipo de contribuição que eu também acolheria bastante bem. Mas, apesar disso, Young quase não cita a literatura que tentou explicar a emergência do darwinismo como uma resposta ao desenvolvimento de ideias ou técnicas *científicas*, e, de fato, há muito pouco a citar. Seu texto também não faz nenhuma tentativa de tratar das questões técnicas que poderiam ter ajudado a moldar as ideias de Darwin. É muito provável que ele se torne por algum tempo o relato por excelência da influência de Malthus sobre o pensamento evolucionista, pois é admiravelmente meticuloso, erudito e perspicaz. Mas longe de destruir barreiras, ele integra a tradição historiográfica corrente que tanto fez para preservar a mesma separação que Young deplora.

dança de estado, durante as décadas que antecederam *Origem das espécies*, de campos como a Estratigrafia, a Paleontologia e o estudo geográfico da distribuição de plantas e animais, quanto do sucesso crescente dos sistemas classificatórios que substituíram as semelhanças morfológicas pelos paralelismos funcionais de Lineu. Aqueles que, no desenvolvimento dos sistemas naturais de classificação, falaram das gavinhas como folhas "abortadas", ou aqueles que explicaram o número diferente de ovários em espécies aparentadas de plantas como "aderência" de órgãos que na outra espécie permaneciam separados, não eram evolucionistas. Mas sem seu trabalho, a *Origem das espécies*, de Darwin, não teria alcançado sua forma final nem teria tido o impacto que teve sobre o público científico e leigo.

Um último ponto concluirá esta parte de minha argumentação. Disse acima que, ao explicar a gênese de novas teorias científicas, a ênfase no método e a ênfase no ambiente intelectual extracientífico não eram de todo compatíveis. Acrescento agora que, num nível mais fundamental, ambas se mostram idênticas em seus efeitos. Ambas induzem a um caráter liberalista, aparentemente incorrigível, que permite ao historiador dispensar e tratar como superstição todos os ancestrais científicos das ideias com que lida. A manutenção da circunferência na imaginação astronômica deve ser compreendida como consequência do entusiasmo platônico pela perfeição geométrica perpetuado pelo dogmatismo medieval; a persistência da ideia de espécies fixas na biologia deve ser compreendida como consequência de uma leitura excessivamente literal do Gênesis. O que falta na primeira explicação, porém, é a referência à elegância e ao êxito preditivo dos sistemas astronômicos construídos com circunferências, feito que o próprio Copérnico não foi capaz de aprimorar. O que falta na segunda é o reconhecimento de que a existência observada de espécies discretas, sem a qual não poderia existir a taxonomia, tornou-se muito difícil de compreender, a não ser que os atuais membros de cada uma delas fossem descendentes de um par original. Desde Darwin, a definição das categorias taxonômicas básicas, como espécie e gênero, tornou-se e permaneceram relativamente arbitrárias, além de extraordinariamente problemáticas. No entanto, uma das raízes técnicas do trabalho de Darwin foi a progressiva dificuldade, no início do século XIX, em aplicar esses instrumentos classificatórios padronizados a um conjunto de dados que havia crescido muito, entre outras razões, por causa da exploração do Pacífico e do Novo Mundo. Em suma, as ideias que os historiadores tratam como superstição têm se revelado, muitas vezes,

A tensão essencial

elementos cruciais em sistemas científicos mais antigos e altamente bem--sucedidos. Quando isso ocorre, o aparecimento de novos substitutos não pode ser compreendido apenas como resultado de um bom método aplicado num ambiente intelectual favorável.

Até aqui, falei do efeito da história de prefácios sobre aqueles que se interessam em situar a ciência na História intelectual. Passando agora para as concepções correntes sobre o papel socioeconômico da ciência, encontramos uma situação bem diferente. O que falta ao historiador nessa área não é tanto o conhecimento das fontes técnicas, que, em todo caso, seriam muito irrelevantes, mas o domínio de distinções conceituais essenciais à análise da ciência como força social. Algumas dessas distinções acabariam surgindo de modo espontâneo se o historiador socioeconômico possuísse uma melhor compreensão da natureza da ciência como empreendimento e de suas mudanças ao longo do tempo. Interessado no papel das ciências, ele necessita ao menos de uma noção global de como as pessoas se tornam membros de comunidades científicas, o que fazem ali, de onde vêm seus problemas e o que aceitam como solução. Até aqui, suas necessidades se sobrepõem às do historiador intelectual, embora sejam tecnicamente muito menos exigentes. Mas o historiador socioeconômico também tem necessidades que o historiador intelectual não tem: certo conhecimento da natureza da tecnologia como empreendimento, habilidade para distingui-la social e intelectualmente da ciência, e, acima de tudo, sensibilidade aos vários modos de interação entre elas.

Quando afeta o desenvolvimento socioeconômico, a ciência o faz por meio da tecnologia. Em geral, os historiadores tendem a fundir os dois empreendimentos, encorajados por prefácios que, desde o século XVII, proclamam a utilidade da ciência e algumas vezes a ilustram com explicações de máquinas e modos de produção existentes.[8] Ainda em relação a tais questões,

---

8 Em nenhum outro lugar as dificuldades do historiador com a ciência *versus* a tecnologia são tão bem ilustradas como nas discussões sobre a Revolução Industrial. A atitude mais antiga é a que se encontra em Ashton, *The Industrial Revolution, 1760-1830*, 1948, p.15 [ed. port.: *A Revolução Industrial, 1760-1830*, 1995]: "A corrente do pensamento científico inglês, transmitida pelas lições de Francis Bacon e ampliada pelos gênios de Boyle e Newton, foi uma das principais tributárias da Revolução Industrial". O *Progrés scientifique et technique au XVIII* siécle (1958), de Roland Mousnier, toma uma posição mais extrema, afirmando a total independência das duas empreitadas. Como correção à ideia de que a Revolução Industrial foi aplicada à

Bacon tem sido levado não apenas a sério (como deveria), mas também ao pé da letra (como não deveria). Assim, as inovações metodológicas do século XVII são vistas como fonte de uma ciência útil e sólida. De maneira implícita ou explícita, dizem que, desde então, a ciência desempenhou um papel socioeconômico sempre maior. De fato, apesar das alegações exortatórias de Bacon e de seus sucessores ao longo de três séculos, a tecnologia floresceu sem contribuições substantivas e significativas das ciências até cerca de cem anos atrás. A ciência ter se tornado o primeiro motor do desenvolvimento socioeconômico não foi um fenômeno gradual, mas repentino, pressagiado de modo significativo pela primeira vez na indústria química de corantes na década de 1870, continuou na indústria de energia elétrica dos anos 1890 e rapidamente acelerado da década de 1920 em diante. Tratar esses desenvolvimentos como consequências da revolução científica é deixar de notar uma das transformações históricas radicais e constitutivas do cenário contemporâneo. Muitos debates correntes sobre a política da ciência seriam mais proveitosos se o teor dessa mudança fosse mais bem compreendido.

Retornarei a essa transformação, mas antes devo esboçar, ainda que de modo simplista e dogmático, algo que lhe sirva de pano de fundo. A ciência e a tecnologia eram empreendimentos separados antes de Bacon anunciar seu casamento no início do século XVII e permaneceram separados por quase três séculos. Até bem perto do fim do século XIX, as inovações tecnológicas mais significativas quase nunca partiram das pessoas, das instituições ou dos grupos sociais que contribuíam para as ciências. Embora às vezes os cientistas tentassem e com frequência seus porta-vozes alardeassem êxitos, quem de fato aperfeiçoou a tecnologia foram os artesãos, os mestres de ofícios e os inventores engenhosos, um grupo em constante conflito com seus contemporâneos nas ciências.[9] O desdém pelos inventores é repetidamente retratado na literatura da ciência, e a hostilidade aos pretensiosos, alheios

---

ciência newtoniana, a versão de Mousnier é um aprimoramento, mas deixa completamente de lado as consideráveis interações metodológicas e ideológicas na ciência e na tecnologia do século XVIII. Mais informações sobre essas interações são encontradas adiante ou muito bem esboçadas em Hobsbawm, *The Age of Revolution, 1789-1848* (1962), no capítulo "Science" [ed. bras.: *A era das revoluções*, 1988].

9 Multhauf, "The Scientist and the 'Improver' of Technology", *Technology and Culture*, v.1, 1959, p.38-47; Gillispie, "The Encyclopedic and the Iacobin Philosophy of Science", em Clagett (ed.), *Critical Problems in the History of Science*, 1959, p.55-89. Para indícios de explicação sobre essa dicotomia, ver meu "Comments", em Nelson (ed.),

e abstratos cientistas é tema persistente na literatura da tecnologia. Há evidências de que essa polarização entre a ciência e a tecnologia tem raízes sociológicas profundas, pois poucas sociedades historicamente constituídas foram capazes de fomentá-las ao mesmo tempo.

A Grécia, quando começou a valorizar sua ciência, via a tecnologia como uma herança acabada de seus deuses antigos. Roma, contudo, não produziu ciência digna de nota, embora seja famosa por sua tecnologia. A série de inovações tecnológicas do fim da Idade Média e do Renascimento que tornaram possível o surgimento da cultura europeia moderna já havia cessado antes do início da revolução científica. Embora tendo produzido uma série notável de inovadores, a Grã-Bretanha ficou, em geral, para trás no século da Revolução Industrial, ao menos em relação às ciências desenvolvidas e abstratas, ao passo que a França – tecnologicamente mediana – foi uma potência científica mundial. Afora talvez os Estados Unidos e a União Soviética a partir de mais ou menos 1930 (é muito cedo para afirmar com segurança), a Alemanha foi a única nação que conseguiu apoiar ao mesmo tempo, no século anterior à Segunda Guerra Mundial, tradições de primeira linha tanto em ciência quanto em tecnologia. A separação institucional – universidades para a *Wissenschaft* e Technische Hochschulen para as indústrias e os ofícios – é uma causa provável para esse sucesso ímpar. Como aproximação preliminar, o historiador do desenvolvimento socioeconômico faria bem em tratar a ciência e a tecnologia como dois empreendimentos radicalmente distintos, de modo não muito diferente do que ocorre com as ciências e as artes. Não é mero acaso que as tecnologias tenham sido usualmente classificadas como artes entre o Renascimento e o fim do século XIX.

Partindo dessa perspectiva, é possível indagar, como deve fazer o historiador intelectual, quais são as interações entre os dois empreendimentos, vistos agora como distintos. Essas interações ocorreram de três formas características – a primeira datada da Antiguidade; a segunda, de meados do século XVIII; e a terceira, de fins do século XIX. A que durou mais – e provavelmente já se encerrou, exceto nas ciências sociais – é o impacto das tecnologias preexistentes, de quaisquer origens, sobre a ciência. A estática

---

The Rate and Direction of Inventive Activity, a Report of the National Bureau of Economic Research, 1962, p.379-84 e 450-7, e o epílogo de meu artigo "The Essential Tension: Tradition and Innovation in Scientific Research", em Taylor e Barron (ed.), *Scientific Creativity: Its Recognition and Development*, 1963, p.341-54, 237-39 ["A tensão essencial: tradição e inovação na pesquisa científica", p.241-56 deste volume].

antiga, as novas ciências do século XVII, como a química e o magnetismo, e o desenvolvimento da termodinâmica no século XIX são exemplos disso. Em cada um desses casos, e em inúmeros outros, avanços importantes para a compreensão da natureza resultaram da decisão de cientistas de estudar aquilo que os artesãos já haviam aprendido como fazer. Há outras fontes principais de novidade nas ciências, mas essa foi com muita frequência subestimada, exceto talvez pelos marxistas.

Em todos esses casos, porém, o ganho foi somado à ciência, e não à tecnologia, coisa que os historiadores marxistas deixaram várias vezes escapar. Quando Kepler estudou as dimensões ótimas das pipas de vinho – as proporções que resultariam num maior conteúdo com o menor consumo de madeira –, ajudou a inventar o cálculo de variações, mas descobriu que as pipas já eram feitas nas dimensões a que chegou. Quando Sadi Carnot decidiu aprimorar a teoria da máquina a vapor – um motor para o qual, ele enfatizou, a ciência não havia contribuído em nada ou muito pouco –, o resultado foi um passo importante rumo à termodinâmica, mas suas recomendações para a melhoria da máquina já haviam sido incorporadas à prática da engenharia antes de seu estudo ter começado.[10] Com poucas exceções, nenhuma muito importante, os cientistas que se dedicaram à tecnologia em razão dos problemas apresentados por ela só conseguiram validar ou explicar, e não aprimorar, as técnicas desenvolvidas até então e sem o auxílio das ciências.

Uma segunda forma de interação, discernível a partir de meados do século XVIII, foi o progressivo emprego, nas artes práticas, de métodos acolhidos pela ciência e, às vezes, o aproveitamento dos próprios cientistas.[11] A eficiência da mobilização permanece duvidosa. Não teve, por exemplo, um papel claro no desenvolvimento da nova maquinaria têxtil ou das técnicas de produção do ferro, tão importantes para a Revolução Industrial. Mas as "fazendas experimentais" da Grã-Bretanha do século XVIII, os livros de registro

---

10 Unwin, "The Development of the Experimental Study of Heat Engines", *The Electrician*, v.35, 1895, p.46-50, 77-80, faz um relato notável das dificuldades encontradas nas tentativas de utilizar as teorias de Carnot e seus sucessores em projetos práticos de Engenharia.

11 Gillispie, "The Natural History of Industry", *Isis*, v.48, 1957, p.398-407; Schofield, "The Industrial Orientation of the Lunar Society of Birmingham", *Isis*, v.48, 1957, p.408-15. Note-se que os autores, apesar das veementes divergências, defendem a mesma tese com palavras diferentes.

dos criadores de gado e os experimentos com o vapor conduzidos por Watt para desenvolver o condensador separado, todos podem ser vistos de modo plausível como tentativas conscientes de empregar os métodos científicos nos ofícios, e esses métodos foram produtivos em certas ocasiões. Aqueles que os utilizavam, no entanto, raramente contribuíram para a ciência contemporânea, que, aliás, poucos conheciam. Os casos bem-sucedidos não resultaram da aplicação da ciência existente, mas de um ataque frontal a uma necessidade social premente, não importando quão metodologicamente sofisticado fosse.

Apenas na química a situação é mais equívoca.[12] Em especial na França, químicos de expressão, como Lavoisier e C. L. Berthollet, foram aproveitados na supervisão e no aperfeiçoamento das indústrias de corantes, cerâmica e pólvora, por exemplo. Suas atuações foram um sucesso evidente. Mas as mudanças que introduziram não foram nem dramáticas nem dependentes da teoria ou das descobertas químicas da época, em nenhum sentido óbvio. A nova química de Lavoisier é um caso exemplar. Sem dúvida forneceu uma compreensão mais aprofundada da tecnologia anteriormente desenvolvida para a redução de minério, a produção de ácidos e assim por diante. Além disso, permitiu a elaboração gradual de melhores técnicas de controle de qualidade. Mas não foi responsável por mudanças fundamentais nessas indústrias nem desempenhou um papel visível, durante o século XIX, no desenvolvimento de novas tecnologias, como as associadas ao ácido sulfúrico e à soda ou ao ferro forjado e ao aço. Se quisermos procurar novos e importantes processos decorrentes do desenvolvimento do conhecimento científico, teremos de esperar até a maturidade da química orgânica, da eletrodinâmica e da termodinâmica, nas gerações de 1840 a 1870.

Os produtos e processos resultantes de pesquisa científica prévia e, em seu desenvolvimento, dependentes de pesquisas adicionais, feitas por pessoas de formação científica, exibem a terceira forma de interação entre a ciência e a tecnologia.[13] Desde seu surgimento na indústria de corantes orgânicos há um século, ela tem transformado a comunicação, a geração e a distribuição de energia (duas vezes), os materiais tanto da indústria quanto

---

12 Guerlac, "Some French Antecedents of the Chemical Revolution", *Chymia*, v.5, 1968, p.73-112; Clow e Clow, *The Chemical Revolution*, 1952; e Haber, *The Chemical Industry during the Nineteenth Century*, 1958.

13 Beer, *The Emergence of the German Dye Industry*, 1959, v.44; Passer, *The Electrical Manufacturers, 1875-1900*, 1953.

da vida cotidiana, e também a Medicina e as guerras. Sua onipresença e importância hoje em dia disfarçam a clivagem ainda real entre a ciência e a tecnologia. Como resultado, tornam difícil perceber quão recente é o início desse tipo de interação e quanto tem sido decisivo. Mesmo os historiadores econômicos parecem raramente cientes da divisão qualitativa entre as forças que promoveram mudanças durante a Revolução Industrial e as que estão em operação no século XX. A maioria das histórias gerais disfarça até mesmo a existência de uma transformação como essa. Não é necessário exagerar a importância da História da Ciência para supor que, desde 1870, a ciência assumiu um papel que nenhum estudioso do desenvolvimento socioeconômico atual pode ignorar.

Quais são as fontes da transformação e como o historiador socioeconômico pode contribuir para sua compreensão? Penso que são duas, e ele pode reconhecer a primeira e participar da elucidação da segunda. Nenhuma ciência, por mais desenvolvida que seja, precisa gerar aplicações capazes de alterar consideravelmente as práticas tecnológicas existentes. As ciências clássicas, como a mecânica, a astronomia e a matemática, geraram poucos efeitos desse tipo, mesmo depois de terem sido reformuladas durante a revolução científica. As ciências que o fizeram foram as que surgiram do movimento baconiano do século XVII, em particular a química e a eletricidade. Mas mesmo essas só alcançaram os níveis de desenvolvimento exigidos para gerar aplicações significativas na terça parte do século XIX. Antes do amadurecimento desses campos, havia pouca coisa de grande importância socioeconômica que o conhecimento científico pudesse produzir em algum campo. Embora sejam poucos os historiadores socioeconômicos preparados para acompanhar os aspectos técnicos dos avanços que de repente fizeram da ciência uma produtora de novos materiais e invenções, todos certamente podem ter consciência desses desenvolvimentos e de seu papel especial.

O desenvolvimento técnico interno, contudo, não foi a única condição para a emergência de uma ciência socialmente significativa. Sobre a próxima, o historiador socioeconômico pode ter a dizer coisas muito importantes. Ao longo do século XIX, a estrutura institucional e social das ciências se transformou de maneira sequer aventada na revolução científica. Começando na década de 1780 e continuando no decorrer da primeira metade do século seguinte, as recém-formadas sociedades de especialistas em ramos individuais da ciência assumiram a liderança que as sociedades nacionais universalistas haviam tentado exercer. Ao mesmo tempo, jornais científicos privados e, sobretudo, jornais de especialidades individuais proliferaram com rapidez e, cada vez mais, substituíram os órgãos internos das academias nacionais, que até então haviam sido o meio quase exclusivo da comunicação pública científica. Uma alteração similar pode ser vista no ensino científico e nos locais de pesquisa. Com exceção da Medicina e de algumas escolas militares, o ensino científico quase não existia antes da fundação da École Polytechnique, na última década do século XVIII. Entretanto, esse modelo se propagou rapidamente, primeiro na Alemanha, depois nos Estados Unidos e, por fim, e de modo mais equívoco, na Inglaterra. Com ele foram desenvolvidas novas formas institucionais, em especial os laboratórios de ensino e pesquisa, como os de Justus von Liebig, em Giessen, ou o Royal College of Chemistry, em Londres. Foram esses os desenvolvimentos que possibilitaram pela primeira vez, e em seguida apoiaram, aquilo que antes mal existia: a carreira científica profissional. Assim como a ciência potencialmente aplicável, as novas formas emergiram de modo até repentino e intenso. Em conjunto com a maturidade das ciências baconianas do século XVII, elas são o pivô de uma segunda revolução científica, centrada dessa vez na primeira metade do século XIX: um episódio histórico ao menos tão crucial para a compreensão dos tempos atuais quanto seu homônimo mais antigo. Já era tempo de encontrarem espaço nos livros de História, mas estão muito enredadas a outros desenvolvimentos do século XIX para que o historiador da ciência possa desembaraçá-las por si só.

Até aqui, descrevi a omissão do historiador em relação à ciência e sua história, sugerindo, ao mesmo tempo, que a culpa é exclusiva dos historiadores e não dos especialistas que escolheram a ciência como seu objeto de estudo. Atualmente, por razões a que retornarei, essa atribuição de responsabilidade me parece cada vez mais justificada, ainda que injusta, em última instância. Mas a situação atual é em parte produto do passado. Para que a lacuna contemporânea entre a História e a História da Ciência seja mais analisada para amenizá-la, a contribuição da história da História da Ciência ao isolacionismo tem de ser reconhecida.

Até os primeiros anos do século XX, a História da Ciência, ou o pouco que havia dela, era dominada por duas tradições principais.[14] A primeira,

---

14 Diversos assuntos a seguir são desenvolvidos de modo mais completo em meu "History of Science", *International Encyclopedia of the Social Sciences*, v.14, 1968, p.74-83 ["A História da Ciência", p.127-44 deste volume].

que vai de Condorcet e Comte a Dampier e Sarton de maneira quase contínua, percebia o avanço científico como o triunfo da razão sobre a superstição primitiva, o único exemplo da humanidade operando em seu modo mais elevado. Embora uma enorme quantidade de estudos sérios e cuidadosos, alguns dos quais ainda úteis, tenha sido consagrada a essa tradição, as crônicas que produziu tiveram uma intenção eminentemente exortativa e incluíam poucas informações quanto ao conteúdo da ciência, além de quem fez tal descoberta e quando. Apenas ocasionalmente, como referência ou na preparação de artigos historiográficos, o historiador da ciência contemporâneo as lê, fato que ainda não parece ter sido tão amplamente apreciado quanto deveria pela classe dos historiadores. Mesmo sabendo que parecerá ofensiva a algumas pessoas que prezo, não vejo alternativas à ênfase nesse ponto. Os historiadores da ciência têm com George Sarton uma imensa dívida por seu papel no estabelecimento da profissão, mas a imagem dessa especialidade que ele propagou continua a causar muito prejuízo, apesar de ter sido rejeitada desde então, e isso já faz algum tempo.

Uma segunda tradição, mais importante tanto por seus resultados quanto por ainda exibir certo vigor, sobretudo no continente, origina-se em cientistas praticantes, às vezes destacados, que de tempos em tempos escrevem histórias de suas especialidades. Seu trabalho surgiu, em geral, como produto incidental da pedagogia científica e foi basicamente dirigido a estudantes de ciência. Além de um interesse intrínseco, essas histórias eram para eles meios de esclarecer os conteúdos de suas especialidades, estabelecer suas tradições e atrair estudantes. Os volumes que produziram eram e são consideravelmente técnicos, e os melhores ainda podem ser utilizados com proveito por especialistas de diferentes inclinações historiográficas. Mas vistos como História, ao menos com base nas perspectivas atuais, tal tradição apresenta duas grandes limitações. Exceto em ocasionais e ingênuas digressões, produziu exclusivamente histórias internas que desconsideravam tanto o contexto quanto os efeitos externos da evolução dos conceitos e técnicas em discussão. Nem sempre essa limitação foi um defeito, pois as ciências maduras são, em geral, mais independentes do ambiente externo, ao menos o das ideias, do que os outros campos criativos. Mas, sem dúvida, houve um excesso, e isso tornou o trabalho da tradição pouco atrativo para os historiadores, com exceção talvez dos historiadores das ideias.

No entanto, mesmo o mais puro dos historiadores das ideias foi afastado, e algumas vezes seriamente induzido a erro, por um segundo e ainda mais pronunciado problema dessa tradição. De modo típico, os cientistas historiadores, e os que seguiram sua orientação, impuseram ao passado as categorias, os conceitos e os padrões científicos que lhes eram contemporâneos. Às vezes, uma especialidade traçada por eles desde a Antiguidade só havia começado a existir como tema de estudo reconhecido uma geração antes de eles escreverem. Não obstante, sabendo o que pertencia a ela, eles recuperavam os conteúdos correntes da especialidade com base em textos passados de uma variedade de campos heterogêneos, sem notar que a tradição que reconstruíam nesse processo nunca havia existido. Além disso, em geral tratavam os conceitos e as teorias do passado como aproximações imperfeitas daquelas em uso corrente, deturpando assim tanto a estrutura quanto a integridade das tradições científicas do passado. Era inevitável que as histórias escritas desse modo reforçassem a impressão de que a História da Ciência é uma crônica não muito interessante do triunfo de um método sólido sobre a superstição e os erros incautos. Se esses fossem os únicos modelos à disposição, não se poderia criticar os historiadores por nada, exceto por serem tão facilmente iludíveis.

Mas esses não são os únicos modelos; há trinta anos já não são nem os modelos predominantes na profissão. Estes descendem de uma tradição mais recente, que adapta cada vez mais às ciências uma abordagem descoberta nas histórias da filosofia de fins do século XIX.

Nesse campo, é claro, apenas o mais tendencioso poderia confiar em sua habilidade para distinguir o conhecimento positivo do erro e da superstição. Como consequência, os historiadores dificilmente conseguem escapar da força de uma prescrição que mais tarde seria expressa em poucas palavras por Bertrand Russell: "Ao estudar um filósofo, a atitude correta não é nem a reverência nem o desprezo, mas, acima de tudo, uma espécie de simpatia hipotética, até que seja possível saber como seria acreditar em suas teorias".[15] Na história das ideias, a tradição resultante é a que levou à cena tanto Ernst Cassirer quanto Arthur Lovejoy, homens cuja obra, por mais profundas que sejam suas limitações, teve grande e fecunda influência no trato subsequente das ideias na História. O que é surpreendente e permanece sem explicação é a falta de influência comparável, mesmo sobre historiadores intelectuais, da obra daqueles que, seguindo Alexandre Koyré, há uma gera-

---

15 Russell, *A History of Western Philosophy*, 1945, p.39 [ed. bras.: *História da filosofia ocidental*, 1982].

ção desenvolvem os mesmos modelos para a ciência. Vista com seus olhos, a ciência não é o mesmo empreendimento representado pelas outras tradições mais antigas. Pela primeira vez, ela se tornou potencialmente um empreendimento histórico, como a música, a literatura, a filosofia ou o direito.

Digo "potencialmente" porque esse modelo também tem limitações. Embora tenha expandido o tema próprio ao historiador da ciência para o contexto das ideias, ainda é uma história interna no sentido de prestar pouca ou nenhuma atenção aos contextos institucionais ou socioeconômicos no interior dos quais a ciência se desenvolve. A historiografia recente, por exemplo, tem desacreditado amplamente o mito do método, mas tem tido dificuldades para encontrar um papel importante para o movimento baconiano e, além de desdenhar a tese de Merton ou a relação entre a ciência e a tecnologia, entre a indústria ou os ofícios, pouco tem feito.[16] É o momento de confessar que algumas das advertências que fiz acima aos historiadores poderiam servir com muito proveito também em minha própria profissão. Mas as áreas a que se aplicam essas advertências são os interstícios entre a História da Ciência e os agora usuais interesses dos historiadores culturais e socioeconômicos. Elas terão de ser trabalhadas por ambos os grupos. Dado um modelo do desenvolvimento interno da ciência com pontos de entrada, os historiadores da ciência estão aos poucos se voltando para elas, um movimento que será discutido na última parte deste ensaio. Não tenho conhecimento de nenhum movimento comparável no interior da profissão dos historiadores como um todo.

Está claro que os historiadores da ciência têm de compartilhar a culpa. Mas nenhum rol de pecados passados e presentes explica por inteiro a realidade de sua relação atual com o restante da profissão de historiadores. Qualquer que seja a prevalência de seu trabalho, ela começa com o livro de Butterfield, publicado há quase trinta anos, quando a disciplina ainda era embrionária, e desde então nunca totalmente assimilado. A omissão do tema, a ciência, é particularmente aguda nos anos justamente em que ela se tornou uma força histórica crucial. Mesmo alocados nos departamentos de História, é raro que seus cursos sejam frequentados e seus livros sejam lidos pelos historiadores. Posso apenas especular sobre as causas dessa situação, e parte dessa especulação tem a ver com assuntos que conheço apenas por conversas com colegas e amigos. No entanto, a oportunidade dada por este volume pode ser a desculpa para especular.

---

16 Kuhn, "Alexandre Koyré and the History of Science", *Encounter*, v.34, 1970, p.67-70.

Dois tipos de explicação se insinuam, e o primeiro vem do que talvez seja uma feição singular da História, dentre as disciplinas eruditas. A História da ciência não é, por princípio, uma especialidade mais restrita do que, digamos, a História política, a diplomática, a social ou a intelectual. Seus métodos também não diferem radicalmente dos empregados nesses campos. Mas é uma especialidade de tipo diferente porque, em vez de se ocupar de um conjunto de fenômenos que primeiro precisam ser abstraídos da totalidade das atividades de uma comunidade geograficamente definida, ela se dedica, antes de mais nada, à atividade de um grupo especial – os cientistas. Nesse sentido, seus parentes naturais são a História da literatura, da filosofia, da música e das artes plásticas.[17] Essas especialidades, porém, não são oferecidas de costume nos departamentos de História; ao contrário, mal entram na grade curricular dos departamentos responsáveis pela disciplina cuja história é estudada. Talvez os historiadores reajam à História da Ciência da mesma forma como reagem à História de outras disciplinas. Talvez tenha sido apenas a proximidade criada por estarem num mesmo departamento que levou a um clima especial de tensão.

Devo essas sugestões a Carl Schorske, um dos dois historiadores com quem eu e meus alunos interagimos de modo mais próximo e fecundo desde que comecei a lecionar num departamento de História há catorze anos. Ele me persuadiu, embora não antes que este ensaio já estivesse bem avançado, de que muitos dos problemas acima discutidos sob a rubrica "a ciência na História intelectual" guardam paralelos precisos com a discussão típica do

---

17 M. I. Finley afirma que a História do Direito fornece um paralelo ainda mais revelador. Afinal, o Direito é um dos mais óbvios determinantes dos desenvolvimentos sociais e políticos que os historiadores estudam tradicionalmente. Mas com exceção da referência à expressão da vontade da sociedade por meio da legislação, é raro que os historiadores deem atenção a seu desenvolvimento como instituição. As reações que observamos na conferência à insistência de Peter Paret de que a História militar deve ser, em parte, a história do estabelecimento militar como instituição com vida própria – ainda que parcial –, indicam quão profunda pode ser a resistência à História disciplinar. Os participantes sugeriram, por exemplo, que a História militar deveria ser o estudo das origens sociais da guerra e dos efeitos da guerra sobre a sociedade. Embora indiquem talvez as principais razões para desejarmos uma História militar, tais assuntos não podem ser seu foco primeiro. A compreensão das guerras, de seu desenvolvimento e de suas consequências depende essencialmente da compreensão dos estabelecimentos militares. De todo modo, o tema "guerra e sociedade" é tanto responsabilidade do historiador geral quanto de seu colega especializado em História militar. O paralelo com a História da Ciência é muito próximo.

historiador de outras atividades intelectuais, literárias ou artísticas. Os historiadores, segundo ele, são bastante competentes em resgatar de romances, pinturas ou tratados filósofos temas que refletem problemas sociais e valores contemporâneos. O que deixam passar com certa regularidade, minimizando-os às vezes com algum pretexto, são os aspectos internamente determinados – em parte pela natureza intrínseca da disciplina que os produz, em parte pelo papel específico que o passado da disciplina desempenha na evolução corrente desses objetos. Os artistas, seja na imitação, seja na revolta, criam a partir da arte do passado. Como os cientistas, filósofos, escritores e músicos, vivem e trabalham tanto no interior de uma cultura mais ampla quanto de uma tradição quase independente que lhes é própria. Ambos os ambientes dão forma a seus resultados criativos, mas o historiador muito frequentemente considera apenas o primeiro.

Com exceção de meu próprio campo, minha competência para avaliar essas generalizações se restringe à História da Filosofia. Nesta, entretanto, ajustam-se de maneira tão exata quanto na História da Ciência. Como, além disso, são extremamente plausíveis, aceito-as em princípio. Aquilo que os historiadores em geral percebem como histórico no desenvolvimento de disciplinas criativas individuais são os aspectos que refletem sua imersão na sociedade como um todo. Aquilo que muitas vezes rejeitam, por não percebê-lo como História, são os aspectos internos que conferem à disciplina uma história por sua própria conta.

A percepção que permite essa rejeição me parece profundamente a-histórica. O historiador não a aplica a outros domínios. Por que então deveria aplicá-la aqui? Consideremos, por exemplo, o modo como os historiadores tratam as subdivisões geográficas e linguísticas. Poucos negariam a existência de problemas que só podem ser tratados na tela gigantesca da História mundial. Mas nem por isso negam que o estudo do desenvolvimento da Europa ou da América também seja histórico. Nem hesitam em dar o passo seguinte, que reconhece um papel legítimo para as histórias nacionais, ou mesmo regionais, contanto que seus autores permaneçam atentos, em seus temas mais restritos, aos aspectos determinados pela influência dos grupos que os cercam. Quando surgem os inevitáveis problemas de comunicação entre, por exemplo, historiadores britânicos e europeus, cada grupo é acusado de ser um antolho historiográfico e uma fonte provável de erros. O sentimento gerado é, às vezes, semelhante ao que o historiador da ciência ou da Arte enfrenta com certa regularidade, mas ninguém ousa dizer *em alto e bom som* que a História francesa é, por definição, histórica, num sentido que a História britânica não é. Mesmo assim, essa é muito frequentemente a resposta quando as unidades em análise passam de subsistemas geograficamente definidos a grupos cuja coesão – não necessariamente menos (ou mais) real do que a de uma comunidade nacional – deriva da formação numa disciplina específica e de uma adesão a seus valores específicos. Se admitissem a existência de costuras na trama de Clio, os historiadores talvez tivessem mais facilidade em reconhecer que não há rasgões.

É óbvio que a resistência às histórias disciplinares não é falha exclusiva dos historiadores que trabalham em departamentos de História. Com algumas exceções notáveis, como Paul Kristeller e Erwin Panofsky, os que estudam o desenvolvimento de uma disciplina como membros do departamento matriz dessa disciplina concentram-se demais na lógica interna do campo que estudam, em geral, sem se importar com suas causas ou consequências nas culturas mais amplas. Lembro-me, com grande embaraço, do dia em que um aluno teve a oportunidade de me lembrar que o tratamento relativista do átomo de Arnold Sommerfeld fora elaborado durante a Primeira Guerra Mundial. Separações institucionais diminuem a sensibilidade histórica de ambos os lados da barreira que criam. Mas a separação não é a única causa de dificuldades. Aqueles que lecionam nos departamentos responsáveis pela disciplina que estudam quase sempre se dirigem aos praticantes dessas disciplinas ou, no caso da Literatura e das Artes, aos críticos. Na maioria das vezes, a dimensão histórica de seu trabalho está subordinada à atividade de ensino e ao aperfeiçoamento da disciplina corrente. Por exemplo, a História da Filosofia, tal como lecionada nos departamentos de Filosofia, é muitas vezes uma paródia do histórico. Ao ler uma obra do passado, o filósofo busca, em geral, as posições do autor com relação a problemas atuais, critica-as com o auxílio do aparato contemporâneo e interpreta seu texto a fim de maximizar sua consistência com as doutrinas modernas. Nesse processo, o original histórico muitas vezes é perdido. Já me foi contada, por exemplo, a resposta que um ex-colega da Filosofia deu a um aluno que questionava sua leitura de uma passagem de Marx. "Sim", disse ele, "de fato as palavras parecem dizer o que você está sugerindo. Mas não pode ser o que Marx queria dizer, porque isso é nitidamente falso." O porquê de Marx ter escolhido usar as palavras que usou não lhe pareceu um problema sobre o qual valia a pena ponderar.

A maioria dos exemplos do caráter liberal adotado ao se colocar a História a serviço de uma disciplina matriz é mais sutil, mas não menos a-histórica. O prejuízo que causam não é maior, penso, do que o promovido pela rejeição, por parte do historiador, da História disciplinar, mas seguramente é tão grande quanto. Já indiquei que a História da Ciência exibia essas mesmas síndromes a-históricas quando era ministrada nos departamentos de Ciência. As forças que a têm transferido pouco a pouco para os departamentos de História nos últimos anos colocam-na em seu devido lugar. Ainda que a espingarda tenha participado do casamento, e apesar das tensões características resultantes das uniões forçadas, a descendência ainda pode ser viável. Não duvido que uma associação compulsória similar com profissionais de outros ramos de histórias disciplinares seria igualmente fecunda. Como certa vez observou o saudoso George Guttridge, chefe de meu antigo departamento de História, em breve reconheceremos quão mal a História se ajusta à organização departamental das universidades norte-americanas. Seria necessário algum tipo de arranjo institucional transdepartamental, talvez uma faculdade ou escola de estudos históricos, que reunisse todos aqueles cujo interesse, independentemente de suas afiliações departamentais, fosse o passado em evolução.

Considerei até aqui a sugestão segundo a qual as relações entre a História e a História da Ciência diferem apenas em intensidade, e não em natureza, das relações entre a História e o estudo do desenvolvimento de outras disciplinas. Penso que os paralelos são claros e levam a uma compreensão do problema que fui convidado a discutir. Mas não estão completos e não explicam tudo. Ao tratar da literatura, da arte ou da filosofia, os historiadores, como sugeri, leem as fontes, o que não ocorre quando tratam da ciência. A ignorância do historiador a respeito até dos estágios principais do desenvolvimento da ciência não tem paralelo nas outras disciplinas com as quais ele trabalha. Ainda que oferecidos em outros departamentos, os cursos em História da Literatura ou da Arte são mais propensos a atrair historiadores do que os cursos em História da Ciência. Acima de tudo, não há precedentes em outras disciplinas para a atenção exclusiva que o historiador dispensa a um único período quando discute a ciência. Os historiadores que chegam a considerar a arte, a literatura ou a filosofia são tão suscetíveis de fazê-lo quer lidando com o século XIX, quer com o Renascimento. A ciência, ao contrário, é um tópico que deve ser discutido somente entre 1540 e 1700. A meu ver, uma razão para a ênfase característica dada pelo historiador à descoberta do método é que ela o protege da necessidade de tratar das ciências depois desse período. Com o método dominado, as ciências deixam de ser históricas, e essa percepção não encontra paralelo nas perspectivas do historiador sobre outras disciplinas.

Ao contemplar esses fenômenos e outras experiências mais pessoais que serão ilustradas adiante, concluo com relutância que parte daquilo que separa os historiadores de seus colegas da História da Ciência é o que, afora suas personalidades, separa F. R. Leavis de C. P. Snow. Embora eu simpatize com os que acreditam que se trata de um péssimo nome, o problema das duas culturas é outra fonte provável das dificuldades que comentamos até aqui.

A base dessa minha conjetura é em grande parte impressionista, mas não de todo. Consideremos a seguinte citação de um psicólogo britânico cujos testes lhe permitiram prever com relativa segurança as especialidades que alunos do ensino médio seguirão no futuro, ainda que (como os testes de Q.I., que ele também utiliza) não distingam quem as exercerá bem ou mal:

> Relativamente falando, o historiador típico ou o linguista moderno tinham, de preferência, Q.I. baixo e predisposição para a inteligência verbal. Tendiam a proceder de modo errático no teste de inteligência, ora com precisão, ora com descuido. Seus interesses tendiam a ser culturais, em vez de práticos. O jovem cientista físico tinha com frequência Q.I. alto e predisposição para as habilidades não verbais. Em geral, era consistentemente preciso. Seus interesses eram usualmente técnicos, mecânicos ou relacionados à vida ao ar livre. Naturalmente, essas regras práticas não eram perfeitas: uma minoria de especialistas em artes apresentou resultados próximos aos dos cientistas e vice-versa. Mas, no geral, as previsões foram surpreendentemente bem-sucedidas e, ao cabo, infalíveis.[18]

Assim como outras evidências da mesma fonte, esse trecho sugere que os historiadores e os cientistas, ao menos os mais abstratos e matemáticos, são tipos polares.[19] Outros estudos, embora insuficientemente detalha-

---

18 Hudson, *Contrary Imaginations: A Psychological Study of the English Schoolboy*, 1966, p.22.

19 Uma análise mais completa, para a qual o livro pioneiro de Hudson fornece muitas orientações fascinantes, reconheceria que há múltiplas dimensões de polarização. Por exemplo, o mesmo tipo de cientista mais propenso a desdenhar a História tem, em geral, um interesse apaixonado por música, mas não pelas outras formas principais de expressão artística. Nem Hudson nem eu nos referimos a um simples espectro que varie do artista, num extremo, ao cientista, no outro, com o historiador e o artista na mesma ponta do espectro.

dos para destacar os historiadores, indicam que os cientistas, como grupo, são de uma classe socioeconômica inferior à de seus colegas acadêmicos de outros campos.[20] Impressões pessoais, tanto de meus tempos de escola quanto de meus filhos, sugerem que as diferenças intelectuais aparecem muito cedo, em especial quanto à Matemática, campo em que costumam se manifestar antes dos 14 anos. Não estou pensando aqui primeiramente em capacidade ou criatividade, mas em afeição. Embora existam tanto exceções quanto amplo espaço para meios-termos, sugiro que é raro que a paixão pela História seja compatível com certa predileção pela Matemática ou pela ciência de laboratório, e vice-versa.

Não surpreende que, conforme se desenvolvem e se manifestam na decisão da carreira, essas polaridades encontrem expressão, em geral, em atitudes defensivas e hostis. Os historiadores que leram este ensaio não precisam que lhes falem do notório desdém dos cientistas pelos estudos históricos. A menos que eu suponha que isso seja recíproco, não posso explicar a atitude, acima descrita, dos historiadores em relação à ciência. Os historiadores da ciência deveriam ser exceções, mas mesmo eles muitas vezes confirmam a regra. A maioria começa na ciência e passa para a sua história apenas na pós-graduação. Aqueles que o fazem afirmam com frequência que seu interesse é pela História da Ciência, e não pela mera História, um campo que julgam ao mesmo tempo irrelevante e desinteressante. O resultado é que são mais atraídos por programas ou departamentos especiais do que pelos departamentos normais de História. Felizmente, muitas vezes é possível convertê-los quando já se encontram aí.

Se, porém, muitos historiadores são hostis à ciência – como suponho –, devemos admitir que disfarçam bem, muito melhor, por exemplo, que seus colegas da literatura, da linguagem e das artes, que, às vezes, são bastante explícitos. De todo modo, essa diferença não foi contestada até o momento pela evidência, como seria natural esperarmos. Como os filósofos, e ao contrário da maioria dos estudiosos da literatura e das artes, os historiadores de certo modo percebem seu empreendimento como cognitivo e, portanto, semelhante à ciência, ou talvez um tipo de ciência. Assim como os cientistas, cultivam valores como a imparcialidade, a objetividade e a lealdade à

---

20 Gillispie, "Remarks on Social Selection as a Factor in the Progressivism of Science", *American Scientist*, v.56, 1968, p.439-50, sublinha o fenômeno e fornece bibliografia relevante.

evidência. Também eles provaram do fruto proibido da árvore do conhecimento e a retórica anticientífica das artes já não lhes é proveitosa. Há, porém, meios mais sutis de demonstrar hostilidade, alguns dos quais citados acima. Esta parte de minha argumentação, portanto, deve ser concluída com algumas constatações de caráter mais pessoal.

A primeira é um encontro memorável com um amigo e colega muito querido, que de tempos em tempos organizava e presidia um seminário experimental em Princeton para familiarizar os alunos ingressantes na pós-graduação com métodos e abordagens auxiliares que o futuro especialista poderia utilizar algum dia. Quando apropriado, um especialista local ou visitante era convidado a presidir a discussão e sugerir as leituras preparatórias. Há alguns anos, aceitei um convite para conduzir o primeiro de dois encontros sobre História da Ciência. O item central da bibliografia, escolhido depois de muito debate, foi um antigo livro meu, *Revolução copernicana*. Pode não ter sido a melhor escolha, mas havia razões para ela, explícitas tanto nas conversas com meu colega quanto no prefácio. Embora não se tratasse de um manual, o livro foi escrito para possível utilização em disciplinas universitárias que apresentassem a ciência para não cientistas e, portanto, não ofereceria grandes obstáculos aos nossos alunos de pós-graduação. Além disso, e mais importante, o livro, quando foi escrito, era o único que tentava retratar, num único volume, as dimensões mais amplas da revolução, tanto técnico-astronômicas quanto histórico-intelectuais. Era um exemplo concreto daquilo que defendi acima de maneira mais abstrata: o papel da ciência na história intelectual não pode ser compreendido sem a ciência. Não posso saber quantos alunos captaram esse ponto, mas sei que meu colega não o fez. No auge de uma discussão animada, ele disse: "Mas, é claro, eu pulei as partes técnicas". Como se trata de um homem muito ocupado, a omissão não surpreendia. Mas o que nos diz sua preocupação, não solicitada, em torná-la pública?

Meu segundo exemplo, mais curto, é de domínio público. O *Portrait of Isaac Newton*, de Frank Manuel, é seguramente o mais brilhante e completo estudo do tema em muitos anos. Com exceção dos que se ofenderam com sua abordagem psicanalítica, os especialistas em Newton com os quais discuti asseguraram-me que esse livro afetará o rumo de seus trabalhos nos próximos anos. A História da Ciência seria muito mais pobre, caso não tivesse sido escrito. No entanto, no presente contexto, ele levanta uma questão fundamental. Além da ciência, há algum campo em que se pode imaginar um historiador que, ao preparar uma importante biografia, omita de maneira consciente e deliberada qualquer tentativa de tratar do trabalho criativo que tornou a vida de seu biografado um tema valioso de estudo? Não consigo me lembrar de nenhum outro trabalho tão apaixonado, dedicado a uma grande figura das artes, da filosofia, da religião ou da vida pública. Em tais circunstâncias, não estou certo de que o amor seja a questão.

Esses exemplos se justificam pelo fato de exibirem hostilidade contra a ciência. Uma vez apresentados, confesso que já não estou certo se "hostilidade" é um termo de fato apropriado. Em todo caso, são exemplos de comportamento estranho. Se o que ilustram seja obscuro por ora, talvez esse seja o impedimento central que separa a História e a História da Ciência.

Depois de ter dito mais do que sei sobre as barreiras que dividem a História da História da Ciência, concluirei com algumas breves observações sobre os sinais de mudança. Um deles é a simples proliferação de historiadores da ciência e sua progressiva inclusão nos departamentos de História. Embora a princípio quantidade e proximidade possam ser fonte de atrito, também aumentam a disponibilidade de canais de comunicação. Esse crescimento também é responsável por um segundo e encorajador desenvolvimento, a saber, a crescente atenção dedicada a períodos mais recentes que a revolução científica e a partes pouco exploradas da ciência. Em breve, haverá uma literatura secundária de excelência que não se restringirá aos séculos XVI e XVII nem tratará, sobretudo, das ciências físicas. A atual ampliação dos estudos sobre a História das ciências da vida poderá revelar-se particularmente importante. Até pouco tempo atrás, esses campos eram muito menos técnicos do que as principais ciências físicas contemporâneas a elas. É provável que os estudos que traçam seu desenvolvimento sejam, na mesma medida, mais acessíveis ao historiador interessado em descobrir do que trata a História da Ciência.

Passemos a dois outros desenvolvimentos cujos efeitos são visíveis a muitos dos profissionais mais recentes da História da Ciência. Liderados por Francis Yates e Walter Pagel, eles estão encontrando papéis cada vez mais significativos para o hermetismo e movimentos como esse nos estágios iniciais da revolução científica.[21] A literatura original e estimulante que

---

21 Yates, "The Hermetic Tradition in Renaissance Science", em Singleton (ed.), *Art, Science, and History in the Renaissance*, 1967, p.255-74; Pagel, *William Harvey's Biological Ideas* (1967).

tem resultado daí poderá ter três efeitos que ultrapassam seu tema explícito. Primeiro, como justamente o hermetismo foi um movimento manifestamente místico e irracional, o reconhecimento de seu papel deve ajudar a tornar a ciência mais palatável para os historiadores afastados por aquilo que muitos consideram um empreendimento quase mecânico, governado pela pura razão e pelo fato impassível. (Seria um absurdo patente selecionar e dar atenção exclusiva aos elementos racionais do hermetismo, como fez a geração mais antiga com relação ao neoplatonismo.) Segundo, o hermetismo agora parece ter afetado dois aspectos do desenvolvimento científico vistos antes como mutuamente exclusivos e defendidos por escolas rivais. Por um lado, foi um movimento intelectual, quase metafísico, que alterou as ideias dos homens sobre as entidades e as causas subjacentes aos fenômenos naturais; nesse sentido, é analisável pelas técnicas usuais do historiador das ideias. Mas, de outro lado, também foi um movimento que, pela figura do mago, prescrevia novos objetivos e métodos para a ciência. Por exemplo, os tratados sobre magia natural mostram que a nova ênfase no poder da ciência, no estudo dos ofícios e nas máquinas e manipulações mecânicas são, em parte, produto do mesmo movimento que alterou a atmosfera intelectual. Com isso, duas abordagens discrepantes da História da Ciência são unificadas de uma forma que, provavelmente, será do agrado particular do historiador. Por último, o que é mais recente e talvez mais importante, o hermetismo começou a ser estudado como um movimento de classe com uma base social discernível.[22] Caso tal desenvolvimento continue, o estudo da revolução científica se transformará numa História cultural multidimensional do tipo que hoje muitos historiadores se esforçam para criar.

Volto-me, por fim, para o mais novo de todos os movimentos, mais perceptível entre os alunos de pós-graduação e os membros mais jovens da profissão. Talvez em parte por causa de seu crescente contato com os historiadores, eles têm se voltado cada vez mais para o estudo daquilo que é descrito, em geral, como História externa. Enfatizam cada vez mais os efeitos sobre a ciência exercidos não pelo ambiente intelectual, mas pelo socioeconômico, efeitos que se mostram presentes nas mudanças de padrões de educação, institucionalização, comunicação e valores. Seus esforços se devem,

---

22 Rattansi, "Paracelsus and the Puritan Revolution", *Ambix*, v.11, 1963, p.24-32, e "The Helmontian-Galenist Controversy in Restoration England", *Ambix*, v.12, 1964, p.1-23.

em parte, às antigas histórias marxistas, mas seus interesses são ao mesmo tempo mais amplos, profundos e menos doutrinários do que os de seus antecessores. Como se sentirão mais à vontade com esses estudos do que se sentiam com as histórias da ciência mais antigas, os historiadores estarão mais propensos a acolher de bom grado a mudança. Aliás, podem aprender até algo de importância mais geral. Assim como a literatura e as artes, a ciência é produto de um grupo, de uma comunidade de cientistas. Mas nas ciências, em particular nos estágios mais avançados de seu desenvolvimento, as comunidades disciplinares são mais fáceis de isolar, mais independentes e autossuficientes do que os grupos relevantes em outros campos. O resultado é que as ciências fornecem uma área particularmente promissora para explorar a função exercida pelas forças que circulam na sociedade como um todo e dar forma à evolução de uma disciplina que é, ao mesmo tempo, controlada por suas próprias exigências internas.[23] Se bem-sucedido, esse estudo pode fornecer modelos para mais campos, além da ciência.

Todos esses desenvolvimentos são necessariamente encorajadores a todos os que se incomodam com o fosso tradicional entre a História e a História da Ciência. Se prosseguirem, como parece provável, em uma década ele será menos profundo do que era no passado. Mas é improvável que desapareça, pois as novas alternativas acima descritas surtirão efeitos apenas indiretos, parciais e gerais sobre aquilo que considero a fonte original da divisão. Talvez o exemplo da História da Ciência possa, por si só, diminuir a resistência do historiador à História disciplinar, mas eu estaria mais confiante se conhecesse as razões dessa resistência no passado. De todo modo, a História da Ciência, por si só, é um remédio improvável para uma enfermidade social tão disseminada e profunda como o problema das duas culturas. Em meus momentos de maior desânimo, às vezes temo que a História da Ciência ainda venha a ser vítima desse problema. Embora eu saúde a virada da Ciência para a História externa como algo que restabelece de modo mais equitativo um equilíbrio que há muito tem sido desigual, sua recente popularidade pode ser mais do que apenas uma bênção. Uma das

---

23 A penúltima parte do artigo citado na nota 14 elabora essa possibilidade em termos teóricos. O artigo de T. M. Brown, "The College of Physicians and the Acceptance of Iatromechanism in England, 1665-1695", *Bulletin of the History of Medicine*, v.44, 1970, p.12-30, fornece um exemplo concreto.

razões de seu esplendor atual é, sem dúvida, a crescente e virulenta atmosfera anticientífica de nossa época. Caso venha a se tornar a única abordagem, a História da Ciência poderá ser reduzida a uma versão ampliada da tradição que, ao deixar de lado a ciência, ignorou as configurações internas que dão forma ao desenvolvimento de qualquer disciplina. Seria um preço muito alto pela aproximação, mas, a menos que os historiadores encontrem um lugar para a História das disciplinas, será difícil evitá-lo.

Parte II
Estudos meta-históricos

7
A estrutura histórica da descoberta científica[1]

Minha finalidade neste artigo é isolar e esclarecer uma pequena parte daquilo que considero uma revolução historiográfica em curso no estudo da ciência.[2] A estrutura da descoberta científica é meu tema particular, e a melhor forma de abordá-lo consiste em assinalar que esse assunto pode parecer extraordinariamente excêntrico. Tanto os cientistas quanto, até bem pouco tempo atrás, os historiadores consideram normalmente a descoberta um tipo de evento que, embora possa apresentar condições e decerto tenha consequências, é desprovido de estrutura interna. Em vez de ser considerada um desenvolvimento complexo que se estende no tempo e no espaço, a descoberta de algo é encarada usualmente como um evento unitário que, como qualquer outra coisa, ocorre num indivíduo, num tempo e num lugar que podem ser especificados.

Suspeito que essa imagem da natureza da descoberta tenha profundas raízes na natureza da comunidade científica. Um dos poucos elementos

---

1 Originalmente publicado como "The Historical Structure of Scientific Discovery", *Science*, v.136, 1962, p.760-4. Reimpresso com a permissão da American Association for the Advancement of Science.

2 A revolução mais geral é examinada em meu livro *A estrutura das revoluções científicas* (2009). As ideias centrais deste artigo foram extraídas dessa fonte, em particular do sexto capítulo, "A anomalia e a emergência das descobertas científicas".

históricos recorrentes nos manuais em que os futuros cientistas aprendem seu ofício é a atribuição de fenômenos naturais particulares às personagens históricas que os descobriram. Como resultado desse e de outros aspectos de sua formação, a descoberta veio a ser um importante objetivo para muitos cientistas.

Realizar uma descoberta é lograr o que há de mais próximo na carreira científica a um direito de propriedade. O prestígio profissional, em geral, acompanha de perto tais aquisições.[3] Não admira, portanto, que disputas ferozes sobre prioridade e independência nas pesquisas perturbem, por vezes, a tendência geral de tranquilidade da comunicação científica. É menos espantoso ainda que muitos historiadores da ciência tenham visto na descoberta individual uma unidade adequada para medir o progresso científico e tenham devotado tempo e esforço consideráveis a fim de determinar que pessoa realizou qual descoberta e em que instante no tempo. Se o estudo da descoberta tem alguma surpresa a oferecer, é apenas que, apesar do imenso esforço e energia dispensados, raras vezes um estudo acadêmico, polêmico ou escrupuloso apontou com sucesso e precisão o tempo e o lugar em que se pode dizer propriamente que uma descoberta foi "feita".

Esse insucesso, tanto das disputas quanto da pesquisa, sugere a tese que passo agora a desenvolver. Muitas descobertas científicas, em particular as mais interessantes e importantes, não são o tipo de evento sobre os quais é apropriado perguntar "onde?" e, sobretudo, "quem?". Mesmo que todos os dados concebíveis estivessem à disposição, tais questões com frequência não teriam resposta. O fato de persistirmos em fazê-las é, todavia, sintomático de uma inadequação fundamental em nossa imagem da descoberta. Essa inadequação é minha principal preocupação aqui, mas vou abordá-la considerando antes o problema histórico presente na tentativa de datar e situar uma classe capital de descobertas fundamentais.

A classe perturbadora é constituída por aquelas descobertas – como a do oxigênio, da corrente elétrica, dos raios X e do elétron – que não poderiam ser previstas com base nas teorias aceitas e, portanto, apanharam de surpresa a profissão como um todo. Esse tipo de descoberta será em breve meu interes-

---

3 Para uma brilhante discussão dessas questões, ver Merton "Priorities in Scientific Discovery: A Chapter in the Sociology of Science", *American Sociological Review*, v.22, 1957, p.635. De grande relevância, embora não tivesse aparecido até este artigo ter sido preparado, é também Reif, "The Competitive World of the Pure Scientist", *Science*, v.134, 1961, p.1957.

se exclusivo, mas é oportuno notar antes que há outro tipo de descobertas e este não apresenta os mesmos problemas. A esse segundo tipo pertencem o neutrino, as ondas de rádio e os elementos que ocuparam as casas vazias da tabela periódica. A existência de todos esses objetos havia sido prevista na teoria antes de serem descobertos, e os que realizaram a descoberta sabiam, portanto, o que procurar desde o início. Essa antecipação não fez de suas tarefas algo menos exigente ou menos interessante, mas proporcionou critérios que indicaram quando o objetivo havia sido alcançado.[4] Como resultado, há menos debates de prioridade sobre descobertas desse segundo tipo, e apenas a escassez de dados pode impedir o historiador de referi-la a um tempo e lugar particulares. Esses fatos ajudam a isolar as dificuldades que encontramos ao retornar às perturbadoras descobertas do primeiro tipo. Nos casos que mais nos ocuparão aqui, não há pontos de referência que informem ao cientista ou ao historiador quando a tarefa da descoberta foi completada.

Como primeira ilustração desse problema fundamental e de suas consequências, consideremos a descoberta do oxigênio. Uma vez que foi estudada repetidas vezes, em geral com cuidado e empenho exemplares, é improvável que essa descoberta ofereça surpresas puramente fatuais. Assim, é particularmente adequada para esclarecer questões de princípio.[5] Pelo menos três cientistas – Carl Scheele, Joseph Priestley e Antoine Lavoisier – podem reivindicar legitimamente a descoberta, mas polemistas às vezes a creditaram a

---

4 Nem todas as descobertas se encaixam com tanta clareza como as anteriores em uma ou outra de minhas duas classes. Por exemplo, o trabalho de Anderson sobre o pósitron foi realizado em completa ignorância da teoria de Dirac para o elétron, que chegou muito perto de predizer a existência da nova partícula. Por outro lado, o trabalho de Blackett e Occhialini, que o sucedeu por pouco, utilizou intensamente a teoria de Dirac e, com isso, explorou de modo mais integral a experimentação e apresentou uma defesa mais poderosa da existência do elétron do que Anderson fora capaz de fazer. Sobre isso, ver Hanson, "Discovering the Positron", *British Journal for the Philosophy of Science*, v.12, 1961, p.194; v.12, 1962, p.299. Hanson sugere muitas das questões desenvolvidas aqui. Sou grato ao professor Hanson por uma versão inédita desse material.

5 Desenvolvi um exemplo menos familiar a partir do mesmo ponto de vista em "The Caloric Theory of Adiabatic Compression", *Isis*, v.49, 1958, p.132. Uma análise muito semelhante da emergência de uma nova teoria encontra-se nas primeiras páginas de meu ensaio "Energy Conservation as an Example of Simultaneous Discovery", em Clagett (ed.), *Critical Problems in the History of Science*, 1959, p.321-56 ["A conservação da energia como exemplo de descoberta simultânea", p.89-126 deste volume]. A referência a tais artigos pode acrescentar profundidade e detalhes à discussão que se segue.

Pierre Bayen.[6] O trabalho de Scheele, embora quase com certeza já estivesse concluído antes das pesquisas mais relevantes de Priestley e Lavoisier, só veio a público depois que os trabalhos destes já eram bem conhecidos.[7] Portanto, não desempenha nenhum papel causal aparente, e simplificarei minha história omitindo-o.[8] Seguirei o caminho principal até a descoberta do oxigênio pelo trabalho de Bayen, que, em algum momento antes de março de 1774, descobriu que o precipitado vermelho de mercúrio (HgO) poderia produzir um gás quando aquecido. Bayen identificou esse produto gasoso como ar fixo [*aer fixux*] (CO_2), uma substância que o trabalho precedente de Joseph Black tornou familiar à maioria dos químicos pneumáticos.[9] Era sabido que uma grande variedade de outras substâncias produzia esse mesmo gás.

No início de agosto de 1774, poucos meses antes de o trabalho de Bayen aparecer, Joseph Priestley repetiu o experimento, ainda que provavelmente

---

6 A discussão ainda clássica da descoberta do oxigênio é de Meldrum, *The Eighteenth Century Revolution in Science: The First Phase*, 1930, cap.5. Uma discussão mais conveniente, e em geral mais confiável, encontra-se em Conant, *The Overthrow of the Phlogiston Theory: The Chemical Revolution of 1775-1789*, 1950, Harvard Case Histories in Experimental Science, case 2. Uma revisão indispensável e recente, que inclui um relato do desenvolvimento da controvérsia sobre a prioridade, é apresentada em Daumas, *Lavoisier, théoricien et expérimentateur*, 1955, cap.2 e 3. Guerlac acrescentou muitos detalhes importantes para o nosso conhecimento das relações iniciais entre Priestley e Lavoisier em seu "Joseph Priestley's First Papers on Gases and Their Reception in France", *Journal of the History of Medicine*, v.12, 1957, p.1, e em sua recente monografia *Lavoisier: The Crucial Year* (1961). Quanto a Scheele, ver Partington, *A Short History of Chemistry*, 1951, p.104-9.

7 Para uma datação do trabalho de Scheele, ver Nordenskjöld, *Carl Wilhelm Scheele, Nachgelassene Briefe und Aufzeichnungen* (1892).

8 Bocklund ("A Lost Letter from Scheele to Lavoisier", *Lychnos*, 1957-58, p.39-62) defende que Scheele havia comunicado sua descoberta do oxigênio a Lavoisier em carta de 30 de setembro de 1774. A carta é importante e mostra com clareza que Scheele estava à frente tanto de Priestley quanto de Lavoisier na época em que foi escrita. Mas penso que a carta não é tão ingênua quanto Bocklund supõe e não consigo perceber como Lavoisier poderia ter extraído dela a descoberta do oxigênio. Scheele descreve um procedimento para reconstituir o ar comum, e não para produzir um novo gás, e isso, como veremos adiante, é praticamente a mesma informação que Lavoisier havia recebido de Priestley nessa mesma época. De qualquer modo, não há evidências de que Lavoisier conduziu o tipo de experimento sugerido por Scheele.

9 Bayen, "Essai d'expériences chymiques, faites sur quelques précipités de mercure, dans la vue de découvrir leur nature, Seconde partie", *Observations sur la physique*, v.3, 1774, p.280-95, em particular p.289-91.

de modo independente. Priestley, no entanto, observou que o produto gasoso favorecia a combustão e alterou assim a identificação. Para ele, o gás obtido ao aquecer o precipitado vermelho era ar nitroso (N_2O), uma substância que ele mesmo descobrira mais de dois anos antes.[10] No mesmo mês, Priestley fez uma viagem a Paris e pôs Lavoisier a par da nova reação. Este último repetiu o experimento em novembro de 1774 e em fevereiro de 1775. Contudo, como havia utilizado testes um tanto mais elaborados que os de Priestley, Lavoisier alterou a identificação mais uma vez. A partir de maio de 1775, para ele, o gás liberado pelo precipitado vermelho não era nem ar fixo nem ar nitroso, mas "o próprio ar [atmosférico] sem nenhuma alteração [...] até o ponto em que [...] resulta mais puro".[11] Ao mesmo tempo, Priestley prosseguiu seu trabalho e, antes do início de março de 1775, também chegou à conclusão de que o gás tinha de ser "ar comum". Até esse ponto, todos que haviam produzido um gás a partir do precipitado vermelho de mercúrio o haviam identificado com alguma espécie já conhecida.[12]

O resto dessa história de descoberta pode ser contado rapidamente. No mês de março de 1775, Priestley descobriu que seu gás era, sob vários aspectos, muito "melhor" do que o ar comum e, por isso, reidentificou o gás mais uma vez, chamando-o então de "ar deflogisticado", ou seja, o ar atmosférico sem seu complemento normal de flogisto. Priestley publicou essa conclusão na *Philosophical Transactions* e, aparentemente, foi essa publicação que levou Lavoisier a reexaminar seus próprios resultados.[13] O reexame começou em fevereiro de 1776 e, em um ano, levaria Lavoisier à conclusão de que o gás tratava-se, na verdade, de um componente separável do ar atmosférico, que ambos, ele e Priestley, haviam considerado homogêneo. Nesse ponto, com

---

10 Conant, *The Overthrow of the Phlogiston Theory*, op. cit., p.34-40.

11 Ibid., p.23. Uma tradução bastante útil do texto completo está disponível em J. B. Conant.

12 Para simplificar, utilizo daqui em diante apenas o termo "precipitado vermelho". Bayen utiliza, de fato, o precipitado; Priestley utiliza tanto o precipitado quanto o óxido produzido na calcinação direta do mercúrio; Lavoisier utiliza apenas este último. A diferença não é sem importância, pois não estava de todo claro para os químicos que as duas substâncias eram idênticas.

13 Há alguma dúvida a respeito do fato de o pensamento de Lavoisier ter sido influenciado por Priestley nessa questão, porém, quando retornou aos experimentos com o gás em fevereiro de 1776, registrou em suas anotações que havia obtido "l'air dephlogistique de M. Priestley" (Daumas, *Lavoisier*, op. cit., p.36).

o gás tendo sido reconhecido como uma espécie irredutivelmente distinta, podemos concluir que a descoberta do oxigênio estava concluída.

Contudo, retornando à minha questão inicial, diremos que o oxigênio foi descoberto quando e que critérios usaremos para responder a essa questão? Se a descoberta do oxigênio foi simplesmente ter em mão uma amostra impura, então o gás foi "descoberto" na Antiguidade por quem primeiro engarrafou o ar atmosférico. É certo que, seguindo um critério experimental, temos ao menos de exigir uma amostra relativamente pura como a que foi obtida por Priestley em agosto de 1774. Mas em 1774, Priestley não tinha consciência de ter descoberto coisa alguma, a não ser um novo modo de produzir uma espécie relativamente familiar. Naquele ano, sua "descoberta" mal se diferia da efetuada por Bayen, e nenhum desses casos é realmente diverso do que ocorreu com o reverendo Stephen Hales, que obteve o mesmo gás mais de quarenta anos antes.[14] Ao que parece, quem descobre algo tem também de estar ciente da descoberta, assim como saber o que foi descoberto.

Contudo, se esse é o caso, quanto se tem de saber? Priestley teria chegado perto o bastante ao identificar o gás como ar nitroso? Se não, ele e Lavoisier estariam significativamente mais próximos quando alteraram a identificação para ar comum? E o que diríamos da nova identificação de Priestley, feita em março de 1775? O ar desflogistizado ainda não é o oxigênio nem um tipo admiravelmente inesperado de gás para o químico flogístico. Ele é, ao contrário, um ar atmosférico particularmente puro. Talvez tenhamos de esperar até os trabalhos de Lavoisier em 1776 e 1777, trabalhos esses que o levaram não apenas a isolar o gás, mas a compreender o que era. Mas mesmo essa decisão poderia ser questionada, pois em 1777, e até o fim de sua vida, Lavoisier sustentava que o oxigênio era um "princípio de acidez", e que o gás oxigênio somente era formado quando esse "princípio" se unia ao calórico, a matéria do calor.[15] Diríamos, então, que o oxigênio ainda não havia sido descoberto em 1777? Alguns poderiam se sentir tentados a fazê-lo. Mas o princípio de acidez não seria banido da Química antes de 1810 e o calórico perduraria até a década de 1860. Muito

---

14 Partington, *A Short History of Chemistry*, op. cit., p.91.

15 Sobre os elementos tradicionais nas interpretações de Lavoisier para as reações químicas, ver Metzger, *La philosophie de la matière chez Lavoisier*, 1935, e Daumas, *Lavoisier*, op. cit., cap.7.

antes dessas datas, contudo, o oxigênio já havia se tornado uma substância química usual. Além disso, o que talvez seja o ponto-chave, ele talvez tenha recebido esse *status* com base exclusivamente no trabalho de Priestley, sem nenhum auxílio da reinterpretação ainda parcial de Lavoisier.

Concluo que precisamos de um novo vocabulário e de novos conceitos para analisar eventos como a descoberta do oxigênio. Ainda que seguramente correta, a frase "o oxigênio foi descoberto" induz em erro, pois sugere que descobrir algo é um ato único, simples e capaz de ser atribuído sem equívoco a um indivíduo num dado instante do tempo, contanto que saibamos o suficiente. Quando a descoberta é inesperada, no entanto, a última atribuição é sempre impossível, assim como comumente a primeira. Se ignorarmos Scheele, podemos dizer com segurança, por exemplo, que o oxigênio não foi descoberto antes de 1774, e talvez ainda possamos sustentar que já havia sido descoberto em 1777 ou pouco depois. Entretanto, dentro desses limites, qualquer tentativa de datar a descoberta ou atribuí-la a um indivíduo é necessariamente arbitrária. Além disso, deve ser arbitrária porque a descoberta de um novo tipo de fenômeno é necessariamente um processo complexo, que envolve reconhecer tanto *que* algo ocorre quanto *o que* ele é. A observação e a conceituação, o fato e a assimilação do fato encontram-se inseparavelmente associados na descoberta da novidade científica. É inevitável que esse processo se estenda no tempo e, às vezes, envolva várias pessoas. Somente nas descobertas do segundo tipo – aquelas cuja natureza é conhecida previamente – o descobrir *que* e o descobrir *o que* podem ocorrer juntos e no mesmo momento.

Os dois últimos exemplos, mais simples e muito mais breves, mostrarão ao mesmo tempo quão típico pode ser o caso do oxigênio e prepararão o caminho para uma conclusão um tanto mais precisa. Na noite de 13 de março de 1781, o astrônomo William Herschel fez a seguinte anotação em seu diário: "No quartil próximo a Zeta Tauri [...] há uma estranha estrela nebulosa ou talvez um cometa".[16] Essa anotação é considerada, em geral, o registro da descoberta do planeta Urano, mas não pode arcar com isso. Entre 1690 e a observação de Herschel em 1781, o mesmo objeto havia sido observado e registrado em pelo menos dezessete ocasiões por homens que o tomaram por uma estrela. Herschel diferiu deles apenas ao supor que deveria se tratar, uma vez que pareceu excepcionalmente grande em seu te-

---

16 Doig, *A Concise History of Astronomy*, 1950, p.115-6.

lescópio, de um *cometa!* Duas observações adicionais, em 17 e 19 de março, ao mostrar que o objeto se movia em relação às estrelas, confirmaram essa suposição. Como resultado, astrônomos em toda a Europa foram informados da descoberta, e os matemáticos começaram a calcular a órbita do novo cometa. Somente alguns meses depois, quando haviam falhado todas as tentativas de ajuste com a observação, foi que o astrônomo Lexell sugeriu que o objeto observado por Herschel poderia ser um planeta. E foi somente quando os novos cálculos, baseados numa órbita planetária e não mais numa cometária, provaram ser compatíveis com a observação é que a sugestão foi aceita de modo geral. Em que instante no decorrer de 1781 diríamos que o planeta Urano foi descoberto? E estaríamos inteira e inequivocamente seguros de que foi Herschel, e não Lexell, quem o descobriu?

Consideremos ainda mais sucintamente a história da descoberta dos raios X, uma história que começa em 1895, no dia em que o físico Röentgen interrompeu uma investigação anterior sobre raios catódicos ao notar que uma tela de platinocianeto de bário, distante de seu aparato blindado, brilhava quando ocorria uma descarga.[17] Investigações adicionais – que exigiram sete semanas febris, durante as quais Röentgen raramente deixou seu laboratório – indicaram que a causa do brilho se propagava em linha reta a partir do tubo de raios catódicos, que a radiação projetava sombras e não podia ser defletida por ímãs e muitas outras coisas. Antes de anunciar sua descoberta, Röentgen se convencera de que o efeito não era fruto dos próprios raios catódicos, mas de uma nova forma de radiação, em certo grau similar à luz. Mais uma vez a questão se impõe: Quando diríamos que os raios X foram descobertos de fato? Não no primeiro instante, quando tudo que viu não passava de uma tela brilhante. Algum outro investigador já havia observado esse brilho e, para seu desgosto, não havia descoberto absolutamente nada. Também não podemos situar o momento da descoberta em algum ponto da última semana de investigação. Nesse momento, Röentgen explorava as propriedades da nova radiação que ele *já* havia descoberto. Talvez devamos nos contentar em dizer que os raios X foram revelados em Würzburg entre 8 de novembro e 28 de dezembro de 1895.

As características partilhadas por esses exemplos são, penso eu, comuns a todos os episódios em que novidades inesperadas passam a ser objetos de atenção científica. Por isso, concluo essas breves observações

---

17 Taylor, *Physics, the Pioneer Science*, 1941, p.790.

com a discussão de três dessas características, que podem ajudar a fornecer um quadro geral para o estudo subsequente dos episódios estendidos que costumamos chamar de "descobertas".

Em primeiro lugar, notemos que todas as nossas três descobertas – o oxigênio, Urano e os raios X – começaram com o isolamento experimental ou observacional da anomalia, ou seja, com a insuficiência da natureza para confirmar integralmente as expectativas. Notemos, ainda, que o processo pelo qual a anomalia foi induzida exibe ao mesmo tempo as características aparentemente incompatíveis da inevitabilidade e da acidentalidade. No caso dos raios X, o brilho anômalo que propiciou a primeira pista de Röentgen foi um resultado claro da disposição acidental de seu aparato. Mas, por volta de 1895, os raios catódicos eram assunto normal de pesquisa em toda a Europa, e tal pesquisa justapunha constantemente tubos de raios catódicos e telas ou filmes sensíveis. Portanto, era quase certo que ocorresse em algum lugar o acidente de Röentgen, como de fato ocorreu. Essas observações, no entanto, fazem o caso de Röentgen parecer em muito com os de Herschel e Priestley. A princípio, Herschel observou uma estrela exageradamente grande e, portanto, anômala durante um longo levantamento dos céus do Norte. Esse levantamento, exceto pela capacidade de ampliação proporcionada pelos instrumentos de Herschel, era do mesmo tipo que havia sido exaustivamente conduzido antes e, algumas vezes, havia resultado em observações anteriores de Urano. Priestley, ao isolar o gás que se comportava quase como o ar nitroso e, em seguida, quase como o ar atmosférico, percebeu algo imprevisto e errado nos resultados de um tipo de experimento com vários precedentes na Europa e que, por mais de uma vez, havia conduzido à produção do novo gás.

Essas características sugerem a existência de duas condições normais para o início de um episódio de descoberta. A primeira, que assumi amplamente no decorrer deste artigo, é a habilidade, a destreza ou o talento individuais para reconhecer que algo saiu errado, mas de um modo que se mostre particularmente consequente. Nem todo cientista teria notado que uma estrela não catalogada seria tão grande, que a tela não deveria brilhar ou que o ar nitroso não poderia suportar vida. Mas essa condição pressupõe outra, menos frequentemente assumida. Qualquer que seja o grau de talento para observá-las, as anomalias somente emergem no curso normal da pesquisa científica quando tanto os instrumentos quanto os conceitos se desenvolveram o suficiente para tornar a emergência provável, e a anomalia, reconhecível como uma violação das expectativas.[18] Dizer que uma descoberta inesperada começa quando algo saiu errado é dizer que começa quando os cientistas conhecem bem seus instrumentos e sabem qual deve ser o comportamento da natureza. O que distingue Priestley, que foi capaz de perceber a anomalia, de Hales, que não foi, é em grande medida a considerável articulação de técnicas pneumáticas e expectativas que ocorreu nas quatro décadas que separam seus dois isolamentos do oxigênio.[19] O próprio número de candidatos indica que, após 1770, a descoberta não demoraria.

O papel da anomalia é a primeira das três características partilhadas por nossos três exemplos. Uma segunda pode ser considerada de maneira mais sucinta, pois constitui o tema principal deste texto. Embora marque o início de uma descoberta, a consciência da anomalia marca apenas o início. O que necessariamente lhe sucede, se de fato algo está para ser descoberto, é um período mais ou menos prolongado em que o indivíduo, e às vezes outros membros de seu grupo, tentam fazer a anomalia se comportar segundo leis. Invariavelmente, esse período exige observação ou experimentação adicionais, assim como uma reflexão continuada. Enquanto isso, os cientistas revisam continuamente suas expectativas, seus padrões instrumentais e, às vezes, suas teorias mais fundamentais. Nesse sentido, as descobertas têm uma história íntima que lhes é própria, assim como uma pré-história e uma pós-história. Além disso, nesse intervalo de história íntima delimitado um tanto vagamente, não há um momento ou um dia específico que o historiador pode identificar como o ponto preciso em que a descoberta foi realizada, por mais completos que sejam seus dados. Em geral, quando vários indivíduos estão envolvidos, é impossível até mesmo identificar qualquer um deles, inequivocamente, como o descobridor.

Por último, passando à terceira das características comuns aqui selecionadas, vejamos rapidamente o que ocorre quando o período de descoberta se aproxima do desfecho. Uma discussão completa dessa questão exigiria evidências adicionais e um artigo separado, pois tratamos muito pouco aqui

---

18 Embora a questão não possa ser discutida aqui, as condições que tornam provável o surgimento da anomalia e as que tornam a anomalia reconhecível são em larga medida as mesmas. Esse fato pode nos ajudar a compreender a quantidade extraordinariamente grande de descobertas simultâneas na ciência.

19 Um esquema bastante útil do desenvolvimento da química pneumática pode ser encontrado em Partington, *A Short History of Chemistry*, op. cit., cap.6.

daquilo que resulta de uma descoberta. No entanto, o assunto não deve ser esquecido, já que é, até certo ponto, um corolário do que foi dito.

As descobertas são normalmente descritas como simples incrementos ou adições ao acúmulo de conhecimento científico, e tal descrição tem ajudado a fazer a descoberta parecer uma unidade adequada para a medida do progresso. Sugiro, no entanto, que isso somente é apropriado para aquelas descobertas que, assim como os elementos que ocuparam os espaços vazios da tabela periódica, foram antecipadas ou eram previsíveis e, por isso, não exigiram ajuste, adaptação e assimilação por parte da profissão. Mas se as descobertas do tipo que estamos examinando são indubitavelmente adições ao conhecimento científico, também são algo mais. Num sentido que posso elaborar apenas em parte aqui, elas também se voltam contra aquilo que já era conhecido, proporcionando uma nova visão sobre objetos até então familiares e, ao mesmo tempo, alterando o modo como eram praticados certos segmentos tradicionais da ciência. Quando findam a longa batalha contra a anomalia que constitui a descoberta do novo fenômeno, aqueles em cuja área de competência específica ele se situa veem o mundo e seu próprio trabalho com outros olhos.

William Herschel, por exemplo, quando acrescentou um corpo planetário ao número aceito por tanto tempo, ensinou os astrônomos a ver coisas novas ao observar o céu que lhes era familiar, mesmo com instrumentos mais tradicionais do que os seus. Essa mudança na visão dos astrônomos é talvez a principal razão por que, no meio século posterior à descoberta de Urano, outros vinte corpos circunsolares foram adicionados aos sete tradicionais.[20] Transformação semelhante é ainda mais evidente no que sucedeu ao trabalho de Röentgen. Em primeiro lugar, as técnicas estabelecidas

---

20 Wolf, *Geschichte der Astronomie*, 1877, p.513-5, 683-93. Em geral, as descobertas pré-fotográficas de asteroides são consideradas decorrentes da invenção da lei de Bode. Mas essa lei pode não ser uma explicação completa e não ter desempenhado um grande papel. A descoberta de Ceres por Piazzi, em 1801, foi realizada sem o conhecimento da especulação, então corrente, sobre a existência de um planeta no "buraco" entre Marte e Júpiter. À semelhança de Herschel, Piazzi estava empenhado numa catalogação estelar. Mais importante: a lei de Bode já era antiga por volta de 1800 (Wolf, *Geschichte der Astronomie*, op. cit., p.683), mas apenas um homem parece ter acreditado nessa época que ela teria validade na busca de outro planeta. Por último, a lei de Bode, por si mesma, podia sugerir a pertinência da busca de novos planetas, mas não dizia aos astrônomos onde procurar. É evidente que o chamado à busca de novos planetas data do trabalho de Herschel sobre Urano.

para a pesquisa com raios catódicos tiveram de ser alteradas, porque os cientistas constataram que não haviam conseguido controlar uma variável relevante. Essas alterações incluíam tanto o redesenho de antigos aparatos quanto a revisão do tratamento de velhas questões. Em segundo lugar, alguns cientistas mais interessados experimentaram a mesma transformação que acabamos de observar como resultado da descoberta de Urano. O raio X foi a primeira nova forma de radiação descoberta desde o infravermelho e o ultravioleta no início do século XIX. Mas menos de uma década após o trabalho de Röentgen, quatro outras foram divulgadas, graças à nova sensibilidade científica (por exemplo, o escurecimento de placas fotográficas) e a algumas das novas técnicas experimentais resultantes do trabalho de Röentgen e de sua assimilação.[21]

Na maioria das vezes, as transformações nas técnicas estabelecidas da prática científica mostram-se ainda mais importantes que o conhecimento incremental proporcionado pela própria descoberta. Isso pode ser discutível nos casos de Urano e dos raios X, mas, no caso do oxigênio, não há nenhuma dúvida. Assim como os trabalhos de Herschel e Röentgen, os de Priestley e Lavoisier ensinaram os cientistas a ver as mesmas situações com outros olhos. Em consequência, como se pode prever, o oxigênio não foi a única nova espécie química a ser descoberta na sequência de seus trabalhos. No caso do oxigênio, porém, os reajustes exigidos pela assimilação foram tão profundos que desempenharam um papel integral e essencial – embora não fossem em si a causa – no gigantesco cataclismo teórico e prático da química que desde então conhecemos como revolução química. Não quero sugerir com isso que toda descoberta não antecipada tenha para a ciência consequências tão profundas e de tão longo alcance como as que decorreram da descoberta do oxigênio. Mas sugiro, sim, que toda descoberta desse tipo exige dos mais interessados aqueles reajustes que, quando mais óbvios, equiparamos às revoluções científicas. É simplesmente por exigir reajustes como esses, a meu ver, que o processo da descoberta é, inevitável e necessariamente, um processo que exibe estrutura e, por conseguinte, estende-se no tempo.

---

21 Sobre as radiações α, β e γ, descobertas que datam de 1896, ver Taylor, *Physics, the Pioneer Science*, 1941, p.800-4. Sobre a quarta nova forma de radiação, os raios N, ver Price, *Science Since Babylon*, 1961, p.84-9 [ed. bras.: *A ciência desde a Babilônia*, 1976]. O fato de os raios-N terem sido fonte de um escândalo científico não os torna menos reveladores do modo de ser da comunidade científica.

8
A função da medição na física moderna[1]

Na Universidade de Chicago, a fachada do Social Science Research Building traz a célebre frase de lorde Kelvin: "Se não fores capaz de medir, teu conhecimento é insuficiente e insatisfatório".[2] Será que tal afirmação estaria ali se não tivesse sido feita por um físico, mas por um sociólogo, um cientista político ou um economista? Ou ainda, será que termos como "metro" [*yardstick*] ou "leitura do medidor" [*meter reading*] ocorreriam com tanta frequência nas discussões contemporâneas sobre a epistemologia e o método científico, não fosse o prestígio da física moderna e o fato de a medição ter uma importância tão grande e óbvia em suas pesquisas? Sus-

---

1 Originalmente publicado como "The Function of Measurement in Modern Physical Science", *Isis*, v.52, 1961, p.161-93. Reimpresso com a permissão da History of Science Society.

2 Sobre a fachada, ver Wirth (ed.), *Eleven Twenty-Six: A Decade of Social Science Research*, 1940, p.169. A atitude expressa na inscrição é um tema recorrente nos escritos de Kelvin, mas não encontrei formulação mais próxima da de Chicago que esta: "Quando não fores capaz de expressá-lo em números, teu conhecimento é insuficiente e insatisfatório". Ver Thomson, "Electrical Units of Measurement", *Popular Lectures and Addresses*, 1889-91, v.1, p.73 [A inscrição e a citação de Kelvin são respectivamente: "If you cannot measure, your knowledge is meager and unsatisfactory" e "When you cannot express it in numbers, your knowledge is of a meagre and unsatisfactory kind". (N.T.)]

peitando que a resposta a ambas as questões seja "não", percebo meu papel nesta conferência como particularmente desafiador. Uma vez que a ciência física é rotineiramente vista como *o* paradigma do conhecimento sólido, e como as técnicas quantitativas parecem fornecer a chave essencial de seu sucesso, a questão sobre como a medição tem funcionado efetivamente na ciência física nos últimos três séculos desperta mais do que seu interesse intrínseco e natural. Sendo assim, quero deixar clara minha posição geral desde o início. Na condição tanto de ex-físico quanto de historiador da ciência física, estou inteiramente seguro de que, ao menos por um século e meio, os métodos quantitativos têm sido centrais no desenvolvimento dos campos que estudo. Por outro lado, estou igualmente convencido de que as noções mais difundidas hoje sobre a função da medição e a fonte de sua eficácia especial são amplamente derivadas de mitos.

Em parte por essa convicção, e em parte por razões mais autobiográficas,[3] empregarei aqui uma abordagem um pouco diferente da maioria das outras contribuições a esta conferência. Até bem perto do fim, meu ensaio não contém nenhuma narrativa do emprego progressivo, desde o final da Idade Média, das técnicas quantitativas na física. Em vez disso, as duas questões centrais deste artigo – como a medição tem efetivamente funcionado na ciência física e qual tem sido a fonte de sua eficácia especial – serão abordadas diretamente. Para esse propósito, e apenas para ele, a História será verdadeiramente "Filosofia ensinada pelo exemplo".

Antes de permitir à História que funcione como fonte de exemplos, temos, no entanto, de compreender todo o alcance do que é lhe conceder uma função. Para esse fim, meu artigo começa com uma discussão crítica do que considero a imagem mais difundida da medição científica, uma imagem que deve muito de sua plausibilidade e força ao modo como os cálculos e medições entram em cena numa fonte profundamente a-histórica, o manual de ciências. Essa discussão, restrita à próxima seção, insinuará que existe uma imagem manualesca, ou um mito manualesco, da ciência, e que ela pode ser sistematicamente enganadora. A função efetiva da medição – quer na busca por novas teorias, quer na confirmação das já disponíveis – tem de ser procu-

---

3 As partes centrais deste artigo, acrescentadas tardiamente à programação, são extraídas de meu ensaio "The Role of Measurement in the Development of Natural Science", uma versão de circulação restrita de uma conferência apresentada pela primeira vez no Social Sciences Colloquium da Universidade da Califórnia, Berkeley.

rada nos periódicos que expõem não teorias bem acabadas e estabelecidas, mas teorias em desenvolvimento. Mais além desse ponto da discussão, a História necessariamente passará a ser nosso guia e as duas seções seguintes apresentarão uma imagem mais convincente da maioria das funções usuais da medição, extraída dessa fonte. A seção posterior empregará a descrição resultante para perguntar por que a medição poderia se revelar tão extraordinariamente eficaz na pesquisa em física. Somente depois disso, na última seção, esboçarei uma visão sinóptica do caminho pelo qual a medição veio, cada vez mais, a dominar a ciência física ao longo dos últimos trezentos anos.

Faz-se necessária mais uma advertência antes de começar. Alguns dos participantes desta conferência parecem, aqui e ali, chamar de medição quaisquer observações ou experimentações científicas inequívocas. Assim, o professor Boring supõe que Descartes estava medindo quando demonstrou a imagem invertida da retina no fundo do globo ocular, e é possível que dissesse o mesmo sobre a demonstração de Franklin da polaridade oposta entre os dois eletrodos numa garrafa de Leyden. Sem dúvida alguma, experimentos como esses estão entre os mais importantes e fundamentais que as ciências físicas já conheceram, mas não vejo mérito em descrever seus resultados como medições. De qualquer modo, essa terminologia tornaria obscuros os pontos mais importantes deste ensaio. Consequentemente, suporei que uma medição (ou uma teoria inteiramente quantificada) sempre produz números. Experimentos como os de Descartes ou Franklin, mencionados anteriormente, serão classificados como qualitativos ou não numéricos, sem com isso insinuar, assim o espero, que sejam menos importantes. Somente podendo fazer uso dessa distinção entre qualidade e quantidade é que eu poderia almejar mostrar que um intenso trabalho qualitativo tem sido em geral condição para uma quantificação produtiva nas ciências físicas. E, somente se tal afirmação puder ser defendida, teremos condições de indagar quais os efeitos da introdução de métodos quantitativos nas ciências que até então têm avançado sem grande auxílio deles.

A medição nos manuais

Nossa imagem da ciência física e da medição é muito mais condicionada pelos manuais do que em geral nos damos conta. Essa influência é em parte direta: os manuais são a única fonte do primeiro contato com a física da maioria das pessoas. A influência indireta, contudo, é sem dúvida muito maior e mais insidiosa. Os manuais ou seus equivalentes são o único depósito das realizações acabadas dos físicos modernos. É da análise e da divulgação dessas realizações que se ocupam a maioria dos escritos em Filosofia da Ciência e das explanações da ciência para não cientistas. Como atestam muitas autobiografias, mesmo o cientista pesquisador nem sempre se liberta da imagem manualesca adquirida durante seus primeiros contatos com a ciência.[4]

Apontarei, em breve, a razão por que o modo de apresentação dos manuais é inevitavelmente enganador, mas examinemos antes a própria apresentação. Como a maioria dos participantes desta conferência já viu pelo menos um manual de física, restrinjo a atenção ao sumário tripartite esquematizado na figura a seguir. Ela exibe, no canto superior esquerdo, uma série de enunciados teóricos na forma de leis, $(x) \, \phi_i \, (x)$, que, em conjunto, constituem a teoria da ciência a ser descrita.[5] O centro do diagrama representa o equipamento lógico e matemático empregado na manipulação da teoria.

Os enunciados na forma de leis, no canto superior esquerdo, devem ser pensados como se alimentassem, em conjunto com certas "condições iniciais" que especificam a situação à qual a teoria é aplicada, o funil da máquina. Roda-se, então, a manivela. As operações lógicas e matemáticas são realizadas no interior da máquina e, da calha frontal, escorrem as previsões numéricas para a aplicação desejada. Estas, por sua vez, são escritas na primeira coluna da tabela, que aparece no canto inferior direito da figura. A segunda coluna exibe os resultados numéricos das medições efetivas, dispostos ali para efeito de comparação com as previsões derivadas da teoria. A maioria dos manuais de Física, Química, Astronomia e outras disciplinas afins contém muitos dados desse tipo, embora nem sempre sejam apresentados na forma de tabelas. Alguns de vocês terão maior familiaridade, por exemplo, com apresentações equivalentes na forma de gráficos.

---

4 Esse fenômeno é examinado em mais detalhe em minha monografia, *The Structure of Scientific Revolutions*, que, quando estiver terminada, sairá como o volume 2, n.2, da *International Encyclopedia of Unified Science*. Muitas outras características da imagem manualesca da ciência, suas fontes e aspectos positivos, também são examinadas ali.

5 É claro que nem todos os enunciados necessários à construção da maioria das teorias exibem essa forma específica, mas as complexidades não são relevantes para os assuntos tratados aqui. Braithwaite, *Scientific Explanation* (1953), contém uma descrição útil, embora muito geral, da estrutura lógica das teorias científicas.

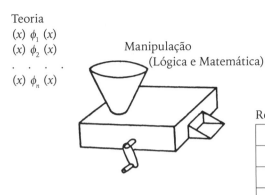

Figura 1

A tabela do canto inferior direito tem um interesse particular, pois é ali que os resultados da medição aparecem de maneira explícita. O que podemos dizer sobre o significado dessa tabela e dos números que ela contém? Creio que existem duas respostas usuais: a primeira, imediata e quase universal; a outra, talvez mais importante, mas raramente explicitada.

De um modo mais óbvio, os resultados da tabela parecem funcionar como um teste da teoria. Se os números correspondentes nas duas colunas concordarem, a teoria é aceitável; caso contrário, a teoria tem de ser modificada ou rejeitada. Trata-se da função da medição como confirmação, vista aqui, como ocorre para a maioria dos leitores, emergindo da formulação do manual de uma teoria científica terminada. Vou supor, por enquanto, que alguma função desse tipo é exemplificada regularmente na prática científica normal, e que é possível isolá-la nos escritos cujos propósitos não sejam exclusivamente pedagógicos. Por ora, precisamos apenas notar que, no tocante à prática, os manuais não oferecem nenhum testemunho. Nenhum manual jamais incluiu uma tabela que pretendesse levar ou que levasse ao enfraquecimento da teoria que o texto se propôs a descrever. Os leitores dos manuais de ciência correntes aceitam as teorias neles apresentadas em razão da autoridade do autor e da comunidade científica, não de quaisquer tabelas presentes nesses textos. Se as tabelas são de fato lidas, como são em geral, é por outra razão.

Falarei sobre essa outra razão em breve, mas tenho antes de observar a segunda função putativa da medição, a de exploração. Supõe-se comumente que os dados numéricos, como aqueles coletados na segunda coluna de nossa tabela, podem ser úteis quando se propõem novas teorias ou leis científicas. Alguns parecem assumir que os dados numéricos têm mais chances de produzir novas generalizações do que dados de qualquer outro tipo. É essa produtividade especial, e não o papel da medição na confirmação, que explica por que a frase de Kelvin está inscrita na fachada da Universidade de Chicago.[6]

Não é óbvia a relação de nossas ideias acerca dessa função dos números com o esquema dos manuais representado na figura, mas não vejo outro modo de explicar a eficácia especial comumente atribuída aos resultados da medição. Suspeito que, nesse caso, deparamos com um vestígio de uma crença reconhecidamente antiquada de que as leis e as teorias podem ser obtidas por um processo semelhante a "girar a manivela para trás". Com os dados numéricos da coluna "Experimento", a manipulação lógico-matemática (auxiliada, todos insistiriam hoje, pela "intuição") pode levar à enunciação das leis que subjazem aos números. Se qualquer procedimento, mesmo que remotamente parecido com isso, estiver envolvido na descoberta – ou seja, se a mente forjasse as leis e teorias diretamente a partir desses dados –, então a superioridade dos dados numéricos em relação aos qualitativos se manifestaria de imediato. Os resultados da medição são neutros e precisos, não podem enganar. Mais importante ainda é que os números são passíveis de manipulação matemática: mais do que qualquer outra forma de dado, eles podem ser assimilados ao esquema semimecânico do manual.

Já insinuei meu ceticismo quanto a essas duas descrições predominantes da função da medição. Nas próximas duas seções, cada uma será comparada em mais detalhes com a prática científica comum. Mas será proveitoso continuarmos nosso exame crítico das tabelas dos manuais. Ao fazê-lo, espero mostrar que nossos estereótipos sobre a medição nem sempre se ajustam por inteiro ao esquema dos manuais dos quais parecem derivar. Ainda que as tabelas numéricas de um manual não funcionem nem como exploração nem como confirmação, elas estão ali por algum motivo. Talvez possamos descobrir a razão ao indagar o que o autor de um manual tem em mente quando diz, com relação às colunas da tabela, que os números da "Teoria" "concordam" com os do "Experimento".

---

6 O professor Frank Knight, por exemplo, sugere que, para o cientista social, o "significado prático [do enunciado de Kelvin] tende a ser: 'Se não puderes medir, meça mesmo assim'" (*Eleven Twenty-Six*, op. cit., p.169).

Na melhor das condições, o critério tem de ser a concordância dentro dos limites de precisão dos instrumentos utilizados. Como o cálculo com base na teoria pode quase sempre fornecer resultados com um número indefinido de casas decimais, a concordância numérica, ou exata, é impossível por princípio. Mas qualquer um que tenha examinado as tabelas em que são comparados os resultados da teoria e do experimento reconhecerá que uma concordância menos exigente como essa ainda é um tanto rara. A aplicação da teoria física quase sempre envolve algum tipo de aproximação (de fato, o plano *não* é "sem atrito", o vácuo *não* é "perfeito", os átomos *não* permanecem "inalterados" em colisões), e não se espera, portanto, que leve a resultados precisos. Além disso, a construção do instrumento pode envolver aproximações (por exemplo, a "linearidade" das propriedades do tubo de vácuo) que lançam dúvida sobre a significância do algarismo da última casa decimal que aparece no medidor. Ou ainda, pode-se simplesmente reconhecer que, por razões que ainda não se compreendem claramente, a teoria cujos resultados foram tabulados ou os instrumentos utilizados na medição fornecem apenas estimativas. Por uma ou outra dessas razões, é raro os físicos esperarem uma concordância inteiramente dentro dos limites experimentais. De fato, quando a encontram, eles desconfiam em geral. Ao menos nos laboratórios de ensino, uma concordância excessivamente próxima no relatório de um aluno costuma ser tomada como indício presumível de manipulação de dados. O fato de nenhum experimento fornecer com exatidão o resultado numérico esperado é chamado às vezes de "a quinta lei da termodinâmica".[7] O fato de apresentar exceções reconhecidas, diferentemente de outros tipos de leis, não diminui sua utilidade como princípio condutor.

Por conseguinte, aquilo que os cientistas buscam nas tabelas numéricas não é, na maioria das vezes, "concordância", mas o que, em geral, chamam de "concordância razoável". Além disso, se buscarmos agora um critério para "concordância razoável", seremos forçados a procurar nas próprias tabelas. A prática científica não exibe um critério externo consistentemente aplicado ou aplicável. A "concordância razoável" varia conforme o ramo da ciência e, no interior de cada um desses ramos, com o tempo. Aquilo que

---

7 As três primeiras leis da termodinâmica são bem conhecidas fora da profissão. A "quarta lei" afirma que nenhuma peça do equipamento experimental funciona da primeira vez que é montado. Examinaremos adiante evidências da quinta lei.

para Ptolomeu e seus sucessores era uma concordância razoável entre a teoria astronômica e a observação era, para Copérnico, uma evidência incisiva de que o sistema ptolomaico tinha de estar errado.[8] Entre a época de Cavendish (1731-1810) e a de Ramsey (1852-1916), uma mudança similar nos critérios químicos aceitos para uma "concordância razoável" levou ao estudo dos gases nobres.[9] Essas divergências são típicas e equiparáveis às que hoje existem entre diferentes ramos da comunidade científica. Em partes da espectroscopia, "concordância razoável" quer dizer o acordo nos primeiros seis ou oito algarismos nos números de uma tabela de comprimentos de onda. Em contraste, na teoria dos sólidos, uma concordância de duas casas é considerada, em geral, mais do que adequada. E ainda há partes da Astronomia em que a busca por uma concordância mais limitada pareceria utópica. No estudo teórico das magnitudes estelares, a concordância numa potência de dez é rotineiramente considerada "razoável".

Notem que, com isso, respondemos sem querer à questão com que começamos. Ou seja, dissemos o que a "concordância" entre teoria e experimento tem de significar para que seu critério seja extraído das tabelas de um manual de ciências. Ao fazê-lo, no entanto, caímos num círculo vicioso. Comecei perguntando, ao menos de modo implícito, que características os números da tabela deveriam exibir para que pudéssemos dizer que "concordavam". Concluí agora que o único critério possível é o próprio fato de aparecerem, com a teoria da qual derivam, num manual aceito pela profissão. Quando ocorrem nos manuais, as tabelas com os números extraídos da teoria e da experimentação não podem demonstrar nada além de uma "concordância razoável". E, mesmo isso, demonstram apenas por tautologia, pois fornecem por si mesmas a definição de "concordância razoável" em vigor na profissão. Acredito que é por isso que estão lá: elas definem "concordância razoável". Ao estudá-las, o leitor aprende o que pode ser esperado da teoria. Conhecer as tabelas é parte do conhecer a própria teoria. Sem as tabelas, a teoria estaria essencialmente incompleta. Com respeito à medição, a teoria não careceria propriamente de testes, mas de testabilidade. O que nos leva a concluir que, uma vez incorporada a um manual – que para os presentes propósitos significa "uma vez adotada pela profissão" –, nenhuma teoria é

---

8 Kuhn, *The Copernican Revolution*, 1957, p.72-6, 135-43 [ed. port.: *A revolução copernicana*, 2002].

9 Ramsay, *The Gases of the Atmosphere: The History of Their Discovery*,1896, cap.4 e 5.

considerada testável por quaisquer testes quantitativos pelos quais já não tenha passado.[10]

Talvez essas conclusões não surpreendam. Certamente não deveriam. Afinal, os manuais são escritos algum tempo depois dos procedimentos de descoberta e confirmação cujos *resultados* registram. Além disso, são escritos com intenções pedagógicas. O objetivo de um manual é proporcionar ao leitor, da forma mais econômica e assimilável, um relato do que a comunidade científica contemporânea acredita conhecer e das principais aplicações desse conhecimento. Informações sobre como foi adquirido o conhecimento (descoberta) e por que foi aceito pela profissão (confirmação) seriam, no mínimo, excesso de bagagem. Ainda que a inclusão dessas informações certamente viesse a intensificar os valores "humanísticos" do manual e possivelmente desse origem a cientistas mais flexíveis e criativos, seria inevitável que diminuísse a facilidade do aprendizado da linguagem científica contemporânea. Por ora, apenas este último objetivo foi levado a sério pela maioria dos escritores dos manuais das ciências naturais. Por conseguinte, embora os manuais sejam talvez o lugar certo para os filósofos descobrirem a estrutura lógica das teorias científicas terminadas, eles mais desorientarão do que auxiliarão o incauto em busca de métodos produtivos. Isso seria tão adequado quanto buscar num manual de línguas uma caracterização da literatura correspondente. Os manuais de línguas, como os de ciência, ensinam a *ler* a literatura, não como criá-la ou avaliá-la. Sejam quais forem as indicações que forneçam para isso, é muito provável que apontem para a direção errada.[11]

---

10 Levar adiante essa observação fugiria do tema proposto neste artigo, mas isso deveria ser feito, pois, se eu estiver certo, ela tem relação com uma importante controvérsia contemporânea sobre a distinção entre verdades analíticas e sintéticas. Assim como uma teoria científica tem de ser acompanhada da enunciação das evidências a seu favor para que tenha significado empírico, a teoria como um todo (o que inclui a evidência) tem de ser analiticamente verdadeira. Para uma apresentação do problema filosófico da analiticidade, ver Quine, "Two Dogmas of Empiricism", e outros ensaios em *From a Logical Point of View* (1953). Para uma discussão estimulante, embora um pouco livre, do *status* ocasionalmente analítico das leis científicas, ver Hanson, *Patterns of Discovery*, 1958, p.93-118. Uma nova discussão do problema filosófico, com copiosas referências à literatura da controvérsia, encontra-se em Pasch, *Experience and the Analytic: A Reconsideration of Empiricism* (1958).

11 A monografia citada na nota 4 argumenta que o desencaminhamento fornecido pelos manuais de ciência é tanto sistemático quanto funcional. Não está claro que uma imagem mais exata dos procedimentos científicos aumenta a eficiência dos cientistas físicos.

Os motivos para a medição normal

As considerações anteriores ditam nosso próximo passo. Temos de indagar como as medições foram justapostas às leis e teorias nos manuais de ciência. Ao mesmo tempo, temos de buscar essa resposta na literatura dos periódicos, o meio pelo qual os cientistas naturais reportam seu trabalho original e no qual avaliam o trabalho uns dos outros.[12] De imediato, o recurso a essa fonte de literatura lança dúvidas quanto a uma implicação do esquema usual dos manuais. Apenas uma minúscula fração, mesmo das melhores e mais criativas medições conduzidas pelos cientistas naturais, são motivadas por um desejo de descobrir novas regularidades quantitativas ou confirmar as mais antigas. Uma fração quase tão pequena gerou esses efeitos. Houve umas poucas que o fizeram, e direi algo sobre elas nas próximas duas seções. Mas será proveitoso descobrir, em primeiro lugar, por que as medições relacionadas com a exploração e a confirmação são tão raras. Portanto, nesta seção, e na maior parte da outra, restrinjo-me à forma mais usual da medição na prática científica normal.[13]

---

12 Naturalmente, é anacrônico aplicar os termos "literatura dos periódicos" e "manuais" à totalidade do período que me foi pedido discutir. Mas meu interesse é enfatizar um padrão de comunicação profissional cujas origens, pelo menos, podem ser encontradas no século XVII, e cujo rigor, desde então, não deixou de aumentar. Houve um período (diferente em diferentes ciências) em que o padrão de comunicação da ciência foi muito parecido com aquele ainda aparente nas humanidades e em muitas das ciências sociais. Mas em todas as ciências físicas esse padrão já não vigora há pelo menos um século e, em muitas delas, desapareceu muito antes disso. Hoje, todas as publicações de resultados de pesquisa ocorrem em jornais lidos apenas por profissão. Os livros são exclusivamente manuais, compêndios, divulgações ou reflexões filosóficas, e escrevê-los é uma atividade um tanto duvidosa, pois não é uma atividade profissional. É desnecessário dizer que uma separação rígida e nítida entre os artigos e os livros, os escritos de pesquisa e os não relacionados à pesquisa fortalece grandemente o que chamei de imagem manualesca.

13 Aqui, como em outras partes deste artigo, desconsidero a grande quantidade de medições feitas apenas para coletar informação fatual. Penso em medições de densidades relativas, comprimentos de onda, constantes elásticas, pontos de ebulição etc., realizadas para determinar parâmetros que têm de ser inseridos nas teorias científicas e cujo resultado numérico não é previsto pela teoria (ao menos durante o período relevante). Esse tipo de medição não é desprovido de interesse, mas acredito que não cause dificuldade. Em todo caso, considerá-lo ampliaria demais os limites deste artigo.

A forma mais profunda e rara de talento nas ciências físicas é, talvez, a exemplificada por aqueles que, como Newton, Lavoisier ou Einstein, enunciaram uma nova teoria capaz de levar ordem potencial a uma vasta gama de fenômenos naturais. No entanto, essas reformulações radicais são muito incomuns, em grande parte porque o estado da ciência raramente lhe dá ensejo. De mais a mais, não são os únicos eventos verdadeiramente criativos e essenciais no desenvolvimento do conhecimento científico. A nova ordem fornecida por uma nova e revolucionária teoria nas ciências naturais é sempre uma ordem *potencial*. São necessários muito trabalho e capacidade, aliados por vezes à genialidade, para torná-la *efetiva*. E tem de ser efetiva, pois só pelo processo de efetivação é possível descobrir ocasiões para novas reformulações teóricas. A maior parte da prática científica é, portanto, uma intensa e complexa operação de limpeza que consolida o terreno proporcionado pelas rupturas teóricas mais recentes e, com isso, fornece a preparação essencial para as rupturas que virão. Nessas operações de limpeza, a medição exerce a grande maioria de suas funções científicas.

O estado atual da teoria geral da relatividade de Einstein pode indicar quão importante e difícil podem ser tais operações de consolidação. As equações dessa teoria revelaram-se tão difíceis de ser aplicadas que (com exceção do caso-limite em que as equações se reduzem às da relatividade especial) só levaram, até o momento, a três previsões passíveis de comparação com a observação.[14] Cientistas de talento indubitável têm sido incapazes de desenvolver outras, e o problema permanece no foco de suas atenções. Até que isso se resolva, a teoria geral de Einstein é em grande parte uma realização estéril, porque inexplorável.[15]

Não há dúvida de que a teoria geral da relatividade é um caso extremo, mas a situação que ilustra é típica. Consideremos, num exemplo um tanto

---

14 São elas: a deflexão da luz causada pelo campo gravitacional do Sol, a precessão do periélio de Mercúrio e o desvio para o vermelho da luz de estrelas distantes [desvio para o vermelho gravitacional (N.T.)]. No estado atual da teoria, apenas as duas primeiras são de fato previsões quantitativas.

15 As dificuldades para produzir aplicações concretas da teoria geral da relatividade não podem ser obstáculo para os cientistas em suas tentativas de explorar o ponto de vista científico incorporado à teoria. Mas, talvez infelizmente, parece que esse tem sido o caso. Ao contrário da teoria restrita, a relatividade geral é hoje muito pouco estudada pelos alunos de Física. É perfeitamente concebível que possamos, em cinquenta anos, perder de vista tais aspectos da contribuição de Einstein.

Thomas S. Kuhn

mais extenso, o problema que ocupou grande parte do pensamento científico de primeira linha no século XVIII: a derivação de previsões numéricas testáveis a partir das três leis do movimento de Newton e de seu princípio da gravitação universal. Quando a teoria de Newton foi enunciada no fim do século XVII, apenas sua terceira lei (a igualdade entre ação e reação) podia ser diretamente investigada por experimentação, e os experimentos relevantes aplicavam-se somente a casos muito específicos.[16] As primeiras demonstrações diretas e inequívocas da segunda lei tiveram de aguardar o desenvolvimento da máquina de Atwood, uma peça do aparato laboratorial sutilmente concebida, inventada quase um século depois do aparecimento dos *Principia*.[17] Investigações quantitativas diretas da atração gravitacional revelaram-se ainda mais difíceis e não apareceram na literatura científica até 1798.[18] Até o presente momento, a primeira lei de Newton ainda não pôde ser diretamente comparada com os resultados de medições laboratoriais, mas os desenvolvimentos na área de foguetes mostram que não teremos de esperar muito mais.

Naturalmente, são as demonstrações diretas, como as de Atwood, que figuram com mais frequência nos manuais de ciência natural e nos exercícios de laboratório elementares. Por serem simples e inequívocas, possuem o mais elevado valor pedagógico. O fato de que não estivessem, e dificilmente pudessem estar, disponíveis durante mais de um século após a publicação do trabalho de Newton não faz a mínima diferença pedagógica. No máximo, essa omissão nos leva a compreender mal a natureza da reali-

---

16 Os experimentos mais relevantes e amplamente empregados foram realizados com pêndulos. A determinação do movimento de recuo quando duas bolas de pêndulo se chocavam parece ter sido a principal ferramenta conceitual e experimental utilizada no século XVII para determinar o que eram "ações" e "reações" dinâmicas. Ver Wolf, *A History of Science, Technology, and Philosophy in the Sixteenth and Seventeenth Centuries*, 1950, p.155, 231-35; Dugas, *La mécanique au XVIIe siécle*, 1954, p.283-98; e Cajori (ed.), *Sir Isaac Newton's Mathematical Principles of Natural Philosophy and His System of the World*, 1934, p.21-2. Wolf descreve a terceira lei como "a única lei *física* das três" (p.155).

17 Ver a excelente descrição desse aparelho e a discussão dos motivos de Atwood para construí-lo em Hanson, *Patterns of Discovery*, op. cit., p.100-2 e notas.

18 Wolf, *A History of Science, Technology, and Philosophy in the Eighteenth Century*, op. cit., p.111-3. Há algumas medições precursoras das que Cavendish fez em 1798, mas foi somente depois de Cavendish que essas medições começaram a levar a resultados consistentes.

zação científica.[19] Mas se os contemporâneos de Newton e seus sucessores tivessem sido obrigados a esperar todo esse tempo pelas evidências quantitativas, o aparato capaz de fornecê-las nunca teria sido projetado. Felizmente havia outro caminho, e este foi trilhado por grande parte do talento científico do século XVIII. Manipulações matemáticas complexas, que exploravam todas as leis em conjunto, permitiram algumas previsões de outro tipo capazes de ser comparadas a observações quantitativas, em particular as observações laboratoriais de pêndulos e as observações astronômicas dos movimentos da Lua e dos planetas. Essas previsões, no entanto, apresentavam outro problema igualmente grave: as aproximações essenciais.[20] Os fios dos pêndulos de laboratório não são desprovidos de massa nem perfeitamente inextensíveis; a resistência do ar amortece o movimento da bola; a própria bola tem volume, o que levanta a questão de que ponto da bola deve ser utilizado no estabelecimento do comprimento do pêndulo. Se esses três aspectos da situação experimental são negligenciados, podemos esperar apenas a mais grosseira forma de concordância qualitativa entre a teoria e a observação. Mas determinar como reduzi-los (apenas o último é completamente eliminável) e que tolerância ter com seus resíduos eram, por si mesmos, problemas de extrema dificuldade. Desde os tempos de Newton, muitas pesquisas brilhantes foram dedicadas a esse desafio.[21]

Os problemas enfrentados na aplicação das leis de Newton às previsões astronômicas são ainda mais reveladores. Uma vez que cada um dos corpos do sistema solar atrai os demais e é por eles atraído, a previsão exata dos

---

19 O aparato laboratorial elaborado hoje para auxiliar os estudantes no estudo da lei da queda livre de Galileu é um exemplo clássico, embora talvez necessário, do modo como a pedagogia desorienta a imaginação histórica sobre a relação entre a ciência criativa e a medição. Nenhum dos aparelhos de hoje poderia ter sido construído no século XVII. Uma das melhores e mais disseminadas peças desse equipamento, por exemplo, permite que uma bola pesada caia entre dois trilhos verticais paralelos. Os trilhos são carregados eletricamente a cada centésimo de segundo e a descarga que atravessa a bola, de trilho a trilho, registra a posição da bola numa fita quimicamente preparada. Outras peças do aparato são cronômetros elétricos etc. Sobre as dificuldades históricas para efetuar as medições relevantes, ver adiante.

20 Todas as aplicações das leis de Newton envolvem algum tipo de aproximação, mas nos exemplos a seguir, as aproximações tinham uma importância quantitativa que não possuíam nos anteriores.

21 Wolf, *A History of Science, Technology, and Philosophy in the Eighteenth Century*, op. cit., p.75-81, fornece uma boa descrição preliminar desse trabalho.

fenômenos celestes exigia, na época de Newton, a aplicação de suas leis aos movimentos e interações simultâneos dos oito corpos celestes (o Sol, a Lua e os seis planetas conhecidos; desconsidero aqui os outros satélites planetários). O resultado é um problema matemático que nunca foi solucionado sem aproximações. Para chegar a equações que pudessem ser resolvidas, Newton foi obrigado a supor, para simplificar, que cada um dos planetas era atraído apenas pelo Sol, e a Lua, apenas pela Terra. Com tal suposição, ele foi capaz de derivar as famosas leis de Kepler, um argumento extraordinariamente convincente para sua teoria. Mas o desvio dos planetas em relação aos movimentos previstos pelas leis de Kepler é bastante evidente em simples observações quantitativas ao telescópio. A fim de descobrir como lidar com esses afastamentos na teoria newtoniana, foi necessário lançar mão das estimativas matemáticas das "perturbações" produzidas numa órbita basicamente kepleriana pelas forças interplanetárias omitidas na derivação inicial das leis de Kepler. O auge do talento matemático de Newton ocorreu quando ele produziu uma primeira estimativa grosseira para a perturbação do movimento da Lua causada pelo Sol. Aprimorar sua resposta e desenvolver respostas aproximadas similares foi algo que preocupou os maiores matemáticos do século XVIII e do início do século XIX, inclusive Euler, Lagrange, Laplace e Gauss.[22] Somente com o resultado de seus trabalhos foi possível reconhecer a anomalia do movimento de Mercúrio, que seria explicada afinal pela teoria geral de Einstein. Essa anomalia estava oculta anteriormente no interior dos limites da "concordância razoável".

Creio que, até certo ponto, a situação ilustrada pelas aplicações quantitativas das leis de Newton é típica. Exemplos semelhantes podem ser extraídos da história das teorias corpuscular, ondulatória e quântica da luz, da história da teoria eletromagnética, da análise química quantitativa ou de qualquer outra das numerosas teorias da ciência natural com implicações quantitativas. Em cada um desses casos, mostrou-se muito difícil encontrar problemas que permitissem comparações quantitativas entre a teoria e a observação. Mesmo quando esses problemas eram encontrados, os maiores talentos científicos eram exigidos com frequência para inventar instrumentos, reduzir os efeitos perturbadores e estimar a tolerância dos que persistiram. Esse é o tipo de trabalho a que se dedica a maioria dos físicos boa parte do tempo, *sempre que tal trabalho for quantitativo*. Seu objetivo é, de um

---

22 Ibid., p.96-101. Whewell, *History of the Inductive Sciences*, 1847, v.2, p.213-71.

lado, aprimorar a medida de "concordância razoável" característica da teoria numa dada aplicação e, de outro lado, dar origem a novas áreas de aplicação e estabelecer novas medidas de "concordância razoável" aplicáveis a elas. Para os que consideram desafiadores os enigmas matemáticos ou manipulativos, esse pode ser um trabalho fascinante e intensamente recompensador. E sempre existe a remota possibilidade de um dividendo adicional: algo pode sair errado.

Com efeito, a não ser que algo saia errado, situação que será explorada numa próxima seção, essas investigações cada vez mais minuciosas em torno do acordo quantitativo entre teoria e observação não podem ser descritas como tentativas de descoberta ou de confirmação. Quem é bem-sucedido comprova seu talento, mas é bem-sucedido porque chegou a um resultado que toda a comunidade científica já havia previsto que seria alcançado algum dia. Seu sucesso reside apenas na demonstração explícita de uma concordância "previamente implícita" entre a teoria e o mundo. Ele não revelou novidade alguma na natureza. Do mesmo modo, não podemos dizer que o sucesso do cientista "confirmou" a teoria que havia guiado suas pesquisas. Pois, se o êxito de seu empreendimento "confirma" a teoria, então sua falha teria de "infirmá-la", e não é isso que ocorre nesse caso. O fracasso na resolução desses enigmas é imputado somente ao cientista; foi ele quem desperdiçou muito tempo num projeto cujo resultado não vale a pena ser publicado; se há uma conclusão que se deve tirar de sua pesquisa, é que seus talentos não estavam à altura. Se a medição já levou alguma vez à descoberta ou à confirmação, não foi em suas aplicações mais usuais.

Os efeitos da medição normal

Há um segundo aspecto importante do problema normal da medição nas ciências naturais. Até aqui, temos considerado os motivos que rotineiramente levam os cientistas a medir. Temos de considerar agora os resultados que eles obtêm ao fazê-lo. Com isso, outro estereótipo incutido pelos manuais é de imediato questionado. Nos manuais, os números que resultam das medições aparecem na maioria das vezes como arquétipos dos "contumazes e irredutíveis fatos" aos quais os cientistas devem, custe o que custar, adequar suas teorias. Contudo, a prática científica, como se vê na literatura dos periódicos, a luta do cientista parece ser, em geral, o contrário:

fazer que os fatos estejam em conformidade com a teoria, que não é posta em dúvida. Os fatos quantitativos deixam de ser apenas "o dado". Devem ter propósitos e ser cúmplices numa luta em que a teoria a que serão comparados se revela a arma mais potente. Muitas vezes, os cientistas não podem obter números bem ajustados à teoria até que saibam quais são os números que devem forçar a natureza a fornecer.

Parte desse problema é simplesmente a dificuldade em encontrar técnicas e instrumentos que permitam a comparação entre a teoria e as medições quantitativas. Vimos que demorou quase um século para que fosse inventada uma máquina capaz de fornecer uma demonstração quantitativa direta da segunda lei de Newton. Mas a máquina que Charles Atwood descreveu em 1784 não foi o primeiro instrumento que contribuiu com informações quantitativas relevantes para a lei. Tentativas nessa direção haviam sido feitas desde a descrição de Galileu de seu experimento clássico com o plano inclinado, em 1638.[23] A brilhante intuição de Galileu viu nesse expediente laboratorial um modo de investigar como um corpo se movimenta quando apenas seu peso atua sobre ele. Após o experimento, ele anunciou que a medição da distância percorrida num determinado tempo por uma esfera ao descer um plano inclinado confirmava sua tese anterior de que o movimento era uniformemente acelerado. Na nova interpretação de Newton, esse resultado exemplificava a segunda lei para o caso específico de uma força uniforme. Mas Galileu não registrou os números que obteve, e um grupo de grandes cientistas franceses anunciou fracasso total na obtenção de resultados comparáveis. Eles questionaram por escrito se o próprio Galileu teria conduzido o experimento.[24]

De fato, é quase certo que Galileu tenha realizado o experimento. Nesse caso, seguramente obteve resultados quantitativos que lhe pareceram em concordância *adequada* com a lei ($s = \frac{1}{2}\,at^2$) que ele havia mostrado ser consequência da aceleração uniforme. Mas quem já viu os cronômetros modernos, os longos planos e os pesados volantes de inércia necessários para realizar o experimento nos laboratórios atuais, tem o direito de sus-

---

23 Para uma versão em inglês do original, ver Galilei, *Dialogues Concerning Two New Sciences*, 1946, p.171-2.

24 Toda essa história, e algo mais, é brilhantemente exposta em Koyré, "An Experiment in Measurement", *Proceedings of the American Philosophical Society*, v.97, 1953, p.222-37.

peitar que os resultados de Galileu não estavam em concordância *inequívoca* com a lei. É muito provável que o grupo francês, diante dos dados obtidos por esses experimentos, tenha questionado se eram capazes de exemplificar a aceleração uniforme. É claro que isso é em grande parte especulação. Mas os elementos especulativos não debilitam o que pretendo salientar: seja qual for sua origem, o desacordo entre Galileu e aqueles que tentaram repetir seu experimento é natural. Se a generalização de Galileu não tivesse impelido os cientistas aos confins da instrumentação existente – uma área em que a dispersão experimental e o desacordo interpretativo são inevitáveis –, então nenhum cientista de talento teria sido recrutado para fazê-lo. Seu exemplo tipifica um aspecto importante do gênio teórico nas ciências naturais: é um gênio que passa à frente dos fatos, deixando-os para o talento muito diferente do experimentalista ou do instrumentador. Nesse caso, levou-se muito tempo para chegar a eles. A máquina de Atwood foi projetada porque, em meados do século XIX, alguns dos maiores cientistas continentais ainda questionavam se a aceleração era uma medida apropriada para a força. Embora suas dúvidas fossem suscitadas não apenas pelas medições, a medição ainda era equívoca o bastante para se ajustar a várias conclusões quantitativas diferentes.[25]

O exemplo acima ilustra as dificuldades e expõe o papel da teoria de reduzir a dispersão dos resultados da medição. Entretanto, há outros aspectos do problema a considerar. Quando a medição não é segura, um dos testes de confiabilidade dos instrumentos e das técnicas manipulativas existentes tem, inevitavelmente, de ser sua capacidade de fornecer resultados assimiláveis à teoria existente. Em alguns ramos da ciência natural, a adequação da técnica experimental só pode ser avaliada desse modo. Quando isso ocorre, não é possível sequer falar de técnica ou de instrumentação "insegura", dando a entender que elas poderiam ser aprimoradas sem o recurso a um referencial teórico externo.

Por exemplo, quando John Dalton pensou pela primeira vez em utilizar medições químicas a fim de elaborar uma teoria atômica que havia extraído de observações físicas e meteorológicas, começou procurando os dados relevantes na literatura química existente. Logo percebeu que poderia obter uma elucidação importante a partir de grupos de reações nos quais um único par de elementos, digamos, nitrogênio e oxigênio, participava de mais

---

25 Hanson, *Patterns of Discovery*, op. cit., p.101.

de uma combinação química. Caso sua teoria atômica estivesse correta, as moléculas constituintes desses compostos deveriam diferir apenas na proporção do número de átomos inteiros de cada elemento que continham. Por exemplo, os três óxidos de nitrogênio poderiam corresponder às moléculas N_2O, NO e NO_2, ou outro tipo de arranjo simples.[26] Mas qualquer que fosse o arranjo específico, se a massa de nitrogênio fosse a mesma nas amostras dos três óxidos, então as massas de oxigênio nas três amostras teriam de possuir entre si uma proporção simples de números inteiros. A generalização desse princípio para todos os grupos de compostos formados a partir dos mesmos elementos originou a lei das proporções múltiplas de Dalton.

Não é necessário dizer que a busca de Dalton na literatura química forneceu alguns dados que, a seu modo de ver, apoiavam suficientemente a lei. No entanto – e esse é o motivo da ilustração –, muitos dos dados então existentes não apoiavam a lei de Dalton. Por exemplo, as medições do químico francês Proust para os dois óxidos de cobre forneciam, para uma massa fixa de cobre, a proporção de 1,47:1 para as massas de oxigênio. Segundo a teoria de Dalton, a proporção obtida teria de ser 2:1. Proust era justamente o químico de quem se esperaria a confirmação da previsão: era excelente experimentalista e, além disso, estava envolvido numa grande controvérsia sobre os óxidos de cobre, na qual sustentou uma concepção muito próxima à de Dalton. Mas no início do século XIX, os químicos não sabiam como conduzir análises quantitativas que exibissem proporções múltiplas. Por volta de 1850, já haviam aprendido como fazer, mas apenas porque se deixaram guiar pela teoria de Dalton. Sabendo que resultados deveriam esperar das análises químicas, os químicos foram capazes de elaborar técnicas para produzi-los. Como resultado, os manuais de Química podem agora afirmar que a análise quantitativa confirma o atomismo de Dalton e esquecer que, historicamente, as técnicas analíticas relevantes baseavam-se na própria teoria que agora dizem confirmar. Antes que a teoria de Dalton fosse anun-

---

26 Essa não é, obviamente, a notação original de Dalton. De fato, modernizei e simplifiquei um pouco todo o relato. Ele pode ser reconstruído de um modo mais íntegro a partir de Meldrum, "The Development of the Atomic Theory: Berthollet's Doctrine of Variable Proportions", *Manchester Memoirs*, v.54, 1910, p.1-16; e "The Reception accorded to the Theory advocated by Dalton", *Manchester Memoirs*, v.55, 1911, p.1-10; Nash, *The Atomic Molecular Theory* (1950); e "The Origins of Dalton's Chemical Atomic Theory", *Isis*, v.47, 1956, p.110-6. Ver também as proveitosas discussões sobre peso atômico dispersas em Partington, *A Short History of Chemistry* (1951).

ciada, as medições não forneciam os mesmos resultados. Há profecias que se cumprem tanto nas ciências físicas quanto nas sociais.

Esse exemplo me parece bem típico do modo como as medições respondem à teoria em muitos ramos das ciências naturais. Estou menos seguro de que meu próximo exemplo – bem mais estranho – seja igualmente típico, mas colegas que trabalham com física nuclear asseguraram-me de que é comum encontrar alterações irreversíveis similares a essas nos resultados de medições.

Muito cedo no século XIX, P. S. de Laplace, talvez o maior e sem dúvida o mais afamado físico de sua época, sugeriu que o recém-observado aquecimento de um gás, ao ser rapidamente comprimido, poderia explicar uma das mais notáveis discrepâncias numéricas da física teórica. Tratava-se do desacordo de aproximadamente 20% entre os valores previsto e medido para a velocidade do som no ar – discrepância que havia atraído a atenção de todos os maiores físicos matemáticos europeus desde que Newton a indicara. Quando a sugestão de Laplace apareceu, ela desafiava a confirmação numérica (notem a recorrência dessa dificuldade típica), pois exigia medições precisas das propriedades térmicas dos gases que estavam além da capacidade dos aparelhos projetados para fornecer as medidas de sólidos e líquidos. Mas a Academia Francesa ofereceu um prêmio por tais medições e, em 1813, o prêmio foi conquistado por dois jovens brilhantes experimentalistas, Delaroche e Bernard, cujos nomes ainda são citados na literatura científica contemporânea. Laplace logo fez uso dessas medições num cálculo teórico indireto da velocidade do som no ar, e, como consequência, a discrepância entre a teoria e a medição caiu de 20% para 2,5%, um triunfo notável, dado o estado da medição.[27]

Hoje em dia, contudo, ninguém é capaz de explicar como pode ter ocorrido tal triunfo. A interpretação que Laplace fez de Delaroche e Bernard utilizava a teoria calórica numa área em que a ciência atual tem como absolutamente seguro que essa teoria difere dos experimentos quantitativos diretos pertinentes em cerca de 40%. Além disso, há 12% de discrepância entre as medições de Delaroche e Bernard e os resultados dos experimentos equivalentes realizados hoje. Não somos mais capazes de obter os mesmos resultados quantitativos. Ainda assim, no cálculo perfeitamente simples e direto baseado na teoria, as duas discrepâncias, teórica e experimental,

---

27 Kuhn, "The Caloric Theory of Adiabatic Compression", *Isis*, v.49, 1958, p.132-40.

anularam-se para fornecer uma concordância muito próxima entre as velocidades previstas e medidas para o som. Estou seguro de que não podemos ignorar isso como resultado de simples descuido. Tanto os cientistas teóricos quanto os experimentais eram, nesse caso, da mais alta qualidade. Em vez disso, temos de ver aqui uma evidência do modo como teoria e experimento podem influenciar um ao outro na exploração de áreas novas para ambos.

Esses exemplos reforçam o que foi extraído dos exemplos da última seção. Explorar a concordância entre teoria e experimentação em novas áreas ou novos limites de precisão é tarefa difícil, incessante e, para muitos, excitante. Embora seu objeto não seja nem a descoberta nem a confirmação, seu apelo é mais do que suficiente para consumir quase todo o tempo e atenção dos físicos que fazem trabalho quantitativo. Ele exige o melhor de sua imaginação, intuição e cuidado. Além disso, quando combinados com os da última seção, esses exemplos podem mostrar algo mais, isto é, podem indicar por que são tão raras novas leis da natureza descobertas por meio da verificação dos resultados de medições feitas sem que se conhecessem previamente essas mesmas leis. Considerando que a maioria das leis tem muito poucos pontos de contato com a natureza, que as investigações sobre esses pontos de contato costumam exigir uma trabalhosa instrumentação e aproximação, e que a própria natureza tem de ser forçada a apresentar os resultados adequados, o caminho desde a teoria ou a lei até a medição quase nunca pode ser percorrido no sentido inverso. Os números coletados na ausência de um conhecimento da regularidade esperada quase nunca falam por si mesmos. É quase certo que permaneçam apenas números.

Isso não quer dizer que ninguém jamais descobriu uma regularidade quantitativa apenas por medir. A lei de Boyle que relaciona a pressão do gás a seu volume, a lei de Hooke que relaciona a deformação da mola à força aplicada e a relação de Joule entre o calor gerado, a resistência elétrica e a corrente elétrica são todas resultado direto da medição. Há outros exemplos além desses. No entanto, em parte porque são tão excepcionais, em parte porque nunca ocorrem até que o cientista experimental já conheça *tudo*, *salvo* a forma específica do resultado quantitativo que pretende obter, essas exceções mostram apenas quão improváveis são as descobertas quantitativas pelas medições quantitativas. Os casos de Galileu e Dalton – homens que intuíram um resultado quantitativo como a expressão mais simples de uma conclusão qualitativa e, depois, forçaram a natureza a confirmá-lo –

são muito mais típicos dos episódios da Ciência. De fato, mesmo Boyle somente descobriu sua lei quando ele e dois de seus leitores sugeriram que, para que os resultados numéricos pudessem ser registrados, o resultado teria de ser precisamente esta lei: a forma quantitativa mais simples que levava à regularidade qualitativa observada.[28] Também aqui as implicações quantitativas de uma teoria qualitativa mostraram o caminho.

Outro exemplo pode tornar mais claras, ao menos, algumas das condições para esse tipo excepcional de descoberta. A busca experimental por uma lei, ou leis, que descrevesse a variação, com relação à distância, das forças entre corpos magnetizados e entre corpos carregados eletricamente, começou no século XVII e estava em plena atividade no século XVIII. No entanto, apenas nas décadas seguintes às investigações clássicas de Coulomb, em 1785, foi que a medição forneceu uma resposta nem de longe inequívoca a tais questões. O que fez a diferença entre o sucesso e o fracasso parece ter sido a assimilação tardia da lição oferecida por uma parte da teoria newtoniana. Leis muito simples de força, como a lei dos inversos dos quadrados para a atração gravitacional, comumente só podem ser esperadas quando relacionam pontos matemáticos ou corpos que se aproximem teoricamente disso. As leis de atração mais complexas entre corpos maiores podem ser derivadas das leis mais simples que governam a atração de pontos, somando-se todas as forças entre todos os pares de pontos que se supõem existir nos dois corpos. Essas leis, entretanto, raramente assumem uma forma matemática simples, a não ser que a distância entre os corpos seja grande o bastante se comparada às dimensões dos próprios corpos que se atraem. Nessas circunstâncias, os corpos se comportam como pontos, e o experimento talvez revele a regularidade simples.

Considerem apenas o caso historicamente mais acessível das atrações e repulsões elétricas.[29] Durante a primeira metade do século XVIII – quando as forças elétricas eram explicadas como o resultado de eflúvios emitidos pelo corpo carregado como um todo –, quase toda investigação experimental sobre a lei de força ali envolvida colocava um corpo carregado a uma dis-

---

28 Boas, *Robert Boyle and Seventeenth-Century Chemistry*, 1958, p.44.

29 Material relevante pode ser encontrado em Roller e Roller, *The Development of the Concept of Electric Charge: Electricity from the Greeks to Coulomb* (1954), e em Wolf, *A History of Science, Technology, and Philosophy in the Eighteenth Century*, op. cit., p.239-50, 268-71.

tância fixa abaixo do prato de uma balança e, em seguida, media o peso que deveria ser colocado no outro prato a fim de igualar exatamente a atração. Nessa disposição do equipamento, a atração não varia de modo simples com a distância. Além disso, o modo complexo como se dá a variação depende criticamente do tamanho e do material do prato atraído. Por isso, muitos dos que tentaram essa técnica acabaram abandonando o experimento. Outros sugeriram leis com várias formas, inclusive o inverso do quadrado e o inverso da potência, mas as medições se mostraram todas completamente equívocas. Todavia, não precisava ser assim. O que era necessário, e foi adquirido aos poucos mediante investigações mais qualitativas em meados do século, era uma abordagem mais "newtoniana" da análise dos fenômenos elétricos e magnéticos.[30] À medida que as investigações avançavam, os experimentalistas deixaram de buscar a atração entre corpos em favor da atração entre polos e cargas pontuais. Dessa forma, o problema experimental foi rápida e inequivocamente resolvido.

Essa ilustração mostra mais uma vez que é necessária uma grande quantidade de teoria para que se possa esperar que os resultados da medição façam sentido. Contudo, e talvez seja esta a questão principal, quando toda essa teoria está disponível, é muito provável que a lei já tenha sido antecipada sem a medição. O resultado de Coulomb, em especial, parece ter surpreendido apenas uns poucos cientistas. Ainda que suas medições fossem necessárias para estabelecer um forte consenso sobre as atrações elétricas e magnéticas – elas tinham de ser feitas: a Ciência não vive só de antecipações –, muitos cientistas já haviam concluído que a lei de atração e repulsão deveria ser uma relação segundo o inverso do quadrado. Alguns o fizeram por simples analogia com a lei da gravitação de Newton; outros, por argumentos teóricos mais elaborados; outros ainda, com base em dados equívocos. A lei de Coulomb já "pairava no ar" antes de seu descobridor ter

---

30 Um relato mais extenso deveria descrever as abordagens iniciais e as últimas como "newtonianas". A concepção de que a força elétrica resultava de eflúvios é em parte cartesiana, contudo, no século XVIII, seu *locus classicus* era a teoria do éter desenvolvida na *Óptica* de Newton. A abordagem de Coulomb e a de vários de seus contemporâneos dependem muito mais diretamente da teoria matemática dos *Principia* de Newton. Sobre as diferenças entre esses livros, sua influência no século XVIII e seu impacto no desenvolvimento da teoria elétrica, ver Cohen, *Franklin and Newton: An Inquiry into Speculative Newtonian Experimental Science and Franklin's Work in Electricity as an Example Thereof* (1956).

se voltado para o problema. Se não estivesse, Coulomb talvez não teria sido capaz de forçar a natureza a fornecê-la.

Duas possíveis interpretações equivocadas de minha argumentação devem ser postas de lado. Primeiro, se o que eu disse estiver correto, a natureza sem dúvida responde às predisposições teóricas com que é abordada pelo cientista que efetua as medições. Mas isso não é o mesmo que dizer que a natureza responderá a toda e qualquer teoria ou que sua resposta será formidável. Consideremos, como exemplo histórico típico, a relação entre as teorias calórica e dinâmica do calor. Em suas estruturas abstratas e entidades conceituais, essas duas teorias eram bem diferentes e, de fato, incompatíveis. No entanto, durante os anos em que rivalizaram pelo aval da comunidade científica, as previsões teóricas que podiam ser derivadas delas eram quase as mesmas.[31] Não fosse isso, a teoria calórica nunca teria sido um instrumento amplamente aceito na pesquisa profissional, nem teria conseguido tornar reconhecíveis os próprios problemas que fizeram da transição para a teoria dinâmica algo possível. Sendo assim, qualquer medição que "se ajustasse" a uma dessas teorias – como a de Delaroche e Bernard – teria de "quase se ajustar" à outra. Mas o caso é que a natureza se mostrou capaz de responder às predisposições teóricas dos que efetuavam as medições apenas dentro da margem experimental abarcada pelo termo "quase".

Essa resposta poderia não ocorrer em "toda e qualquer teoria". Há muitas teorias logicamente possíveis sobre o calor, por exemplo, às quais nenhum cientista sensato quereria forçar a natureza a se ajustar, e há problemas, em sua maioria filosóficos, que tornam proveitosos a criação e o exame de teorias desse tipo. Mas esses problemas não nos interessam aqui, posto que as teorias apenas "concebíveis" não se encontram entre as opções efetivamente colocadas à disposição do cientista. Seu interesse recai sobre teorias que parecem adequadas àquilo que ele conhece sobre a natureza, e todas elas, não importa quão diferentes sejam suas estruturas, parecerão levar necessariamente a resultados preditivos muito semelhantes. Se puderem, afinal, ser distinguidas por meio de medições, estas estarão, em geral, no limite extremo das técnicas experimentais existentes. Além disso, dentro dos limites estabelecidos por essas técnicas, as diferenças numéricas em questão serão muito pequenas na maioria das vezes. Só nessas condições e dentro desses limites é possível esperar que a natureza responda ao

---

31 Kuhn, "The Caloric Theory of Adiabatic Compression", op. cit.

preconceito teórico. Contudo, esses limites e condições são exatamente os que ocorrem de modo típico nas situações históricas.

Esclarecido esse aspecto de minha abordagem, o segundo mal-entendido possível é mais fácil de abordar. Ao insistir que um corpo teórico altamente desenvolvido é um pré-requisito usual da medição produtiva nas ciências físicas, posso ter parecido insinuar que nessas ciências a teoria tem sempre de dirigir a experimentação e que esta, por sua vez, tem apenas papel secundário. Mas essa insinuação depende de que se identifique "experimento" com "medição", algo que já neguei de maneira enfática e explícita. A teoria só exibe esse caráter direcionador decisivo porque uma comparação quantitativa significativa entre as teorias e a natureza ocorre num estágio muito avançado no desenvolvimento de uma ciência. Se estivéssemos discutindo a experimentação *qualitativa* que predomina nos estágios iniciais do desenvolvimento de uma ciência física, e que continua depois a ter um papel a cumprir, o equilíbrio seria bem diferente. Talvez nem assim estivéssemos propensos a dizer que o experimento é anterior à teoria (ainda que a experiência seguramente o seja), mas sem dúvida encontraríamos muito mais simetria e continuidade no diálogo permanente entre ambas. Apenas algumas de minhas conclusões sobre o papel da medição nas ciências físicas podem ser de imediato transpostas para a experimentação como um todo.

A medição extraordinária

Até este ponto, restringi a atenção ao papel da medição na prática normal da ciência natural, o tipo de prática de que se ocupam todos os cientistas na maior parte do tempo, e a maior parte dos cientistas o tempo todo. Mas a ciência natural também exibe situações anormais – momentos em que os projetos de pesquisa se desorientam de modo consistente e nenhuma técnica usual parece inteiramente capaz de reorientá-los –, e é nessas raras situações que a medição mostra suas maiores virtudes. Em particular, é graças aos estados anormais da pesquisa científica que a medição pode desempenhar, certas vezes, um dos mais importantes papéis na descoberta e na confirmação.

Antes de tudo, porém, quero esclarecer o que tenho em mente por "situação anormal" ou por aquilo que denominei antes "estado de crise".[32] Já

---

32 Ver nota 4.

indiquei que se trata de uma resposta de determinada parte da comunidade científica à consciência de que há uma anomalia na relação normalmente concordante entre teoria e experimento. Ela não é, que fique claro, uma resposta provocada por toda e qualquer anomalia. Como mostrei, a prática científica corrente sempre comporta inúmeras discrepâncias entre a teoria e o experimento. Ao longo de sua carreira, todo cientista natural nota e *desconsidera* reiteradamente anomalias qualitativas e quantitativas que poderiam ter resultado numa descoberta fundamental, caso fossem objetos de pesquisas persistentes. Discrepâncias isoladas com esse potencial ocorrem com tanta regularidade que, caso se detivesse em algumas delas, nenhum cientista concluiria seus problemas de pesquisa. Em todo caso, a experiência mostrou várias vezes que, em grande parte, essas discrepâncias desaparecem a um exame minucioso. Talvez se revelem efeitos instrumentais ou resultados de aproximações despercebidas na teoria ou ainda, simples e misteriosamente, podem deixar de ocorrer quando o experimento é repetido em condições um pouco diferentes. Com frequência, é o procedimento adotado que deve decidir se o problema "desandou", se apresenta complexidades ocultas ou se já é hora de substituí-lo por outro. Felizmente ou não, esse é o procedimento científico correto.

Entretanto, as anomalias nem sempre são desconsideradas, e seguramente não deveriam ser. Se o efeito for grande o bastante quando comparado a estimativas bem estabelecidas de "concordância razoável" aplicadas a problemas similares, ou se, por razões pessoais, elas intrigam o experimentador, então é possível que um projeto de pesquisa especial lhe seja dedicado.[33] Nessa etapa, é provável que a discrepância desapareça por um ajuste da teoria ou da aparelhagem, pois, como vimos, poucas anomalias resistem muito tempo a um esforço persistente. Mas talvez resista e, nesse caso, temos o início de uma "crise", ou de uma "situação anormal", que afeta os cientistas em cuja área de pesquisa se encontra a discrepância incessante. Depois de esgotar todos os recursos habituais de aproximação e instrumentação, ao menos eles deverão ser levados a reconhecer que algo saiu errado, e seu comportamento como cientistas mudará de modo consequente. A essa

---

33 Um exemplo recente dos fatores que determinam a investigação de uma anomalia foi investigado por Barber e Fox, "The Case of the Floppy-Eared Rabbits: An Instance of Serendipity Gained and Seredipity Lost", *American Sociological Review*, v.64, 1958, p.128-36.

altura, em proporções inigualáveis em quaisquer outras ocasiões, o cientista começará a procurar a esmo, tentando absolutamente tudo que imaginar capaz de esclarecer a natureza de sua dificuldade. Caso essa dificuldade resista, ele e seus colegas podem até começar a se perguntar se toda a abordagem desse domínio de fenômenos naturais, agora problemático, não seria descabida.

Essa é, por certo, uma descrição extremamente condensada e esquemática. Infelizmente, terá de permanecer assim, pois a anatomia do estado de crise na ciência natural encontra-se além dos propósitos deste ensaio. Devo observar apenas que essas crises manifestam grande variação em termos de alcance: podem emergir e ser resolvidas no trabalho de um único indivíduo; podem, com mais frequência, envolver a maioria dos que se ocupam de uma mesma especialidade científica; ou podem, às vezes, preocupar a maioria dos membros de uma profissão científica como um todo. No entanto, qualquer que seja a amplitude de seu impacto, há poucos modos de resolvê-las. Às vezes, como ocorreu com frequência na química e na astronomia, técnicas experimentais mais sofisticadas ou um escrutínio ainda mais minucioso das aproximações teóricas eliminam a discrepância. Em outras ocasiões, embora eu não pense que sejam frequentes, uma discrepância que desafiou repetidas vezes a análise é simplesmente admitida como uma anomalia reconhecida, um cisto encerrado no corpo das aplicações mais bem-sucedidas da teoria. O valor teórico previsto por Newton para a velocidade do som e a precessão observada do periélio de Mercúrio são exemplos óbvios de efeitos que, mesmo tendo sido explicados, permaneceram meio século ou mais como anomalias reconhecidas na literatura científica. Mas há outros modos de resolução, e são eles que conferem às crises na ciência sua importância fundamental. Com frequência, a crise é resolvida com a descoberta de um novo fenômeno natural; ocasionalmente, sua resolução exige uma revisão dos fundamentos da teoria existente.

É claro que a crise não é uma condição para a descoberta nas ciências naturais. Já pudemos observar que algumas descobertas, como as leis de Boyle e Coulomb, surgem de modo natural, como uma especificação quantitativa daquilo que já é qualitativamente conhecido. Muitas outras descobertas, mais frequentemente qualitativas do que quantitativas, resultam da exploração pioneira com um novo instrumento, por exemplo, o telescópio, a bateria ou o cíclotron. Além disso, existem as famosas "descobertas acidentais": Galvani e as contrações das pernas da rã, Röentgen e os raios X,

Becquerel e as placas fotográficas escurecidas. Estas duas últimas categorias de descoberta, porém, nem sempre são alheias a crises. A capacidade de reconhecer uma anomalia significativa contra o pano de fundo da teoria usual é talvez o que mais distingue a vítima afortunada de um "acidente" de seus contemporâneos que deixaram o fenômeno passar despercebido. (Esse não seria um dos sentidos da notória frase de Pasteur: "Nos campos da observação, a sorte favorece apenas a mente preparada"?)[34] Além disso, as novas técnicas instrumentais que multiplicam as descobertas são, em geral, um produto incidental das crises. Por exemplo, a invenção da bateria por Alessandro Volta foi resultado de uma longa tentativa de introduzir as observações de Galvani sobre as pernas das rãs na teoria elétrica existente. Afora esses casos um tanto questionáveis, existe um grande número de descobertas que claramente resultaram de crises anteriores. A descoberta do planeta Netuno foi produto de um esforço para explicar as anomalias reconhecidas da órbita de Urano.[35] A natureza tanto do cloro quanto do monóxido de carbono foi descoberta durante as tentativas de conciliar a nova química de Lavoisier com a observação.[36] Os chamados gases nobres são resultado de uma longa série de investigações iniciadas por causa de uma pequena, mas persistente, anomalia na densidade medida do nitrogênio.[37] O elétron foi postulado a fim de explicar algumas propriedades anômalas da condução elétrica através dos gases, e seu *spin* foi sugerido para explicar outros tipos de anomalias observadas no espectro atômico.[38] A descoberta do neutrino é outro exemplo, e a lista poderia se estender ainda mais.[39]

---

34 Da aula inaugural de Pasteur em Lille, em 1854; citado em Vallery-Radot, *La vie de Pasteur*, 1900, p.88.

35 Armitage, *A Century of Astronomy*, 1950, p.111-5.

36 Sobre o cloro, ver Meyer, *A History of Chemistry from the Earliest Times to the Present Day*, 1891, p.224-7. Sobre o monóxido de carbono, ver Partington, *A Short History of Chemistry*, op. cit., p.113-6, 140-1; e Partington e McKie, "Historical Studies of the Phlogiston Theory: IV. Last Phases of the Theory", *Annals of Science*, v.4, 1939, p.365.

37 Ver nota 8.

38 Para levantamentos úteis dos experimentos que levaram à descoberta do elétron, ver Chalmers, *Historic Researches: Chapters in the History of Physical and Chemical Discovery*, 1949, p.187-217, e Thomson, *Recollections and Reflections*, 1937, p.325-71. Sobre o *spin* eletrônico, ver Richtmeyer, Kennard, e Lauritsen, *Introduction to Modern Physics*, 1955, p.212

39 Rusk, *Introduction to Atomic and Nuclear Physics*, 1958, p.328-30. Desconheço outros relatos elementares recentes o bastante para ter uma descrição da detecção física do neutrino.

Não sei como essas descobertas com base em anomalias figurariam num levantamento estatístico das descobertas nas ciências naturais.[40] Contudo, sei que decerto são importantes e exigem ênfase neste artigo. Tanto quanto a medição e a técnica quantitativa desempenham um papel de especial importância na descoberta científica, elas o fazem precisamente porque, ao exibir a anomalia crucial, indicam aos cientistas quando e onde devem procurar um novo fenômeno qualitativo. Com relação à natureza do fenômeno, em geral não fornecem indícios. Quando a medição se afasta da teoria, só produz números – e sua própria neutralidade a torna estéril como fonte de propostas reparadoras. Mas os números registram o afastamento da teoria com uma autoridade e sutileza impossíveis de serem repetidas por meio de técnicas qualitativas, e esse afastamento basta para iniciar uma busca. Netuno, assim como Urano, poderia ter sido descoberto por uma observação acidental. De fato, antes de sua descoberta, foi citado por alguns observadores, que o tomaram por uma estrela até então não observada. Aquilo que era preciso para chamar a atenção para ele e tornar sua descoberta tão inevitável como podem ser os eventos históricos foi seu envolvimento, como fonte de distúrbios, nas teorias e observações quantitativas então existentes. É difícil imaginar que o *spin* eletrônico ou o neutrino pudessem ser descobertos de outro modo que não esse.

As razões para atribuir tais papéis às crises e às medições tornam-se muito mais fortes quando passamos da descoberta de novos fenômenos para a invenção de novas teorias fundamentais. Embora as fontes da inspiração teórica individual sejam talvez inescrutáveis (ao menos assim as considero no momento), as condições em que a inspiração ocorre não o são. Não conheço nenhuma inovação teórica fundamental nas ciências naturais cuja enunciação não tenha sido precedida de um claro reconhecimento, muitas vezes comum à maioria da profissão, de que havia algo de preocu-

---

40 Uma vez que a atenção científica se volta, em geral, para os problemas que parecem exibir anomalias, a preponderância de descobertas mediante anomalias talvez possa ser uma das razões para a grande proporção de descobertas simultâneas na Ciência. Para evidências de que isso não é uma razão exclusiva, ver Kuhn, "Conservation of Energy as an Example of Simultaneous Discovery", em Clagett (ed.), *Critical Problems in the History of Science*, 1959, p.321-56 ["A conservação da energia como exemplo de descoberta simultânea", p.89-126 deste volume], mas note-se que muito do que é dito ali sobre a emergência dos "processos de conversão" também descreve a evolução de um estado de crise.

pante com a teoria então em vigor. O estado da Astronomia ptolomaica era um escândalo antes do anúncio de Copérnico.[41] As contribuições tanto de Galileu quanto de Newton ao estudo do movimento estavam inicialmente focadas nas dificuldades descobertas em teorias antigas e medievais.[42] A teoria newtoniana da luz e da cor teve origem na descoberta de que a teoria existente não explicava a extensão do espectro, e a teoria ondulatória que suplantou a de Newton foi anunciada em meio a uma preocupação crescente com as anomalias nos efeitos de difração e polarização, segundo a teoria de Newton.[43] A nova química de Lavoisier veio à luz depois da observação

---

41 Kuhn, *Copernican Revolution*, op. cit., p.138-40, 270-1; Hall, *The Scientific Revolution, 1500-1800*, 1954, p.13-7. Note-se, em particular, o papel da campanha pela reforma do calendário no auge da crise.

42 Kuhn, *Copernican Revolution*, op. cit., p.237-60, e referências da bibliografia das p.290-1.

43 Sobre Newton, ver Kuhn, "Newton's Optical Papers", em Cohen (ed.), *Isaac Newton's Papers and Letters on Natural Philosophy*, 1958, p.27-45. Sobre a teoria ondulatória, ver Whittaker, *History of the Theories of Aether and Electricity*, 1951, v.1., p.94-109, e Whewell, *History of the Inductive Sciences*, op. cit., v.2, p.396-466. Essas referências delineiam com clareza a crise que caracterizava a Óptica quando Fresnel começou seu desenvolvimento independente da teoria ondulatória, depois de 1812. Contudo, dizem muito pouco sobre os desenvolvimentos do século XVIII para poderem indicar uma crise anterior à defesa pioneira de Young da teoria ondulatória em e depois de 1801. De fato, não está de todo claro se houve crise ou, ao menos, uma nova crise. A teoria corpuscular da luz de Newton nunca foi universalmente aceita, e a oposição inicial de Young era toda baseada em anomalias que já haviam sido reconhecidas em geral e, com frequência, exploradas. Talvez tenhamos de concluir que a maior parte do século XVIII se caracterizou por uma crise tênue na Óptica, pois a teoria predominante nunca foi imune a críticas e ataques a seus fundamentos. Isso seria suficiente para estabelecer o que nos interessa aqui, mas suspeito que um estudo cuidadoso da literatura do século XVIII permitirá uma conclusão mais sólida. Uma rápida olhada no corpo dessa literatura sugere que as anomalias da óptica newtoniana são muito mais evidentes e prementes nas duas décadas anteriores ao trabalho de Young do que eram antes disso. Durante a década de 1780, a disponibilidade de prismas e lentes acromáticos levou a numerosas propostas de uma determinação astronômica do movimento relativo do Sol e das estrelas (as referências em Whittaker, *History of the Theories of Aether and Electricity*, op. cit., v.1, p.109, levam direto a uma literatura mais volumosa). Mas isso dependia de a luz se mover mais rapidamente no vidro do que no ar e, portanto, conferia nova relevância a uma antiga controvérsia. O Abade Haüy demonstrou experimentalmente ("Sur la double refraction du Spath d'Islande", *Mémoires de l'Academie de Sciences de Paris*, 1788, p.34-60) que o tratamento teórico ondulatório de Huygens para a birrefringência fornecia melhores resultados do que o tratamento corpuscular de Newton.

de relações de peso anômalas na combustão; a termodinâmica surgiu do choque entre duas teorias físicas em atividade no século XIX; e a mecânica quântica nasceu de várias dificuldades em torno da radiação do corpo negro, do calor específico e do efeito fotoelétrico.[44] Além disso, embora este não seja o lugar para discutir isso, cada uma dessas dificuldades, com exceção da observada por Newton na óptica, já era fonte de preocupação antes (em geral pouco antes) do anúncio da teoria que as resolveu.

Portanto, sugiro que, embora seja apenas um dos caminhos para as *descobertas* nas ciências naturais, a crise ou a "situação anormal" é pré-requisito para as *invenções fundamentais de teorias*. Além disso, suspeito que, na geração da crise particularmente profunda que costuma preceder a inovação teórica, a medição exerce uma de suas duas principais contribuições para o avanço científico. A maioria das anomalias citadas no parágrafo acima tinha teor quantitativo ou apresentava um importante componente quantitativo e, embora o assunto nos leve uma vez mais além dos limites deste ensaio, há uma excelente razão para que fosse assim.

Ao contrário das descobertas de novos fenômenos naturais, as inovações nas teorias científicas não são meras adições àquilo que já é conhecido. Quase sempre (ou sempre, nas ciências maduras), a aceitação de uma nova teoria exige a rejeição da anterior. Nos domínios da teoria, portanto, a inovação é necessariamente destrutiva e construtiva. Mas como indicamos várias vezes, as teorias são, mais até do que os instrumentos de laboratório, as ferramentas essenciais do ofício do cientista. Sem sua constante assistência,

---

O problema resultante motivou o prêmio oferecido pela Academia Francesa em 1808 e, com isso, levou à descoberta de Malus, no mesmo ano, da polarização por reflexão. Ou ainda, nas *Philosophical Transactions* de 1796, 1797 e 1798, há uma série de artigos, dois de Brougham e um de Prevost, que mostram outras dificuldades na teoria de Newton. De acordo com Prevost em particular, os tipos de força que teriam de ser exercidas sobre a luz numa interface a fim de explicar a reflexão e a refração não eram compatíveis com os tipos de forças necessárias para explicar a inflexão (*Philosophical Transactions*, v.84, 1798, p.325-8. Os biógrafos de Young deveriam considerar com mais atenção os dois artigos de Brougham nos volumes citados. Eles mostram um compromisso intelectual que explica muito do ataque mordaz de Brougham a Young nas páginas da *Edinburgh Review*).

44 Richtmeyer, Kennard e Lauritsen, *Introduction to Modern Physics*, op. cit., p.89-94, 124-32, 409-14. Um relato mais elementar do problema do corpo negro e do efeito fotoelétrico encontra-se em Holton, *Introduction to Concepts and Theories in Physical Science*, 1952, p.528-45.

as observações e medições feitas pelo cientista dificilmente seriam científicas. Por isso, uma ameaça à teoria é uma ameaça à vida científica e, ainda que o empreendimento científico progrida sob tais ameaças, o cientista, individualmente, ignora-a tanto quanto pode – em especial, se sua própria prática já o tiver comprometido com a utilização da teoria ameaçada.[45] Por conseguinte, as novas sugestões teóricas que desbancam as práticas mais antigas raramente ou nunca despontam na ausência de uma crise que não pode ser contida por muito tempo.

Nenhuma crise, contudo, é tão difícil de conter do que aquela que deriva de uma anomalia quantitativa que resistiu a todos os esforços usuais de conciliação. Uma vez que as medições relevantes tenham se estabilizado e as aproximações teóricas tenham sido completamente investigadas, uma discrepância quantitativa é tão persistente e tão visível que dificilmente uma anomalia qualitativa pode lhe fazer par. Por sua própria natureza, as anomalias qualitativas comumente insinuam modificações *ad hoc* da teoria capazes de encobri-las e, assim que tenham sido propostas, é um pequeno passo considerá-las "boas o bastante". Uma anomalia quantitativamente estabelecida, em contraste, costuma sugerir apenas problemas e dificuldades ou, na melhor das hipóteses, revelar-se um instrumento aguçado para avaliar a adequação das soluções propostas. Kepler fornece um brilhante exemplo disso. Depois de uma longa luta para livrar a astronomia de graves anomalias quantitativas no movimento de Marte, ele inventou uma teoria capaz de apresentar uma precisão de oito minutos de arco, um grau de concordância que poderia causar admiração e satisfação a qualquer astrônomo que não tivesse acesso às brilhantes observações de Tycho Brahe. Mas Kepler sabia de longa data que as observações de Brahe eram precisas em quatro minutos de arco. A nós, disse ele, a bondade divina ofereceu-nos o mais diligente observador na figura de Tycho Brahe, e é justo, portanto, que, com espírito agradecido, façamos uso desse dom para descobrir os verdadeiros movimentos celestes. Depois disso, Kepler tentou efetuar os cálculos usando figuras não circulares. O resultado dessas tentativas foram suas duas

---

45 Uma evidência do efeito da experiência anterior com uma teoria é fornecida pela bem conhecida, mas inadequadamente estudada, juventude de inovadores famosos, assim como pela tendência dos mais jovens a se alinhar à teoria mais nova. A afirmação de Planck sobre o fenômeno carece de citação. Uma versão anterior e particularmente tocante desse mesmo sentimento é dada por Darwin no último capítulo de *The Origin of Species* (ver 1889, v.2, p.295-6) [ed. bras.: *Origem das espécies*, 2002].

primeiras leis do movimento planetário, as leis que fizeram funcionar pela primeira vez o sistema de Copérnico.[46]

Dois breves exemplos devem tornar clara a eficácia comparativa entre anomalias qualitativas e quantitativas. Ao que parece, Newton foi levado à sua nova teoria da luz e da cor ao observar a surpreendente extensão do espectro solar. Os oponentes dessa nova teoria logo afirmaram que a existência da extensão já era conhecida e podia ser tratada pela teoria existente. Qualitativamente, estavam corretos. Mas utilizando a lei da refração de Snell (uma lei quantitativa disponível aos cientistas havia menos de três décadas), Newton foi capaz de mostrar que a extensão prevista pela teoria existente era quantitativamente muito menor do que a observada.

Com essa discrepância quantitativa, todas as explicações qualitativas anteriores se tornaram ineficazes. Dada a lei quantitativa da refração, a vitória final – e rápida, nesse caso – de Newton estava assegurada.[47] O desenvolvimento da química fornece uma segunda ilustração notável. Já muito antes de Lavoisier, sabia-se que alguns metais ganhavam peso quando calcinados (isto é, torrados). Além disso, por volta da metade do século XVIII, reconheceu-se que essa observação qualitativa era incompatível, ao menos, com as versões mais simples da teoria flogística, segundo as quais o flogisto *escapava* do metal durante a calcinação. Mas enquanto a discrepância permaneceu qualitativa, era possível lidar com ela de diversos modos: talvez o flogisto tivesse peso negativo ou partículas de fogo se depositassem no metal calcinado. Havia outras sugestões além dessas, que, em conjunto, serviam para reduzir a premência do problema qualitativo. No entanto, o desenvolvimento das técnicas pneumáticas transformou a anomalia qualitativa em quantitativa. Nas mãos de Lavoisier, mostraram quanto peso era ganho e de onde provinha. As teorias qualitativas anteriores não conseguiam dar conta desses dados. Embora os defensores do flogisto tivessem travado uma batalha vigorosa e engenhosa, e seus argumentos qualitativos fossem legitimamente convincentes, os argumentos quantitativos em prol da teoria de Lavoisier se mostraram insuperáveis.[48]

---

46 Dreyer, *A History of Astronomy from Thales to Kepler*, 1953, p.385-93.

47 Kuhn, "Newton's Optical Papers", op. cit., p.31-6.

48 Isso é uma ligeira simplificação, pois a batalha entre a nova química de Lavoisier e seus oponentes envolveu de fato mais do que os processos de combustão e não se pode tratar toda evidência relevante apenas em termos da combustão. Relatos elementares das contribuições de Lavoisier são encontrados em Conant, *The Overthrow*

Esses exemplos foram apresentados para ilustrar como é difícil contornar as dificuldades levantadas pelas anomalias quantitativas e quão mais efetivas do que as anomalias qualitativas elas são no estabelecimento de crises científicas inelutáveis. Mas tais exemplos mostram algo mais. A medição pode ser uma arma de imenso poder na batalha entre duas teorias e, a meu ver, essa é sua segunda grande função. Além disso, é para tal função – auxiliar na escolha entre teorias –, e apenas para ela, que devemos reservar a palavra "confirmação", isto é, se por "confirmação" queremos dizer um procedimento parecido com o que os cientistas realizam. As medições que expõem uma anomalia e, com isso, geram uma crise podem instigar o cientista a deixar a ciência ou a transferir sua atenção para outro ramo do campo. Mas caso permaneça onde está, as observações anômalas, qualitativas ou quantitativas não podem incitá-lo a abandonar sua teoria até que *outra seja proposta em seu lugar.* Tal como um carpinteiro que em seu ofício não se pode desfazer de sua caixa de ferramentas só porque ela não contém o martelo certo para fixar um prego em particular, o cientista não pode descartar a teoria estabelecida em razão de uma inadequação observada. Ao menos não até que surja outro meio de realizar sua tarefa. Na prática científica, os problemas efetivos de confirmação sempre envolvem a comparação de duas teorias entre si e com o mundo, e não a comparação de uma única teoria com o mundo. Nessas comparações tríplices, a medição apresenta uma vantagem peculiar.

Para indicar onde se localiza a vantagem da medição, tenho mais uma vez de transitar breve e dogmaticamente, portanto, além dos limites deste ensaio. É muito frequente que, na transição de uma teoria anterior para a que lhe sucede, ocorra tanto uma perda quanto um ganho de poder explicativo.[49] A teoria de Newton para o movimento planetário e balístico foi combatida com veemência por mais de uma geração porque, à diferença de

---

of the Phlogiston Theory (1950), e em McKie, *Antoine Lavoisier: Scientist, Economist, Social Reformer* (1952). Daumas, *Lavoisier, théoricien et expérimentateur* (1955) é a melhor obra de comentário e interpretação entre as mais recentes. White, *The Phlogiston Theory* (1932), e em especial Partington e McKie, "Historical Studies of the Phlogiston Theory: IV. Last Phases of the Theory", *Annals of Science*, v.4, 1939, p.113-49, fornecem muitos detalhes acerca do conflito entre a nova e a velha teorias.

49 Esse é um ponto central na referência da nota 4. De fato, é em grande parte a necessidade de equilibrar perdas e ganhos, e as controvérsias que resultam em geral dos desacordos sobre o melhor equilíbrio, que tornam apropriado descrever as mudanças das teorias como "revoluções".

suas maiores rivais, exigia a introdução de uma força inexplicável que agia a distância diretamente sobre os corpos. A teoria cartesiana, por exemplo, tentara explicar a gravidade em termos de colisões entre partículas elementares. Aceitar Newton significava abandonar a possibilidade de qualquer explicação desse tipo, ou assim pareceu à maioria dos sucessores imediatos de Newton.[50] De modo similar, embora os pormenores históricos se mostrem mais equívocos, a nova teoria química de Lavoisier foi combatida por diversas pessoas que consideraram que ela retirava da química uma de suas funções tradicionais, isto é, a explicação das propriedades qualitativas dos corpos em termos da combinação específica dos "princípios" químicos que os compunham.[51] Em todos esses casos, a nova teoria foi vitoriosa, mas o preço da vitória foi o abandono de um objetivo mais antigo e, em parte, alcançado. Para os newtonianos do século XVIII, tornou-se pouco a pouco "não científico" buscar a causa da gravidade. Os químicos do século XIX abandonaram progressivamente a busca de causas de qualidades particulares. Ainda assim, a experiência posterior mostrou que não havia nada de *intrinsecamente* "não científico" nessas questões. Com efeito, a relatividade geral explica a atração gravitacional e a mecânica quântica explica muitas das características qualitativas dos corpos. Hoje sabemos o que torna alguns corpos amarelos e outros, transparentes. Mas ao obtermos essa compreensão de extrema importância, tivemos de regredir, em certos aspectos, para um conjunto mais antigo de noções muito próximas do limite da investigação científica. Problemas e soluções que tivemos de abandonar quando adotamos as teorias clássicas da ciência moderna tornaram a se fazer fortemente presentes.

O estudo dos procedimentos de confirmação tal como são praticados nas ciências é, por conseguinte, em geral, o estudo daquilo a que os cientis-

---

50 Cohen, *Franklin and Newton*, op. cit., cap.4; Brunet, *Introduction des théories de Newton en France au XVIIIe siècle* (1931).

51 Sobre essa tradicional tarefa da química, ver Meyerson, *Identity and Reality*, 1930, cap.10, em particular p.331-6. Muito material essencial também pode ser encontrado disperso em Metzger, *Les doctrines chimiques en France du début du XVIIe à la fin du XVIIIe siècle* (1923, v.1), e *Newton, Stahl, Boerhaave, et la doctrine chimique* (1930). Note-se, em particular, que os flogistonistas – que consideravam os minérios corpos elementares a partir dos quais, pela adição do flogisto, compunham-se os metais – eram capazes de explicar por que os metais eram muito mais parecidos entre si do que os minérios que os compunham. Todos os metais possuíam um princípio em comum, o flogisto. Uma explicação desse tipo não era possível na teoria de Lavoisier.

tas se resignarão ou não a fim de obter outras vantagens específicas. Esse problema mal foi enunciado, portanto é difícil prever o que revelaria uma investigação mais aprofundada. Mas uma apreciação impressionista sugere fortemente uma conclusão importante. Não conheço nenhum episódio no desenvolvimento da ciência que exiba uma perda de precisão quantitativa como consequência de uma transição de uma teoria mais antiga para outra mais recente. Nem posso imaginar um debate entre cientistas em que, por mais ardente que seja, a busca por uma maior precisão numérica num campo previamente quantificado seja apontada como "não científica". Talvez pelas mesmas razões que a tornaram particularmente eficaz na geração de crises científicas, a comparação de previsões numéricas, *quando estavam disponíveis*, foi particularmente bem-sucedida na condução das controvérsias científicas à sua conclusão. Quaisquer que sejam as consequências de seus métodos e objetivos em termos de redefinição da ciência, os cientistas têm se mostrado relutantes em abrir mão dos sucessos numéricos de suas teorias. É possível que existam outros desideratos além desse, mas podemos supor que, em caso de conflito, a medição sairia vitoriosa.

A medição no desenvolvimento das ciências físicas

Até este ponto, assumimos que a medição desempenhou de fato um papel central nas ciências físicas, e indagamos sobre a natureza desse papel e as razões de sua eficácia peculiar. Temos agora de perguntar, embora seja tarde para contar com uma resposta tão completa quanto as anteriores, sobre o modo como a ciência utilizou as técnicas quantitativas. Para tratar de uma questão fatual tão ampla, discutirei apenas as partes da resposta com relação particularmente estreita com o que já foi dito.

Uma implicação recorrente da discussão anterior é que, para uma quantificação proveitosa num determinado campo de pesquisa, é necessária em geral muita pesquisa qualitativa, tanto empírica quanto teórica. Na ausência desse trabalho prévio, é possível que a diretriz metodológica "ide e medi" se revele apenas um convite à perda de tempo. Se ainda há dúvidas a respeito disso, podemos dirimi-las rapidamente com um breve olhar sobre o papel desempenhado pelas técnicas quantitativas no surgimento das diversas ciências físicas. Começarei indagando qual foi o papel dessas técnicas na revolução científica centrada no século XVII.

Thomas S. Kuhn

Como, a esta altura, qualquer resposta teria de ser esquemática, inicio pela divisão, em dois grupos, dos campos da ciência física estudados ao longo do século XVII. O primeiro, que será chamado de ciências tradicionais, é formado pela astronomia, pela óptica e pela mecânica, campos que experimentaram um considerável desenvolvimento qualitativo e quantitativo na Antiguidade e no decorrer da Idade Média. Esses campos devem ser contrastados com o que chamarei de ciências baconianas, um novo grupo de áreas de pesquisa que devem seu *status* como *ciência* à insistência característica dos filósofos naturais do século XVII na experimentação e na compilação das histórias naturais, inclusive das histórias dos ofícios. Incluem-se nesse segundo grupo, em particular, o estudo do calor, da eletricidade, do magnetismo e da química. Apenas a química foi suficientemente explorada antes da revolução científica, e aqueles que o fizeram eram quase todos artesãos e alquimistas. Se excluirmos alguns poucos praticantes islamitas da arte, o nascimento de uma tradição química racional e sistemática não pode ser datado antes de fins do século XVI.[52] O magnetismo, o calor e a eletricidade emergiram como temas independentes de estudo erudito ainda mais devagar. Eles são, mais claramente do que a química, novos produtos incidentais dos elementos baconianos presentes na "nova filosofia".[53]

A separação entre as ciências tradicionais e baconianas proporciona um importante instrumento analítico, pois aquele que analisa a revolução científica em busca de exemplos de medições produtivas nas ciências físicas somente os encontrará nas ciências do primeiro grupo. Além disso, e talvez mais revelador, é que, na maioria das vezes, mesmo nessas ciências tradicionais a medição era eficaz justamente quando podia ser realizada com instrumentos bem conhecidos e aplicada a conceitos muito próximos dos tradicionais. Na astronomia, por exemplo, foi a versão melhorada e

---

52 Boas, *Robert Boyle*, op. cit., p.48-66.

53 Sobre a eletricidade, ver Roller e Roller, *The Development of the Concept of Electric Charge*, op. cit., e Zilsel, "The Origins of William Gilbert's Scientific Method", *Journal of the History of Ideas*, v.2, 1941, p.1-32. Concordo com aqueles que acham que Zilsel exagera a importância de um único fator na gênese da ciência dos fenômenos elétricos e, indiretamente, do baconianismo, mas as influências exercidas pelos ofícios, por ele descritas, não podem ser desprezadas. Não existe uma discussão igualmente satisfatória para o caso do desenvolvimento das ciências do calor antes do século XVIII, mas Wolf, em *A History of Science, Technology, and Philosophy in the Sixteenth and Seventeenth Centuries*, op. cit., p.82-92, 275-81, ilustra a transformação produzida pelo baconianismo.

mais bem calibrada dos instrumentos medievais desenvolvida por Tycho Brahe que deu a contribuição quantitativa crucial. O telescópio, novidade característica do século XVII, foi pouco usado quantitativamente até o último terço do século, e seu uso não teve efeito sobre a teoria astronômica até Bradley descobrir a aberração estelar, em 1729. Mas mesmo esta foi uma descoberta isolada. Apenas na segunda metade do século XVIII, a astronomia começou a experimentar todos os efeitos do enorme aperfeiçoamento que o telescópio permitiu à observação quantitativa.[54] Ou ainda, como já mencionamos, os novos experimentos do século XVII com o plano inclinado nunca foram precisos o bastante para ser por si mesmos fonte da lei da aceleração uniforme. O que é importante aqui – e eles são criticamente importantes – é a concepção de que tais medições poderiam ter relevância no tratamento dos problemas da queda livre e do movimento balístico. Essa concepção implica uma alteração fundamental tanto da ideia de movimento quanto das técnicas pertinentes à sua análise. Mas é claro que nenhuma concepção desse tipo poderia ter sido desenvolvida como foi, se muitos dos conceitos auxiliares necessários à sua utilização não estivessem presentes, ao menos em estado embrionário, nos trabalhos de Arquimedes ou nas análises escolásticas sobre o movimento.[55] Também nesse caso a eficácia do trabalho quantitativo dependeu de uma tradição anterior de longa data.

Talvez o exemplo que devemos tomar como modelo seja o fornecido pela óptica, a terceira de minhas ciências tradicionais. Nesse campo, foi realizado no decorrer do século XVII um verdadeiro trabalho quantitativo, tanto com os instrumentos mais antigos quanto com os novos, mas os que se revelaram mais importantes foram os realizados com os instrumentos antigos para verificar fenômenos bem conhecidos. A reformulação da teoria óptica durante a revolução científica girou em torno dos experimentos de Newton com o prisma, e para estes havia muitos precedentes qualitativos.

---

54 Wolf, *A History of Science, Technology, and Philosophy in the Eighteenth Century*, op. cit., p.102-45, e Whewell, *History of the Inductive Sciences*, op. cit., v.2, p.213-371. Em particular neste último, note-se a dificuldade em distinguir os avanços devidos à instrumentação aprimorada daqueles devidos à teoria aprimorada. Essa dificuldade não deve ser imputada ao modo de apresentação de Whewell.

55 Sobre o trabalho pré-galileano, ver Clagett, *The Science of Mechanics in the Middle Ages*, 1959, sobretudo as partes 2 e 3. Com relação ao uso desse trabalho por Galileu, ver Koyré, *Études galiléennes*, 1939, em particular os v.1 e 2 [ed. port.: *Estudos galilaicos*, 1986].

A inovação de Newton foi a análise quantitativa de um efeito qualitativo conhecido, e essa análise só foi possível graças à descoberta, poucas décadas antes, da lei da refração de Snell. Essa lei foi uma novidade quantitativa vital para a óptica do século XVII. Foi buscada por uma série de pesquisadores brilhantes desde os tempos de Ptolomeu, e todos usaram um aparato muito similar ao de Snell. Em suma, a pesquisa que levou à nova teoria de Newton da luz e da cor era essencialmente tradicional.[56]

Muito da óptica do século XVII, porém, não era tradicional. A interferência, a difração e a birrefringência foram descobertas nas cinco décadas anteriores à publicação da *Óptica*; todos eram fenômenos completamente inesperados e conhecidos de Newton.[57] Sobre dois deles, ele fez investigações quantitativas cuidadosas. Mesmo assim, o impacto efetivo desses novos fenômenos sobre a teoria óptica só foi sentido no trabalho de Young e Fresnel um século depois. Embora Newton tenha elaborado uma brilhante teoria preliminar para os efeitos da interferência, nem ele nem seus sucessores imediatos notaram que essa teoria concordava com os experimentos quantitativos apenas no caso específico, e muito limitado, de uma incidência perpendicular. As medições da difração realizadas por Newton produziram somente uma teoria mais qualitativa; com relação à birrefringência, parece que ele nem tentou realizar um trabalho quantitativo próprio. Tanto Newton quanto Huygens anunciaram leis que governavam a refração do raio extraordinário, e Huygens mostrou como explicar esse comportamento considerando a expansão de uma frente de onda esférica. Mas as duas discussões matemáticas envolviam enormes extrapolações de dados quantitativos dispersos e de precisão duvidosa. Quase cem anos se passaram antes que experimentos quantitativos pudessem distinguir entre essas duas formulações matemáticas tão diferentes.[58] Assim como ocorreu com os outros

---

56 Crombie, *Augustine to Galileo*, 1952, p.70-82, e Wolf, *A History of Science, Technology, and Philosophy in the Sixteenth and Seventeenth Centuries*, op. cit., p.244-54.

57 Wolf, *A History of Science, Technology, and Philosophy in the Sixteenth and Seventeenth Centuries*, op. cit., p.254-64.

58 Sobre o trabalho no século XVII (inclusive a construção geométrica de Huygens), ver ibid. As investigações do século XVIII sobre esses fenômenos não foram muito estudadas, mas ver Priestley, *History... of Discoveries relating to Vision, Light, and Colours*, 1772, p.279-316, 498-520, 548-62. Os exemplos mais antigos que conheço de trabalhos mais precisos sobre a birrefringência são Haüy, "Sur la double réfraction du Spath d'Islande", op. cit. (ver nota 43), e Wollaston, "On the Oblique Refraction of Iceland Crystal", *Philosophical Transactions*, v.92, 1802, p.381-6.

fenômenos ópticos descobertos durante a revolução científica, grande parte do século XVIII foi consagrada à exploração e à instrumentação necessárias à atividade quantitativa.

Passando agora para as ciências baconianas, que na revolução científica possuíam poucos instrumentos antigos e ainda menos conceitos bem trabalhados, o que encontramos é um lento desenvolvimento da quantificação. Embora o século XVII tenha visto muitos novos instrumentos, vários dos quais quantitativos e outros apenas potencialmente quantitativos, somente o novo barômetro mostrava regularidades quantitativas importantes quando aplicado aos novos campos de estudo. No entanto, o barômetro é uma exceção apenas aparente, pois a Pneumática, campo de sua aplicação, valeu-se *em bloco* dos conceitos de um campo bem mais antigo, a hidrostática. Como disse Torricelli, o barômetro media a pressão "no fundo de um oceano repleto do elemento ar".[59] No campo do magnetismo, as únicas medições significativas do século XVII – da declinação e da inclinação magnéticas – foram feitas com uma ou outra versão modificada da bússola tradicional, e essas medições pouco fizeram para aprimorar a compreensão dos fenômenos magnéticos. Assim como a eletricidade, o magnetismo teve de esperar pelos trabalhos de Coulomb, Gauss, Poisson e outros – realizados no fim do século XVIII e no início do século XIX – para chegar a quantificações mais fundamentais. Antes que isso pudesse ser feito, era necessário uma melhor compreensão qualitativa da atração, da repulsão, da condução e de outros fenômenos semelhantes. Os instrumentos que produziram uma quantificação estável tiveram de ser concebidos levando em conta essas concepções qualitativas iniciais.[60] Além disso, as décadas em que finalmente foram obtidos bons resultados são quase as mesmas em que se produziram os primeiros contatos efetivos entre a medição e a teoria no estudo da química e do calor.[61] A quantificação das ciências baconianas não teve sucesso antes

---

59 Ver Spiers e Spiers, *The Physical Treatises of Pascal*, 1937, p.164. Esse livro inteiro mostra como a pneumática do século XVII extraiu seus conceitos da hidrostática.

60 Sobre a quantificação e a matematização inicial dos fenômenos elétricos, ver Roller e Roller, *The Development of the Concept of Electric Charge*, op. cit, p.66-80; Whittaker, *A History of the Theories of Aether and Electricity*, op. cit., v.1, p.53-66; e Walker, "The Detection and Estimation of Electric Charge in the Eighteenth Century", *Annals of Science*, v.1, 1936, p.66-100.

61 Sobre o calor, ver McKie e Heathcote, *The Discovery of Specific and Latent Heats* (1935). Na química, talvez seja impossível determinar uma data para os "primeiros contatos efetivos entre medição e teoria". As medições volumétricas ou gravimétricas

do último terço do século XVIII e só realizou todo o seu potencial no século XIX. Essa realização – exemplificada pelo trabalho de Fourier, Clausius, Kelvin e Maxwell – é um aspecto de uma segunda revolução científica não menos decisiva do que a do século XVII. Apenas no século XIX é que, de fato, as ciências baconianas passaram pela transformação que o grupo das ciências tradicionais experimentou dois séculos antes ou mais.

Uma vez que o artigo do professor Guerlac é dedicado à química, e já esbocei algumas dificuldades da quantificação dos fenômenos elétricos e magnéticos, extraio do estudo do calor meu exemplo mais extenso. Infelizmente, ainda estão por fazer muitas das investigações em que deveria se basear esse resumo. O que é dito a seguir é necessariamente mais exploratório do que o que já foi dito.

Muitos dos experimentos iniciais com os termômetros podem ser entendidos não como investigações com esse novo instrumento, mas sobre ele. Poderia ser de outro modo, num período em que não estava claro o que o termômetro media? É evidente que as leituras estavam associadas ao "grau de calor", mas de modo aparentemente muito complexo. O "grau de calor" já havia sido definido muito antes pelos sentidos, mas estes respondiam de modo muito desigual a corpos que forneciam as mesmas leituras termométricas. Antes que o termômetro fosse inequivocamente um instrumento de laboratório, em vez de um objeto de pesquisa experimental, as leituras termométricas tiveram de ser vistas como medidas diretas do "grau de calor", e a sensação teve de ser considerada um fenômeno complexo e equívoco, que dependia de diversos parâmetros diferentes.[62]

---

sempre estiveram presentes nas análises e nas fórmulas químicas. Por volta do século XVII, no trabalho de Bolye, por exemplo, a perda ou o ganho de peso era comumente um indício a ser considerado nas análises teóricas de reações específicas. Mas até meados do século XVIII, a importância da medição química parece ter sido invariavelmente descritiva (como nas fórmulas) ou qualitativa (como na demonstração do peso ganho sem referência à sua quantidade). Foi apenas com o trabalho de Black, Lavoisier e Richter que a medição começou a cumprir um papel integralmente quantitativo no desenvolvimento das leis e teorias químicas. Para uma introdução aos trabalhos desses homens, ver Partington, *A Short History of Chemistry*, op. cit., p.93-7, 122-8, 161-3.

62 Maurice Daumas fornece um excelente relato conciso dos demorados estágios no estabelecimento do termômetro como instrumento científico (*Les instruments scientifiques aux XVIIe et XVIIIe siècles*, 1953, p.78-80). Robert Boyle, em seu *New Experiments and Observations Touching Cold*, ilustra a necessidade que se tinha, no século XVII, de demonstrar que termômetros construídos de maneira adequada deveriam

Essa reorientação conceitual parece ter sido concluída ainda antes do fim do século XVII, ao menos em alguns círculos científicos, mas não foi acompanhada de imediato da descoberta de regularidades quantitativas. Antes disso, os cientistas tiveram de se confrontar com uma bifurcação do "grau de calor" entre "quantidade de calor", por um lado, e "temperatura", por outro. Em seguida, da profusão de fenômenos térmicos disponíveis, tiveram de selecionar para exame mais cuidadoso aqueles que poderiam levar mais prontamente ao estabelecimento de leis quantitativas. Acabaram chegando a dois: a mistura de dois componentes de um mesmo fluido com diferentes temperaturas iniciais e o calor irradiado por dois fluidos diferentes em recipientes idênticos. Entretanto, mesmo concentrados nesses fenômenos, os cientistas não alcançaram resultados inequívocos ou uniformes. Como foi mostrado de forma brilhante por Heathcote e McKie, os estágios finais do desenvolvimento dos conceitos de calor específico e de calor latente contaram com uma interação constante entre hipóteses intuídas e medições contumazes, cada qual forçando a outra a se adequar.[63] Outros tipos de esforços ainda foram exigidos antes que as contribuições de Laplace, Poisson e Fourier pudessem transformar o estudo dos fenômenos térmicos num ramo da física matemática.[64]

Esse padrão, reiterado tanto nas demais ciências baconianas quanto na extensão das ciências tradicionais aos novos instrumentos e fenômenos, fornece assim uma ilustração adicional da tese mais constante deste artigo. *O caminho da lei científica até a medição científica raramente pode ser percorrido no sentido inverso.* A fim de descobrir uma regularidade quantitativa, deve-se, em geral, conhecer a regularidade desejada e conceber os instrumentos de modo consequente, e, mesmo assim, é possível que a natureza não forneça resultados consistentes ou passíveis de generalização antes de grandes esforços. Isso vale para minha tese principal. Entretanto, as observações

---

substituir os sentidos nas medições térmicas, ainda que ambos fornecessem resultados divergentes. Ver Birch (ed.), *The Works of the Honourable Robert Boyle*, 1744, v.2, p.240-3.

63 Sobre a elaboração dos conceitos de calorimetria, ver Mach, *Die Principien der Wärmelehre*, 1919, p.153-81, e McKie e Heathcote, *The Discovery of Specific and Latent Heats*, op. cit. A discussão do trabalho de Krafft neste último (p.59-63) fornece um exemplo particularmente marcante das dificuldades para fazer funcionar a medição.

64 Bachelard, *Étude sur l'évolution d'un problème de physique* (1928), e Kuhn, "Caloric Theory of Adiabatic Compression", op. cit.

anteriores sobre o modo como a quantificação entrou em cena nas ciências físicas modernas também remetem à tese menor deste artigo, pois voltam nossa atenção para a formidável eficácia da experimentação quantitativa levada a efeito no contexto de uma teoria inteiramente matematizada. Entre 1800 e 1850, houve uma importante mudança no caráter da pesquisa realizada em muitas das ciências físicas, em particular no grupo de campos de pesquisa conhecido como física. Tal mudança foi o que me levou a classificar a matematização das ciências físicas baconianas como um aspecto de uma segunda revolução científica.

Seria absurdo sustentar que a matematização foi mais do que um aspecto. A primeira metade do século XIX também assistiu a um grande crescimento na escala do empreendimento científico, a mudanças fundamentais nos padrões de organização da ciência e à completa reconstrução da educação científica.[65] Tais mudanças, porém, afetaram todas as ciências praticamente do mesmo modo. Elas não poderiam explicar as características que distinguem as ciências recém-matematizadas do século XIX das demais ciências do mesmo período. Apesar de minhas fontes serem impressionistas, estou inteiramente seguro da existência dessas características. Permitam-me a seguinte previsão: a pesquisa analítica, e em parte estatística, revelará que os físicos, como grupo, demonstraram, a partir de 1840, uma maior capacidade de concentração em algumas poucas áreas-chave de pesquisa do que seus colegas em campos menos quantificados. Nesse mesmo período, se estou correto, os físicos provaram ter tido mais êxito do que a maioria dos outros cientistas em diminuir as controvérsias sobre as teorias científicas e aumentar o consenso que emergiu dessas controvérsias. Em suma, creio que a matematização das ciências físicas no século XIX produziu critérios profissionais muito mais sofisticados para a seleção de problemas e, ao mesmo tempo, aumentou em muito a eficácia dos procedimentos profissionais de verificação.[66] Essas mudanças, é claro, são exatamente as

---

65 S. F. Mason fornece um excelente esboço dessas mudanças institucionais (*Main Currents of Scientific Thought*, 1956, p.352-63). Mais material encontra-se disperso em Merz, *History of European Thought in the Nineteenth Century* (1923-50, v.1).

66 Para um exemplo de uma seleção efetiva de problemas, notem-se as discrepâncias quantitativas esotéricas que isolam os três problemas – o efeito fotoelétrico, a radiação do corpo negro e os calores específicos – que deram origem à mecânica quântica. Quanto à eficácia dos novos procedimentos de verificação, note-se a velocidade com que essa nova e radical teoria foi adotada pela profissão.

que a discussão da seção anterior nos leva a esperar. Uma análise crítica e comparativa do desenvolvimento da física nos últimos 125 anos proporcionaria um teste rigoroso dessas conclusões.

Na ausência desse teste, podemos chegar a alguma conclusão? Arrisco o seguinte paradoxo: a quantificação íntima e total de qualquer disciplina deve ser uma consumação sinceramente desejada. No entanto, não é uma consumação que se possa realizar pela medição. Assim como no crescimento individual, no grupo científico, a maturidade acontece para os que sabem esperar.

Apêndice

Ao refletir sobre as demais contribuições e discussões ocorridas ao longo de toda a conferência, duas questões adicionais pertinentes à minha própria contribuição parecem merecer registro. Decerto há outras, mas minha memória se mostrou mais falível do que de costume. O professor Price levantou a primeira questão, que deu margem a uma discussão considerável. A segunda decorre de um aparte do professor Spengler, e considerarei, em primeiro lugar, suas consequências.

O professor Spengler expressou grande interesse por meu conceito de "crise" no desenvolvimento de uma ciência ou de uma especialidade científica, mas acrescentou que teve dificuldades em encontrar mais do que um episódio desse tipo no desenvolvimento da economia. Para mim, isso levanta a eterna questão, mas talvez não muito importante, sobre as ciências sociais serem realmente ciências ou não. Embora eu não possa nem tentar respondê-la dessa forma, algumas observações adicionais sobre a possível ausência de crises no desenvolvimento de uma ciência social podem esclarecer parte do que está em questão.

Tal como foi dito na seção "Medição extraordinária", o conceito de crise pressupõe uma unanimidade anterior no grupo que a experimenta. As anomalias, por definição, somente podem existir associadas a expectativas firmemente estabelecidas. Os experimentos podem gerar uma crise, quando saem errado, apenas no grupo que antes viu tudo parecer sair certo. Nas ciências físicas maduras, como minhas seções iniciais devem ter indicado, as coisas em geral saem conforme o esperado. Portanto, toda a comunidade profissional pode concordar com os conceitos, os instrumentos intelectuais e os problemas fundamentais de sua ciência. Sem esse consenso profissional, não haveria base para a atividade de resolução de enigmas de que se ocupa em geral, como insisti, a maioria dos cientistas. Nas ciências físicas, a discordância dos fundamentos, assim como a busca de inovações básicas, são reservadas aos períodos de crise.[67] Contudo, não está claro se, por via de regra, um consenso de intensidade e amplitude comparáveis pode caracterizar as ciências sociais. Minha experiência com colegas na universidade e um afortunado ano no Center for Advanced Study in the Behavioral Sciences sugerem que um acordo fundamental do tipo que é assumido, digamos, pelos físicos, só há pouco tempo começou a surgir em umas poucas áreas de pesquisa nas ciências sociais. A maioria ainda é caracterizada por divergências fundamentais quanto à definição do campo, suas realizações paradigmáticas e seus problemas. Enquanto persistir essa situação (como ocorreu também nos períodos iniciais do desenvolvimento das diversas ciências físicas), ou não há crises, ou não há nada além disso.

A questão levantada pelo professor Price é muito diferente e bem mais histórica. Ele sugeriu, penso que com toda a razão, que meu epílogo histórico não chamou a atenção para uma mudança muito importante, ocorrida durante a revolução científica, na atitude dos cientistas físicos em relação à medição. Ao comentar o artigo do dr. Crombie, Price apontou que apenas em fins do século XVI os astrônomos começaram a registrar sequências ininterruptas de observações das oposições planetárias (antes disso, restringiam-se a observações quantitativas ocasionais de fenômenos específicos). Apenas nesse período, continuou Price, os astrônomos começaram a assumir uma postura crítica em relação aos dados, reconhecendo, por exemplo, que uma posição celeste registrada é um indício de um fato astronômico, e não o próprio fato. Ao discutir meu artigo, o professor Price indicou, ainda, outros sinais de uma mudança de atitude em relação à medição no decorrer da revolução científica. Primeiro, ele enfatizou que muitos mais algarismos passaram a ser registrados nas medições. Mas muito mais importante, talvez, tenha sido o fato de que pessoas como Boyle, ao anunciar

---

67 Desenvolvi alguns correlatos significativos desse consenso profissional no artigo "The Essential Tension: Tradition and Innovation in Scientific Research", em Taylor (ed.), *The Third (1959) University of Utah Research Conference on the Identification of Creative Scientific Talent*, 1959, p.162-77 ["A tensão essencial: tradição e inovação na pesquisa científica", p.241-56 deste volume].

leis derivadas de medições, começaram a registrar os dados quantitativos, *quer estivessem perfeitamente adequados à teoria, quer não*, em vez de apenas enunciar a própria lei.

Tenho algumas dúvidas se essa mudança de atitude em relação aos números ocorreu já no século XVII, como o professor Price pareceu às vezes sugerir. Hooke, por exemplo, não relatou os números dos quais derivou sua lei da elasticidade, e nenhum conceito de "algarismo significativo" parece ter surgido nas ciências físicas experimentais *antes do século XIX*. Mas não duvido de que a mudança estivesse em processo e isso é muito importante. Ao menos merece um exame detalhado em outro tipo de artigo, e espero que isso seja feito. Na ausência desse exame, contudo, limito-me apenas a indicar como os fenômenos enfatizados pelo professor Price se ajustam ao padrão que descrevi ao falar dos efeitos do baconianismo no século XVII.

Em primeiro lugar, com exceção talvez da astronomia, a mudança de atitude em relação à medição no século XVII parece uma resposta às novidades do programa metodológico da "nova filosofia". Essas novidades não foram, como muitas vezes se supõe, uma consequência da crença de que a observação e a experimentação eram básicas na ciência. Como mostrou Crombie de modo brilhante, essa crença, bem como uma filosofia metodológica associada a ela, já eram altamente desenvolvidas na Idade Média.[68] As novidades de método na "nova filosofia" encerravam, ao contrário, a crença de que muitos e muitos experimentos seriam necessários (um apelo por histórias naturais), e a insistência de que todos os experimentos e observações fossem relatados de modo completamente detalhado e naturalista, de preferência acompanhados dos nomes e das credenciais das testemunhas. Tanto a frequência maior com que os números passaram a ser registrados quanto a tendência cada vez menor de arredondá-los são perfeitamente congruentes com as mudanças baconianas mais amplas na atitude em relação à experimentação em geral.

Além disso, tendo ou não raízes no baconianismo, a eficácia da nova atitude em relação aos números no século XVII desenvolveu-se de modo muito semelhante ao da eficácia das outras novidades baconianas discutidas na última seção. Na dinâmica, como mostrou repetidas vezes o professor Koyré, a nova atitude quase não surtiu efeito antes do fim do século

---

68 Ver, em particular, seu *Robert Grosseteste and the Origins of Experimental Science, 1100-1700* (1953).

XVIII. As outras duas ciências tradicionais, a astronomia e a óptica, foram afetadas mais cedo pela mudança, mas apenas em seus ramos mais tradicionais. E quanto às ciências baconianas, calor, eletricidade, química, e assim por diante, somente começaram a se beneficiar da nova atitude depois de 1750. Mais uma vez, é no trabalho de Black, Lavoisier, Coulomb e seus contemporâneos que os primeiros efeitos verdadeiramente relevantes dessa mudança podem ser encontrados. E a transformação completa das ciências físicas devida a essa mudança só se tornaria clara após o trabalho de Ampère, Fourier, Ohm e Kelvin. Acredito que o professor Price isolou outra novidade muito importante do século XVII. Mas à semelhança de tantas outras atitudes exibidas pela "nova filosofia", os efeitos significativos dessa nova atitude para com a medição pouco se manifestaram no próprio século XVII.

9
A tensão essencial:
tradição e inovação na pesquisa científica[1]

Estou agradecido pelo convite para participar desta importante conferência, o que interpreto como evidência de que os próprios estudiosos da criatividade possuem a sensibilidade para as abordagens divergentes que tanto buscam identificar em outros. Mas não sou de todo otimista quanto ao resultado de sua experiência em relação a mim. Como a maioria de vocês sabe, não sou psicólogo, mas um ex-físico que trabalha com História da Ciência. É provável que minhas preocupações não recaiam menos sobre a criatividade do que a de vocês, mas meus objetivos, minhas técnicas e minhas fontes de evidência são tão diferentes que estou muito pouco seguro do que temos, ou mesmo poderíamos ter, a dizer entre nós. Essas reservas não são desculpas, mas antes indicam minha tese central. Nas ciências, como sugerirei adiante, em geral é melhor fazer o máximo com os instrumentos disponíveis do que fazer uma pausa para a contemplação de abordagens divergentes.

Se alguém com minha formação e meus interesses tem algo de relevante a sugerir nesta conferência, não é sobre suas preocupações centrais, sua

---

1 Originalmente publicado como "The Essential Tension: Tradition and Innovation in Scientific Research", em Taylor (ed.), *The Third (1959) University of Utah Research Conference on the Identification of Creative Scientific Talent*, 1959, p.162-77. Reimpresso com a permissão da Universidade de Utah.

personalidade criativa ou sua identificação precoce. Entretanto, em diversos documentos de trabalho distribuídos aos participantes desta conferência, está implícita uma imagem dos procedimentos científicos e do cientista. É quase certo que essa imagem condicione muitos dos experimentos que vocês realizam, bem como muitas das conclusões a que chegam, e sobre isso um físico-historiador pode ter algo a dizer. Restringirei minha atenção a um aspecto dessa imagem, aspecto este resumido como segue num dos documentos de trabalho: o cientista de base "deve carecer de prejuízos num grau tal que possa olhar para os fatos ou conceitos mais 'autoevidentes' sem necessariamente aceitá-los e, inversamente, permitir a sua imaginação jogar com as mais improváveis possibilidades" (Selye, 1959). Na linguagem mais técnica de outros documentos de trabalho (Getzels e Jackson), esse aspecto da imagem aparece de modo recorrente como ênfase a "o pensamento divergente [...] a liberdade de começar em diferentes direções [...] rejeitando a solução antiga e partindo numa nova direção".

Não duvido, em absoluto, que essa descrição do "pensamento divergente" e da correspondente busca por aqueles capazes de realizá-lo seja inteiramente apropriada. Algumas divergências sempre caracterizam qualquer trabalho científico, e divergências gigantescas estão no cerne dos episódios mais importantes do desenvolvimento científico. Mas tanto minha experiência na pesquisa científica quanto minhas leituras em História da Ciência me levam a indagar se a flexibilidade e a abertura mental não têm sido enfatizadas de modo exclusivo demais como condições características da pesquisa básica. Por esse motivo, indicarei adiante que algo como um "pensamento convergente" é tão essencial ao avanço científico quanto o divergente. Uma vez que esses modos de pensamento se encontram inevitavelmente em conflito, segue daí que a capacidade para suportar uma tensão, que ocasionalmente pode beirar o insustentável, é uma das principais condições para o que há de melhor em termos de pesquisa científica.

Tenho estudado esses assuntos mais historicamente em outro projeto, com ênfase na importância das "revoluções" para o desenvolvimento científico.[2] Esses episódios são exemplificados em sua forma mais extrema e reconhecível pelos adventos do copernicanismo, do darwinismo ou do einsteinianismo, nos quais uma comunidade científica troca um modo de conceber o mundo e conduzir a ciência há muito estabelecido por outra aborda-

---

2 Kuhn, *The Structure of Scientific Revolutions*, 1962.

gem, em geral incompatível com sua disciplina. Argumentei, nesse esboço, que o historiador encontra com frequência episódios bem menores, mas estruturalmente idênticos, e que estes são cruciais para o avanço científico. Ao contrário da impressão predominante, a maioria das novas descobertas e teorias na ciência não é um mero incremento ao estoque acumulado de conhecimento científico. Para assimilá-las, o cientista comumente tem de rearranjar o equipamento intelectual e manipulativo em que confiava, descartando alguns elementos de sua crença e de sua prática anteriores e, ao mesmo tempo, encontrando novos significados e novas relações em outros. Visto que o antigo deve ser reavaliado e reordenado na assimilação do novo, a descoberta e a invenção nas ciências são, em geral, intrinsecamente revolucionárias. Por conseguinte, requerem justamente a flexibilidade e a abertura mental que caracteriza – ou melhor, define – o pensador divergente. Daqui em diante, portanto, assumiremos a necessidade dessas características. Se muitos cientistas não as possuíssem em alto grau, não teria havido revoluções científicas e muito pouco avanço científico teria ocorrido.

Mesmo assim, a flexibilidade não é o bastante, e o que resta não é manifestamente compatível com ela. Devo agora enfatizar, servindo-me de vários fragmentos de um projeto ainda em andamento, que a revolução é apenas um de dois aspectos complementares do avanço científico. Quase nenhuma das pesquisas levadas a cabo mesmo pelos maiores cientistas é planejada para ser revolucionária, e muito poucas têm esse efeito. Ao contrário, a pesquisa normal, mesmo da mais alta qualidade, é uma atividade intensamente convergente, baseada em um sólido consenso estabelecido, adquirido por meio da educação científica e reforçado no percurso profissional ulterior. É verdade que, no fim, é normal que essa pesquisa convergente, ou circunscrita ao consenso, resulte em revolução. As técnicas e crenças tradicionais são então abandonadas e substituídas por novas. Mas as trocas revolucionárias de tradições científicas são relativamente raras, e longos períodos de pesquisa convergente são o preâmbulo necessário. Como indicarei adiante, apenas investigações firmemente enraizadas na tradição científica corrente são candidatas prováveis a romper com a tradição e dar origem a uma nova. É por isso que falo de "tensão essencial" implícita na pesquisa científica. Para realizar essa tarefa, o cientista deve afirmar um conjunto complexo de compromissos intelectuais e manipulativos. Todavia, suas pretensões à fama, caso tenha talento e sorte para obtê-la, podem no fundo depender de sua capacidade de trocar essa rede de compromissos por outra, inventada por ele mesmo. Na maioria das vezes, o cientista bem-sucedido possui as características do tradicionalista e do iconoclasta.[3]

A multiplicidade dos exemplos históricos da qual depende qualquer documentação completa dessas questões é impossível de tratar nos limites desta conferência. Mas outra abordagem poderá apresentar-lhes, ao menos, uma parcela do que tenho em mente – um exame da natureza da educação nas ciências naturais. Um dos documentos de trabalho desta conferência (Getzels e Jackson) cita uma descrição de Guilford da educação científica muito conveniente:

[A educação científica] enfatizou habilidades nas áreas do pensamento convergente e da avaliação, muitas vezes à custa de desenvolvimentos na área do pensamento divergente. Tentamos ensinar os alunos a chegar às soluções "corretas" que nossa civilização nos ensinou que eram corretas [...] Afora nas artes [e, devo acrescentar, na maioria das ciências sociais], desencorajamos o desenvolvimento das habilidades relacionadas ao pensamento divergente, em geral sem querer.

Essa caracterização me parece fazer jus à educação científica, mas pergunto-me se é igualmente justo lamentar seus resultados. Sem querer defender o ensino como mera repetição, e admitindo que, neste país, a tendência educacional para o pensamento convergente pode ter ido longe demais, devemos reconhecer que a formação rigorosa para o pensamento convergente é intrínseca às ciências quase desde suas origens. Suponho que, sem isso, não teriam alcançado seu atual *status*.

Vou condensar a natureza da educação nas ciências naturais, ignorando muitas diferenças importantes, mas menores, entre as várias ciências e as abordagens de diferentes instituições de ensino. A característica mais

---

3 Estritamente falando, é o grupo que deve possuir ambas as características ao mesmo tempo, não o cientista individual. Numa discussão mais completa dos assuntos tratados neste artigo, essa distinção entre o grupo e o indivíduo seria fundamental. Aqui, posso apenas salientar que, embora considerar a distinção enfraqueça o conflito ou a tensão acima referida, eles não são eliminados. No interior do grupo, alguns indivíduos serão mais tradicionalistas, outros, mais iconoclastas, e suas contribuições podem diferir de acordo com essas inclinações. No entanto, as normas institucionais e a natureza da tarefa que deve ser realizada estarão inevitavelmente combinadas para assegurar que todos os membros do grupo, em maior ou menor grau, sofram influências em ambos os sentidos.

marcante dessa educação é que, num grau completamente desconhecido nos demais campos criativos, ela é toda conduzida por manuais. Via de regra, os alunos de graduação e de pós-graduação em Química, Física, Astronomia, Geologia ou Biologia assimilam o conteúdo substantivo de seus campos de livros escritos especificamente para estudantes. Até que estejam preparados, ou quase, para se lançar no trabalho de dissertações próprias, não são nem incitados a realizar projetos rudimentares de pesquisa nem expostos aos resultados imediatos da pesquisa feita por outros, ou seja, às comunicações profissionais que os cientistas escrevem uns para os outros. Não há compilações de "leituras" nas ciências naturais. Esses estudantes tampouco são encorajados a ler os clássicos de seus campos – nos quais poderiam descobrir outros modos de considerar os problemas discutidos nos manuais, como também problemas, conceitos e padrões de resolução que suas futuras profissões já há muito descartaram e substituíram.

Em vez disso, os vários manuais com que os alunos de fato se confrontam apresentam diversos assuntos, mas não, como em muitas das ciências sociais, diversas abordagens de um mesmo campo de problemas. Até livros que concorrem à adoção num mesmo curso diferem em exigências e detalhes pedagógicos, mas não em substância ou estruturação conceitual. Por fim, mas mais importante, temos a técnica característica de apresentação dos manuais. Exceto em uma ou outra introdução, os manuais de ciência não descrevem os tipos de problemas que o profissional terá de resolver e a variedade de técnicas disponíveis para sua solução. Ao contrário, esses livros exibem soluções concretas de problemas que a profissão acabou aceitando como paradigmas e pedem ao estudante que resolva sozinho, com lápis e papel ou no laboratório, problemas muito próximos, metodológica e substantivamente, daqueles que lhe foram apresentados no manual ou nas aulas que lhe são associadas. Nada poderia ser mais bem calculado para produzir "atitudes mentais" ou *Einstellungen*. Os outros campos acadêmicos oferecem outros paralelos, ainda que parciais, em seus cursos mais elementares.

Mesmo a teoria educacional menos liberal deve ver essa técnica pedagógica como um anátema. Todos concordamos que os alunos devem começar aprendendo muito do que já é conhecido, mas também insistimos em que a educação deveria lhes dar muitíssimo mais. A nosso ver, eles devem aprender a reconhecer e a avaliar problemas para os quais não há solução inequívoca; devem ser providos de um arsenal de técnicas para abordar esses problemas futuros; e devem aprender a julgar a relevância dessas técnicas e a avaliar as possíveis soluções parciais que podem fornecer. Em muitos aspectos, essa atitude perante a educação me parece correta, mas devo reconhecer duas coisas a seu respeito. Primeiro, a educação nas ciências naturais parece ter permanecido completamente alheia à sua existência. Continua sendo uma iniciação dogmática a uma tradição preestabelecida que o aluno não está equipado para avaliar. Segundo, ao menos no período em que foi acompanhada de uma relação mestre-aprendiz [no sentido estrito de "aprendizagem"], essa técnica de exposição exclusiva a uma tradição rígida foi a maior geradora de inovações decisivas.

Investigarei em seguida o padrão de prática científica que emerge dessa iniciação educacional e então direi por que esse padrão é tão bem-sucedido. Antes disso, contudo, uma digressão histórica poderá reforçar o que acabo de dizer e preparar o caminho para o que vem a seguir. Gostaria de sugerir que os vários campos das ciências naturais nem sempre foram caracterizados por uma educação rígida, baseada em paradigmas exclusivos, mas que cada um chegou a técnicas semelhantes a essa no instante exato em que o campo começou a apresentar um progresso rápido e sistemático. Se nos perguntamos qual foi a origem de nosso conhecimento contemporâneo sobre os compostos químicos, os terremotos, a reprodução biológica, o movimento através do espaço ou qualquer outro assunto do âmbito das ciências naturais, encontraremos de imediato um padrão característico que ilustrarei aqui com um único exemplo.

Atualmente, os manuais de física dizem que a luz apresenta algumas propriedades de onda e outras de partícula; os problemas tanto do manual quanto da pesquisa são elaborados em conformidade com isso. Mas essa concepção e esses manuais são produtos de uma revolução do início do século XX (uma característica das revoluções é exigir que os manuais de ciência sejam reescritos). Antes de 1900, durante mais de meio século, os livros empregados na educação científica afirmavam de modo igualmente inequívoco que a luz era um movimento ondulatório. Naquelas circunstâncias, os cientistas trabalharam com problemas um pouco diferentes dos nossos e com frequência defenderam soluções um tanto diferentes. A tradição dos manuais do século XIX, no entanto, não marca o início do tópico em questão. Durante todo o século XVIII e no início do XIX, a *Óptica* de Newton e os outros livros que ensinavam a ciência diziam à maioria dos alunos que a luz era feita de partículas, e a pesquisa guiada por essa tradição era diferente, por sua vez, da que a sucedeu. Desconsiderando as várias alterações subsidiárias nessas três tradições sucessivas, podemos dizer que nossas concepções derivam historicamente das concepções de Newton por intermédio de duas revoluções no pensamento óptico, cada uma das quais substituindo uma tradição de pensamento convergente por outra. Levando adequadamente em conta as mudanças nos ambientes e nos materiais da educação científica, podemos dizer que cada uma dessas três tradições se engajou num tipo de educação mediante a apresentação de paradigmas inequívocos resumida brevemente acima. Desde Newton, a educação e a pesquisa em Óptica física têm sido, em geral, altamente convergentes.

Já a história das teorias da luz não começa com Newton. Se pesquisássemos o estado do campo antes de sua época, encontraríamos um padrão significativamente diferente – ainda familiar nas artes e em algumas ciências sociais, mas, em larga medida, não nas ciências naturais. Desde a mais remota Antiguidade e até o fim do século XVII, não havia um conjunto único de paradigmas para o estudo da óptica física. Ao contrário, muitos propuseram um grande número de diferentes concepções sobre a natureza da luz. Algumas dessas concepções encontraram bem poucos adeptos, mas outras deram origem às mais estáveis escolas de pensamento. Embora o historiador perceba a emergência de um novo ponto de vista, bem como mudanças na relativa popularidade dos mais antigos, nunca chegou a algo que se aproximasse de um consenso. O resultado é que um novo iniciado no campo era inevitavelmente exposto a vários pontos de vista conflitantes e via-se obrigado a examinar a evidência disponível de cada um, e sempre havia boas evidências. O fato de fazer uma escolha e se comportar de acordo com ela não poderia impedi-lo de ter ciência de outras possibilidades. Sem dúvida, esse modo antigo de educação é mais apropriado à formação de cientistas isentos de preconceitos, atentos a novos fenômenos e flexíveis em sua abordagem ao seu campo de estudos. Por outro lado, é difícil evitar a impressão de que, ao longo do período caracterizado por essa prática educacional mais liberal, a óptica física fez muito poucos progressos.[4]

---

4 A história da óptica física antes de Newton foi muito bem descrita recentemente por Vasco Ronchi em *Histoire de la lumière* (1956). Seu relato faz jus ao elemento que discuti muito de passagem. Várias contribuições fundamentais à óptica física foram feitas nos dois milênios anteriores ao trabalho de Newton. O consenso não é uma condição para o progresso nas ciências naturais, assim como não o é para o progresso nas ciências sociais ou nas artes. Contudo, é condição para o tipo de progresso a que hoje habitualmente nos referimos ao distinguir as ciências naturais das artes e da maioria das ciências sociais.

Acredito que a fase pré-consensual (podemos chamá-la aqui de divergente) no desenvolvimento da Óptica física se repete na história de todas as outras especialidades científicas, com exceção apenas das que surgiram com a subdivisão e a recombinação de disciplinas preexistentes. Em alguns campos, como na matemática ou na astronomia, o primeiro consenso estável é pré-histórico. Em outros, como na dinâmica, na óptica geométrica ou em partes da fisiologia, os paradigmas que geraram um primeiro consenso datam da Antiguidade clássica. Ainda que seus problemas tenham sido discutidos com frequência na Antiguidade, a maioria das outras ciências naturais só alcançou o primeiro consenso após o Renascimento. Na óptica física, como vimos, o primeiro consenso estável data de fins do século XVII. Na eletricidade, na química e no estudo do calor, data do século XVIII, ao passo que na geologia e na biologia não taxonômica não houve nenhum consenso efetivo antes dos primeiros trinta anos do século XIX. O século XX parece ser marcado pelo advento dos primeiros consensos em parte de algumas ciências sociais.

Em todos os campos acima citados, um importante trabalho foi realizado antes da maturidade produzida pelo consenso. Nem a natureza nem a oportunidade do primeiro consenso nesses campos podem ser compreendidas sem um cuidadoso exame das técnicas intelectuais e manipulativas desenvolvidas antes da existência de paradigmas singulares. Mas a transição para a maturidade não é menos importante só porque indivíduos praticaram ciência antes de ela existir. Ao contrário, a História sugere fortemente que, embora seja possível praticar ciência – do mesmo modo como se faz filosofia, arte ou ciência política – sem um consenso estabelecido, essa prática mais flexível não conduz ao padrão de avanços científicos rápidos e de grandes consequências ao qual nos habituamos nos últimos séculos. Segundo esse padrão, o desenvolvimento ocorre de um consenso a outro, e as abordagens alternativas não costumam parecer em disputa. Exceto em condições muito especiais, o praticante de uma ciência madura não faz pausas para examinar modos divergentes de explicação ou de experimentação.

Perguntarei em breve como isso pode acontecer, como uma orientação inflexível aparentemente propícia a uma tradição única pode ser compatível com a prática de disciplinas mais célebres por sua produção de novas ideias e novas técnicas. Mas é oportuno perguntar antes o que permite essa educação que transmite a tradição de modo tão afortunado. O que um cientista pode esperar em sua carreira profissional ao trabalhar numa tradição tão profundamente enraizada e com tão pouca formação para perceber alternativas dignas de nota? Mais uma vez, limitações de tempo me forçam a uma simplificação drástica, mas as observações a seguir podem, ao menos, sugerir uma posição que, sem dúvida, pode ser documentada em mais detalhes.

Na Ciência pura ou básica – essa categoria um tanto efêmera de pesquisa conduzida por aqueles cujo objetivo mais imediato é ampliar a compreensão em vez de controlar a natureza –, os problemas característicos são quase sempre repetições, com ligeiras modificações, de problemas já antes estudados e parcialmente resolvidos. Por exemplo, boa parte da pesquisa realizada em certa tradição científica é uma tentativa de ajustar a teoria ou a observação existentes, de modo que ambas apresentem concordância cada vez maior. O exame continuado do espectro atômico e molecular desde o surgimento da mecânica ondulatória, ao lado da elaboração de aproximações teóricas para a previsão de espectros complexos, fornece um exemplo importante dessa típica espécie de trabalho. Outro exemplo foi fornecido pelas observações acerca do desenvolvimento, no século XVIII, da dinâmica newtoniana, no artigo sobre medição distribuído a vocês antes da palestra.[5] É evidente que a tentativa de levar a teoria e a observação existentes a uma maior conformidade não é o único tipo de problema de pesquisa na ciência básica. O desenvolvimento da termodinâmica química ou as tentativas continuadas de desvendar a estrutura orgânica são outro tipo de problema – a extensão da teoria existente a áreas em que se esperaria que fosse aplicável, mas nas quais isso nunca havia sido tentado. Além desses, para mencionar um terceiro tipo comum de problema de pesquisa, muitos cientistas coletam constantemente dados concretos (por exemplo, pesos atômicos, momentos nucleares), requeridos para a aplicação e a extensão da teoria existente.

Esses são projetos de pesquisa normais nas ciências básicas e ilustram os tipos de trabalho aos quais todos os cientistas, inclusive os maiores, dedicam a maior parte de sua carreira profissional e nos quais muitos a consomem completamente. É claro que sua busca não tem como propósito a produção de descobertas fundamentais ou mudanças revolucionárias na teoria científica, e nem é provável que as produzam. Apenas se a validade da tradição científica corrente for assumida é que tais problemas fazem sen-

---

5 Uma versão revista foi publicada em *Isis*, v.52, 1961, p.161-93 ["A função da medição na física moderna", p.195-240 deste volume].

tido prático e teórico apreciáveis. Aqueles que suspeitaram da existência de um tipo totalmente novo de fenômeno, ou nutriram dúvidas fundamentais quanto à validade da teoria existente, não pensaram que problemas modelados com tanto rigor conforme os paradigmas dos manuais fossem dignos de esforço. Portanto, aqueles que efetivamente apreciam problemas desse tipo – e isso quer dizer todos os cientistas, a maior parte do tempo – procuram elucidar, em vez de alterar, a tradição científica em que foram criados. Além disso, o fascínio desse trabalho reside nas dificuldades de elucidação, e não nas eventuais surpresas que podem surgir. Em condições normais, o cientista pesquisador não é um inovador, mas um "resolvedor" de enigmas, e os enigmas em que se concentra são apenas aqueles que ele acha que pode enunciar e solucionar no âmbito da tradição científica existente.

Entretanto – e é essa a questão –, o efeito final desse trabalho circunscrito à tradição tem sido inevitavelmente mudar a tradição. Muitas e muitas vezes, a tentativa continuada de elucidar a tradição herdada produziu ao menos uma dessas alterações na teoria fundamental, no campo dos problemas e nos padrões científicos, o que chamei anteriormente de revoluções científicas. Ao menos para a comunidade como um todo, o trabalho numa tradição bem delimitada e profundamente arraigada parece ser mais capaz de produzir novidades que derrubem as tradições do que o trabalho em que não há nenhum padrão convergente similar. Como pode ser? Creio que isso acontece porque nenhum outro tipo de trabalho é tão apropriado para isolar, em um trabalho de atenção contínua e centrada, os focos de dificuldade ou as causas das crises, de cujo reconhecimento dependem os avanços mais fundamentais na ciência básica.

Como já indiquei no primeiro de meus trabalhos, as novas teorias e, cada vez mais, as novas descobertas nas ciências maduras não surgem *ex novo*. Ao contrário, emergem de outras teorias e no interior de uma matriz de velhas crenças sobre os fenômenos que o mundo contém *e não contém*. Essas novidades costumam ser extremamente esotéricas e profundas para que alguém sem uma considerável formação científica as note. E é raro que mesmo aquele que a possua saia simplesmente à procura delas em áreas, digamos, em que a teoria e os dados deixam de ser compreensíveis. Mesmo numa ciência madura há sempre muitas áreas em que nenhum paradigma disponível parece ser aplicável e para as quais existem poucos instrumentos e padrões acessíveis. É muito mais provável que o cientista que se aventure a tanto, confiando apenas em sua receptividade a novos fenômenos e em sua flexibilidade diante de novos padrões de organização, não chegue a lugar algum. Ele levaria sua ciência de volta à fase das histórias naturais, pré-consensuais.

Em vez disso, o profissional de uma ciência madura, desde o início de sua pesquisa de doutorado, trabalha em regiões em que os paradigmas derivados de sua educação e da pesquisa de seus contemporâneos parecem ser adequados. Tenta, digamos assim, elucidar os detalhes topográficos de uma carta cujas linhas principais já foram traçadas e espera um dia enfrentar – se for sensato o bastante para reconhecer a natureza de seu campo – um problema em que *não* haverá o antecipado, um problema que leve a um erro particularmente indicativo de uma fraqueza fundamental do próprio paradigma. Nas ciências maduras, o prelúdio a muitas descobertas e a toda teoria original não é a ignorância, mas o reconhecimento de que alguma coisa deu errado no conhecimento e nas crenças existentes.

O que eu disse até aqui poderia indicar que é suficiente o cientista produtivo adotar, sem grande preocupação, a teoria existente como hipótese exploratória, empregá-la *faute de mieux* a fim de iniciar sua pesquisa e abandoná-la tão logo o conduza a um ponto crítico, a um ponto em que algo saia errado. Mas embora a capacidade de reconhecer a dificuldade quando se está diante dela seja, sem dúvida, necessária para o avanço científico, pode não ser tão fácil reconhecê-la. Exige-se do cientista um compromisso integral com a tradição com a qual ele romperá, caso tenha sucesso. Em parte, esse compromisso é exigido pela natureza dos problemas com que o cientista trabalha normalmente. Como vimos, esses problemas são, em geral, enigmas esotéricos cujo desafio reside menos na informação trazida à luz por sua solução (com exceção dos detalhes, tudo é antecipado) do que nas dificuldades técnicas que devem ser dominadas para que alguma solução seja ao menos viável. Problemas desse tipo são assumidos apenas por pessoas seguras de que a engenhosidade é capaz de revelar uma solução, e apenas a teoria corrente pode fornecer uma segurança plausível. A teoria, por si mesma, confere significado à maioria dos problemas da pesquisa normal. Duvidar dela é duvidar, em geral, que os enigmas técnicos complexos que constituem a pesquisa normal têm solução. Por exemplo, quem teria elaborado, a partir das órbitas básicas keplerianas, as refinadas técnicas matemáticas necessárias ao estudo dos efeitos das atrações interplanetárias, se não tivesse suposto que a dinâmica newtoniana, aplicada aos planetas então conhecidos, poderia explicar todos os detalhes da observação astronômica?

Sem essa segurança, como Netuno poderia ser descoberto e a lista de planetas ser alterada?

Além disso, há razões práticas prementes para esse compromisso. Todo problema de pesquisa contrapõe o cientista a anomalias cujas fontes não podem ser completamente identificadas. Suas teorias e observações nunca concordam de todo; observações sucessivas nunca fornecem exatamente os mesmos resultados; seus experimentos apresentam resultados incidentais tanto teóricos quanto fenomenológicos que exigiram outro projeto de pesquisa para serem desvendados. Cada uma dessas anomalias ou fenômenos incompletamente compreendidos poderia ser um indício plausível de uma inovação fundamental na teoria ou na técnica científicas, mas aquele que se detiver no exame de cada um nunca completará seu projeto inicial. Os relatórios de pesquisa dão a entender, repetidas vezes, que todas as discrepâncias, salvo as mais notáveis e centrais, poderiam ser tratadas pela teoria, se houvesse tempo para analisá-las. Para quem produz esses relatórios, a grande maioria das discrepâncias é trivial ou sem interesse, uma avaliação que em geral ele só pode atribuir à sua fé na teoria corrente. Sem essa fé, seu trabalho seria puro desperdício de tempo e talento.

Ademais, a falta de compromisso resulta com muita frequência num engajamento do cientista em problemas que ele tem poucas chances de resolver. Insistir numa anomalia só é proveitoso se ela for mais do que não trivial. Após encontrá-la, os primeiros esforços do cientista e de seus colegas de profissão são do tipo que os físicos nucleares vêm empreendendo. Eles se empenham em generalizar a anomalia, em descobrir outras (e talvez mais reveladoras) manifestações do mesmo efeito, em dotá-la de uma estrutura pelo exame de suas complexas inter-relações com fenômenos que ainda esperam compreender. Poucas anomalias são suscetíveis de um tratamento desse tipo. Para isso, devem se apresentar em conflito explícito e inequívoco com algum princípio estruturalmente central da crença científica corrente. Assim, seu reconhecimento e avaliação dependem mais uma vez de um forte compromisso com a tradição científica que lhes é contemporânea.

Esse papel central desempenhado por uma tradição sofisticada, e por vezes esotérica, era o que eu tinha em mente quando falei da tensão essencial na pesquisa científica. Não duvido que o cientista tenha de ser, ao menos potencialmente, um inovador, que tenha de possuir flexibilidade mental e estar preparado para reconhecer fontes de dificuldades quando estas existem. Quanto a isso, o estereótipo popular está sem dúvida correto e, sendo assim, é importante procurar indicações das características de personalidade correspondentes. Mas o que não se vê nesse estereótipo, e parece precisar de uma cuidadosa integração com ele, é o outro lado da moeda. Creio que estaremos mais aptos a explorar todo nosso talento científico potencial se identificarmos em que medida o cientista básico deve ser também um tradicionalista convicto ou, se é que faço uso correto de seu vocabulário, um pensador convergente. Ainda mais importante, é preciso buscar compreender como esses dois modos superficialmente discordantes de resolver problemas podem se conciliar tanto no indivíduo quanto no grupo.

Tudo que foi dito precisa ser mais bem elaborado e documentado. É muito provável que algo se altere nesse processo. Esta exposição relata um trabalho em andamento. Embora eu insista em que muito do que foi dito aqui é exploratório e que, como um todo, a exposição é incompleta, espero que ainda assim eu tenha sido capaz de indicar por que um sistema educacional mais corretamente descrito como iniciação a uma tradição inequívoca pode ser compatível com um trabalho científico bem-sucedido. E espero, além disso, ter tornado plausível a tese histórica segundo a qual nenhuma parte da ciência progrediu, ou progrediu de modo intenso, antes que essa educação convergente e a prática normal correspondente a ela se tornassem possíveis. Por fim, embora esteja além de minha competência deduzir dessa concepção do desenvolvimento científico as personalidades correlatas, espero ter tornado significativa a concepção de que o cientista produtivo deve ser um tradicionalista que aprecia jogos intrincados com regras preestabelecidas a fim de se tornar eventualmente um bem-sucedido inovador que descobre novas regras e novas peças com as quais jogá-los.

Tal como eu havia planejado de início, minha exposição deveria acabar neste ponto. Mas ao trabalhar nela contra o pano de fundo proporcionado pelos documentos de trabalho distribuídos aos participantes da conferência, ocorreu-me a necessidade de um posfácio. Permitam-me tentar eliminar em poucas palavras um terreno propício a mal-entendidos e, ao mesmo tempo, sugerir um problema que precisa com urgência de muita investigação.

Tudo que foi dito antes foi pensado como uma aplicação estrita às ciências básicas, um empreendimento em que os profissionais são livres de costume para escolher seus próprios problemas. De modo característico, como apontei, tais problemas são selecionados em áreas em que os paradigmas são claramente aplicáveis, mas em que ainda restam enigmas estimulantes sobre como aplicá-los e como fazer a natureza se conformar aos resultados da aplicação. É evidente que, em geral, o inventor ou o cientista aplicado não são livres para escolher esses enigmas. Os problemas que eles podem escolher provavelmente serão determinados, em grande parte, por circunstâncias sociais, econômicas ou militares alheias à ciência. Muitas vezes, a decisão de procurar a cura para uma doença com forte potencial epidêmico, uma nova fonte de iluminação doméstica ou uma liga capaz de suportar o calor intenso dos motores dos foguetes só pode ser feita com parcas referências ao estado das ciências pertinentes. Creio que não está claro que as características de personalidade necessárias para alcançar a excelência nesse tipo de trabalho mais imediatamente prático sejam as mesmas requeridas para a realização de grandes feitos nas ciências básicas. A História sugere que poucos indivíduos, cuja maioria trabalhava em áreas pontualmente demarcadas, obtiveram excelência em ambas.

Não tenho a menor ideia de aonde nos leva essa sugestão. As distinções problemáticas entre ciência básica, pesquisa aplicada e invenção precisam ser mais investigadas. No entanto, parece provável, por exemplo, que o cientista aplicado, cujos problemas não necessitam de nenhum paradigma científico relevante, pode se beneficiar de uma educação mais ampla e menos rígida do que aquela a que os cientistas puros são expostos de costume. Há certamente muitos episódios na história da tecnologia em que a ausência de qualquer traço da mais rudimentar educação científica se mostrou muito útil. Talvez eu não precise lembrar que a lâmpada elétrica de Edison foi produzida contra a opinião científica unânime de que a lâmpada de arco voltaico não poderia ser "subdividida", mas há muitos outros episódios como esse.

Isso não deve sugerir, no entanto, que simples diferenças de educação poderão transformar o cientista aplicado em cientista básico ou vice-versa. Mas ao menos podemos argumentar que a personalidade de Edison, ideal para o inventor e talvez também para o "excêntrico" das ciências aplicadas, impediu-o de chegar a realizações fundamentais nas ciências básicas. Ele próprio demonstrava grande desdém pelos cientistas, a quem considerava vagos e confusos, pessoas que só deveriam ser contratadas quando necessário. Mas isso não o impediu de chegar às mais vastas e estapafúrdias teorias científicas. (Esse padrão é recorrente na história dos pioneiros da tecnologia elétrica: tanto Tesla quanto Gramme elaboraram esquemas cósmicos absurdos que eles acreditavam que tomariam o lugar do conhecimento científico de sua época.) Episódios como esses reforçam a impressão de que as personalidades adequadas ao cientista puro e ao inventor podem ser bem diferentes, a do cientista aplicado talvez situada entre ambas.[6]

Haveria mais alguma conclusão a extrair disso tudo? Uma última especulação me vem à mente. Se interpretei corretamente os documentos de trabalho, eles sugerem que a maioria de vocês está, de fato, em busca da personalidade *inventiva*, aquele tipo de pessoa que acentua o pensamento divergente e que os Estados Unidos já produziram em abundância. Nesse processo, vocês talvez estejam desconsiderando algumas das exigências essenciais para o cientista básico, um tipo muito diferente de pessoa, para cujas fileiras as contribuições americanas têm sido até agora notoriamente escassas. Visto que vocês são americanos em sua maioria, talvez essa correlação não seja mera coincidência.

---

6 Com relação à atitude dos cientistas perante a possibilidade técnica da lâmpada incandescente, ver Jones, *Thomas Alva Edison*, 1908, p.99-100, e Passer, *The Electrical Manufacturers, 1875-1900*, 1953, p.82-3. Quanto à atitude de Edison para com os cientistas, ver Passer, ibid., p.180-1. Para um exemplo da teorização de Edison em campos submetidos de outro modo a tratamento científico, ver Runes (ed.), *The Diary and Sundry Observations of Thomas Alva Edison*, 1948, p.205-44, *passim*.

10
Uma função para os experimentos mentais[1]

Os experimentos mentais por mais de uma vez cumpriram um papel crucial no desenvolvimento das ciências físicas. Ao menos o historiador deve reconhecê-los como poderosos instrumentos no aprimoramento da compreensão humana sobre a natureza. Apesar disso, ainda não está claro como puderam ter efeitos tão significativos. Comumente, como no caso do trem de Einstein, atingido nas extremidades por dois raios, eles lidam com situações que nunca foram examinadas em laboratório.[2] Às vezes, como no caso do microscópio de Bohr-Heisenberg, postulam situações que não podem ser examinadas inteiramente e nem precisam ocorrer na

---

1 Originalmente publicado como "A Function for Thought Experiments", em *L'aventure de la science, Mélanges: Alexandre Koyré*, 1964, v.2, p.307-34. Reimpresso com a permissão da editora Hermann.

2 O famoso experimento do trem aparece originalmente na obra de popularização da teoria da relatividade, *Ueber die spezielle und allgemeine Relativitätstheorie (Gemeinverständlich)*, 1916 [ed. bras.: *A teoria da relatividade especial e geral*, 1999]. Na quinta edição (1920), que consultei, o experimento é descrito nas p.14-9. Note-se que esse experimento mental é apenas uma versão simplificada do utilizado no primeiro artigo sobre a relatividade, "Zur Elektrodynamik bewegter Körper", *Annalen der Physik*, v.17, 1905, p.891-921. Nesse experimento original, utiliza-se apenas um sinal luminoso e o reflexo do espelho ocupa o lugar do segundo.

natureza.[3] Esse estado de coisas dá margem a uma série de perplexidades. Três delas serão examinadas neste artigo pela análise aprofundada de um único exemplo. É evidente que nenhum experimento mental pode, por si só, tipificar todos aqueles que foram historicamente importantes. Em todo caso, a categoria "experimento mental" é muito ampla e muito vaga para um epítome. Muitos experimentos mentais diferem daquele que será examinado aqui. Mas esse exemplo em especial, extraído da obra de Galileu, é de um interesse peculiar, ampliado por sua semelhança manifesta com alguns dos experimentos mentais que se mostraram eficazes na reformulação da física do século XX. Apesar de não discutir esse ponto, sugiro que o exemplo é um caso típico de uma classe importante.

Os principais problemas gerados pelo estudo dos experimentos mentais podem ser formulados como uma série de questões. Em primeiro lugar, visto que a situação imaginada num experimento mental não pode, evidentemente, ser arbitrária, a que condições de verossimilhança ela está sujeita? Em que sentido, e em que medida, a situação tem de ser tal que a natureza seja capaz de apresentá-la ou a apresenta de fato? Essa perplexidade, por sua vez, leva a uma segunda. Assumindo que todo experimento mental bem-sucedido inclui em seu esboço alguma informação prévia sobre o mundo, essa informação não está em questão no experimento. Reciprocamente, se estivéssemos lidando com um experimento mental real, os dados empíricos sobre os quais ele se baseia seriam bem conhecidos e amplamente aceitos antes de o próprio experimento ser ao menos concebido. Como então, baseado exclusivamente em dados familiares, um experimento mental é capaz de conduzir a novos conhecimentos ou a uma nova compreensão da natureza? Por último, enunciando de modo mais sucinto a terceira questão, que novo tipo de conhecimento ou de compreensão poderia ser assim produzido? O que os cientistas podem esperar aprender com os experimentos mentais, se é que podem?

---

3 Heisenberg, "Ueber den anschaulichen Inhalt der quantentheoretischen Kinematik und Mechanik", *Zeitschrift für Physik*, v.43, 1927, p.172-98. Bohr, "The Quantum Postulate and the Recent Development of Atomic Theory", *Atti del Congresso Internazionale dei Fisici*, 1928, v.2, p.565-88. A argumentação começa tratando o elétron como uma partícula clássica e discute sua trajetória antes e depois da colisão com o fóton utilizado para determinar sua posição e velocidade. O resultado pretende mostrar que essas medições não podem ser efetuadas de maneira clássica, e que a descrição inicial assume, portanto, mais do que é permitido pela mecânica quântica. Contudo, a violação dos princípios da mecânica quântica não diminui a importância do experimento mental.

Há um conjunto de respostas até simples para essas questões e, nas duas seções seguintes, vou apresentá-lo com ilustrações retiradas tanto da História quanto da Psicologia. Essas respostas – claramente importantes, mas, a meu ver, não totalmente corretas – sugerem que a nova compreensão, que resulta de um experimento mental, não é uma compreensão da *natureza*, e sim do *aparato conceitual* do cientista. Nessa análise, a função do experimento mental é auxiliar na eliminação de uma confusão prévia, obrigando o cientista a reconhecer contradições inerentes desde o início a seu modo de pensar. Ao contrário da descoberta de um novo conhecimento, a eliminação da confusão existente não parece exigir dados empíricos adicionais. Também não é necessário que a situação imaginada exista de fato na natureza. Reciprocamente, o experimento mental cujo único propósito é eliminar a confusão está sujeito a apenas uma condição de verossimilhança: a situação imaginada deve ser tal que o cientista possa aplicar seus conceitos do modo como normalmente os empregou antes.

Uma vez que são muito plausíveis e estão fortemente associadas à tradição filosófica, essas respostas exigem um exame detalhado e atencioso. Além disso, um olhar sobre elas nos proporcionará algumas ferramentas analíticas essenciais. Essas respostas, no entanto, desconsideram aspectos importantes da situação histórica em que os experimentos mentais funcionam; por isso, as duas últimas seções deste artigo buscarão respostas de tipo um tanto diferente. A terceira seção, em particular, sugerirá que é significativamente ilusório descrever a situação do cientista, antes da execução do experimento mental pertinente, como "contraditória em si mesma" ou "confusa". Faríamos melhor em dizer que os experimentos mentais auxiliam os cientistas a chegar a leis e teorias diferentes daquelas que sustentavam antes. Nesse caso, o conhecimento anterior só pode ter sido "confuso" e "contraditório" no sentido muito específico e completamente a-histórico que atribui a confusão e a contradição a todas as leis e teorias que o progresso científico obrigou a profissão a descartar. No entanto, é inevitável que essa descrição alternativa sugira que os efeitos da experimentação mental, ainda que esta não apresente novos dados, são muito mais próximos dos da experimentação efetiva do que em geral se supõe. A última seção tentará indicar como isso pode acontecer.

O contexto histórico em que os experimentos mentais efetivos auxiliam na reformulação ou reajuste de conceitos existentes é extraordinariamente complexo. Começo pelo exemplo bem mais simples, visto que não histórico, de uma transposição conceitual provocada em laboratório pelo brilhante psicólogo infantil suíço Jean Piaget. A razão dessa digressão ficará clara à medida que prosseguirmos. Piaget estudava as crianças, expondo-as a uma situação de laboratório efetiva e, em seguida, formulando perguntas sobre ela. Com pessoas um pouco mais velhas, os mesmos efeitos poderiam ser produzidos apenas pelas perguntas, sem a necessidade da exibição física. Se as mesmas perguntas fossem geradas de maneira espontânea, estaríamos diante de uma autêntica situação de experimento mental, como será mostrado na próxima seção em relação à obra de Galileu. Além disso, como a transposição específica provocada pelo experimento de Galileu é quase a mesma que a produzida em laboratório por Piaget, podemos aprender muito começando com um caso mais elementar.

A situação criada por Piaget no laboratório pôs as crianças na presença de dois carrinhos de brinquedo de cores diferentes, um vermelho e outro azul.[4] No decorrer de cada exposição experimental, ambos os carros se moviam de modo uniforme e em linha reta. Em algumas ocasiões, ambos percorriam a mesma distância, mas em intervalos de tempo diferentes. Em outras, os tempos eram os mesmos, mas um dos carros percorria uma distância maior. Por último, havia uns poucos experimentos em que nem as distâncias nem os tempos eram os mesmos. Após cada um, Piaget perguntava às crianças que carro havia se movido mais rápido e como elas distinguiam isso.

Considerando o modo como as crianças responderam às perguntas, foco a atenção num grupo intermediário, de crianças com idade suficiente para aprender com os experimentos, mas jovens o bastante para que suas respostas não sejam ainda as de um adulto. Na maioria dos casos, as crianças desse grupo descreviam como "mais rápido" o carro que chegava primeiro ao fim, ou aquele que se mantinha à frente na maior parte do percurso. Além disso, continuavam a aplicar o termo desse mesmo modo quando percebiam que o carro "mais vagaroso" havia percorrido uma extensão maior do que o "mais rápido", no mesmo tempo. Consideremos, por exemplo, uma exposição em que ambos os carros partiam da mesma linha, mas o vermelho partia depois do azul e o alcançava no fim. O seguinte diálogo, com as respostas da criança em itálico, mostrou-se típico. "Eles partiram no mesmo instante?" *"Não, o azul saiu primeiro."* "Eles chegaram juntos?"

---

4 Piaget, *Les notions de mouvement et de vitesse chez l'enfant*, 1946, em particular os cap.6 e 7. Os experimentos descritos se encontram nesse último capítulo.

"*Sim.*" "Um é mais rápido ou os dois são iguais?" "*O azul foi mais rápido.*"[5] Essas respostas expressam aquilo que, para simplificar, chamarei de critério de "chegar ao fim" para a aplicação de "mais rápido".

Se chegar ao fim fosse o único critério empregado pelas crianças de Piaget, não haveria nada que o experimento pudesse lhes ensinar. Concluiríamos que o conceito de "mais rápido" das crianças é diferente do de um adulto, mas, desde que o empregassem de modo consistente, somente uma intervenção da autoridade parental ou pedagógica poderia plausivelmente provocar uma mudança. Outros experimentos, porém, revelaram a existência de um segundo critério, mas o próprio experimento que acabo de descrever pode ser utilizado para mostrá-lo. Quase logo em seguida à exposição relatada acima, a situação foi reajustada de modo que o carro vermelho partisse muito depois do azul e assim tivesse de avançar particularmente rápido para alcançar o azul no fim. Nesse caso, o diálogo com a mesma criança prosseguia da seguinte forma. "Algum foi mais rápido do que o outro?" "*O vermelho.*" "Como você descobriu isso?" "*Eu vi.*"[6] Aparentemente, quando os movimentos são rápidos o bastante, eles podem ser percebidos diretamente e como tais pelas crianças. (Compare-se a forma como os adultos "veem" o movimento do ponteiro dos segundos num relógio com a forma como observam a mudança de posição do ponteiro dos minutos.) Às vezes as crianças empregavam essa percepção direta do movimento na identificação do carro mais rápido. Por falta de termos melhores, chamarei o critério correspondente de "menor nitidez perceptiva".

É a coexistência destes dois critérios, chegar ao fim e menor nitidez perceptiva, que torna possível às crianças aprender no laboratório de Piaget. Mesmo sem o laboratório, mais cedo ou mais tarde, a natureza ensinaria as mesmas lições, como fez com as crianças mais velhas do grupo de Piaget. Com não muita frequência (do contrário as crianças não poderiam preservar por tanto tempo o conceito), mas ocasionalmente, a natureza apresentará uma situação em que um corpo cuja velocidade diretamente percebida é menor chegará primeiro ao fim. Nesse caso, os dois critérios entram em conflito e a criança talvez seja levada a dizer que ambos os corpos são "mais

---

5 Ibid., p.160.

6 Ibid., p.161; grifo meu. Nessa passagem, traduzi *"plus fort"* por *"more quickly"* [mais rápido]; na passagem anterior, a mesma expressão traduz o original francês *"plus vite"*. Os próprios experimentos indicam que nesse contexto, mas talvez não em outros, as respostas às perguntas *"plus fort?"* e *"plus vite?"* seriam as mesmas.

rápidos" ou "mais lentos", ou que o mesmo corpo é tanto "mais rápido" quanto "mais lento".

Retornando ao conjunto de questões que motivou este exame, o que podemos dizer que as crianças aprenderam e de onde aprenderam? Por enquanto, limito-me a uma série mínima e bem tradicional de respostas que fornecerão o ponto de partida para a próxima seção. Visto que inclui dois critérios independentes para a aplicação da relação conceitual "mais rápido", o aparato mental com que as crianças chegavam ao laboratório de Piaget continha uma contradição implícita. No laboratório, o impacto de uma nova situação, que inclui tanto a exposição quanto o questionamento, forçou as crianças a tomar ciência da contradição. Como resultado, algumas delas mudaram seus conceitos de "mais rápido", talvez os bifurcando. O conceito original foi dividido em algo como a noção adulta de "mais rápido" e o conceito à parte de "chegar primeiro ao fim". É provável que o aparato conceitual das crianças tenha se tornado, então, mais rico e certamente mais adequado. Elas aprenderam a evitar um erro conceitual expressivo e, com isso, a pensar com mais clareza.

Essas respostas, por sua vez, permitem outra, pois isolam a única condição que as situações experimentais de Piaget têm de satisfazer para atingir o objetivo pedagógico. É evidente que as situações não podem ser arbitrárias. Um psicólogo poderia, por razões completamente diferentes, perguntar à criança qual é mais rápido, uma árvore ou um repolho, e prova-velmente obteria uma resposta,[7] mas a criança não aprenderia a pensar com mais clareza. Para que isso aconteça, a situação apresentada tem de ser, no mínimo, pertinente. Ou seja, deve exibir os critérios que ela comumente emprega ao estabelecer juízos de velocidade relativa. Por outro lado, embora os critérios tenham de ser usuais, é necessário que a situação como um todo não o seja. Diante de um desenho animado que exiba movimentos parado-xais, a criança chegaria às mesmas conclusões sobre seus conceitos, ainda que na própria natureza impere a lei de que corpos mais rápidos sempre chegam primeiro ao fim. Não há aqui qualquer condição de verossimilhança física. O experimentador pode imaginar qualquer situação que lhe agrade, contanto que permita a aplicação dos critérios habituais.

---

7 Perguntas como essa foram utilizadas por Charles E. Osgood para obter o que ele chamou de "perfil semântico" de várias palavras, e podem ser consultadas em seu livro *The Measurement of Meaning* (1957).

Passemos agora a um caso histórico, embora similar em outros aspectos, de revisão conceitual também provocada pelo exame cuidadoso de uma situação imaginada. Assim como as crianças do laboratório de Piaget, a *Física*, de Aristóteles, e a tradição que dela se originou, fornecem evidências de dois critérios distintos utilizados na discussão da velocidade. O ponto principal é bem conhecido, mas deve ser isolado aqui por uma questão de ênfase. Na maioria das vezes, Aristóteles aborda o movimento ou a mudança (os termos são, em geral, intercambiáveis na *Física*) como uma mudança de estado. Desse modo, "toda mudança se dá *de* algo para algo – como indica a própria palavra *metabole*".[8] O uso reiterado de enunciados como esse indica que ele concebia normalmente qualquer movimento não celeste como um ato finito e completo, que deveria ser apreendido como um todo. De modo correspondente, ele media a quantidade e a velocidade de um movimento nos termos dos parâmetros que descreviam seus pontos finais, os *termini a quo* e *ad quem* da física medieval.

As consequências da noção aristotélica de velocidade são imediatas e óbvias. Tal como exposto por ele mesmo, "a mais rápida de duas coisas percorre uma distância maior num tempo igual, uma distância igual em menos tempo ou uma distância maior em menos tempo".[9] Ou ainda, "há igual velocidade quando *a mesma* mudança é concluída num tempo igual".[10] Nessas passagens, como em muitas outras dos escritos de Aristóteles, a noção implícita de velocidade é muito próxima daquilo que chamaríamos de "velocidade média escalar", uma quantidade que igualamos à razão da distância total pelo tempo total decorrido. Assim como o critério da criança de "chegar ao fim", esse modo de avaliar a velocidade difere do nosso. Mas, do mesmo modo, a diferença não traz nenhum problema enquanto o critério de velocidade média for empregado de modo coerente.

Todavia, mais uma vez como as crianças de Piaget, Aristóteles não é inteiramente coerente ao longo de sua obra. Também ele parece possuir um critério semelhante ao da menor nitidez perceptiva para avaliar a velocidade. Em particular, às vezes discrimina a velocidade de um corpo próximo do começo e daquela do corpo próximo do fim do movimento. Por exemplo, ao distinguir os movimentos naturais ou não forçados dos movimentos

---

8 Aristóteles, "Physica", em *The Works of Aristotle*, 1930, v.2, 224b35-225a1.

9 Ibid., 232a25-27.

10 Ibid., 249b4-5.

violentos, que terminam em repouso e exigem um motor externo, ele diz: "Mas ao passo que a velocidade daquele que acabará imóvel parece sempre aumentar, a velocidade daquele que é movido violentamente parece sempre diminuir".[11] Aqui, e em poucas passagens semelhantes, não há menção aos pontos finais, à distância percorrida ou ao tempo decorrido. Ao contrário, Aristóteles apreende de modo direto, e talvez perceptivo, um aspecto do movimento que descreveríamos como "velocidade instantânea escalar", e que possui propriedades completamente diferentes das da velocidade média. Aristóteles, contudo, não estabelece nenhuma distinção desse tipo. De fato, como veremos adiante, alguns aspectos substanciais de sua Física são condicionados por não fazê-lo. Como resultado, aqueles que utilizam o conceito aristotélico de velocidade são suscetíveis de deparar com paradoxos muito semelhantes aos enfrentados pelas crianças de Piaget.

Examinaremos logo adiante o experimento mental que Galileu empregou para tornar aparentes esses paradoxos, mas devemos primeiro notar que, na época de Galileu, o conceito de velocidade já não era exatamente o legado por Aristóteles. As bem conhecidas técnicas analíticas desenvolvidas no decorrer do século XIV para dar conta da questão da latitude das formas haviam enriquecido o aparato conceitual à disposição dos estudiosos do movimento. Em particular, introduziram uma distinção entre a velocidade total de um movimento e a intensidade da velocidade em cada ponto do movimento. O segundo desses conceitos era muito próximo da noção moderna de velocidade instantânea. Já o primeiro foi um enorme passo na direção do conceito contemporâneo de velocidade média – embora somente depois de importantes correções feitas por Galileu.[12] Parte do paradoxo implícito no conceito aristotélico de velocidade foi eliminada durante a Idade Média, dois séculos antes de Galileu ter escrito sua obra.

Essa transformação medieval do conceito, porém, ficou incompleta em um aspecto importante. A latitude das formas só podia ser aplicada na comparação de dois movimentos diferentes se ambos apresentassem a mesma "extensão", ou seja, percorressem a mesma distância ou expendessem o mesmo tempo. O enunciado de Richard Swineshead para a regra mertoniana serve para tornar aparente essa limitação tantas vezes ignorada: se um acréscimo de velocidade for uniformemente adquirido, então

---

11 Ibid., 230b23-25.

12 Para uma discussão aprofundada de toda a questão da latitude das formas, ver Clagett, *The Science of Mechanics in the Middle Ages*, 1959, parte 2.

exatamente o mesmo tanto de espaço será percorrido por meio desse acréscimo [...] assim como pelo grau médio [ou intensidade da velocidade] desse acréscimo, se assumíssemos que algo se move com esse grau médio [de velocidade] por todo o tempo.[13]

Nesse caso, o tempo decorrido tem de ser o mesmo para ambos os movimentos, do contrário, a técnica de comparação é ineficaz. Se os tempos decorridos pudessem ser diferentes, então um movimento uniforme de baixa intensidade, mas de longa duração, poderia exibir maior velocidade total do que um movimento mais intenso (isto é, com maior velocidade instantânea), mas que durasse apenas um breve tempo. De modo geral, os analistas medievais evitavam essa dificuldade potencial ao restringir-se às comparações com que suas técnicas eram capazes de lidar. Galileu, entretanto, precisou de uma técnica mais geral e, ao desenvolvê-la (ou pelo menos ensiná-la), empregou um experimento mental que trouxe por completo para o primeiro plano o paradoxo aristotélico. Temos duas garantias de que a dificuldade ainda era muito real durante o primeiro terço do século XVII. A sutileza pedagógica de Galileu é uma delas – seu texto visava problemas reais. Mas talvez mais impressionante seja o fato de o próprio Galileu nem sempre ter conseguido evitar essa dificuldade.[14]

O experimento em questão aparece quase no início da "Primeira jornada" dos *Diálogos sobre os dois máximos sistemas de mundo*, de Galileu.[15] Salviati, que fala por Galileu, pede a seus dois interlocutores que imaginem dois planos, um vertical CB e outro inclinado CA, erguidos à mesma distância vertical de um plano horizontal AB. Como auxílio à imaginação, Salviati conta com um esboço, como o da Figura 1.

---

13 Ibid., p.290.

14 O mais significativo desses lapsos aparece na "Segunda jornada" do *Dialogue Concerning the Two Chief World Systems*, 1953, p.199-201 [ed. bras.: *Diálogo sobre os dois máximos sistemas do mundo*, 2004]. Galileu argumenta que nenhum corpo material, não importa quão leve seja, seria arremessado de uma Terra que girasse, ainda que a Terra girasse muito mais rápido do que o faz. Tal resultado (exigido pelo sistema de Galileu – embora certamente não seja deliberado, o lapso, afinal, não é despropositado) é obtido quando se trata a velocidade final de um movimento uniformemente acelerado como se fosse proporcional à distância percorrida no movimento. Evidentemente, a proporção é uma consequência direta da regra mertoniana, mas só é aplicável a movimentos que expendem o mesmo tempo. Os comentários de Drake a essa passagem também devem ser consultados, pois oferecem uma interpretação um pouco diferente.

15 Ibid., p.22-7.

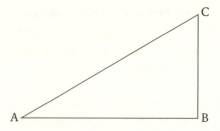

Figura 1

Devemos imaginar dois corpos deslizando ou rolando sem atrito, ao longo desses dois planos, começando do ponto C em comum. Por último, Salviati pede a seus interlocutores que concordem que, quando os corpos deslizantes chegarem a A e a B, respectivamente, terão adquirido o mesmo ímpeto ou velocidade, a saber, a velocidade necessária para levá-los de volta à altura vertical de onde partiram.[16] Essa condição é admitida e Salviati prossegue perguntando aos participantes do diálogo qual dos dois corpos se move mais rápido. Seu objetivo é fazê-los perceber que, utilizando o conceito então corrente de velocidade, eles seriam forçados a admitir que o movimento ao longo do plano perpendicular é, ao mesmo tempo, mais rápido, igualmente rápido e mais lento do que o movimento ao longo do plano inclinado. Seu objetivo seguinte será, mediante o impacto do paradoxo, fazer seus interlocutores e leitores perceberem que a velocidade não deve ser atribuída ao movimento como um todo, mas antes, às suas partes. Em suma, o experimento mental, como indica o próprio Galileu, é propedêutico à discussão dos movimentos uniforme e acelerado que ocorre no "Terceiro discurso" de suas *Duas novas ciências*. Condensarei e sistematizarei consideravelmente o argumento, pois a detalhada troca de ideias do diálogo não deve nos preocupar aqui. Ao serem indagados de início sobre qual dos dois corpos é mais rápido, os interlocutores dão a resposta que todos nós estaríamos inclinados a dar, embora os físicos saibam muito bem que não deveríamos fazê-lo. O movimento ao longo do plano perpendicular, respon-

---

16 Galileu faz menos uso dessa concessão do que eu farei adiante. Estritamente falando, seu argumento não depende dela se o plano CA puder ser estendido além de A, e se o corpo que desliza pelo plano estendido continuar a ganhar velocidade. Para simplificar, limitarei meu resumo sistematizado ao plano não estendido, seguindo a orientação fornecida por Galileu na primeira parte de seu texto.

deram os dois, é obviamente o mais rápido.[17] Aqui estão envolvidos dois dos três critérios que já encontramos. Enquanto os corpos estão em movimento, aquele que se move no plano perpendicular é o "menos nítido". Além disso, o corpo em movimento perpendicular é o que chega primeiro ao fim.

Todavia, essa resposta óbvia e de enorme apelo causa imediatamente dificuldades que são de pronto reconhecidas por Sagredo, o mais sagaz dos interlocutores. Ele assinala que a resposta é incompatível com sua concessão inicial (ou muito próximo disso – tornei essa parte da argumentação um pouco mais fluente do que no original). Uma vez que ambos os corpos iniciam seus movimentos a partir do repouso e adquirem a mesma velocidade final, eles têm de possuir a mesma velocidade média. Então, como um poderia ser mais rápido do que o outro? Salviati retorna nesse instante da discussão e recorda a seus interlocutores que o mais rápido de dois corpos em movimento é definido usualmente como aquele que percorre a mesma distância num tempo menor. Parte da dificuldade, propõe, surge da tentativa de comparar dois movimentos com distâncias diferentes. Ele incita os participantes do diálogo a acompanhar os tempos expendidos pelos dois corpos ao se mover por uma mesma distância. Como padrão, escolhe o comprimento do plano vertical CB.

Isso, no entanto, torna o problema ainda pior. CA é mais longo do que CB, e a resposta à pergunta sobre qual corpo se movimenta mais rápido passa a depender criticamente do ponto de onde é medido o comprimento padrão CB ao longo do plano inclinado CA. Se for medido a partir do topo, do ponto C, então o corpo que se move no plano perpendicular completará seu movimento em menos tempo do que o necessário para o corpo no plano inclinado percorrer uma distância igual ao comprimento CB. O movimento ao longo do plano perpendicular seria, portanto, mais rápido. No entanto, se o comprimento padrão for medido a partir da base, do ponto A, então o corpo que se move no plano perpendicular precisará de mais tempo para completar seu movimento do que o necessário para o corpo no plano inclinado se mover pela mesma distância. O movimento ao longo do plano perpendicular seria, portanto, mais lento. Por último, argumenta Salviati, se a distância CB for demarcada ao longo de uma parte intermediária pre-

---

17 Se alguém tiver dúvida de que essa é uma resposta tentadora e natural, deve fazer a pergunta de Galileu a estudantes de pós-graduação em Física. A não ser que já saibam o que está em jogo, muitos deles darão a mesma resposta dos interlocutores de Salviati.

cisa do plano inclinado, então os tempos necessários para ambos os corpos percorrerem os dois segmentos serão os mesmos. O movimento no plano perpendicular tem a mesma velocidade que a do inclinado. Até essa altura, o diálogo já forneceu três respostas a uma única questão sobre uma mesma situação, todas as três incompatíveis entre si.

Trata-se de um paradoxo, e esse foi o ou um dos modos como Galileu preparou seus contemporâneos para uma mudança nos conceitos empregados ao discutir e analisar o movimento, ou ao fazer experimentos sobre ele. Embora os novos conceitos não tenham sido completamente desenvolvidos para o público até o aparecimento das *Duas novas ciências*, o *Diálogo* mostra para onde se encaminha a argumentação. "Mais rápido" e "velocidade" não podem ser utilizados do modo tradicional. Pode-se dizer que, num determinado instante, um corpo tem uma velocidade instantânea maior do que a do outro no mesmo momento ou em outro instante específico. Ou se pode dizer que um corpo em particular percorre uma distância específica mais rápido do que outro atravessa a mesma distância ou outra. Mas os dois tipos de enunciados não descrevem a mesma característica do movimento. "Mais rápido" significa algo diferente quando aplicado, por um lado, à comparação da variação instantânea de movimento em instantes específicos e, por outro, à comparação dos tempos necessários para a realização de dois movimentos específicos completos. Um corpo pode ser "mais rápido" num sentido e, no outro, não.

Essa reforma conceitual é o que o experimento mental de Galileu ajudou a ensinar, e podemos agora propor nossas questões também nesse caso. É evidente que as respostas mínimas são as mesmas proporcionadas quando consideramos o resultado dos experimentos de Piaget. Os conceitos que Aristóteles empregou no estudo do movimento eram, em parte, contraditórios em si mesmos, e a contradição não foi completamente extirpada na Idade Média. O experimento mental de Galileu trouxe a dificuldade para o primeiro plano ao confrontar os leitores com o paradoxo implícito em seu modo de pensar. Como resultado, ajudou-os a mudar seu aparato conceitual.

Se isso está correto, então podemos também perceber o critério de verossimilhança ao qual o experimento mental tem necessariamente de obedecer. Não faz diferença para a argumentação de Galileu se os corpos efetuam ou não um movimento uniformemente acelerado quando descem pelo plano vertical e pelo inclinado. Também não importa se os dois corpos, quando as alturas dos planos são as mesmas, realmente atingem as mesmas velocidades instantâneas na base. Galileu não se preocupou em defender esses pontos.

Para seus propósitos nessa parte do *Diálogo*, é suficiente que possamos supor que seja esse o caso. Por outro lado, não segue daí que a escolha da situação experimental por Galileu tenha sido arbitrária. Ele não poderia, por exemplo, ter sugerido que considerássemos uma situação em que o corpo desaparecesse no início do movimento no ponto C e pouco depois reaparecesse no ponto A, sem ter atravessado a distância entre eles. Esse experimento ilustraria limitações na aplicação de "mais rápido", porém, ao menos até o reconhecimento dos saltos quânticos, tais limitações não seriam informativas. Com base nelas, nem nós nem os leitores de Galileu poderíamos aprender alguma coisa sobre os conceitos tradicionalmente empregados. Esses conceitos nunca foram pensados para serem aplicados num caso como esse. Em suma, para que seja eficaz, esse tipo de experimento mental tem de permitir que aqueles que o executam, ou estudam, utilizem os conceitos do mesmo modo como foram utilizados anteriormente. Apenas se essa condição for cumprida, os experimentos mentais serão capazes de colocar sua audiência diante das consequências não antecipadas de suas operações conceituais normais.

Até aqui, partes essenciais de minha argumentação foram condicionadas por aquilo que considero ser uma posição filosófica tradicional na análise do pensamento científico desde pelo menos o século XVII. Como vimos, para que seja eficaz, um experimento mental deve apresentar uma situação normal, isto é, uma situação com a qual a pessoa que analisar o experimento se sinta bem equipada – por sua experiência anterior – para lidar. Nada na situação imaginada pode ser inteiramente estranho ou pouco familiar. Por conseguinte, se o experimento é baseado, como tem de ser, na experiência prévia da natureza, esta deve ser amplamente familiar antes que o experimento seja realizado. Esse aspecto da situação exposta pelo experimento mental parece ter ditado uma das conclusões que eu, de maneira sistemática, estabeleci até aqui. Visto que não incorpora nenhuma informação nova sobre o mundo, um experimento mental não pode ensinar nada que já não seja conhecido de antemão. Ou, posto de outro modo, não pode ensinar nada sobre o mundo. Mas, ao contrário, ensina ao cientista algo sobre seu aparato mental. Sua função é limitada à correção de equívocos conceituais anteriores.

Entretanto, suspeito que alguns historiadores da ciência se sintam inseguros em relação a essa conclusão, e proponho que outros também se sintam. De certo modo, ela lembra muito a posição tradicional que vê a teoria ptolomaica, a teoria flogística ou a teoria calórica como simples erros, confusões ou dogmatismos que uma ciência mais liberal ou inteligente teria

evitado desde o início. No ambiente da historiografia contemporânea, avaliações como essa parecem cada vez menos plausíveis, e esse mesmo ar de
implausibilidade afeta a conclusão a que chegamos até aqui. Aristóteles,
mesmo não tendo sido um físico experimental, foi um lógico brilhante. Será
que teria cometido um erro tão elementar como o que lhe imputamos numa
questão tão fundamental para sua física? E caso tivesse, seus sucessores
teriam continuado a cometer o mesmo engano elementar ao longo de quase
dois milênios? A única coisa em jogo seria uma confusão lógica, e a função dos experimentos mentais poderia ser tão trivial como dá a entender
esse ponto de vista? A meu ver, a resposta a todas essas questões é não,
e a raiz da dificuldade é nossa suposição de que, por se basearem somente em dados bem conhecidos, os experimentos mentais são incapazes de
nos ensinar algo sobre o mundo. Embora o vocabulário da epistemologia
contemporânea não forneça expressões verdadeiramente úteis, gostaria de
argumentar que, com base em experimentos mentais, a maioria das pessoas
aprende junto sobre seus conceitos e sobre o mundo. Ao aprender o conceito
de velocidade, os leitores de Galileu aprenderam também como os corpos
se movimentam. O que acontece com eles é muito similar ao que acontece
com alguém que, como Lavoisier, precisa assimilar o resultado de uma nova
e inesperada descoberta experimental.[18]

Ao abordar essa série de questões centrais, perguntarei em primeiro
lugar o que quisemos dizer quando descrevemos o conceito de "mais rápido"
das crianças e o conceito aristotélico de velocidade como "contraditórios em
si mesmos" ou "confusos". Ao menos "contraditórios em si mesmos" insinua
que tais conceitos são como o famoso exemplo do lógico, um círculo quadrado, mas isso não é inteiramente correto. O círculo quadrado é contraditório
em si mesmo no sentido em que não poderia ser exemplificado em nenhum
mundo possível. Não é possível nem mesmo imaginar um objeto capaz de
apresentar as qualidades exigidas. Nem o conceito das crianças nem o de
Aristóteles são contraditórios nesse sentido. O conceito de mais rápido da
criança pode ser exemplificado repetidas vezes em nosso mundo. A contradição surge apenas quando ela é confrontada com um tipo relativamente
raro de movimento, em que o objeto perceptivamente *menos* nítido chega

---

18 Essa observação presume uma análise do modo como as novas descobertas emergem. Ver meu artigo "The Historical Structure of Scientific Discovery", *Science*,
v.136, 1962, p.760-4 ["A estrutura histórica da descoberta científica", p.183-94
deste volume].

atrás. Do mesmo modo, o conceito aristotélico de velocidade, com seus dois critérios concomitantes, pode ser aplicado sem dificuldades à maioria dos movimentos que vemos à nossa volta. Os problemas surgem apenas com aquela classe de movimentos, também consideravelmente raros, em que o critério de velocidade instantânea e o de velocidade média levam a respostas contraditórias em suas aplicações qualitativas. Em ambos os casos, os conceitos são contraditórios apenas no sentido em que o indivíduo que os emprega *corre o risco* de se contradizer. Ou seja, ele pode chegar a uma situação em que seja forçado a dar respostas incompatíveis para uma única questão.

Sem dúvida, não é isso que em geral pretendemos dizer quando aplicamos o termo "contraditório em si mesmo" a um conceito. Mas pode ser o que temos em mente quando descrevemos os conceitos acima examinados como "confusos" ou "inadequados ao pensamento claro". É certo que esses termos são mais apropriados à situação. Todavia, insinuam um padrão de clareza e adequação que talvez não tenhamos o direito de exigir. Podemos esperar de nossos conceitos – como não esperamos nem poderíamos esperar de nossas leis e teorias – que sejam aplicáveis a toda e qualquer situação em qualquer mundo possível? Já não basta exigir de um conceito – como exigimos de uma lei ou teoria – que ele seja aplicado de maneira inequívoca em todas as situações que podemos esperar encontrar?

Para perceber a relevância dessas questões, imaginemos um mundo em que todos os movimentos ocorrem com uma velocidade constante. (A condição é mais rigorosa do que o necessário, mas tornará o argumento mais claro. A condição mais branda é que nenhum corpo "mais lento", segundo qualquer critério, poderá alcançar um corpo "mais rápido". Chamarei os movimentos que satisfazem essa condição mais branda de "quase uniformes".) Num mundo desse tipo, o conceito aristotélico de velocidade não seria ameaçado por uma situação física efetiva, pois as velocidades instantânea e média de qualquer movimento seriam sempre as mesmas.[19] Então,

---

19 Também podemos imaginar um mundo em que os dois critérios empregados pelas crianças de Piaget nunca levariam a uma contradição, mas seria mais complexo e, portanto, não farei uso dele no argumento que se segue. Entretanto, arrisco um palpite testável sobre a natureza do movimento nesse mundo. A menos que imitem as mais velhas, as crianças que percebem o movimento como descrito na primeira parte deste artigo devem ser relativamente insensíveis à importância do *handicap* para vencer uma corrida. Aparentemente, tudo depende da violência com que se movem braços e pernas.

o que diríamos se encontrássemos um cientista que empregasse consistentemente o conceito aristotélico de velocidade nesse mundo imaginário? Creio que *não* diríamos que está confuso. Nada sairia errado em sua ciência ou lógica por causa da aplicação do conceito. Ao contrário, por nossa experiência mais ampla e nosso aparato conceitual mais rico, provavelmente diríamos que, de modo consciente ou não, ele incorporou a seu conceito de velocidade a expectativa de que somente movimentos uniformes ocorrem nesse mundo. Ou seja, concluiríamos que seu conceito funciona, em parte, como uma lei da natureza, uma lei que é satisfeita de modo regular em seu mundo, mas que, no nosso, só é satisfeita em situações fortuitas.

No caso de Aristóteles, é claro, não podemos dizer exatamente o mesmo. Ele sabia, e algumas vezes admitiu, por exemplo, que a velocidade dos corpos em queda aumenta à medida que eles se movem. Por outro lado, existem evidências copiosas de que manteve essa informação nos confins de sua consciência científica. Sempre que pôde, e fez isso com frequência, considerou os movimentos uniformes ou dotados das propriedades do movimento uniforme, e os resultados se mostraram cruciais para boa parte de sua física. Na seção anterior, por exemplo, examinamos uma passagem da *Física* que pode servir de definição para "movimento mais rápido": "A mais rápida de duas coisas percorre uma distância maior num tempo igual, uma distância igual em menos tempo ou uma distância maior em menos tempo". Vamos compará-la com a passagem imediatamente a seguir: "Suponha que A é mais rápido do que B. Uma vez que, de duas coisas, a que muda mais cedo é a mais rápida, no intervalo de tempo FG, no qual A mudou de C para D, B ainda não terá chegado a D, mas estará mais próximo".[20] Esse enunciado já não é exatamente uma definição. Ao contrário, versa sobre o comportamento físico dos corpos "mais rápidos" e, como tal, só se aplica a corpos em movimento uniforme ou quase uniforme.[21] Todo o ônus do experimento mental de Galileu está em mostrar que esse enunciado, e outros como ele – afirmações que parecem decorrer inevitavelmente da única definição que comporta o conceito tradicional de "mais rápido" –, não podem ser mantidos no mundo que conhecemos e, por isso, o conceito necessita de modificação.

---

20 Aristóteles, "Physica", op. cit., 232a28-31.

21 Na verdade, a primeira passagem não pode ser uma definição. Cada uma das três condições ali enunciadas poderia ter essa função, mas considerar as três equivalentes, como faz Aristóteles, tem as mesmas implicações físicas que foram ilustradas na segunda passagem.

Mesmo assim, Aristóteles continuou a emaranhar sua concepção de movimento quase uniforme na trama de seu sistema. Por exemplo, no parágrafo seguinte àquele do qual foram extraídos os enunciados anteriores, ele usa esses enunciados para mostrar que, sendo o tempo contínuo, o espaço também tem de ser. Seu argumento depende da suposição, acima implícita, de que, se um corpo B fica atrás de um corpo A no fim do movimento, ele ficou atrás em todos os pontos intermediários. Nesse caso, B pode ser utilizado para dividir o espaço e A, para dividir o tempo. Se um for contínuo, o outro também será.[22] Infelizmente, essa suposição não precisa ser mantida, se, por exemplo, o corpo mais vagaroso estiver desacelerando e o mais rápido estiver acelerando, mas Aristóteles não acha necessário excluir esses movimentos. Também aqui o argumento se baseia em sua atribuição das propriedades qualitativas da mudança uniforme a todos os movimentos.

A mesma concepção de movimento é subjacente aos argumentos com que Aristóteles desenvolve suas leis quantitativas do movimento.[23] A título de ilustração, consideremos apenas como a distância percorrida depende da grandeza do corpo e do tempo decorrido:

> Se, desse modo, o motor A levou B a uma distância C num tempo D, então no mesmo período de tempo a mesma força A moverá ½ B ao dobro da distância C, e em ½ D moverá ½ B a uma distância inteira C, pois assim serão obedecidas as regras de proporção.[24]

Ou seja, dados a força e o meio, a distância percorrida variará diretamente com o tempo e inversamente com a grandeza do corpo.

---

22 Aristóteles, "Physica", op. cit., 232b21-233a13.

23 Essas leis são sempre descritas como "quantitativas" e eu sigo o costume. No entanto, é difícil acreditar que tivessem a intenção de ser quantitativas no mesmo sentido em que o termo ocorre no estudo do movimento desde Galileu. Tanto na Antiguidade quanto na Idade Média, aqueles que sempre consideraram a medição relevante para a astronomia, e vez ou outra a empregaram na óptica, discutiram essas leis do movimento sem sequer fazer uma referência velada a alguma observação quantitativa. Além disso, as leis nunca eram aplicadas à natureza, exceto em argumentos baseados numa *reductio ad absurdum*. Seus propósitos me parecem qualitativos – no vocabulário das proporções, enunciam diversas regularidades qualitativas corretamente observadas. Essa concepção poderá parecer mais plausível se lembrarmos que, segundo Eudoxo, mesmo as proporções geométricas eram regularmente interpretadas como não numéricas.

24 Aristóteles, "Physica", op. cit., 249b30-250a4.

Para a sensibilidade moderna, é inevitável que pareça uma lei muito estranha, embora talvez não tão estranha quanto pareça de costume.[25] Mas dado o conceito aristotélico de velocidade – conceito que não levanta problemas na maioria de suas aplicações –, é fácil ver que é a única lei simples à disposição. Se o movimento é de modo tal que as velocidades instantânea e média são idênticas, então *ceteris paribus*, a distância percorrida tem de ser proporcional ao tempo. Se, além disso, assumíssemos com Aristóteles (e Newton) que "duas forças que movem separadamente um de dois pesos a uma distância fixa num tempo fixo [...] moverão conjuntamente os pesos combinados à distância igual e num tempo igual", então a velocidade tem de ser alguma função da razão entre a força e grandeza do corpo.[26] As leis de Aristóteles seguem diretamente da assunção de que a função é a mais simples disponível, a própria razão. Isso talvez pareça um modo ilegítimo de chegar às leis do movimento, mas os procedimentos de Galileu muitas vezes eram idênticos a esse.[27] Nesse aspecto em particular, o que diferencia Galileu de Aristóteles é sobretudo que o primeiro partiu de uma concepção diferente de velocidade. Visto que não percebia todos os movimentos como quase uniformes, a velocidade não era a única medida do movimento que poderia ser alterada com a força aplicada, a grandeza do corpo etc. Galileu também pôde considerar as variações da aceleração.

Esses exemplos podem ser multiplicados, mas meu argumento já deve estar claro. A concepção aristotélica de velocidade, em que se fundia algo semelhante aos modernos e díspares conceitos de velocidade instantânea e média, era parte integral de sua teoria do movimento como um todo e tinha implicações para o conjunto de sua física. Podia cumprir esse papel porque não se tratava de uma simples definição, confusa ou o que seja. Ao

---

25 Para uma crítica incisiva aos que consideram a lei apenas tola, ver Toulmin, "Criticism in the History of Science: Newton on Absolute Space, Time and Motion, I", *Philosophical Review*, v. 68, 1959, p.1-29, em especial a nota 1.

26 Aristóteles, "Physica", op. cit., 250a25-28.

27 Por exemplo: "Por conseguinte, quando observo uma pedra inicialmente em repouso cair de certa posição elevada e adquirir continuamente mais velocidade, por que não deveria acreditar que esses aumentos de velocidade ocorrem do modo mais simples e óbvio para todos? Se agora examinarmos com cuidado essa questão, não encontraremos aumentos ou incrementos mais simples do que aquele que se repete sempre do mesmo modo". Ver Galileu Galilei, *Dialogues Concerning Two New Sciences*, 1946, p.154-5 [ed. bras.: *Duas novas ciências*, 1985]. Galileu, porém, realizou de fato um teste experimental.

contrário, tinha implicações físicas e atuava, em parte, como uma lei da natureza. Implicações que nunca poderiam ser contestadas pela observação ou pela lógica num mundo em que todos os movimentos fossem uniformes ou quase uniformes, e Aristóteles agia como se vivesse num mundo assim. É claro que, de fato, seu mundo era diferente, mas o conceito funcionou tão bem que os conflitos potenciais com a observação passaram completamente em branco. E enquanto foi assim, ou seja, enquanto as dificuldades potenciais na aplicação dos conceitos não começaram a se efetivar, não podemos dizer propriamente que o conceito aristotélico de velocidade era confuso. É claro que podemos dizer que era "incorreto" ou "falso" no mesmo sentido em que aplicamos tais termos às teorias e leis obsoletas. E também que, por se tratar de um conceito falso, aquele que o adota é *passível de se tornar confuso*, como ocorreu com os interlocutores de Salviati. Mas creio que não há uma imperfeição intrínseca no próprio conceito. Suas imperfeições não estão em sua inconsistência lógica, mas em sua incapacidade de se ajustar à estrutura sutil do mundo ao qual se esperava que fossem aplicáveis. É por isso que aprender a reconhecer suas imperfeições foi necessariamente aprender sobre o mundo e sobre o conceito.

Se o conteúdo legislativo de conceitos individuais parece uma noção estranha, é provável que isso se deva ao contexto em que foi abordado aqui. Para os linguistas, a ideia já se tornou há muito familiar, apesar de controversa, pelos artigos de B. L. Whorf.[28] Braithwaite, seguindo Ramsey, elaborou uma tese similar ao utilizar modelos lógicos para demonstrar a mistura indissolúvel de lei e definição que caracteriza a função dos conceitos científicos, mesmo dos conceitos relativamente mais elementares.[29] Ainda mais pertinentes à questão são as várias discussões lógicas recentes sobre o uso de "sentenças de redução" na formação de conceitos científicos. Essas sentenças especificam (numa forma lógica que não nos interessa aqui) as condições de teste ou observação em que certo conceito pode ser aplicado. Na prática, correspondem de certo modo aos contextos em que a maioria dos conceitos científicos é de fato adquirida, o que faz que suas duas características mais salientes tenham uma importância particular. Em primeiro lugar, muitas sentenças de redução – às vezes uma enormidade delas – são

---

28 Whorf, *Language, Thought, and Reality: Selected Writings* (1956).

29 Braithwaite, *Scientific Explanation*, 1953, p.50-87. Ver também Quine, "Two Dogmas of Empiricism", em *From a Logical Point of View*, 1953, p.20-46.

necessárias para dotar um dado conceito do domínio de aplicação exigido para ser utilizado na teoria científica. Em segundo lugar, sempre que mais de uma sentença de redução é usada para introduzir um mesmo conceito, elas passam a implicar "certos enunciados que têm caráter de leis empíricas [...] Conjuntos de sentenças de redução combinam de modo peculiar a função de formação de conceitos e de teorias".[30] Essa citação, com o restante da frase que a introduz, praticamente descreve a situação que acabamos de examinar.

No entanto, não é necessário fazer uma transição completa para a lógica e para a Filosofia da Ciência para reconhecer a função legislativa dos conceitos científicos. Sob outra forma, ela é bem conhecida por qualquer historiador que tenha estudado com atenção a evolução de conceitos como elemento, espécie, massa, força, espaço, calórico ou energia.[31] Esses e muitos outros conceitos científicos são invariavelmente encontrados no interior de uma matriz de leis, teorias e expectativas da qual não podem ser completamente extraídos para efeito de definição. Para descobrir o que significam, o historiador tem de examinar aquilo que é dito sobre eles e o modo como são utilizados. Nesse processo, descobre com frequência diversos critérios diferentes que governam seu uso e cuja coexistência só pode ser compreendida em referência a muitas das outras crenças científicas (e às vezes extracientíficas) que orientam aqueles que os utilizam. Por conseguinte, tais

---

30 Hempel, "Fundamentals of Concept Formation in Empirical Science, *International Encyclopedia of Unified Science*, v.2, n.7, 1952. A discussão fundamental das sentenças de redução encontra-se em Carnap, "Testability and Meaning", *Philosophy of Science*, v.3, 1936, p.420-71, e ibid., v.4, 1937, p.2-40.

31 Os casos do calórico e da massa são particularmente instrutivos: o primeiro, porque se equipara ao caso acima discutido; o segundo, porque inverte a linha de desenvolvimento. Diz-se comumente que Sadi Carnot obteve bons resultados experimentais com a teoria calórica porque seu conceito de calor combinava as características que posteriormente seriam distribuídas entre calor e entropia. (Ver minha discussão com La Mer, *American Journal of Physics*, v.22, 1954, p.20-7; ibid., v.23, 1955, p.91-102 e 387-9). A última dessas correspondências formula a questão do modo aqui apresentado. A massa, entretanto, apresenta uma linha de desenvolvimento oposta. Na teoria newtoniana, a massa inercial e a massa gravitacional são conceitos separados, medidos de modos distintos. Uma lei da natureza testada experimentalmente é necessária para dizer que os dois tipos de medição sempre fornecerão os mesmos resultados dentro dos limites experimentais. Segundo a relatividade geral, no entanto, nenhuma lei experimental independente é exigida. As duas medições *têm de* fornecer os mesmos resultados uma vez que medem a mesma grandeza.

conceitos não são pensados para aplicação a todos os mundos possíveis, mas apenas ao mundo tal como o cientista o percebe. Seus usos são apenas um indicador do compromisso daqueles que o utilizam com um corpo mais amplo de leis e teorias. Inversamente, o conteúdo legislativo desse corpo mais amplo de crenças está, em parte, contido nos próprios conceitos. É por isso que, embora muitos tenham histórias coextensivas à história da ciência que os emprega, seus significados e critérios de utilização têm mudado com tanta frequência e de modo tão drástico no decurso do desenvolvimento científico.

Por fim, retornando ao conceito de velocidade, notemos que a reformulação de Galileu não o tornou, de uma vez por todas, logicamente puro. Ele não ficou mais livre das implicações quanto ao modo de agir da natureza do que seu predecessor aristotélico. Como resultado, à semelhança mais uma vez do conceito de velocidade de Aristóteles, podia ser posto em causa mediante a experiência acumulada, e foi isso que aconteceu entre o fim do século XIX e o início do XX. O episódio é conhecido demais para exigir uma longa discussão. Quando aplicado aos movimentos acelerados, o conceito galileano de velocidade implica a existência de um conjunto de referências espaciais não aceleradas. Essa é a lição do experimento do balde de Newton, lição que nenhum dos relativistas dos séculos XVII e XVIII foi capaz de contornar. Além disso, quando aplicado aos movimentos lineares, o conceito revisto de velocidade aqui exposto implica a validade das chamadas equações de transformação de Galileu, o que especifica algumas propriedades físicas como, por exemplo, a aditividade da velocidade da matéria ou da luz. Sem o auxílio de uma superestrutura de leis e teorias como as de Newton, tais propriedades fornecem informações imensamente significativas sobre como é o mundo.

Ou melhor, forneciam. Um dos primeiros grandes triunfos da física do século XX foi o reconhecimento de que essa informação poderia ser posta em dúvida, assim como a decorrente reformulação dos conceitos de velocidade, espaço e tempo. Além disso, nessa reconceituação, os experimentos mentais mais uma vez cumpriram um papel crucial. Desde então, o processo histórico que examinamos acima através do trabalho de Galileu tem se repetido com respeito à mesma constelação de conceitos. É perfeitamente possível que volte a ocorrer, pois é um dos processos históricos básicos pelos quais as ciências avançam.

Minha argumentação está quase completa. Para chegar ao elemento que ainda falta, vou recapitular em poucas palavras os pontos principais discutidos até aqui. Comecei sugerindo que uma importante classe de experimentos mentais funciona deste modo: eles colocam o cientista diante de uma contradição, ou conflito, implícita em seu modo de pensar; em seguida, o reconhecimento da contradição apresenta-se como a propedêutica essencial à sua eliminação. Como resultado do experimento mental, conceitos claros são desenvolvidos para substituir os confusos, utilizados anteriormente. Todavia, um exame mais cuidadoso isolou um problema essencial nessa análise. Os conceitos "corrigidos" na sequência de um experimento mental não apresentavam nenhuma confusão *intrínseca*. Se sua utilização apresentou problemas para o cientista, esses problemas eram do mesmo tipo que aqueles aos quais ele está exposto por utilizar qualquer lei ou teoria baseada em experimentos. Ou seja, surgem não de seu equipamento mental tomado de forma isolada, mas de dificuldades descobertas na tentativa de ajustar esse equipamento a experiências anteriormente não assimiladas. A natureza, e não a lógica por si só, era responsável pela confusão aparente. Essa situação me levou a sugerir que, com o tipo de experimento mental aqui examinado, o cientista aprende tanto sobre o mundo quanto sobre seus conceitos. Historicamente, seu papel é muito próximo do duplo papel desempenhado pelas observações e pelos experimentos efetivos em laboratório. Em primeiro lugar, os experimentos mentais podem revelar a falta de conformidade entre a natureza e um conjunto de expectativas previamente assumido. Em segundo lugar, podem sugerir os modos específicos como deverão ser revisadas tanto as expectativas quanto as teorias.

Mas como – eis o problema final – os experimentos mentais podem fazer isso? Os experimentos de laboratório desempenham esse papel ao fornecer ao cientista informações novas e inesperadas. Os experimentos mentais, ao contrário, só podem se basear em informação já disponível. Se ambos podem ter papéis tão similares, é porque, em certas ocasiões, os experimentos mentais facultam ao cientista o acesso a informações que estão à sua disposição e, de certo modo, não lhe são acessíveis. Tentarei mostrar, apesar de necessariamente de modo breve e incompleto, como isso pode acontecer.

Já salientei em outro artigo que o desenvolvimento de uma especialidade científica madura é determinado, em grande parte, pelo corpo altamente integrado de conceitos, leis, teorias e técnicas instrumentais que um praticante individual adquire em sua educação profissional.[32] Essa trama de crenças e expectativas, testada e aprovada, diz a ele como é o mundo e define, ao mesmo tempo, os problemas que ainda exigem atenção profissional. Esses problemas são aqueles que, ao serem resolvidos, ampliarão o alcance e a precisão do ajuste entre a crença existente e a observação da natureza. Quando os problemas são selecionados dessa maneira, o sucesso passado em geral assegura também o sucesso futuro. Uma razão por que a pesquisa científica parece avançar de modo estável de um problema resolvido para outro é que os profissionais restringem sua atenção a problemas definidos pelas técnicas conceituais e instrumentais já à disposição.

Contudo, esse modo de selecionar problemas, ainda que torne os sucessos particularmente prováveis no curto prazo, também garante os fracassos no longo prazo – que são ainda mais decisivos para o avanço científico. Mesmo os dados apresentados ao cientista por esse padrão de pesquisa mais restrito, nunca se ajustam por inteiro ou precisamente às expectativas produzidas pela teoria. Algumas dessas faltas de ajuste fornecem os problemas de pesquisa usuais, mas outras são empurradas para a periferia da consciência, e outras ainda são suprimidas por completo. A inabilidade para reconhecer e confrontar uma anomalia é comumente justificada nesse caso. Na grande maioria das vezes, a ajustagem experimental ou as pequenas articulações da teoria existente acabam conduzindo a aparente anomalia de volta à lei. Deter-se em anomalias sempre que encontradas é um convite à distração permanente.[33] Mas nem todas as anomalias respondem aos ajustes menores na trama conceitual e instrumental existente. Dentre estas, há algumas que não podem ser indefinidamente ignoradas, quer por serem muito marcantes, quer por serem repetidamente encontradas em muitos laboratórios diferentes. Ainda que permaneçam não assimiladas, intrometem-se com intensidade cada vez maior na consciência científica.

---

32 Para uma discussão incompleta sobre esse ponto e os seguintes, remeto a meus artigos "The Function of Measurement in Modern Physical Science", *Isis*, v.52, 1961, p. 161-93 ["A função da medição na física moderna", p.195-240 deste volume], e "The Function of Dogma in Scientific Research", em Crombie (ed.), *Scientific Change*, 1963, p.347-69. O assunto é tratado de modo mais completo e com muitos outros exemplos adicionais em meu ensaio *The Structure of Scientific Revolutions*, 1962.

33 Muitas evidências disso podem ser encontradas em Polanyi, *Personal Knowledge*, 1958, em particular no cap.9.

À medida que o processo avança, o padrão de pesquisa da comunidade se altera. De início, relatos de observações não assimiladas aparecem com mais e mais frequência nas páginas dos registros dos laboratórios ou como anexos de relatos publicados. Em seguida, a pesquisa se volta pouco a pouco para a própria anomalia. Aqueles que tentam transformá-la no esperado discutirão cada vez mais o significado dos conceitos e das teorias que compartilharam por tanto tempo sem ter conhecimento de sinais de ambiguidade. Uns poucos começarão a examinar criticamente a contextura de crenças que levou a comunidade ao impasse. Em algumas situações, até mesmo a filosofia poderá se tornar um instrumento científico legítimo, o que normalmente não é. Alguns desses sintomas de uma crise na comunidade, ou todos, são, penso eu, o prelúdio invariável da reconceituação fundamental que a eliminação de uma anomalia persistente quase sempre exige. É típico que a crise só termine quando um indivíduo ou um grupo particularmente imaginativo tece uma nova trama de leis, teorias e conceitos que consiga assimilar a experiência até então incongruente e toda ou grande parte da experiência previamente assimilada.

Esse processo de reconceituação é o que chamei alhures de revolução científica. Essas revoluções podem não ser tão amplas como o esboço precedente deu a entender, mas todas compartilham de uma característica essencial. Os dados necessários à revolução já existiam nos confins da consciência científica, a emergência da crise os trouxe para o centro das atenções, e a reconceitualização revolucionária permitiu que fossem vistos de outro modo.[34] Aquilo que era vagamente conhecido antes da revolução, a despeito do equipamento mental da comunidade, é conhecido depois precisamente por causa de seu equipamento mental.

É claro que tal conclusão, ou conjunto de conclusões, é muito grandiosa e obscura para ser aqui universalmente documentada. No entanto, sugiro que, numa aplicação restrita, alguns de seus elementos essenciais já foram documentados. Uma crise provocada pela frustração da expectativa e a correspondente revolução estão no cerne das situações dos experimen-

---

34 Aqui, a expressão "permitir ser visto de outro modo" deve permanecer metafórica, embora eu lhe atribua um sentido quase literal. Hanson (1958, p.4-30) já afirmou que aquilo que os cientistas veem depende de suas crenças prévias e de sua formação, e muitas evidências disso podem ser encontradas na última referência citada na nota 32.

tos mentais que examinamos. Reciprocamente, o experimento mental é um dos instrumentos analíticos essenciais que se utilizam durante a crise e que auxiliam na promoção da reforma conceitual de base. O resultado dos experimentos mentais pode ser o mesmo da revolução científica: permitir ao cientista utilizar como parte integrante de seu conhecimento aquilo que seu próprio conhecimento lhe tornara inacessível. É nesse sentido que ele muda seu conhecimento do mundo. E é por ser capaz de provocar esse efeito que acompanha, de modo tão notável, a obra de figuras como Aristóteles, Galileu, Descartes, Einstein e Bohr, os grandes tecelões de novas tramas conceituais.

Retornemos agora, rapidamente e pela última vez, aos nossos próprios experimentos, os de Piaget e de Galileu. Creio que nossa dificuldade adveio do fato de encontrarmos implícitas, na mentalidade anterior ao experimento, leis da natureza que conflitavam com informações que estávamos certos de que nossos sujeitos já possuíam. Com efeito, foi somente por já possuírem essas informações que eles puderam aprender alguma coisa com a situação experimental. Nessas circunstâncias, ficamos intrigados com sua incapacidade de perceber o conflito, mas não estávamos certos quanto ao que ainda precisavam aprender e, por isso, fomos levados a considerá-los confusos. Esse modo de descrever a situação, a meu ver, não estava de todo equivocado, mas era enganador. Ainda que minha conclusão tenha de permanecer um tanto metafórica, proponho a seguinte descrição alternativa.

Por algum tempo antes de nosso encontro, nossos sujeitos empregaram com sucesso, em seu modo de lidar com a natureza, uma trama conceitual diferente da que utilizamos. Essa trama, testada pelo tempo, ainda não os havia posto diante de dificuldades. No entanto, no instante em que os encontramos, eles adquiriram algumas experiências que não podiam ser assimiladas em seu modo tradicional de lidar com o mundo. Nesse momento, tinham em mãos toda a experiência necessária para uma reformulação fundamental de seus conceitos, mas havia algo nessa experiência que eles ainda não haviam percebido. Justamente por isso, estavam sujeitos à confusão e talvez já estivessem inseguros.[35] A confusão completa, porém, só foi instaurada com a situação exposta no experimento mental e, com isso,

---

35 É claro que as crianças de Piaget não estavam inseguras (ao menos por razões pertinentes aqui) até que os experimentos fossem conduzidos. Na situação histórica, porém, os experimentos mentais são invocados, em geral, por um reconhecimento crescente de que alguma coisa em algum lugar está errada.

como um prelúdio à própria cura. Ao fazer da anomalia vivida uma contradição concreta, o experimento mental disse aos nossos sujeitos o que estava errado. Essa primeira clareza do que era o desajuste entre a experiência e as expectativas implícitas forneceu os indícios necessários para pôr em ordem a situação.

Que características deve ter o experimento mental para ser capaz de provocar esses efeitos? Parte da resposta ainda se mantém. Para revelar um desajuste entre o aparato conceitual tradicional e a natureza, a situação imaginada tem de permitir que o cientista utilize seus conceitos usuais do mesmo modo como os utilizava antes. Ou seja, ela não pode violar o uso normal. Por outro lado, a parte da resposta que arcava com a verossimilhança física precisa ser alterada. Ela assumiu que os experimentos mentais são destinados apenas às confusões ou contradições puramente lógicas e que bastaria, portanto, uma situação capaz de apresentar essas contradições. Não havia ali nenhuma condição de verossimilhança física. Todavia, supondo agora que a natureza e o aparato conceitual estão ambos envolvidos na contradição exposta nos experimentos mentais, é preciso uma condição mais forte. Ainda que a situação imaginada não precise ser exequível na natureza, o conflito deduzido dela tem de ser tal que a própria natureza possa apresentá-lo. De fato, mesmo essa condição não é forte o bastante. É preciso que o conflito com o qual depara o cientista na situação criada pelo experimento mental já tenha aparecido para ele, não importa quão obscura tenha sido sua percepção. Se já não tiver tido essa mesma experiência, ele não estará pronto para aprender apenas com o experimento mental.

11
Lógica da descoberta ou psicologia da pesquisa?[1]

Meu objetivo nestas páginas é justapor a concepção do desenvolvimento científico delineada em meu livro *A estrutura das revoluções científicas* às concepções bem mais conhecidas do presidente do nosso simpósio, sir Karl Popper.[2] Em outras circunstâncias, eu abriria mão de uma iniciativa como essa, pois não sou tão otimista quanto sir Karl em relação à utilidade das confrontações. Além disso, admiro há tanto tempo seu trabalho que é

---

1 Originalmente publicado como "Logic of Discovery or Psychology of Research?", em Lakatos e Musgrave (ed.), *Criticism and the Growth of Knowledge*, 1970, p.1-22. Reimpresso com a permissão da Cambridge University Press. Este artigo foi escrito inicialmente a convite de Schilpp para sua coletânea *The Philosophy of Karl R. Popper*, 1974, p.798-819. Sou muito grato ao professor Schilpp e aos editores por permitir sua publicação como parte dos anais desse simpósio antes de aparecer na obra para a qual foi solicitado.

2 Para a discussão a seguir, examinei as seguintes obras de sir Karl Popper: *Logic of Scientific Discovery*, 1959 [ed. bras.: *A lógica da pesquisa científica*, 2000], *Conjectures and Refutations*, 1963 [*Conjecturas e refutações*, 2008], e *The Poverty of Historicism*, 1957 [ed. port.: *A pobreza do historicismo*, 2007]. Também consultei ocasionalmente a edição original de sua *Logik der Forschung* (1935) e seu *Open Society and Its Enemies* (1945) [ed. bras.: *A sociedade aberta e seus inimigos*, 1998]. Meu próprio *A estrutura das revoluções científicas* (2009) fornece um relato mais extenso de algumas questões discutidas adiante.

difícil, a esta altura, criticá-lo de modo tão espontâneo. Contudo, estou convencido de que devo tentar nesta ocasião. Mesmo antes de meu livro ter sido publicado há dois anos e meio, comecei a perceber algumas características peculiares, e às vezes intrigantes, na relação entre nossas concepções. Essa relação, bem como as diferentes reações que tenho encontrado a respeito, sugerem que uma comparação disciplinada entre ambas as concepções pode produzir um esclarecimento singular. Permitam-me dizer por que penso que isso poderia ocorrer.

Quase todas as vezes em que nos voltamos explicitamente para os mesmos problemas, as concepções de ciência, minha e de sir Karl, são quase idênticas.[3] Temos ambos interesse no processo dinâmico pelo qual o conhecimento científico é adquirido, em detrimento da estrutura lógica dos produtos da pesquisa científica. Diante desse interesse, ambos enfatizamos, como dados legítimos, os fatos acerca da vida científica efetiva e também de seu espírito, e ambos recorremos com frequência à História a fim de encontrá-los. Desse manancial de dados compartilhados, extraímos muitas conclusões idênticas. Ambos rejeitamos a ideia de que a ciência progride de modo incremental; ambos enfatizamos, em oposição a isso, os processos revolucionários com os quais uma teoria mais antiga é rejeitada e substituída por uma nova que lhe é incompatível;[4] e ambos ressaltamos com ênfase o papel desempenhado, nesse processo, pela incapacidade ocasional da teoria mais antiga de satisfazer os desafios impostos pela lógica, pela experimentação ou pela observação. Por fim, sir Karl e eu nos unimos na oposição a várias das teses mais características do positivismo clássico. Ambos destacamos, por exemplo, a interpenetração inerente e inevitável da observação e da teoria científicas; somos, por isso mesmo, céticos quanto aos esforços para produzir qualquer linguagem observacional neutra; e ambos insisti-

---

3 Presumo que essa sobreposição considerável é mais do que mera coincidência. Embora não tenha lido nada de sir Karl antes do aparecimento, em 1959, da tradução para o inglês de sua *Logik der Forschung* (quando meu livro já estava esboçado), ouvi repetidas vezes algumas de suas ideias principais serem discutidas. Em especial, ouvi-o discutir algumas delas em suas *William James Lectures*, na primavera de 1950. Ainda que as circunstâncias não me permitam detalhar minha dívida intelectual para com sir Karl, ela seguramente existe.

4 Utilizei em outro artigo "paradigma", e não "teoria", para denotar aquilo que é rejeitado e substituído no decorrer das revoluções científicas. Algumas razões para a troca do termo aparecerão adiante.

mos em que é perfeitamente cabível que os cientistas tencionem inventar teorias que *expliquem* os fenômenos observados e que o façam em termos de objetos *reais*, independentemente do que esta última expressão queira dizer.

Essa lista, embora não esgote definitivamente as questões sobre as quais sir Karl e eu concordamos,[5] já é extensa o suficiente para nos situar na mesma minoria entre os filósofos da ciência contemporâneos. Talvez seja por isso que os seguidores de sir Karl sempre tenham se mostrado minha audiência filosófica mais afável, pelo que sou muito grato. Mas minha gratidão não vem desacompanhada. A mesma concordância que suscita a simpatia desse grupo muito frequentemente canaliza seus interesses numa direção equivocada. Ao que parece, os seguidores de sir Karl são capazes, em geral, de ler muitas partes de meu livro como se fossem capítulos de uma revisão recente (e, para alguns, drástica) de seu clássico *A lógica da pesquisa científica*. Um deles me indagou se a imagem da ciência esboçada em meu *A estrutura das revoluções científicas* já não é, há muito, um conhecimento corriqueiro. Outro, mais caridoso, destacou minha originalidade como demonstração de que as descobertas de fatos possuem um ciclo de vida semelhante ao exibido pelas inovações teóricas. Outros, ainda, expressaram sua satisfação com o livro, mas discutiram somente duas questões relativamente secundárias, em que meu desacordo com sir Karl é bem mais explícito: minha ênfase na importância de um profundo compromisso com a tradição e meu descontentamento com as implicações do termo "falseamento". Em poucas palavras, todos leram meu livro com lentes muito especiais, e há outros modos de lê-lo. O que se vê com essas lentes não está errado; minha concordância com sir Karl é real e substancial. Leitores que estejam fora do círculo popperiano, contudo, quase invariavelmente não notam que há concordância, e são esse os leitores que reconhecem, muitas vezes (nem sempre com a

---

5 Ao acentuar outro ponto de contato em relação ao qual tem havido muitos mal--entendidos, podemos destacar aquelas que considero as reais diferenças entre as concepções de sir Karl e as minhas. Ambos insistimos em que a adesão a uma tradição tem papel essencial no desenvolvimento científico. Ele escreveu, por exemplo, que "quantitativa e qualitativamente, de longe, a fonte mais importante de nosso conhecimento – com exceção do conhecimento inato – é a tradição" (Popper, *Conjectures and Refutations*, op. cit., p.27). Ainda mais pertinente aqui, Karl escreveu, já em 1948: "Penso que jamais poderemos nos libertar completamente dos limites da tradição. A chamada libertação é, na verdade, apenas a mudança de uma tradição para outra" (ibid., p.122).

mesma simpatia), aquilo que para mim são as questões centrais. Sou levado a concluir que uma mudança de Gestalt divide os leitores de meu livro em dois grupos ou mais. O que um percebe como paralelismo marcante é praticamente imperceptível ao outro. O desejo de compreender como isso é possível motiva esta comparação entre minhas concepções e as de sir Karl.

A comparação, contudo, não pode ser uma mera justaposição ponto a ponto. Aquilo que merece atenção não se encontra na área periférica em que nossas divergências secundárias podem ser isoladas, mas na região central, em que parecemos concordar. Sir Karl e eu recorremos aos mesmos dados e vemos, em medida pouco comum, as mesmas linhas no mesmo papel. Se formos perguntados sobre tais linhas e dados, daríamos muitas vezes respostas quase idênticas, ou ao menos respostas que inevitavelmente pareceriam idênticas no modo fragmentário da comunicação por meio de perguntas e respostas. Não obstante, situações como as citadas me convenceram de que nossas intenções são, em geral, completamente diferentes quando dizemos as mesmas coisas. Ainda que as linhas sejam as mesmas, as figuras que surgem não o são. É por isso que chamei o que nos separa de uma mudança de Gestalt, e não de divergência, e é também por isso que estou ao mesmo tempo perplexo e intrigado diante da escolha do melhor modo de explorar a separação. Como poderei persuadir sir Karl, que sabe tudo que sei sobre desenvolvimento científico e que já disse tudo num ou noutro lugar, de que aquilo que ele chama de coelho pode ser visto como pato? Como poderei mostrar a ele como seria usar minhas lentes, se ele já aprendeu a olhar com as suas para tudo que posso apontar?

A situação exige uma mudança de estratégia e ocorre-me a seguinte. Ao ler mais uma vez alguns dos principais livros e ensaios de sir Karl, encontro uma série de expressões recorrentes que, embora possa compreender sem delas discordar completamente, *eu* nunca utilizaria nos mesmos lugares. Na maior parte das vezes, elas são incontestavelmente empregadas em sentido metafórico, por retórica, a situações para as quais sir Karl já havia fornecido descrições irrepreensíveis. Ainda assim, para os presentes propósitos, essas metáforas, que me parecem patentemente inoportunas, talvez se mostrem mais úteis do que as descrições diretas. Ou seja, podem ser sintomas de diferenças contextuais mascaradas por uma expressão cuidadosa e literal. Se for esse o caso, essas locuções podem funcionar não como as linhas no papel, mas como a orelha do coelho, o xale ou a fita no pescoço que isolamos ao ensinar um amigo a mudar seu modo de ver uma figura da Gestalt.

A tensão essencial

Ao menos é isso que espero delas. Tenho em mente quatro dessas diferenças de expressão e tratarei delas *seriatim*.

Entre as questões mais fundamentais sobre as quais sir Karl e eu concordamos, encontra-se nossa insistência em que uma análise do desenvolvimento do conhecimento científico tem de considerar o modo como a ciência tem sido efetivamente praticada. Sendo assim, surpreendo-me com algumas de suas reiteradas generalizações. Uma delas está nas frases iniciais do primeiro capítulo de *A lógica da pesquisa científica*. Diz ele:

> Um cientista, seja teórico ou experimental, propõe enunciados ou sistemas de enunciados e testa-os passo a passo. No campo das ciências empíricas, mais especificamente, ele constrói hipóteses ou sistemas de teorias e então os testa contra a experiência por meio da observação e da experimentação.[6]

A afirmação é quase um clichê, mas mesmo assim apresenta três problemas de aplicação. É ambígua ao deixar de especificar quais dos dois tipos de "enunciados" ou "teorias" são testados. Essa ambiguidade pode, sem dúvida, ser eliminada pela referência a outras passagens dos escritos de sir Karl, mas a generalização assim produzida é historicamente inexata. Além disso, a incorreção revela-se importante, uma vez que a forma não ambígua da descrição desconsidera justamente a característica da prática científica que mais se aproxima de distinguir as ciências de outras atividades criativas.

De fato, há um tipo de "enunciado" ou "hipótese" que os cientistas submetem continuamente a testes sistemáticos. Tenho em mente os enunciados das suposições que um indivíduo nutre sobre os melhores modos de interligar seu próprio problema de pesquisa ao corpo do conhecimento científico aceito. Ele pode, por exemplo, conjeturar que certa substância química desconhecida contém o sal de um tipo raro de solo, que a obesidade dos ratos de laboratório se deve a um componente específico de sua dieta, ou que um recém-descoberto padrão espectral deve ser entendido como efeito do spin nuclear. Em cada um desses casos, o próximo passo de sua pesquisa terá o propósito de pôr à prova ou testar a conjetura ou hipótese. Caso ela resista a uma quantidade suficiente de testes, ou a testes suficientemente rigorosos, o cientista fez uma descoberta ou, ao menos, resolveu o enigma que estabelecera. Caso contrário, ele deve ou abandonar o enigma por com-

---

6 Popper, *Logic of Scientific Discovery*, op. cit., p.27.

pleto, ou tentar resolvê-lo apoiado em outra hipótese. Muitos problemas de pesquisa, mas nem todos, assumem esse padrão. Testes desse tipo são um componente usual daquilo que chamei alhures de "ciência normal" ou "pesquisa normal", um empreendimento capaz de responder pela esmagadora maioria do trabalho consumido na ciência básica. Em nenhum sentido usual, no entanto, diríamos que esses testes visam à teoria então corrente. Ao contrário, quando se encarregam de problemas normais de pesquisa, o cientista tem de *pressupor* a teoria corrente como regra do jogo. Seu objetivo é resolver o enigma, de preferência onde outros falharam antes, e a teoria corrente é necessária para definir o enigma e assegurar que, com talento suficiente, ele pode ser resolvido.[7] É evidente que o participante dessa empreitada tem muitas vezes de testar a solução conjetural do enigma formulado por sua engenhosidade. Mas apenas sua conjetura pessoal está em teste. Se falhar, é contestada somente a capacidade do cientista, não o corpo da ciência estabelecida. Em suma, embora testes sejam frequentes na ciência normal, tais testes são de tipo muito especial, pois, em última instância, é o indivíduo que é testado, e não a teoria corrente.

Esse não é, contudo, o tipo de teste que sir Karl tem em mente. Suas preocupações dizem respeito, sobretudo, aos procedimentos pelos quais a ciência cresce, e ele está convencido de que o "crescimento" não ocorre por incrementos, mas pela derrubada revolucionária de uma teoria aceita e sua substituição por uma melhor.[8] (A suposição de uma "derrubada repetida"

---

7 Para uma discussão mais extensa da ciência normal, atividade para a qual os profissionais são formados, ver *The Structure of Scientific Revolutions*, op. cit., p.23-42, 135-42. É importante notar que, quando descrevo o cientista como um solucionador de enigmas e sir Karl como um solucionador de problemas (por exemplo, em *Conjectures and Refutations*, op. cit., p.67, 222), a proximidade dos termos esconde uma divergência fundamental. Sir Karl diz o seguinte (grifo dele): "É certo que nossas expectativas, e portanto também nossas teorias, devem preceder, historicamente, até mesmo nossos problemas. *Todavia, a ciência só começa com os problemas.* Os problemas surgem, sobretudo, quando nossas expectativas são frustradas, ou quando nossas teorias nos colocam em dificuldade, em contradição". Utilizo o termo "enigma" [*puzzle*] a fim de salientar que as dificuldades das quais *regularmente* se ocupam mesmo os maiores cientistas põem à prova apenas a engenhosidade individual, como os jogos de palavras cruzadas [*crossword puzzles*] ou os problemas de xadrez [*chess puzzle*]. *Ele* está em dificuldades, não a teoria corrente. Minha visão é quase oposta à de sir Karl.

8 Para enunciações particularmente fortes dessa posição, ver Popper, *Conjectures and Refutations*, op. cit., p.129, 215, 221.

em "crescimento" é por si só uma excentricidade linguística cuja *raison d'être* talvez se torne mais nítida conforme avançamos.) Ao assumir tal concepção, sir Karl enfatiza os testes conduzidos a fim de explorar as limitações da teoria aceita ou submeter a teoria vigente à máxima exigência. Entre seus exemplos favoritos, todos de episódios com resultados surpreendentes e destrutivos, encontram-se os experimentos de Lavoisier com calcinação, a expedição para observar o eclipse solar de 1919 e os recentes experimentos relacionados à conservação da paridade.[9] São todos indiscutivelmente clássicos. Contudo, ao utilizá-los para caracterizar a atividade científica, sir Karl deixa de lado algo extremamente importante a respeito deles. Episódios como esses são muito raros no desenvolvimento da ciência. Quando ocorrem, são comumente induzidos por uma crise anterior no campo pertinente (os experimentos de Lavoisier ou de Lee e Yang)[10] ou pela existência de uma teoria que compete com os cânones da pesquisa (a relatividade geral de Einstein). Em todo caso, são aspectos ou ocasiões para a realização daquilo que chamei em outra oportunidade de "pesquisa extraordinária", uma atividade em que o cientista exibe de fato muitas das características que sir Karl enfatiza, mas que, ao menos no passado, surgem apenas de tempos em tempos e em circunstâncias muito específicas, qualquer que seja a especialidade científica.[11]

Sugiro, pois, que sir Karl caracterizou a totalidade da empreitada científica em termos aplicáveis apenas aos períodos revolucionários ocasionais. Sua ênfase é natural e comum: as explorações de um Copérnico ou de um Einstein proporcionam melhores leituras do que as de um Brahe ou de um Lorentz. Sir Karl não seria o primeiro a considerar com displicência aquilo que chamo de ciência normal uma atividade intrinsecamente desinteressante. Contudo, nem a Ciência nem o desenvolvimento do conhecimento poderão ser entendidos, caso a pesquisa seja vista exclusivamente pelas revoluções que produz de tempos em tempos. Por exemplo, embora os compromissos básicos sejam postos à prova apenas na ciência extraordinária, é a ciência normal que revela tanto os pontos a serem testados como a maneira de realizar os testes. Ou ainda, os profissionais são formados para

---

9 Por exemplo, ibid., p.220.

10 Sobre o trabalho com a calcinação, ver *Lavoisier: The Crucial Year* (1961). Quanto ao pano de fundo dos experimentos relativos à paridade, ver Hafner e Presswood, "Strong Interference and Weak Interactions", *Science*, v.149, 1965, p.503-10.

11 A questão é discutida em detalhe em meu *The Structure of Scientific Revolutions*, op. cit., p.52-97.

a prática normal, e não para a extraordinária; se, mesmo assim, conseguem desbancar e substituir as teorias em que se baseia a prática normal, eis aí uma peculiaridade que tem de ser explicada. Por fim, e este é por ora o ponto principal, um olhar cuidadoso sobre a empreitada científica sugere que é a ciência normal – em que não ocorrem os tipos de teste considerados por sir Karl –, e não a ciência extraordinária, a que mais se aproxima de distinguir a ciência de outras empreitadas. Caso exista um critério de demarcação (acredito que não devemos procurar um que seja muito claro ou definitivo), ele pode estar justamente na parte da ciência que sir Karl ignorou.

Em um de seus ensaios mais sugestivos, sir Karl traça a origem da "tradição da discussão crítica [que] representa o único modo praticável de expandir nosso conhecimento" até os filósofos gregos, entre Tales e Platão, homens que, a seu ver, encorajaram a discussão crítica tanto entre as escolas quanto no próprio interior delas.[12] Sua descrição do discurso pré-socrático é muito sagaz, mas o que descreve não se parece em nada com ciência. É antes a tradição de argumentos, contra-argumentos e debates sobre questões de fundamentos que desde então, com exceção talvez da Idade Média, caracteriza a filosofia e muito da ciência social. Já por volta do período helenístico, a matemática, a astronomia, a estática e as partes geométricas da óptica haviam abandonado esse modo de discurso em favor da resolução de enigmas. Desde então, e de maneira cada vez mais intensa, outras ciências passaram pela mesma transição. Em certo sentido, diametralmente oposto ao modo de ver de sir Karl, é precisamente o abandono do discurso crítico que marca a transição para a ciência. Uma vez que um campo fez a transição, o discurso crítico aparece apenas nos momentos de crise, quando as bases desse campo estão mais uma vez ameaçadas.[13] É apenas quando devem escolher entre teorias rivais que os cientistas se comportam como filósofos. É por isso, a meu ver, que a brilhante descrição de sir Karl das razões para escolher entre sistemas metafísicos é tão parecida com a minha descrição das razões para escolher entre teorias científicas.[14] Em nenhuma delas, como tentarei mostrar a seguir, o teste pode desempenhar um papel decisivo.

---

12 Popper, *Conjectures and Refutations*, op. cit., cap.5, em especial p.148-52.

13 Embora não esteja à procura de um critério de demarcação, essa mesma questão é desenvolvida mais extensamente em meu *The Structure of Scientific Revolutions*, op. cit., p.10-22, 87-90.

14 Compare-se Popper, *Conjectures and Refutations*, op. cit., p.192-200, com meu *The Structure of Scientific Revolutions*, op. cit., p.143-58.

Há, no entanto, uma boa razão por que o teste parece ser capaz de fazê-lo e, ao explorá-la, é possível que o pato de sir Karl se transforme, afinal, em meu coelho. Nenhuma atividade de resolução de enigmas pode existir, a não ser que seus praticantes compartilhem critérios que, para esse grupo e momento específicos, determinam quando certo enigma foi solucionado. Os mesmos critérios determinam necessariamente o fracasso na obtenção da solução, e quem preferir poderá considerar esse fracasso o malogro da teoria diante do teste. Normalmente, como já argumentei, não é isso que ocorre. A culpa recai apenas no cientista, não em suas ferramentas. Mas em circunstâncias especiais, que provoquem uma crise na profissão (por exemplo, um malogro gritante ou um fiasco reiterado dos profissionais mais talentosos), a opinião do grupo pode mudar. A falha que até então era atribuída a um indivíduo pode vir a ser considerada uma falha da teoria posta à prova. Em consequência disso, visto que o teste decorre de um enigma e, por isso, apresenta critérios estabelecidos para sua solução, ele se mostra mais severo e mais difícil de evitar do que os testes disponíveis no âmbito de uma tradição cujo funcionamento normal seja o discurso crítico em vez da resolução de enigmas.

Em certo sentido, portanto, a severidade dos critérios de teste é somente um dos lados da moeda, cuja outra face é a tradição na resolução de enigmas. É por isso que as linhas de demarcação de sir Karl e as minhas coincidem com tanta frequência. Essa coincidência, porém, refere-se apenas ao resultado; o *processo* de sua aplicação é muito diferente e isola aspectos distintos da atividade que é objeto da decisão – se ciência ou não. Ao examinar casos limítrofes, como, por exemplo, a psicanálise ou a historiografia marxista, para os quais seu critério foi originalmente projetado, como nos diz sir Karl,[15] concordo que por ora eles não podem ser propriamente rotulados de "ciência". Mas chego a essa conclusão por um caminho muito mais seguro e direto do que o dele. Um breve exemplo pode mostrar que entre os dois critérios, o teste e a resolução de enigmas, este último é o menos equívoco e, ao mesmo tempo, o mais fundamental.

Para evitar controvérsias contemporâneas irrelevantes aqui, apreciarei a astrologia em vez da psicanálise. A astrologia é o exemplo de "pseudociência" mais citado por sir Karl.[16] Diz ele:

---

15 Popper, *Conjectures and Refutations*, op. cit., p.34.

16 O índice remissivo de *Conjectures and Refutations*, op. cit., apresenta oito entradas para "astrologia como pseudociência típica".

Tornando suas interpretações e profecias suficientemente vagas, eles [os astrólogos] são capazes de encontrar escusas para tudo que poderia se mostrar uma refutação da teoria, caso a teoria e as profecias fossem mais precisas. Para escapar do falseamento, destroem a testabilidade da teoria.[17]

Essas generalizações captam algo do espírito da empreitada astrológica. Mas tomadas ao pé da letra como deveriam, a fim de fornecer um critério de demarcação, são insustentáveis. A história da astrologia, durante os séculos em que esta foi intelectualmente respeitável, registra muitas previsões que fracassaram rotundamente.[18] Nem mesmo os expoentes mais convictos e veementes duvidaram da recorrência dessas falhas. A astrologia não pode ser excluída das ciências em razão da forma como suas previsões eram feitas.

Assim como não pode ser excluída pelo modo como seus praticantes explicam seus fracassos. Os astrólogos salientaram, por exemplo, que, ao contrário das previsões gerais sobre, digamos, as propensões de um indivíduo ou uma calamidade natural, a predição do futuro de um indivíduo era uma tarefa imensamente complexa, de extrema sensibilidade a imprecisões sutis nos dados relevantes, e que exigia as mais elevadas habilidades. A configuração das estrelas e dos oito planetas estava em constante mudança; as tabelas astronômicas utilizadas para calcular a configuração no instante do nascimento de um indivíduo eram notoriamente imperfeitas; eram poucos os que sabiam com a precisão exigida o instante de seu nascimento.[19] Não surpreende que os prognósticos falhassem com tanta frequência. Foi somente quando a própria astrologia se tornou algo implausível que esses argumentos foram vistos como defeituosos.[20] Hoje, argumentos similares são regularmente empregados para explicar, por exemplo, falhas na medici-

---

17 Popper, *Conjectures and Refutations*, op. cit., p.37.
18 Para exemplos, ver Thorndike, *A History of Magic and Experimental Science*, 1923-58, v.5, p.225 ss.; v.6, p.71, 101, 114.
19 Para explicações reiteradas de fracassos, ver ibid., v.1, p.11, 514-15; v.4, p.368; v.5, p.279.
20 Um relato consciencioso de algumas das razões para a perda de plausibilidade da Astrologia pode ser encontrado em Stahlman, "Astrology in Colonial America: An Extended Query", *William and Mary Quarterly*, v.13, 1956, p.551-63. Para uma explicação do apelo anterior da Astrologia, ver Thorndike, "The True Place of Astrology in the History of Science", *Isis*, v.46, 1955, p.273-8.

na e na meteorologia. Em épocas conturbadas, foram empregados também nas ciências exatas, em campos como a física, a química e a astronomia.[21] Não há nada de não científico na explicação do astrólogo para seu fracasso.

Apesar disso, a astrologia não era uma ciência. Era, ao contrário, um ofício, uma das artes práticas, muito semelhante à engenharia, à meteorologia e à medicina, tal como esses campos foram praticados até pouco mais de um século atrás. Os paralelos com uma medicina mais antiga e com a psicanálise contemporânea são, creio eu, particularmente próximos. Em cada um desses campos, a teoria compartilhada mostrou-se adequada apenas à tarefa de estabelecer a plausibilidade da disciplina e fornecer uma base coerente para as várias regras do ofício que governam a prática. Essas regras se mostraram úteis no passado, mas nenhum praticante supôs que fossem suficientes para prevenir falhas recorrentes. Uma teoria mais articulada e regras mais poderosas eram desejáveis, mas seria absurdo abandonar uma disciplina plausível e premente, com uma tradição de sucesso restrito, apenas porque tais desideratos não estavam ainda à disposição. Entretanto, em sua ausência, nem o astrólogo nem o médico foram capazes de pesquisar. Embora tivessem regras para aplicar, não tinham enigmas para resolver e, por conseguinte, não praticavam ciência.[22]

Comparemos as situações do astrônomo e do astrólogo. Se a previsão de um astrônomo falhasse e se seus cálculos estivessem certos, ele poderia corrigir a situação. Talvez os dados fossem os culpados: velhas observações

---

21 Ver meu *The Structure of Scientific Revolutions*, op. cit., p.66-76.

22 Essa formulação sugere que o critério de demarcação de sir Karl talvez possa ser poupado mediante uma pequena alteração que condiz inteiramente com sua intenção aparente. Para que um campo seja uma ciência, suas conclusões devem ser *logicamente deriváveis* de *premissas compartilhadas*. Segundo essa concepção, a Astrologia deve ser excluída não porque seus prognósticos não são testáveis, mas porque apenas os mais gerais e menos testáveis podem ser derivados da teoria aceita. Uma vez que qualquer campo que satisfaça de fato tal condição *pode* sustentar uma tradição de resolução de enigmas, a sugestão é nitidamente proveitosa. Praticamente fornece uma condição suficiente para que um campo seja ciência. Mas, ao menos nessa forma, ainda não é exatamente uma condição suficiente, e certamente não é uma condição necessária. No primeiro caso, admitiria, por exemplo, a agrimensura e a navegação como ciências e, no segundo, excluiria a taxonomia, a geologia histórica e a teoria da evolução. As conclusões de uma ciência podem ser precisas e concatenadas e nem por isso deriváveis logicamente das premissas aceitas. Ver meu *The Structure of Scientific Revolutions*, op. cit., p.35-51, e também a discussão a seguir.

poderiam ser reexaminadas e novas medições poderiam ser feitas, tarefas que representam uma série de enigmas instrumentais e de cálculo. Ou talvez a teoria precisasse de ajustes, quer pela manipulação de epiciclos, excêntricos, quadraturas e outros expedientes desse tipo, quer por reformas mais fundamentais da técnica astronômica. Por mais de um milênio foram esses os enigmas teóricos e matemáticos em torno dos quais, juntamente com suas contrapartidas instrumentais, foi constituída a tradição da pesquisa em astronomia. O astrólogo, em contraste, não possuía enigmas desse tipo. A ocorrência de falhas podia ser explicada, mas falhas específicas não eram enigmas para pesquisa, pois ninguém, quaisquer que fossem suas habilidades, seria capaz de utilizá-las numa tentativa construtiva de retificar a tradição astrológica. Havia muitas fontes possíveis para o problema, cuja maioria estava muito além do conhecimento, do controle ou da responsabilidade do astrólogo. Assim, as falhas individuais não eram informativas e não refletiam a competência do pressagiador aos olhos de seus pares.[23] Embora a astronomia e a astrologia fossem regularmente praticadas pelas mesmas pessoas, entre elas Ptolomeu, Kepler e Tycho Brahe, nunca houve na astrologia um equivalente da tradição de resolução de enigmas na astronomia. E, sem enigmas capazes de instigar e, em seguida, atestar a engenhosidade do praticante individual, a astrologia não poderia se tornar uma ciência, mesmo que, de fato, as estrelas controlassem o destino humano.

Em suma, apesar de terem feito previsões testáveis e reconhecido que às vezes essas previsões falhavam, os astrólogos não se dedicaram – nem poderiam ter se dedicado – ao tipo de atividade que normalmente caracteriza as ciências reconhecidas. Sir Karl está certo ao excluir a astrologia das ciências, mas seu foco exagerado nas mudanças revolucionárias de teorias científicas impede-o de perceber razões mais seguras para fazê-lo.

Esse fato, por sua vez, pode explicar outra peculiaridade da historiografia de sir Karl. Embora saliente repetidas vezes o papel dos testes na substituição de teorias, é forçado também a reconhecer que muitas teorias – a

---

23 Isso não significa que os astrólogos não critiquem uns aos outros. Ao contrário, assim como os praticantes da filosofia e de algumas ciências sociais, pertenciam a uma variedade de escolas diferentes, e às vezes a contenda entre as escolas era mordaz. Mas na maioria das vezes, tais debates giravam em torno da *implausibilidade* da teoria particular empregada por uma ou outra escola. Os fracassos de previsões individuais tinham aí um papel diminuto. Ver Thorndike, *A History of Magic and Experimental Science*, op. cit., v.5, p.233.

ptolomaica, por exemplo – foram substituídas antes de terem sido de fato testadas.[24] Em certas ocasiões, pelo menos, os testes não são uma condição para as revoluções que fazem avançar a ciência. Mas esse não é o caso com relação aos enigmas. Embora as teorias que sir Karl menciona não tenham sido postas à prova antes de terem sido suplantadas, nenhuma foi substituída antes de ter deixado de sustentar de modo adequado uma tradição de resolução de enigmas. O estado da astronomia era um escândalo no início do século XVI. Ainda assim, a maioria dos astrônomos acreditava que ajustes normais num modelo basicamente ptolomaico seriam capazes de reverter a situação. Nesse sentido, a teoria não havia falhado no teste. Mas alguns astrônomos, entre eles Copérnico, acabaram acreditando que as dificuldades estavam na própria abordagem ptolomaica, e não nas versões particulares da teoria ptolomaica até então desenvolvidas. Os resultados dessa convicção já foram relatados. A situação é típica.[25]

Com ou sem testes, uma tradição de resolução de enigmas pode preparar o terreno para sua própria substituição. Valer-se de testes como sinal distintivo de uma ciência é não considerar o que os cientistas fazem na maioria das vezes e, com isso, ignorar a característica mais típica de sua atividade.

Com o pano de fundo fornecido pelas observações precedentes, podemos de pronto descobrir a ocasião e as consequências de outra das expressões favoritas de sir Karl. O prefácio de *Conjectures and Refutations* começa com esta frase: "Os ensaios e a conferência que compõem este livro são variações sobre um tema muito simples – a tese de que *nós podemos aprender com nossos enganos*". O grifo é de sir Karl, e a tese, irresistivelmente persuasiva se tomada fora do contexto, é recorrente em seus escritos desde muito cedo.[26] Todos podemos aprender e, de fato, aprendemos com nossos enganos. Isolá-los e corrigi-los é uma técnica essencial na educação infantil. A retórica de sir Karl tem raízes na experiência cotidiana. No entanto, nos contextos em que ele invoca esse imperativo familiar, sua aplicação parece

---

24 Ver Popper, *Conjectures and Refutations*, op. cit., p.246.

25 Ver meu *The Structure of Scientific Revolutions*, op. cit., p.77-87.

26 A citação é de Popper, *Conjectures and Refutations*, op. cit., p.vi, num prefácio datado de 1962. Antes, sir Karl havia equiparado "aprender com nossos enganos" com "aprender por tentativa e erro" (ibid., p.216); as formulações que empregam "tentativa e erro" datam de pelo menos 1937 (ibid., p.312), mas em tese são mais antigas que isso. Muito do que é dito a seguir sobre sua noção de "engano" [*mistake*] aplica-se também a seu conceito de "erro" [*error*].

decididamente enviesada. Não estou certo de que houve engano, ao menos um engano com o qual possamos aprender.

Não é necessário estar diante dos profundos problemas filosóficos suscitados por enganos para perceber o que está em questão aqui. É engano somar três mais três e obter cinco, ou concluir de "todos os homens são mortais" que "todos os mortais são homens". Por razões diferentes, é um engano dizer "ele é minha irmã" ou relatar a presença de um forte campo elétrico quando as cargas de prova não indicam isso. É provável que existam ainda outros tipos de engano, mas podemos esperar que todos os enganos normais apresentem as seguintes características: é cometido num instante e local particulares, por um indivíduo específico. Esse indivíduo deixou de obedecer a alguma regra estabelecida da lógica, da linguagem ou das relações entre uma delas e a experiência. Ou, em vez disso, pode não ter notado as consequências de uma escolha particular dentre as alternativas que a regra permite. O indivíduo pode aprender com esses enganos apenas porque o grupo em cujas práticas estão incorporadas essas regras é capaz de isolar a falha do indivíduo ao aplicá-las. Assim, os tipos de enganos aos quais se aplica de modo mais óbvio o imperativo de sir Karl são falhas individuais de compreensão ou reconhecimento no interior de uma atividade governada por regras preestabelecidas. Nas ciências, tais enganos ocorrem de maneira mais frequente e, talvez, exclusiva na prática de solucionar enigmas da pesquisa normal.

Não é ali, porém, que sir Karl os procura, pois sua concepção da ciência torna obscura até mesmo a existência de uma pesquisa normal. Ele dirige seu olhar, ao contrário, para os episódios extraordinários ou revolucionários do desenvolvimento científico. Em geral, os enganos indicados por ele não são atos, mas teorias científicas obsoletas: a astronomia ptolomaica, a teoria flogística, a dinâmica newtoniana. Nesse sentido, "aprender com nossos enganos" é o que ocorre quando uma comunidade científica rejeita uma dessas teorias e a substitui por outra.[27] Se isso não soa estranho a nos-

---

27 Ibid., p.215, 220. Nessas páginas, sir Karl delineia e ilustra a tese de que a ciência cresce por meio de revoluções, porém nunca justapõe o termo "engano" à designação de uma teoria científica obsoleta, talvez porque seu profundo sentido histórico iniba anacronismo tão grosseiro. Ainda assim, o anacronismo é fundamental na retórica de sir Karl e fornece vários indícios de diferenças mais substanciais entre nós. A não ser que as teorias obsoletas sejam enganos, não há como conciliar, digamos, o parágrafo inicial do prefácio de sir Karl ("aprender com nossos

sos ouvidos, é sobretudo pelos resíduos indutivistas que temos em todos nós. Acreditando que as teorias válidas são produto de induções legítimas baseadas em fatos, o indutivista se compromete a sustentar que uma teoria falsa é resultado de um engano no processo de indução. Ao menos em princípio, está preparado para responder a questões relativas, digamos, ao estabelecimento do sistema ptolomaico: que engano foi cometido, que regra foi quebrada, quando e por quem? Aos que julgam tais questões sensatas, e somente para eles, a expressão de sir Karl não apresenta problemas.

Mas nem sir Karl nem eu somos indutivistas. Não acreditamos que haja regras para induzir teorias corretas com base em fatos, ou mesmo que as teorias, corretas ou incorretas, sejam obtidas por indução. Nós as consideramos, ao contrário, suposições imaginativas, inventadas do princípio ao fim para serem aplicadas à natureza. E apesar de sublinharmos que essas suposições podem e afinal encontram, em geral, enigmas que são incapazes de resolver, também reconhecemos que tais confrontos raramente ocorrem logo depois de uma teoria ter sido inventada e aceita. Assim, a meu ver, não houve nenhum engano no estabelecimento do sistema ptolomaico; portanto, é difícil para eu compreender o que sir Karl tem em mente quando rotula esse sistema, ou qualquer outra teoria obsoleta, de engano. Podemos dizer, no máximo, que uma teoria que não era um engano se tornou um engano, ou que um cientista cometeu o engano de seguir uma teoria por muito tempo. Mas mesmo essas expressões, das quais ao menos a primeira é bastante estranha, não nos remetem ao sentido de "engano" com que estamos mais acostumados. "Engano", nesse sentido, são os enganos normais que um astrônomo ptolomaico (ou copernicano) comete no interior de seu sistema, talvez na observação, no cálculo ou na análise dos dados. Ou seja, são do tipo que pode ser isolado e prontamente corrigido, mantendo intacto o sistema. No sentido dado por sir Karl, o engano se alastra pelo sistema e só pode ser corrigido pela substituição do sistema como um todo. Sejam quais forem as similaridades ou locuções, elas não disfarçam as diferenças fundamentais nem escondem o fato de que, antes de a infecção ter se alastrado, o sistema tinha integridade total do que hoje chamamos de conhecimento sólido.

---

enganos", "nossas tentativas frequentemente enganosas de resolver nossos problemas"; "testes que podem nos auxiliar na descoberta de nossos enganos" [ibid., p.vii]) com a concepção segundo a qual "o crescimento do conhecimento científico [...] [consiste na] repetida derrubada das teorias científicas e sua substituição por outras melhores ou mais satisfatórias".

É muito possível que o sentido de "engano" de sir Karl possa ser recuperado, mas uma operação de resgate bem-sucedida terá de despojá-lo de certas implicações ainda correntes. Assim como ocorre com o termo "teste", "engano" foi tomado da ciência normal, na qual é utilizado de modo razoavelmente claro, e aplicado a episódios revolucionários, nos quais sua aplicação é, no melhor dos casos, problemática. Essa transferência cria, ou ao menos reforça, a impressão predominante de que as teorias como um todo podem ser avaliadas com os mesmos tipos de critérios empregados na avaliação de aplicações de pesquisa individuais de uma teoria. A descoberta de critérios aplicáveis torna-se um desiderato para muitas pessoas. É estranho que sir Karl esteja entre elas, pois a busca vai de encontro ao ímpeto mais original e fecundo de sua Filosofia da Ciência. Contudo, não posso compreender de outra forma seus escritos metodológicos desde *Logik der Forschung*. Sugiro que, apesar das negações explícitas, ele tem procurado de modo consistente procedimentos de avaliação que possam ser aplicados a teorias com a certeza apodítica característica das técnicas com as quais se identificam enganos na aritmética, na lógica ou na medição. Receio que ele esteja perseguindo uma ilusão, fruto na mesma fusão entre ciência normal e extraordinária que fez os testes parecerem uma particularidade tão fundamental das ciências.

Em *Logik der Forschung*, sir Karl sublinhou a assimetria entre uma generalização e sua negação na relação de ambas com a evidência empírica. Não podemos mostrar que uma teoria científica deve ser bem-sucedida em todas as suas possíveis instâncias, mas podemos mostrar que ela não tem êxito em aplicações particulares. Parece-me que a ênfase nesse truísmo lógico e suas implicações é um passo sem volta. A mesma assimetria tem um papel fundamental em meu *A estrutura das revoluções científicas*, em que a incapacidade de uma teoria para fornecer regras que identifiquem enigmas passíveis de solução é vista como a fonte das crises profissionais que resultam muitas vezes na substituição da teoria. Essa é uma ideia muito próxima da de sir Karl, e posso tê-la tomado daquilo que ouvi de sua obra.

Mas sir Karl descreve como "falseamento" ou "refutação" aquilo que ocorre quando uma teoria falha numa tentativa de aplicação, e esses são os primeiros de uma série de termos relacionados que mais uma vez me parecem muito estranhos. Tanto "falseamento" quanto "refutação" são antônimos de "prova". São termos extraídos sobretudo da lógica e da matemática formal; os argumentos a que se aplicam terminam com um "CQD". Invocar esses termos implica a capacidade de impelir a concordância de qualquer membro de uma comunidade profissional. Ninguém neste simpósio, porém, precisa ser lembrado de que, quando o que está em questão é uma teoria como um todo ou mesmo uma lei científica, os argumentos raramente são apodíticos. Todos os experimentos podem ser contestados, seja em sua relevância, seja em sua exatidão. Todas as teorias podem ser modificadas por uma variedade de ajustes *ad hoc* sem deixar de ser, em linhas gerais, as mesmas teorias. Além disso, é importante que seja assim, porque muitas vezes é por contestarmos a observação ou ajustarmos a teoria que o conhecimento científico cresce. Contestações e ajustes são parte usual da pesquisa normal nas ciências empíricas, e os ajustes, ao menos, têm papel proeminente na matemática informal. A brilhante análise do dr. Lakatos sobre as reversões permissíveis de refutações matemáticas fornece os argumentos mais convincentes que conheço contra uma posição falseacionista ingênua.[28]

Evidentemente, sir Karl não é um falseacionista ingênuo. Ele conhece tudo que foi dito aqui e enfatizou tudo desde o início de sua carreira. Já bem cedo, em sua *A lógica da pesquisa científica*, por exemplo, ele diz:

> De fato, não se pode produzir nenhuma prova definitiva contra uma teoria, pois sempre se pode dizer que os resultados experimentais não são confiáveis ou que as discrepâncias que se afirma existir entre os resultados experimentais e a teoria são apenas aparentes e desaparecerão com o avanço de nosso entendimento.[29]

Enunciados como esse exibem mais um paralelo entre a concepção de Ciência de sir Karl e a minha, mas o que fazemos com eles não poderia ser mais diferente. Em minha concepção, eles são fundamentais tanto como evidência quanto como fonte. Por outro lado, na de sir Karl, são qualificações essenciais que ameaçam a integridade de sua posição básica. Ao excluir uma prova contrária decisiva, ele não fornece nenhum substituto para ela, mas a relação que de fato emprega continua a ser a do falseamento lógico. Mesmo não sendo um falseacionista ingênuo, sir Karl pode ser tratado legitimamente como tal.

---

28 Lakatos, "Proofs and Refutations", *British Journal for the Philosophy of Science*, v.14, 1963-64, p.1-25, 120-39, 221-43, 296-342.

29 Popper, *Logic of Scientific Discovery*, op. cit., p.50.

Se seu interesse fosse exclusivamente pela demarcação, os problemas postos pela inviabilidade de provas contrárias conclusivas seriam menos graves, e talvez elimináveis. Ou seja, a demarcação poderia ser obtida mediante um critério puramente sintático.[30] A concepção de sir Karl poderia ser, então – e talvez seja –, a de que uma teoria é científica se, e somente se, *enunciados observacionais* – em particular as negações de enunciados existenciais singulares – puderem ser logicamente deduzidos dela, talvez em conjunto com a enunciação de um conhecimento de fundo. Com isso, as dificuldades (que considerarei em breve) para decidir se o resultado de uma operação específica de laboratório justifica a declaração de um enunciado observacional específico seriam todas irrelevantes. Ainda que a base para isso seja menos evidente, talvez pudessem ser eliminadas do mesmo modo as dificuldades igualmente graves para decidir se um enunciado observacional deduzido de uma versão aproximada da teoria (por exemplo, matematicamente manipulável) deve ser considerado uma consequência da própria teoria. Problemas como esses não pertencem à sintática, mas à semântica ou à pragmática da linguagem na qual a teoria é formulada, por conseguinte, não desempenham nenhum papel na determinação de seu *status* como ciência. Para ser científica, uma teoria precisaria ser falseável apenas por um enunciado observacional, e não pela observação efetiva. A relação entre os enunciados, ao contrário daquela entre um enunciado e uma observação, poderia ser uma prova contrária conclusiva semelhante ao que ocorre na lógica e na matemática.

Pelas razões já apresentadas (nota 22) e elaboradas logo adiante, duvido que as teorias científicas possam ser formuladas – sem ser decisivamente alteradas – de modo que permitam as avaliações puramente sintáticas exigidas por essa versão do critério de sir Karl. Mas, ainda que pudessem, essas teorias reconstruídas forneceriam uma base apenas para seu critério de demarcação, e não para a lógica do conhecimento que lhe é tão fortemente associada. Esta última, entretanto, tem sido o interesse mais constante de sir Karl, e seu conceito é extremamente preciso. Segundo ele, "a lógica do

---

30 Embora o ponto em questão seja um tanto diferente, devo o meu reconhecimento da necessidade de tratar desse assunto às críticas de C. G. Hempel àqueles que interpretam equivocadamente a posição de sir Karl, atribuindo-lhe a crença num falseamento absoluto em vez de relativo. Ver Hempel, *Aspects of Scientific Explanation*, 1965, p.45. Também estou em dívida com o professor Hempel por sua crítica minuciosa e perspicaz ao esboço deste artigo.

conhecimento [...] consiste apenas em investigar os métodos empregados nos testes sistemáticos a que qualquer ideia nova tem de se submeter para que seja seriamente considerada".[31] Dessa investigação, continua, resultam regras metodológicas ou convenções como esta: "Sempre que uma hipótese é proposta, testada e mostra seu valor, não se pode permitir que seja descartada sem uma 'boa razão'. Uma 'boa razão' pode ser, por exemplo [...] o falseamento de uma das consequências da hipótese".[32]

Regras como essa, e com elas toda a empreitada lógica que descrevemos, não possuem um teor meramente sintático. Exigem que tanto o investigador epistemólogo quanto o pesquisador cientista sejam capazes de relacionar sentenças derivadas de uma teoria não a outras sentenças, mas a observações e experimentos. Esse é o contexto em que o termo de sir Karl "falseamento" deve atuar, mas ele guarda silêncio absoluto sobre o modo como o faz. Já que não é uma prova contrária conclusiva, o que é o falseamento? Em que circunstâncias a *lógica* do conhecimento exige que um cientista abandone uma teoria previamente aceita quando se vê diante não de enunciados sobre experimentos, mas dos próprios experimentos? Na ausência de esclarecimentos a essas questões, não estou seguro de que aquilo que sir Karl nos proporcionou seja uma lógica do conhecimento. Sugiro, em minha conclusão, que se trata de algo completamente diferente, embora igualmente valioso. Em vez de uma lógica, sir Karl nos forneceu uma ideologia; em vez de regras metodológicas, produziu máximas de procedimento.

Tal conclusão, no entanto, deve ser postergada até que lancemos um último olhar mais cuidadoso sobre a fonte das dificuldades exibidas pela noção de falseamento de sir Karl. Ela pressupõe, como já indiquei, que uma teoria é formulada, ou pode ser formulada sem distorções, de modo tal que permite aos cientistas classificar cada um dos eventos concebíveis como uma instância que confirma, uma instância que falseia ou algo que é irrelevante para a teoria. É claro que se trata de uma exigência apenas para o caso em que a lei geral é falseável: a fim de testar a generalização $(x)\ \phi\ (x)$, aplicando-a à constante a, temos de ser capazes de dizer se a pertence ou não ao domínio da variável x, e se $\phi\ (a)$ é o caso ou não. A mesma pressuposição é ainda mais evidente no recém-elaborado cálculo do grau de verossimilhança de sir Karl. Ele exige que se produza de início a classe de todas as

---

31 Popper, *Logic of Scientific Discovery*, op. cit., p.31.
32 Ibid., p.53-4.

consequências lógicas de uma teoria e, em seguida, com o auxílio do conhecimento de fundo, que se estabeleça, por selecioná-las, a classe de todas as consequências verdadeiras e a classe de todas as consequências falsas.[33] Ou pelo menos é isso que temos de fazer para que o critério de verossimilhança resulte num *método* de escolha de teorias. Todavia, nenhuma dessas tarefas pode ser realizada se a teoria não tiver uma perfeita articulação lógica, e se os termos com os quais ela se liga à natureza não estiverem suficientemente definidos para determinar sua aplicabilidade a cada um dos casos possíveis. Na prática, porém, nenhuma teoria científica satisfaz exigências tão rigorosas, e muitas pessoas têm argumentado que uma teoria que o fizesse deixaria de ter utilidade para a pesquisa.[34] Eu mesmo apresentei em outro texto o termo "paradigma", a fim de realçar a dependência da pesquisa científica em relação aos exemplos concretos que preenchem o que, de outro modo, seriam lacunas na especificação do conteúdo e da aplicação das teorias científicas. Os argumentos pertinentes não podem ser reproduzidos aqui. Mas um breve exemplo, mesmo que mude temporariamente o tom do discurso, pode ser útil.

Meu exemplo é um resumo construído com base em certos conhecimentos "científicos" elementares. Esse conhecimento diz respeito aos cisnes e farei três perguntas relacionadas a ele a fim de isolar, dentre as características desse conhecimento, as que nos concernem: (*a*) Quanto se pode conhecer de cisnes sem introduzir generalizações do tipo "todos os cisnes são brancos"? (*b*) Em quais circunstâncias e com que consequências essas generalizações são acréscimos relevantes ao que era conhecido sem elas? (*c*) Em que circunstâncias essas generalizações são rejeitadas, uma vez que tenham sido introduzidas? Ao levantar essas questões, meu propósito é o de aventar que, embora a lógica seja uma ferramenta poderosa e, em última análise, essencial para a investigação científica, pode-se possuir conhecimento sólido sob formas às quais dificilmente a lógica pode ser aplicada. Concomitantemente, vou sugerir que a articulação lógica não é um valor

---

33 Idem, *Conjectures and Refutations*, op. cit., p.233-5. Note-se ainda, nas últimas linhas da p.235, que a comparação entre as verossimilhanças relativas de duas teorias depende de não haver "mudanças revolucionárias no conhecimento de fundo", uma suposição que ele não examina em nenhum outro lugar e que é difícil de conciliar com sua concepção de mudança científica por meio de revoluções.

34 Braithwaite, *Scientific Explanation*, 1953, p.50-87, em especial p.76, e meu *The Structure of Scientific Revolutions*, op. cit., p.97-101.

por si só, mas deve ser buscado apenas quando e tanto quanto as circunstâncias a exigem.

Imaginem que lhes foram mostradas dez aves identificadas inequivocamente como cisnes, e que vocês podem evocá-las na memória. Além disso, imaginem que tenham familiaridade similar com patos, gansos, pombos, gaivotas etc., e, ainda, que foram informados de que cada um desses tipos constitui uma família natural. Uma família natural, como vocês já saberiam, é um grupo observado de objetos afins, suficientemente importante e suficientemente discreto para demandar um nome genérico. Mais precisamente, embora eu introduza mais simplificações do que o conceito necessita aqui, uma família natural é uma classe cujos membros são mais semelhantes entre si do que com membros de outras famílias naturais.[35] A experiência de gerações e gerações tem confirmado até hoje que todos os objetos observados pertencem a uma ou outra família natural. Ou seja, mostrou que a população total do mundo sempre pode ser dividida (embora não de uma vez por todas) em categorias perceptivamente descontínuas. Nos espaços perceptivos entre essas categorias, acredita-se que não há nenhum objeto.

O que vocês aprenderam sobre os cisnes a partir da exposição aos paradigmas é muito próximo daquilo que as crianças aprendem pela primeira vez sobre cães e gatos, mesas e cadeiras, mães e pais. Naturalmente, seu conteúdo e abrangência são impossíveis de especificar, mas trata-se, ainda assim, de conhecimento sólido. Derivado da observação, ele poderá depois vir a ser contestado por outras observações, mas, até lá, fornece a base para ações racionais. Ao ver uma ave muito parecida com os cisnes que já conhece, vocês estarão certos em presumir que ela necessitará da mesma comida que as demais e, então, alimentá-la. Uma vez assegurado que os cisnes compõem uma família natural, nenhuma ave que se assemelhe a eles deverá exibir características radicalmente diferentes sob um exame mais cuidadoso. É claro que vocês podem ter sido mal informados acerca da integridade natural da família dos cisnes. Mas isso pode ser descoberto com a

---

35 Note-se que a semelhança entre membros de uma família natural afigura-se aqui como uma relação aprendida e que pode ser desaprendida. Lembrem-se do antigo ditado: "Para um ocidental, todos os chineses parecem iguais". Esse exemplo também destaca a mais drástica das simplificações aqui introduzidas. Uma discussão mais completa teria de permitir hierarquias de famílias naturais com relações de semelhança entre as famílias do nível superior.

experiência, por exemplo, pela descoberta de alguns animais (notem que é necessário mais de um) cujas características ocupem o vazio entre os cisnes e, digamos, os gansos, em intervalos quase imperceptíveis.[36] Até que isso ocorra, entretanto, vocês saberão muito a respeito dos cisnes, apesar de não poderem estar completamente seguros do que sabem ou do que é um cisne.

Suponham, agora, que todos os cisnes que vocês observaram sejam de fato brancos. Vocês deveriam adotar a generalização "todos os cisnes são brancos"? Ao fazê-lo, alterarão muito pouco o que já é conhecido. A alteração só será de alguma utilidade no caso improvável de encontrarem uma ave não branca que, em outros aspectos, é semelhante aos cisnes e, por realizar a alteração, vocês aumentam o risco de que a família dos cisnes não se revele, enfim, uma família natural. Em tais circunstâncias, é provável que se abstenham de generalizar, a menos que haja razões específicas para fazê-lo. Talvez, por exemplo, tenham de descrever um cisne que não pode ser diretamente exposto aos paradigmas. Sem uma cautela sobre-humana tanto de sua parte como da de seus leitores, sua descrição ganhará a força de uma generalização, o que é muitas vezes um problema para o taxonomista. Ou talvez tenham descoberto algumas aves de cor cinza que, fora isso, lembram visualmente os cisnes, mas alimentam-se de outras coisas e têm um temperamento terrível. Nesse caso, poderão generalizar para evitar um engano comportamental. Ou ainda, poderão apresentar razões mais teóricas para pensar que a generalização seja suficientemente valiosa. Por exemplo, poderão ter observado que os membros de outras famílias naturais compartilham a mesma coloração. Especificar esse fato numa forma que permita a aplicação das poderosas técnicas lógicas àquilo que conhecem pode, talvez, levá-los a aprender mais sobre a cor dos animais em geral ou sobre sua alimentação.

Agora, uma vez introduzida a generalização, o que vocês fariam se encontrassem uma ave negra que, fora isso, parecesse visualmente com os cisnes? Presumo que fariam quase as mesmas coisas, caso não tivessem previamente se comprometido com a generalização. Examinarão com cuidado

---

36 Essa experiência não necessitaria que se abandonem as categorias nem de "cisne" nem de "ganso", mas exigiria a introdução de um limite *arbitrário* entre elas. Assim, as famílias "cisne" e "ganso" deixariam de ser famílias naturais, e não poderíamos concluir mais nada do caráter de uma nova ave semelhante a um cisne que também não fosse aplicável aos gansos. O espaço perceptivo vazio é essencial para que a condição de membro de uma família tenha conteúdo cognitivo.

a ave por fora, e talvez por dentro, a fim de descobrir outras características capazes de distinguir o espécime dos paradigmas que vocês possuem. Esse exame será particularmente demorado e exaustivo, caso tenham razões teóricas para acreditar que a cor caracteriza as famílias naturais, ou caso estejam profunda e pessoalmente comprometidos com a generalização. É muito provável que o exame revele outras diferenciações, e vocês anunciarão a descoberta de uma nova família natural. Mas também poderiam não encontrar diferenciações e então anunciariam que um cisne negro foi localizado. A observação, contudo, não pode forçá-los a uma conclusão assim falseadora e, se pudesse, vocês sairiam perdendo. Considerações teóricas poderiam sugerir que a cor, por si só, é suficiente para demarcar uma família natural: por ser negra, a ave não é um cisne. Ou vocês poderiam simplesmente adiar a questão na ausência da descoberta e do exame de outros espécimes. Apenas se tivessem previamente se comprometido com uma definição completa de "cisne", que especifica sua aplicação a todos os objetos concebíveis, é que vocês seriam *forçados* logicamente a abdicar de sua generalização.[37] E por que vocês ofereceriam essa definição? Ela não se presta a nenhuma função cognitiva e vocês teriam se exposto a um risco considerável.[38] É claro que muitas vezes vale a pena correr riscos, mas dizer mais do que se conhece só por causa do risco não passa de ousadia irrefletida.

O conhecimento científico, a meu ver, embora logicamente mais articulado e muito mais complexo, é do mesmo tipo que o apresentado. Os livros e os professores dos quais é adquirido apresentam exemplos concretos ao lado de uma profusão de generalizações teóricas. Ambos são portadores essenciais de conhecimento e pickwickianos, portanto, sair em busca de

---

37 Outra evidência da falta de naturalidade de qualquer uma dessas definições é encontrada na seguinte questão: a "brancura" deveria ser incluída como uma característica que define os cisnes? Se for assim, a generalização "todos os cisnes são brancos" passa a ser imune à experiência. Por outro lado, se "brancura" for excluída da definição, então talvez alguma outra característica deva ser incluída em seu lugar. Decisões sobre quais características devem ser partes de uma definição e quais devem estar disponíveis para a enunciação de leis gerais são comumente arbitrárias e, na prática, raramente são tomadas. Em geral, o conhecimento não é expresso desse modo.

38 Essa incompletude das definições é referida, em geral, como "textura aberta dos conceitos" ou "significado vago", mas essas expressões parecem definitivamente enviesadas. Talvez as definições sejam incompletas, mas não há nada de errado com os significados. É assim que operam os significados!

um critério metodológico que supõe que o cientista seja capaz de especificar de antemão, para cada instanciação imaginável, se ela se ajusta à sua teoria ou se a falseia. Os critérios à sua disposição, explícitos e implícitos, são suficientes para responder a essa questão apenas nos casos em que há um ajuste claro ou manifestamente irrelevante. Esses são os casos que ele espera encontrar, aqueles para os quais seu conhecimento foi desenhado. Ao deparar com o inesperado, ele sempre tem de fazer mais pesquisas, a fim de aumentar a explanação de sua teoria na área que acabou, por isso mesmo, de se tornar problemática. Ele pode então rejeitá-la em favor de outra e por uma boa razão. Mas nenhum critério puramente lógico poderá ditar por completo a conclusão que ele deverá assumir.

Quase tudo que foi dito até aqui gira em torno de modificações de um único tema. Os critérios com os quais os cientistas determinam a validade de uma exposição ou de uma aplicação da teoria existente não são suficientes por si só para determinar a escolha entre teorias rivais. Sir Karl errou ao transferir certas características da pesquisa cotidiana para os episódios revolucionários ocasionais, em que o avanço científico é mais óbvio, e, a partir daí, ao ignorar completamente a atividade cotidiana. Em particular, pretendeu resolver o problema da escolha de teoria durante as revoluções mediante critérios lógicos que só são aplicáveis quando já se pode pressupor uma teoria. Essa é a parte mais ampla de minha tese, e bem poderia ser a tese inteira, caso me contentasse em deixar inteiramente abertas as questões levantadas. Como os cientistas fazem a escolha entre teorias rivais? Como deveríamos compreender o modo como a ciência de fato progride?

Quero deixar claro que, aberta a caixa de Pandora, ela logo será fechada. Há muitas coisas sobre essas questões que não compreendo e não devo passar a impressão de que compreendo. Mas acredito ter percebido as direções em que suas respostas devem ser buscadas, e concluirei com uma breve tentativa de apontar o caminho. Perto do fim, voltaremos a encontrar mais uma vez um conjunto de expressões características de sir Karl.

Tenho antes de perguntar o que ainda carece de explicação. Não é a ideia de que os cientistas descobrem a verdade acerca da natureza ou que se aproximam cada vez mais da verdade. A menos que, como um de meus críticos sugere,[39] venhamos simplesmente a definir a aproximação da verdade

---

39 Hawkins, "Review of *The Structure of Scientific Revolutions*", *American Journal of Physics*, v.31, 1963, p.554-5.

como o resultado daquilo que os cientistas fazem, não podemos identificar o progresso em direção a tal objetivo. Em vez disso, temos de explicar por que a ciência – nosso exemplo mais seguro de conhecimento sólido – progride – pois, de fato, ela o faz – e, antes de tudo, como, de fato, ela progride.

É surpreendente quão pouco ainda se sabe acerca da resposta a essa questão descritiva. Ainda é necessário um imenso volume de investigações empíricas atentas. Com o passar do tempo, as teorias científicas em seu conjunto estão manifestamente mais e mais articuladas. Nesse processo, foram ajustadas à natureza em número cada vez maior de situações e com uma precisão que só fez aumentar. Ou ainda, é nítido, com o passar do tempo, o aumento na quantidade de temas de pesquisa aos quais a abordagem da resolução de enigmas pode ser aplicada. Há uma contínua proliferação de especialidades científicas, em parte pela ampliação dos limites da ciência, em parte pela subdivisão dos campos existentes.

Essas generalizações, contudo, são apenas o começo. Não sabemos quase nada, por exemplo, sobre o que um grupo de cientistas seria capaz de sacrificar em prol dos possíveis ganhos que uma nova teoria invariavelmente proporciona. Minha impressão, embora não passe disso, é que uma comunidade científica raramente ou nunca adota uma nova teoria, a não ser que esta resolva todos, ou quase todos, os enigmas quantitativos ou numéricos para os quais há tratamento em sua predecessora.[40] Por outro lado, ainda que com relutância, eles às vezes sacrificam o poder explicativo, ora deixando em aberto questões já resolvidas, ora declarando-as inteiramente não científicas.[41] Passando a outra área, conhecemos pouco acerca das mudanças históricas na unidade da ciência. Apesar de alguns esporádicos e impressionantes sucessos, a comunicação entre as especialidades científicas é cada vez pior. Será que aumenta com o tempo a quantidade de pontos de vista incompatíveis, empregados pelo número cada vez maior de comunidades de especialistas? Ainda que a unidade das ciências seja nitidamente um valor para os cientistas, a troco de que eles a abandonarão? Ou ainda, embora o acúmulo de conhecimento científico aumente com o tempo, o que podemos dizer da ignorância? Os problemas resolvidos nos últimos trinta anos não existiam como questões abertas há um século. Em qual-

---

40 Ver Kuhn, "The Function of Measurement in Modern Physical Science", *Isis*, v.52, 1961, p.161-93 ["A função da medição na física moderna", p.195-240 deste volume].

41 Idem, *The Structure of Scientific Revolutions*, op. cit., p.102-8.

quer época, o conhecimento científico disponível dava conta do que havia para ser conhecido, mantendo os enigmas visíveis apenas no horizonte do conhecimento existente. Não seria possível, ou talvez até mesmo provável, que os cientistas contemporâneos conheçam menos do que há para conhecer sobre seu mundo do que os cientistas do século XVIII em relação ao deles? Cumpre lembrar que as teorias científicas se ligam à natureza apenas aqui e ali. Os interstícios entre esses pontos de ligação seriam hoje maiores e mais numerosos do que no passado?

Até que possamos responder a mais questões como essas, não saberemos bem o que é o progresso científico e não podemos, portanto, nutrir muitas expectativas quanto a uma explicação. Em compensação, as respostas a essas questões estarão muito próximas de fornecer a explicação pretendida. As duas vêm quase juntas. Já deve estar claro que, em última análise, a explicação tem de ser psicológica ou sociológica. Ou seja, deve ser a descrição de um sistema de valores, uma ideologia, que venha com uma análise das instituições pelas quais se transmite e se faz cumprir tal sistema. Conhecendo o que os cientistas valorizam, poderemos esperar compreender de que problemas eles tendem a se ocupar e que escolhas tendem a tomar em circunstâncias específicas de conflito. Não creio que haja outro tipo de resposta.

Naturalmente, a forma que tomarão essas respostas é outra questão. Neste ponto termina, mais uma vez, minha confiança de que domino o assunto. Mas, como antes, algumas generalizações exploratórias poderão ilustrar os tipos de respostas que devem ser buscadas. Para um cientista, a solução de um intrincado enigma conceitual ou instrumental é um de seus principais objetivos. Seu sucesso nessa empreitada é retribuído com o reconhecimento dos membros de seu grupo profissional e apenas deles. A importância prática de sua solução é, no máximo, um valor secundário, e a aprovação das pessoas alheias à especialidade é um valor negativo ou nulo. Esses valores, que contribuem sobremaneira para determinar a forma da ciência normal, são também importantes nos momentos em que deve ser feita uma escolha entre teorias. Alguém que foi formado como solucionador de enigmas desejará preservar tantas soluções anteriores de enigmas obtidas por seu grupo quanto possível, e desejará também elevar ao máximo o número de enigmas que podem ser resolvidos. Mas até esses valores entram com frequência em conflito, e há outros que tornam o problema da escolha ainda mais difícil. Justamente com relação a isso é que um estudo sobre o que os cientistas tendem a abandonar seria mais importante. A simplicidade, a precisão e a consistência com as teorias vigentes em outras especialidades são valores importantes para o cientista, mas nem sempre ditam a mesma escolha ou são aplicadas do mesmo modo. Sendo esse o caso, importa também que a unanimidade do grupo seja um valor supremo, que faça com que o grupo diminua ao máximo as ocasiões de conflito e rapidamente se reconcilie em torno de um único conjunto de regras para a resolução dos enigmas, mesmo à custa da subdivisão da especialidade ou da exclusão de um membro produtivo.[42]

Não estou sugerindo que essas são as respostas certas ao problema do progresso científico, mas apenas que são os tipos de respostas que devem ser buscados. Posso esperar que sir Karl me faça companhia nessa visão da tarefa a ser realizada? Por algum tempo presumi que não, pois me pareceu que um conjunto de expressões recorrentes em sua obra o impediam de partilhar esse ponto de vista. Ele tem repetidamente rejeitado "a psicologia do conhecimento" ou o "subjetivo", insistindo em que seus interesses recaem sobre o "objetivo" ou "a lógica do conhecimento".[43] O título de sua contribuição mais fundamental ao nosso campo é *A lógica da pesquisa científica*, e é nela que afirma de modo incisivo que se interessa pelo incentivo lógico ao desenvolvimento do conhecimento, não em dar apoio psicológico aos indivíduos. Até muito pouco tempo, pensei que sua concepção do problema teria de excluir o tipo de solução que defendi.

Mas hoje estou menos certo disso, pois existe outro aspecto da obra de sir Karl não inteiramente compatível com o precedente. Ao rejeitar a "psicologia do conhecimento", a preocupação explícita de sir Karl é apenas negar relevância metodológica para uma fonte de inspiração *individual*, ou ao sentido de uma certeza individual. Posto assim, não posso discordar. Entretanto, há um grande passo entre a rejeição das idiossincrasias psicológicas de um indivíduo e a rejeição dos elementos comuns motivados pela educação e pela formação, e presentes na constituição psicológica dos membros admitidos de um *grupo científico*. Um não precisa ser dispensado só porque o outro o foi. E sir Karl parece reconhecer isso às vezes. Ainda que insista em escrever sobre a lógica do conhecimento, um papel essencial em sua meto-

---

42 Ibid., p.161-9.

43 Popper, *Logic of Scientific Discovery*, op. cit., p.22, 31-2, 46; *Conjectures and Refutations*, op. cit., p.52.

dologia é desempenhado por passagens que eu só posso interpretar como tentativas de inculcar imperativos morais nos membros do grupo científico.

Escreve sir Karl:

> Assumamos que fizemos deliberadamente de nossa tarefa viver neste nosso mundo desconhecido, nos adaptar a ele tão bem quanto pudermos [...] e explicá-lo, *se* possível (não precisamos assumir que o seja) e tanto quanto possível, com o auxílio de leis e teorias explicativas. *Se nós fizemos disso nossa tarefa, então não há um procedimento mais racional do que o método das* [...] *conjeturas e refutações*: propor audaciosamente teorias, fazer o melhor que pudermos para mostrar que estão erradas e aceitá-las provisoriamente se nossos esforços críticos forem malsucedidos.[44]

Penso que não podemos compreender o sucesso da ciência sem compreender toda a força de imperativos retoricamente motivados e profissionalmente compartilhados como esse. Quando mais (e um tanto diferentemente) institucionalizadas e articuladas, tais máximas e valores podem explicar o resultado de escolhas que não poderiam ser ditadas apenas pela lógica e pela experimentação. O fato de passagens como essa ocuparem um lugar proeminente nos escritos de sir Karl é mais uma evidência da semelhança de nossas concepções. Que ele nunca as tenha percebido, presumo, como os imperativos sociopsicológicos que são é mais uma evidência da mudança de Gestalt que ainda nos separa profundamente.

---

44 Idem, *Conjectures and Refutations*, op. cit., p.51 (grifo dele).

12
Reconsiderações acerca dos paradigmas[1]

Já faz alguns anos que foi publicado meu livro *A estrutura das revoluções científicas*.[2] As reações a ele têm sido variadas e às vezes estridentes, mas o livro continua a ser amplamente lido e muito discutido. De modo geral, fiquei bastante satisfeito com o interesse que gerou, inclusive de grande parte da crítica. Vez ou outra, porém, um aspecto das respostas me atordoa. Ao ouvir algumas conversas, em particular entre entusiastas do livro, foi difícil acreditar que todos os participantes da discussão falavam de uma mesma obra. Parte da razão de seu sucesso, como infelizmente concluo, é que ele pode ser quase tudo para quase qualquer pessoa.

Nenhum aspecto do livro é mais responsável por essa excessiva plasticidade do que a introdução do termo "paradigma",[3] uma palavra que figura

---

1 Originalmente publicado como "Second Thoughts on Paradigms", em Suppe (ed.), *The Structure of Scientific Theories*, 1974, p.459-82. Reimpresso com a permissão do Board of Trustees da Universidade de Illinois.

2 Kuhn, *The Structure of Scientific Theories*, 1962.

3 Outros problemas e fontes de mal-entendidos são discutidos em meu ensaio "Logic of Discovery or Psychology of Research?", em Lakatos e Musgrave (ed.), *Criticism and the Growth of Knowledge*, 1970 ["Lógica da descoberta ou psicologia da pesquisa?", p.283-310 deste volume]. Esse livro, que também inclui uma longa "Response to Critics" [ed. bras.: "Reflexões sobre meus críticos", em *O caminho desde a estrutura*,

em suas páginas com mais frequência do que qualquer outra, excetuando-se as partículas gramaticais. Quando me pedem para explicar a ausência de um índice remissivo, constantemente digo que o verbete mais consultado seria "paradigma 1-172, *passim*". As críticas, favoráveis ou não, têm sido unânimes ao apontar o grande número de diferentes sentidos com que o termo foi utilizado.[4] Um analista, que considerou que o assunto merecia um escrutínio sistemático, preparou um índice parcial e encontrou pelo menos 22 usos diferentes, variando desde "uma realização científica concreta"[5] até "um conjunto característico de crenças e preconcepções",[6] conjunto este que reúne compromissos instrumentais, teóricos e metafísicos.[7] Apesar de nem a compiladora nem eu acreditarmos que a situação seja tão desesperadora como essas divergências sugerem, naturalmente se faz necessário um esclarecimento. Mas apenas um esclarecimento não será suficiente. Seja qual for seu número, os usos de "paradigma" no livro dividem-se em dois conjuntos que requerem tanto nomes diferentes quanto discussões separadas. Um sentido de "paradigma" é global e abarca todos os compromissos compartilhados por um grupo científico. O outro isola um tipo de compromisso particularmente importante e é, portanto, um subconjunto do primeiro. Adiante, tentarei desenredá-los e, em seguida, examinar em detalhes aquele que acredito carecer mais urgentemente de atenção filosófica. Por mais imperfeita que tenha sido minha compreensão dos paradigmas quando escrevi o livro, ainda penso que merecem muita atenção.

No livro, o termo "paradigma" ocorre em estreita proximidade, física e lógica, com a expressão "comunidade científica".[8] Um paradigma é aquilo

---

2003, p.155-216], é o quarto volume dos anais do International Colloquium in the Philosophy of Science, realizado no Bedford College, em Londres, em julho de 1965. Uma discussão mais resumida, porém mais equilibrada, das reações críticas ao *The Structure of Scientific Revolutions* (1962) foi preparada para a tradução japonesa do livro. Uma versão em inglês foi incluída na segunda edição americana. Partes desses artigos dão prosseguimento à discussão de alguns pontos em que este a interrompe e, com isso, esclarecem a relação entre as ideias aqui desenvolvidas e noções como incomensurabilidade e revoluções.

4 O relato mais contundente e negativo desse problema é o de Shapere, "The Structure of Scientific Revolutions", *Philosophical Review*, v.73, 1964, p.383-94.

5 Kuhn, *The Structure of Scientific Revolutions*, op. cit., p.11.

6 Ibid., p.17.

7 Ibid., p.39-42. Cf. Masterman, "The Nature of a Paradigm", em Lakatos e Musgrave (ed.), *Criticism and the Growth of Knowledge*, op. cit.

8 Kuhn, *The Structure of Scientific Revolutions*, op. cit., p.10-1.

A tensão essencial

que os membros de uma comunidade científica, e apenas eles, compartilham. Reciprocamente, é a posse de um paradigma em comum que institui a comunidade científica a partir de um grupo de pessoas com outras disparidades. Como generalizações empíricas, ambos os enunciados podem ser defendidos. Mas, no livro, eles funcionam – ao menos em parte – como definições, e o resultado é uma circularidade com algumas consequências viciosas.[9] Para que o termo "paradigma" seja explicado de maneira adequada, as comunidades científicas têm de ser antes reconhecidas como entidades independentes.

De fato, a identificação e o estudo das comunidades científicas surgiram recentemente como um importante tema de pesquisa entre os sociólogos. Resultados preliminares, muitos ainda não publicados, sugerem que as técnicas empíricas necessárias não são triviais, mas algumas já se encontram disponíveis e outras certamente serão desenvolvidas.[10] A maioria dos cientistas profissionais responde de pronto sobre sua afiliação a alguma comunidade, concordando que a responsabilidade pelas várias especialidades atuais e pelas técnicas de pesquisa é distribuída entre grupos cujos

---

9 A consequência mais danosa surge do uso que faço do termo "paradigma" quando distingo um período anterior e outro posterior no desenvolvimento de uma ciência particular. Durante o período que, em *A estrutura das revoluções científicas*, foi chamado de "período pré-paradigmático", os profissionais de uma ciência são separados em diversas escolas rivais, cada qual alegando competência sobre o mesmo tema de estudo, mas abordando-o de modos bastante diferentes. Esse estágio de desenvolvimento é seguido de uma transição relativamente rápida, em geral, como resultado de alguma realização científica notável, para um suposto "período pós-paradigmático", caracterizado pelo desaparecimento de todas ou da maioria das escolas, uma mudança que permite um comportamento profissional muito mais poderoso aos membros da comunidade remanescente. Ainda penso que esse padrão é tanto típico quanto importante, mas pode ser discutido sem referência à primeira realização como paradigma. O que quer que sejam, os paradigmas são posse de qualquer comunidade científica, inclusive das escolas do chamado período pré-paradigmático. Minha incapacidade de perceber esse ponto com clareza ajudou a tornar o paradigma uma entidade quase mística ou uma propriedade que, como o carisma, transforma aqueles que são atingidos por ela. Há uma transformação, mas ela não é induzida pela aquisição de um paradigma.

10 Hagstrom, *The Scientific Community*, 1965, cap.4 e 5; Price e Beaver, "Collaboration in an Invisible College", *American Psychologist*, v.21, 1966, p.1011-8; Crane, "Social Structure in a Group of Scientists: A Test of the 'Invisible College' Hypothesis", *American Sociological Review*, v.34, 1969, p.335-52; Mullins, "Social Networks among Biological Scientists", 1966, e "The Development of a Scientific Specialty", *Minerva*, v.10, 1972, p.51-82.

membros são discrimináveis, ao menos *grosso modo*. Assumirei, portanto, que surgirão meios mais sistemáticos para a identificação da comunidade e contento-me em propor aqui uma noção sucinta e intuitiva de comunidade, amplamente partilhada por cientistas, sociólogos e diversos historiadores da ciência.

Segundo essa concepção, uma comunidade científica consiste dos profissionais de uma especialidade científica. Unidos por elementos comuns em sua educação e aprendizado, consideram-se e são considerados responsáveis pela busca de um conjunto de objetivos compartilhados, entre eles a formação de seus sucessores. Tais comunidades são caracterizadas pela relativa integridade da comunicação no interior do grupo e pela relativa unanimidade dos juízos coletivos em questões profissionais. Em grau notável, os membros de uma determinada comunidade absorveram a mesma literatura e extraíram dela lições similares.[11] Uma vez que a atenção de diferentes comunidades está voltada para diferentes questões, a comunicação profissional entre grupos tende a ser mais difícil, origina às vezes mal-entendidos e pode, se continuada, isolar divergências significativas.

É evidente que existem comunidades em diferentes níveis nesse sentido. Os cientistas naturais talvez formem uma única comunidade. (Penso que não devemos permitir que a celeuma em torno de C. P. Snow obscureça aquelas questões sobre as quais o que ele disse é óbvio.) Num nível um pouco inferior, os principais grupos profissionais são exemplos de comunidades: físicos, químicos, astrônomos, zoólogos e assim por diante. Nessas comunidades, é fácil estabelecer a qualidade de membro do grupo, exceto quando próxima de seus limites. Os temas dos trabalhos mais avançados, a participação em sociedades profissionais e os jornais lidos são, em geral, mais do que suficientes. Técnicas semelhantes também podem isolar os subgrupos mais importantes: químicos orgânicos (e, entre eles, talvez os químicos de proteínas), físicos do estado sólido e de altas energias, radioastrônomos etc. É apenas no nível seguinte que as dificuldades empíricas começam a aparecer. Como um leigo poderia identificar o grupo dos vírus

---

11 Para o historiador, que de costume não tem acesso às técnicas de entrevista e questionário, fontes materiais partilhadas são, em geral, os indícios mais importantes da estrutura da comunidade. Essa é uma das razões por que trabalhos amplamente lidos, como os *Principia*, de Newton, são tão citados como paradigmas em *A estrutura das revoluções científicas*. Eu deveria descrevê-los agora como fontes particularmente importantes dos elementos da matriz disciplinar de uma comunidade.

bacteriófagos antes de seu reconhecimento público? Para tanto, devemos recorrer às participações em cursos de verão e conferências especiais, a listas de distribuição de *preprints* e, acima de tudo, a redes formais e informais de comunicação e até ao cruzamento de citações.[12]

Considero que essa tarefa pode e será feita, e que revelará, em geral, comunidades de talvez cem membros ou menos. Individualmente, os cientistas, em especial os mais talentosos, pertencerão a diversos desses grupos de modo concomitante ou contínuo. Embora ainda não esteja claro até onde a análise empírica pode nos levar, há excelentes motivos para supor que o empreendimento científico esteja distribuído entre comunidades desse tipo e seja conduzido por elas.

Vou supor, agora, que identificamos, não importa com que técnicas, uma dessas comunidades. Que elementos compartilhados respondem pelo caráter relativamente não problemático da comunicação profissional e pela relativa unanimidade do juízo profissional? *A estrutura das revoluções científicas* permite responder a tal questão com "um paradigma" ou "um conjunto de paradigmas". Esse é um dos dois principais sentidos em que o termo ocorre no livro. Eu poderia agora adotar a notação "paradigma$_1$" para ele, mas será menos confuso se, em vez disso, eu o substituir pela expressão "matriz disciplinar" – "disciplinar" porque é de posse comum dos praticantes de uma disciplina profissional, e "matriz" porque é composta de elementos ordenados de vários tipos, cada um com especificações adicionais. Os constituintes da matriz disciplinar incluem a maioria ou todos aqueles objetos do compromisso do grupo descritos no livro como paradigmas, partes de paradigmas ou paradigmáticos.[13] Desta vez não aventurarei nem uma lista completa, mas, em seu lugar, identificarei de maneira sucinta três deles que, por serem centrais para a operação cognitiva do grupo, devem ser de particular interesse para os filósofos da ciência. Vou me referir a eles como generalizações simbólicas, modelos e exemplares.

Os dois primeiros são objetos familiares da atenção filosófica. As generalizações simbólicas, em particular, são aquelas expressões, empregadas

---

12 Garfield, *The Use of Citation Data in Writing the History of Science* (1964); Kessler, "Comparison of the Results of Bibliographic Coupling and Analytic Subject Indexing", *American Documentation*, v.16, 1965, p.223-33; Price, "Networks of Scientific Papers", *Science*, v.149, 1965, p.510-5.

13 Ver *The Structure of Scientific Revolutions*, op. cit., p.38-42.

sem questionamento pelo grupo, que podem ser formuladas sem grande esforço em alguma forma lógica como (x) (y) (z) ϕ (x, y, z). São os componentes formais, ou prontamente formalizáveis, da matriz disciplinar. Os modelos, sobre os quais não terei mais nada a dizer neste artigo, são os que fornecem ao grupo suas analogias preferidas ou, quando profundamente mantidas, sua ontologia. Num extremo, são heurísticos: o circuito elétrico pode ser visto, de maneira proveitosa, como um sistema hidrodinâmico em estado estacionário, ou um gás, como uma coleção de bolas de bilhar microscópicas em movimento aleatório. No outro extremo, são objetos de compromisso metafísico: o calor de um corpo *é* a energia cinética de suas partículas constituintes ou, mais obviamente metafísico, todos os fenômenos perceptíveis são devidos ao movimento e à interação de átomos qualitativamente neutros no vazio.[14] Os exemplares, por fim, são soluções de problemas aceitas pelo grupo como, no sentido usual do termo, paradigmáticas. Muitos de meus leitores já descobriram que o termo "exemplar" é outro nome para o segundo, e mais fundamental, sentido de "paradigma" no livro.

Para compreender de que modo uma comunidade científica pode funcionar como produtora e validadora de conhecimento sólido, penso que temos fundamentalmente de entender a operação ao menos desses três componentes da matriz disciplinar. Alterações em qualquer um deles podem resultar em modificações do comportamento científico que afetam tanto a localização da pesquisa de um grupo quanto seus padrões de verificação. Não tentarei defender aqui uma tese tão geral. Meu interesse principal são os exemplares. A fim de preparar o terreno, porém, tenho antes de dizer algo sobre as generalizações simbólicas.

Nas ciências, em particular na Física, as generalizações já são encontradas de hábito em forma simbólica: $f = ma$, $I = V/R$ ou $\nabla^2\psi + 8\pi^2m/h^2$ $(E -- V)\psi = 0$. Outras são comumente expressas em palavras: "a ação é igual à reação", "a proporção em massa dos elementos de uma composição química é constante" ou "todas as células provêm de células". Ninguém questionará que os membros de uma comunidade científica empreguem rotineiramente essas expressões em seu trabalho, que em geral o façam

---

14 Não é usual, por exemplo, incluir átomos, campos ou forças operando a distância na categoria de modelos, mas não vejo atualmente problemas nesse uso mais amplo. É certo que o grau de compromisso da comunidade varia quando se passa dos modelos heurísticos aos metafísicos, mas a natureza das funções cognitivas dos modelos parece permanecer a mesma.

sem sentir necessidade de justificação especial, e que raramente sejam contestados por isso por outros membros do grupo. Esse comportamento é importante, pois sem um compromisso compartilhado com um conjunto de generalizações simbólicas, a lógica e a matemática não poderiam ser aplicadas rotineiramente no trabalho da comunidade. O exemplo da taxonomia sugere que pode existir uma ciência com poucas, talvez até nenhuma generalização. Sugerirei adiante como isso pode ocorrer. Mas não vejo razões para duvidar da impressão geral de que o poder de uma ciência aumenta com o número de generalizações de que seus praticantes dispõem.

De todo modo, notemos quão pequeno é o grau do acordo atribuído até aqui aos membros de nossa comunidade. Quando digo que eles compartilham um compromisso com a generalização simbólica, digamos, $f = ma$, quero dizer apenas que não criarão dificuldades a quem escrever os quatro símbolos "f", "$=$", "m" e "a" em sequência, manipular a expressão resultante pela lógica e pela matemática e exibir um resultado ainda simbólico. Para nós, neste ponto da discussão – mas não para o cientista que os utiliza –, tais símbolos e expressões formadas ao compô-los são não interpretados, ainda são algo vazio de significado ou aplicação. Um compromisso compartilhado com um conjunto de generalizações justifica a manipulação lógica e matemática e leva ao compromisso com o resultado. Mas ele não precisa implicar o acordo acerca da maneira como esses símbolos, individual e coletivamente, devem estar correlacionados com os resultados dos experimentos e observações. Nesse sentido, as generalizações simbólicas compartilhadas funcionam, por ora, como expressões num sistema puramente matemático.

A analogia entre uma teoria científica e um sistema puramente matemático foi amplamente explorada na Filosofia da Ciência do século XX e foi responsável por alguns resultados extremamente importantes. Mas trata-se somente de uma analogia e pode, portanto, ser enganadora. Creio que em vários aspectos temos sido suas vítimas. Um deles tem relevância imediata para minha argumentação.

Quando uma expressão como $f = ma$ ocorre num sistema puramente matemático, ela está lá, por assim dizer, de uma vez por todas. Ou seja, se entra na solução de um problema matemático posto pelo sistema, ela sempre entrará na forma $f = ma$ ou numa forma redutível a essa, seja por substituir identidades, seja por outra regra sintática de substituição. Nas ciências, as generalizações simbólicas se comportam, em geral, de modo bem diferente. São mais esboços de generalizações do que generalizações, são formas esquemáticas cuja expressão simbólica detalhada varia de aplicação a aplicação. Para o problema da queda livre, $f = ma$ transforma-se em $mg = md^2s/dt^2$. Para o pêndulo simples, torna-se mg sen$\theta = - md^2s/dt^2$. Para os osciladores harmônicos acoplados, transforma-se em duas equações, das quais a primeira pode ser escrita como $m_1d^2s_1/dt^2 + k_1s_1 = k_2(d + s_2 - s_1)$. Em problemas mecânicos mais interessantes, como, por exemplo, o movimento de um giroscópio, ocorrem disparidades ainda maiores entre $f = ma$ e a generalização simbólica efetiva a que são aplicadas a lógica e a matemática. A questão, contudo, já deve estar clara. Embora expressões simbólicas não interpretadas sejam posse comum dos membros de uma comunidade científica, e embora sejam essas as expressões que forneçam ao grupo um ponto de entrada para a lógica e a matemática, não são às generalizações compartilhadas que tais ferramentas são aplicadas, mas a uma ou outra de suas versões específicas. Num certo sentido, cada uma dessas novas classes requer um novo formalismo.[15]

Segue-se uma interessante conclusão que, provavelmente, tem relevância para o *status* dos termos teóricos. Os filósofos que apresentam as teorias científicas como sistemas formais não interpretados comentam muitas vezes que a referência empírica nessas teorias ingressa da base para o topo, passando de um vocabulário básico empiricamente significativo para os termos teóricos. Apesar das bem conhecidas dificuldades que se aglomeram em torno da noção de um vocabulário básico, não posso duvidar da importância desse trajeto na transformação de um símbolo não interpretado num sinal de um conceito físico específico. Mas esse não é o único trajeto. Os formalismos na ciência também se vinculam no topo sem a dedução intermediária que elimina os termos teóricos. Antes de poder iniciar as manipulações lógicas e matemáticas que deságuam em previsões específicas para leituras experimentais, o cientista tem de escrever a forma particular

---

15 Essa dificuldade não pode ser evitada ao se enunciarem as leis da mecânica newtoniana em formulações, digamos, lagrangianas ou hamiltonianas. Ao contrário, estas últimas são esboços explícitos de leis, e não leis de fato, o que não ocorre com a formulação da mecânica por Newton. Partindo das equações de Hamilton ou Lagrange, deve-se ainda escrever uma hamiltoniana ou lagrangiana para o problema em questão. Note-se, porém, que a vantagem crucial dessas formulações é que tornam muito mais fácil identificar o formalismo específico adequado a um problema específico. Em contraste com a formulação de Newton, elas ilustram uma direção típica do desenvolvimento científico normal.

de $f = ma$ que se aplica, digamos, às cordas vibrantes, ou a forma particular da equação de Schrödinger que se aplica, digamos, ao átomo de hélio num campo magnético. Seja qual for o procedimento que empregue ao fazê-lo, não pode ser puramente sintático. O conteúdo empírico tem de ingressar nas teorias científicas formalizadas a partir tanto do topo quanto da base.

Creio que não se pode escapar dessa conclusão, sugerindo que a equação de Schrödinger ou $f = ma$ seja pensada como uma forma abreviada da conjunção das numerosas formas simbólicas que tais expressões assumem ao serem aplicadas a problemas físicos particulares. Em primeiro lugar, os cientistas ainda necessitariam de critérios para dizer que versão simbólica específica deve ser aplicada a que problema, e esses critérios – como as regras de correspondência que transportariam o significado do vocabulário básico para os termos teóricos – seriam um veículo de conteúdo empírico. Além disso, nenhuma conjunção de formas simbólicas específicas é capaz de esgotar o que se pode considerar legitimamente que os membros de uma comunidade científica saibam quanto à aplicação das generalizações simbólicas. Confrontados com um novo problema, os cientistas podem concordar no que diz respeito à expressão simbólica específica que lhes é apropriada, ainda que nenhum deles tenha visto a expressão antes.

É razoável que qualquer caracterização do aparato cognitivo de uma comunidade científica nos diga algo sobre o modo como os membros do grupo, antes da evidência empírica *diretamente* relevante, identificam o formalismo específico apropriado a um problema particular, em especial a um problema novo. Essa é claramente uma das funções do conhecimento científico. É claro que nem sempre ela é desempenhada de forma correta. Há espaço – aliás, necessidade – para uma checagem empírica de um formalismo específico proposto para lidar com um problema novo. Os passos dedutivos e a comparação de seus resultados com os dos experimentos continuam sendo um pré-requisito da ciência. Mas formalismos específicos são continuamente aceitos como plausíveis ou rejeitados como implausíveis antes da experimentação. Além disso, com notável frequência, os julgamentos da comunidade se mostram corretos. Assim, desenhar um formalismo específico, uma versão nova da formalização, não pode ser comparado a inventar uma nova teoria. Entre outras coisas, a primeira pode ser ensinada, ao passo que a invenção de teorias, não. É sobretudo para isso que servem os problemas apresentados no fim dos capítulos dos manuais científicos. O que será que os estudantes aprendem com eles?

O restante deste artigo será dedicado em grande parte a essa questão, mas pretendo abordá-la por um caminho indireto, perguntando primeiro algo mais usual: como os cientistas associam expressões simbólicas à natureza? Na verdade, são duas questões em uma, pois ela pode se referir tanto a uma generalização simbólica específica, elaborada para uma situação experimental particular, quanto a uma única consequência simbólica dessa generalização, deduzida para comparação com os resultados de um experimento. Tendo em vista o presente propósito, porém, podemos tratar essas duas questões como uma só. Também na prática científica elas são respondidas, em geral, em conjunto.

Desde que se abandonou a esperança de uma linguagem dos dados dos sentidos, a resposta usual a essa questão é apresentada em termos de regras de correspondência. Estas são consideradas definições operacionais de termos científicos ou, ainda, o conjunto das condições necessárias e suficientes para a aplicação do termo.[16] Não duvido que o exame de uma determinada comunidade científica possa revelar muitas dessas regras compartilhadas por seus membros. É até provável que outras possam ser legitimamente inferidas com base na observação atenta de seu comportamento. Mas, por razões

---

16 Depois que este trabalho foi lido, percebi que fazer confluir as duas questões do parágrafo anterior introduz uma possível fonte de confusão nesse trecho e adiante. No uso filosófico habitual, as regras de correspondência conectam palavras a palavras apenas, e não à natureza. Desse modo, os termos teóricos adquirem significado por meio das regras de correspondência que os vinculam a um vocabulário básico, previamente significativo. Apenas este se vincula à natureza de maneira direta. Parte de minha argumentação se dirige a essa visão comum e não deve, portanto, criar problemas. Mas a distinção entre um vocabulário básico e um teórico em sua forma atual não terá serventia, pois é possível mostrar que muitos termos teóricos se vinculam à natureza do mesmo modo, qualquer que seja ele, na qualidade de termos básicos. Contudo, estou igualmente interessado em indagar como funciona a "vinculação direta", quer para o vocabulário básico, quer para o teórico. Nesse processo, questiono a suposição – em geral implícita –, segundo a qual, alguém que saiba como usar corretamente um termo básico tem acesso, consciente ou não, a um conjunto de critérios que definem o termo ou fornecem as condições necessárias e suficientes que governam sua aplicação. Para esse modo de vinculação mediante critérios, também adotei neste artigo a expressão "regra de correspondência", e isso sim viola o uso normal. Minha desculpa para essa ampliação é a crença de que a dependência explícita de regras de correspondência ou a dependência implícita de critérios introduzem o mesmo procedimento e desviam igualmente a atenção. Ambas fazem o uso da linguagem parecer mais uma questão de convenção do que é. Com isso, mascaram a extensão em que aquele que adquire uma linguagem – cotidiana ou científica – aprende simultaneamente coisas sobre a natureza que não estão contidas nas generalizações verbais.

apresentadas em outro artigo, e que indicarei adiante com poucas palavras, duvido que as regras de correspondência assim descobertas sejam suficientes em número ou força para explicar as correlações efetivas entre formalismo e experimentação, estabelecidas regularmente e sem maiores problemas pelos membros do grupo.[17] Caso o filósofo deseje um corpo adequado de regras de correspondência, terá de providenciar ele próprio a maioria delas.[18]

É quase certo que possa realizar essa tarefa. Ao examinar os exemplos coletados em práticas comunitárias passadas, pode muito bem construir um conjunto adequado de regras de correspondência, associado às generalizações simbólicas conhecidas, e ser capaz de explicá-las. Muito provavelmente teria condições de criar vários conjuntos alternativos. No entanto, deve ser muito cauteloso ao descrever qualquer um deles como uma reconstrução das regras mantidas pela comunidade em estudo. Embora cada um desses conjuntos de regras possa ser equivalente com respeito à prática pregressa da comunidade, podem não ser equivalentes quando aplicados ao próximo problema enfrentado pela disciplina. Nesse sentido, seriam reconstruções de teorias ligeiramente diferentes e talvez nenhuma fosse mantida pelo grupo. Agindo como cientista, o filósofo pode aprimorar a teoria do grupo, mas, como filósofo, ele não a analisaria.

---

17 Ver Kuhn, *The Structure of Scientific Revolutions*, op. cit., p.43-51.

18 É notável quão pouca atenção os filósofos da ciência dispensaram à ligação linguagem-natureza. Seguramente a força epistêmica do empreendimento formalista depende da possibilidade de torná-la não problemática. Suspeito que uma razão para esse descaso seja não perceber quanto já se perdeu, de um ponto de vista epistemológico, na transição da linguagem dos dados do sentido para o vocabulário básico. Enquanto o primeiro pareceu viável, as definições e regras de correspondência não exigiram atenção especial. "Coisa verde ali" não necessita de maiores especificações operacionais, mas "o benzeno evapora a 80 °C" é um tipo muito diferente de enunciado. Além disso, como sugerirei adiante, os formalistas muitas vezes igualaram a tarefa de *aprimorar* a clareza e a estrutura dos elementos formais de uma teoria científica à tarefa bem diferente de *analisar* o conhecimento científico, e apenas esta última levanta os problemas que nos interessam aqui. Hamilton produziu uma formulação melhor do que a de Newton para a mecânica newtoniana, e o filósofo pode esperar realizar mais melhorias mediante mais formalização. Mas não pode ter certeza de que sairá com a mesma teoria com que começou, nem que os elementos formais de quaisquer versões da teoria serão coextensivos aos da própria teoria. Para um exemplo típico da suposição de que um formalismo aperfeiçoado é *ipso facto* um relato do conhecimento empregado pela comunidade que utiliza o formalismo a ser aprimorado, ver Suppes, "The Desirability of Formalization in Science", *Journal of Philosophy*, v.65, 1968, p.651-64.

Suponhamos, por exemplo, que o filósofo se interesse pela lei de Ohm, $I = V/R$, e saiba que os membros do grupo em estudo medem a voltagem com um eletrômetro e a corrente, com um galvanômetro. Ao buscar uma regra de correspondência para a resistência, ele poderia escolher o quociente da voltagem pela corrente, caso em que a lei de Ohm seria mera tautologia. Ou poderia escolher correlacionar o valor da resistência com o resultado das medições feitas com uma ponte de Wheatstone, caso em que a lei de Ohm forneceria informações sobre a natureza. Com relação à prática anterior, as duas reconstruções podem ser equivalentes, mas não ditarão o mesmo comportamento futuro. Imaginemos, em especial, que um cientista experimental muito competente dessa comunidade aplique as mais altas voltagens jamais obtidas antes e descubra que a razão entre a voltagem e a corrente se altera gradualmente em altas voltagens. De acordo com a segunda reconstrução, a da ponte de Wheatstone, ele acaba de descobrir que há um desvio na lei de Ohm para altas voltagens. Na primeira reconstrução, contudo, a lei de Ohm é uma tautologia, e desvios são inconcebíveis. O cientista experimental não descobriu um desvio da lei, mas, ao contrário, que a resistência muda com a voltagem. As duas reconstruções levam a diferentes localizações da dificuldade e a diferentes padrões de pesquisas subsequentes.[19]

---

19 Um exemplo menos artificial exigiria a manipulação simultânea de diversas generalizações simbólicas e demandaria mais espaço do que o disponível. Mas exemplos históricos que mostram o efeito diferencial de generalizações sustentadas como leis e definições não são difíceis de encontrar (ver a discussão de Dalton e a controvérsia de Proust-Berthollet em *The Structure of Scientific Revolutions*, op. cit., p.129-34). Esse exemplo também não carece de fundamento histórico. Ohm realmente mediu a resistência dividindo a corrente pela voltagem. Sua lei fornecia então uma definição parcial da resistência. Uma das razões por que foi tão difícil aceitá-la (a desconsideração sofrida por Ohm é um dos mais famosos exemplos de resistência à inovação na História da Ciência) é que ela era incompatível com o conceito de resistência aceito antes do trabalho de Ohm. Justamente porque exigiu uma redefinição dos conceitos elétricos, a assimilação da lei de Ohm produziu uma revolução na teoria elétrica (para partes dessa história, ver Brown, "The Electric Current in Early Nineteenth-Century Electricity", *Historical Studies in the Physical Sciences*, v.1, 1969, p.61-103, e Schagrin, "Resistance to Ohm's Law", *American Journal of Physics*, v.31, 1963, p.536-47). Suspeito que, de modo muito geral, as revoluções científicas podem ser distintas dos desenvolvimentos normais da ciência, já que, ao contrário destes, elas exigem a alteração de generalizações vistas como quase analíticas. Einstein descobriu a relatividade da simultaneidade ou destruiu uma implicação anteriormente tautológica do termo?

A tensão essencial

Nada na discussão precedente prova que não há um conjunto de regras de correspondência apto a explicar o comportamento da comunidade em estudo. É raro que uma negativa como essa possa ser provada. Mas a discussão pode nos levar a tomar um pouco mais a sério alguns aspectos da formação e do comportamento científico em relação aos quais os filósofos parecem agir, em geral, como se não tivessem reparado neles. Encontram-se muito poucas regras de correspondência nos manuais e no ensino da ciência. Como os membros de uma comunidade científica podem ter adquirido um conjunto suficiente? É ainda digno de nota que os cientistas, quando incitados pelo filósofo a explicitar essas regras, neguem sua relevância e, depois disso, mostrem-se às vezes incomumente incapazes de articular seus pensamentos. Quando conseguem colaborar, as regras que produzem podem variar de um membro da comunidade para outro e todas podem ser bastante deficientes. Podemos começar a nos perguntar se, mais do que umas poucas regras empregadas na prática da comunidade, não há um modo alternativo pelo qual os cientistas dotam a natureza de suas expressões simbólicas.

Um fenômeno familiar tanto aos estudantes quanto aos historiadores da ciência oferece uma indicação. Como fui um e outro, falo por experiência própria. Os estudantes de Física costumam dizer que leram todo um capítulo do manual, entenderam-no, mas mesmo assim tiveram dificuldades para resolver os problemas do fim do capítulo. Quase invariavelmente sua dificuldade está em montar as equações apropriadas, em relacionar as palavras e os exemplos dados no corpo do capítulo aos problemas particulares que devem resolver. É comum também que essas dificuldades desapareçam do mesmo modo. O estudante descobre uma forma de ver que seu problema é semelhante a outro que já viu antes. Assim que tal semelhança ou analogia é percebida, só lhe restam dificuldades manipulativas.

O mesmo padrão ocorre com clareza na História da Ciência. Os cientistas modelam uma solução de problema com base em outra, muitas vezes recorrendo a generalizações simbólicas mínimas. Galileu descobriu que uma bola, ao rolar por um declive, adquire exatamente a velocidade necessária para retornar à mesma altura vertical num segundo aclive de qualquer inclinação, e aprendeu a perceber essa situação experimental como semelhante à do pêndulo com massa pontual. Mais tarde, Huygens resolveu o problema do centro da oscilação para o pêndulo físico ao imaginar que o corpo extenso do pêndulo era composto de pêndulos pontuais galileanos, cujas li-

323

gações que os prendiam poderiam soltar-se instantaneamente em qualquer ponto da oscilação. Depois de liberados, os pêndulos pontuais individuais oscilariam livremente, mas o centro de gravidade coletivo, à semelhança do pêndulo de Galileu, só se elevaria à altura em que o centro de gravidade do pêndulo extenso começou sua queda. Por último, Daniel Bernoulli, ainda sem o auxílio das leis de Newton, descobriu como tornar o fluxo de água através de um orifício num tanque semelhante ao pêndulo de Huygens. Determinamos o declínio do centro de gravidade da água no tanque e no esguicho em um intervalo infinitesimal de tempo. Imaginamos em seguida que cada partícula de água se move separadamente para cima até a máxima altura possível e com a velocidade que possuía no fim do intervalo de declínio. A ascensão do centro de gravidade das partículas separadas tem então de ser igual ao declínio do centro de gravidade da água no tanque e no esguicho. Dessa visão do problema decorreu imediatamente a tão procurada velocidade do fluxo.[20]

Dada a falta de tempo para multiplicar os exemplos, sugiro que a capacidade adquirida de perceber semelhanças entre problemas aparentemente díspares cumpre, na ciência, uma parte significativa do papel em geral atribuído às regras de correspondência. Assim que um novo problema é visto como análogo a um problema já resolvido, segue-se tanto um formalismo apropriado como um novo modo de vincular suas consequências simbólicas à natureza. Uma vez percebida a semelhança, utilizam-se simplesmente os vínculos que já se mostraram eficazes. Essa capacidade de reconhecer semelhanças admitidas pelo grupo é, a meu ver, a principal habilidade que os estudantes adquirem ao resolver problemas, quer com lápis e papel, quer em laboratórios especialmente planejados. No decurso de sua formação, são expostos a um grande número de exercícios como esses, e os que se iniciam na mesma especialidade resolvem regularmente os mesmos problemas – por exemplo, o plano inclinado, o pêndulo cônico, as elipses de Kepler etc. Esses problemas concretos e suas soluções são o que chamei antes de

---

20 Para o exemplo, ver Dugas, *A History of Mechanics*, 1955, p.135-6 e 186-93, e Bernoulli, *Hydrodynamica, sive de viribus et motibus fluidorum, commentarii opus academicum*, 1738, sec.3. Para a extensão com que o desenvolvimento da mecânica na primeira metade do século XVIII se deveu à modelagem de uma solução de problemas em outra, ver Truesdell, "Reactions of Late Baroque Mechanics to Success, Conjecture, Error, and Failure in Newton's Principia", *Texas Quarterly*, v.10, 1967, p.238-58.

exemplares – os exemplos-padrão da comunidade. Constituem o terceiro tipo principal de componentes cognitivos da matriz disciplinar e ilustram a segunda função principal do termo "paradigma" em *A estrutura das revoluções científicas*.[21] A aquisição de um arsenal de exemplares, tanto quanto o aprendizado das generalizações simbólicas, é parte integral do processo por meio do qual o estudante tem acesso às realizações do seu grupo disciplinar.[22] Sem os exemplares, ele praticamente não aprenderia aquilo que o grupo sabe sobre conceitos fundamentais como força e campo, elemento e composto, núcleo e célula.

Tentarei explicar rapidamente, por meio de um exemplo simples, a noção de uma relação de similaridade aprendida, de uma percepção da analogia adquirida. Antes, porém, convém precisar o problema para o qual será dada a explicação. Chega a ser um truísmo que qualquer coisa é semelhante a, e também diferente de, qualquer coisa. Como se diz em geral, tudo depende do critério utilizado. Por isso, logo perguntamos àquele que fala em similaridade ou em analogia: similar em que aspecto? No caso atual, no entanto, essa é justamente a pergunta que não deve ser feita, pois uma resposta nos forneceria de imediato as regras de correspondência. A aquisição de exemplares não teria ensinado nada que essas regras, na forma de critérios de semelhança, não pudessem igualmente fornecer ao estudante. Resolver problemas seria então a mera aplicação de regras e não haveria necessidade de se falar em similaridade.

Contudo, como já expus, resolver problemas não é isso. Assemelha-se muito mais àqueles jogos infantis em que se devem encontrar formas de

---

21 O sentido de "paradigma" como exemplo-padrão foi o que me levou originalmente à escolha do termo. Infelizmente, a maioria dos leitores de *A estrutura das revoluções científicas* não notou o que para mim era sua função central e utilizou "paradigma" num sentido próximo ao do que agora chamo de "matriz disciplinar". Não vejo muitas chances de recuperar o sentido original de "paradigma", o único filologicamente adequado.

22 Note-se que os exemplares (e também os modelos) são determinantes muito mais eficazes da subcultura da comunidade do que as generalizações simbólicas. Muitas comunidades científicas compartilham, por exemplo, a equação de Schrödinger, e seus membros encontram-na cedo em seu aprendizado científico. Mas quando a formação avança até, digamos, a física do estado sólido num caso e, no outro, até a teoria de campos, os respectivos exemplares encontrados começam a divergir. Desse modo, só podemos dizer inequivocamente que eles compartilham a equação de Schrödinger não interpretada.

animais ou rostos desenhados entre nuvens ou arbustos. A criança procura formas parecidas com as dos animais e rostos que conhece. Uma vez descobertas, elas não se perdem mais, porque a criança mudou sua percepção do desenho. Do mesmo modo, diante de um problema, o estudante de ciências procura percebê-lo como parecido com um ou mais dos problemas exemplares que já encontrou antes. É óbvio que, quando existem regras para guiá-lo, ele as utiliza. Mas seu critério básico é a percepção de similaridade, que é lógica e psicologicamente anterior a qualquer um dos numerosos critérios pelos quais a mesma identificação de similaridade poderia ter sido estabelecida. Após perceber a similaridade, podemos perguntar pelo critério, e em geral vale a pena fazer isso. Mas não é necessário. A predisposição mental ou visual adquirida ao aprender a perceber dois problemas como similares pode ser aplicada diretamente. Pergunto agora: haveria, em circunstâncias apropriadas, um modo de discriminar os dados em conjuntos de similaridade que não dependa de uma resposta prévia à pergunta "similar em que aspecto"?

Minha argumentação começa com uma rápida digressão sobre "dados". Filologicamente, a palavra deriva de *data* ou "o que é dado". Do ponto de vista filosófico, por razões profundamente enraizadas na história da epistemologia, isola os mínimos elementos estáveis fornecidos por nossos sentidos. Apesar de termos abandonado qualquer esperança de uma linguagem dos dados dos sentidos, expressões como "verde ali", "triângulo aqui" ou "quente ali embaixo" ainda são conotações de paradigmas de um dado, aquilo que é dado na experiência. Em diversos aspectos, desempenham esse papel. Não temos acesso a elementos da experiência mais simples que esses. Sempre que processamos os dados de modo consciente, seja para identificar um objeto, descobrir uma lei ou inventar uma teoria, manipulamos necessariamente sensações como essas ou compostas por elas. Não obstante, de outro ponto de vista, as sensações e seus elementos não são dados. Teoricamente, e não experimentalmente, esse título pertence aos estímulos. Ainda que só tenhamos acesso indireto a eles, via teoria científica, são os estímulos, e não as sensações, que nos afetam como organismos. Uma grande quantidade de processamentos neuronais ocorre entre a recepção do estímulo e a resposta sensorial, que é nosso dado.

Nada disso precisaria ser dito, se Descartes estivesse certo quando estabeleceu uma correspondência unívoca entre estímulos e sensações. Mas sabemos que isso não existe. A percepção de uma dada cor pode ser evocada por um número infinito de diferentes comprimentos de onda combinados. Reciprocamente, um dado estímulo pode evocar uma variedade de sensações, a imagem de um pato num espectador, a imagem de coelho em outro. Além disso, respostas como essas não são inteiramente inatas. Podemos aprender a discriminar cores ou padrões que eram indistinguíveis antes do treinamento. Numa proporção ainda desconhecida, a produção de dados a partir de estímulos é um procedimento aprendido. Após o processo de aprendizado, o mesmo estímulo evoca um dado diferente. Concluo que, embora os dados sejam os elementos mínimos de nossa experiência individual, só é necessário que sejam respostas compartilhadas a um dado estímulo no caso específico de membros de uma comunidade educacional, científica ou linguística relativamente homogênea.[23]

Retorno agora à argumentação principal, mas não aos exemplos científicos. Estes são demasiados complexos. Em vez disso, imaginemos uma criança pequena num passeio com o pai no jardim zoológico. A criança já sabe reconhecer aves e a discriminar pintarroxos. Nesse dia, ela aprenderá a identificar pela primeira vez cisnes, gansos e patos. Qualquer um que já tenha ensinado uma criança nessas circunstâncias sabe que o primeiro instrumento pedagógico é a exibição. Frases como "todos os cisnes são brancos" podem até ter seu papel, mas não são necessárias. Por ora, não as levarei em consideração, pois antes pretendo isolar, em sua forma mais pura, um modo diferente de aprendizado. A educação de Johnny ocorre do seguinte modo. O pai aponta para uma ave e diz: "Olha, Johnny, aquele é um cisne". Pouco tempo depois, o próprio Johnny aponta para uma ave e diz: "Papai, outro cisne". Entretanto, ele ainda não aprendeu o que são os cisnes e tem de ser corrigido: "Não, Johnny, aquele é um ganso". A identificação seguinte de um cisne mostra-se correta, mas o próximo "ganso" é, na verdade, um pato, e o menino é mais uma vez corrigido. Após mais alguns encontros, cada um com seu devido reforço positivo ou negativo, a capacidade

---

23 Em *A estrutura das revoluções científicas*, em particular no cap.10, insisti várias vezes em que os membros de diferentes comunidades científicas vivem em mundos diferentes, e que as revoluções científicas mudam o mundo em que trabalha o cientista. Diria agora que os membros de diferentes comunidades são apresentados a diferentes dados mediante os mesmos estímulos. Note-se, porém, que essa mudança não torna inconvenientes expressões como "um mundo diferente". O mundo que é dado, quer na vida cotidiana, quer na ciência, não é um mundo de estímulos.

de Johnny para identificar essas aves aquáticas é tão grande quanto a do pai. A instrução foi rapidamente concluída.

Pergunto agora o que aconteceu com Johnny e insisto na plausibilidade da seguinte resposta. Naquele dia, parte do mecanismo neuronal que processa o estímulo visual de Johnny foi reprogramada e os dados que ele recebeu dos estímulos que anteriormente evocariam todos "aves" mudaram. Quando começou o passeio, a programação neuronal realçava na mesma medida tanto as diferenças entre cisnes quanto as diferenças entre cisnes e gansos. No fim do passeio, características como o comprimento e a curvatura do pescoço dos cisnes foram realçadas e outras foram atenuadas ou suprimidas, de modo que os dados relativos aos cisnes se equipararam e diferiram dos dados relativos aos gansos e aos patos, o que não ocorria antes. Aves que antes eram todas parecidas (e também diferentes) estão agora agrupadas em conjuntos discretos no espaço perceptivo.

Esse tipo de processo pode ser modelado com facilidade em computadores. Eu mesmo estou nos estágios iniciais de um experimento desse gênero. Um estímulo, na forma de uma sequência ordenada de n algarismos, alimenta a máquina. Ele é então transformado num dado pela aplicação, a cada um dos n algarismos, de uma transformação previamente traçada, e uma transformação diferente é aplicada a cada posição da sequência. Cada um dos dados assim obtidos é uma sequência de n números, o que define uma posição no que chamei de espaço n-dimensional de qualidades. Nesse espaço, a distância entre dois dados, calculada com uma métrica euclidiana ou não euclidiana adequada, representa sua similaridade. Quais estímulos se transformam em dados similares ou próximos depende, é claro, da escolha das funções de transformação. Diferentes conjuntos de funções produzem diferentes agrupamentos de dados, diferentes padrões de similaridade e diferença no espaço perceptivo. Mas as funções de transformação não precisam ser humanamente determinadas. Se entram na máquina estímulos que podem ser agrupados, e se ela for informada de quais estímulos têm de ser postos nos mesmos agrupamentos e quais em agrupamentos distintos, ela pode determinar por si mesma um conjunto adequado de funções de transformação. Note-se que ambas as condições são essenciais. Nem todos os estímulos podem ser transformados de modo a pertencer a agrupamentos de dados. Mesmo quando isso é possível, deve-se informar à máquina, assim como no caso da criança, quais pertencem a um conjunto e quais são separados. Johnny não descobriu por si mesmo que havia cisnes, gansos e patos. Isso lhe foi ensinado.

Se, agora, representarmos o espaço perceptivo de Johnny num diagrama bidimensional, o processo pelo qual passou é semelhante à transição da Figura 1 para a Figura 2.[24] Na primeira, patos, gansos e cisnes estão misturados. Na segunda, estão agrupados em conjuntos discretos, com distâncias apreciáveis entre eles.[25] De fato, visto que o pai de Johnny lhe disse que patos, gansos e cisnes são membros de famílias naturais distintas, Johnny tem todo o direito de imaginar que todos os futuros patos, gansos e cisnes ocorrerão naturalmente dentro ou na periferia dessas famílias, e que nunca encontrará um dado que ocorra na região intermediária entre elas. Essa expectativa pode ser violada, talvez numa viagem à Austrália, mas servirá bem enquanto ele permanecer na comunidade que descobriu por experiência própria a utilidade e a viabilidade dessas discriminações perceptivas em particular e transmitiu de geração a geração a capacidade de realizá-las.

Ao ser programado para reconhecer aquilo que sua futura comunidade já conhece, Johnny adquiriu informações relevantes. Aprendeu que gansos, patos e cisnes formam famílias naturais discretas e que a natureza não apresenta nenhum cisne-ganso ou ganso-pato. Algumas constelações de qualidades aparecem em conjunto, outras nem são encontradas. Se os grupos de qualidades incluírem a agressividade, o dia no parque poderá ter servido a funções comportamentais, e não apenas à zoologia da vida cotidiana. Os gansos, ao contrário dos cisnes e dos patos, grasnam e bicam. O que Johnny aprendeu, portanto, é digno de ser conhecido. Mas ele sabe o que significam as palavras "ganso", "pato" e "cisne"? Em qualquer sentido que possa ser posto em uso, sim, pois ele pode aplicar esses rótulos sem erro e sem esforço, extraindo conclusões comportamentais de sua aplicação, quer de modo direto, quer por enunciados gerais. Por outro lado, aprendeu tudo isso sem adquirir, ou ao menos sem precisar adquirir, um critério para identificar cisnes, gansos ou patos. Ele pode apontar para um cisne e dizer que deve haver água nas proximidades, mas também pode ser incapaz de dizer o que é um ganso.

---

24 Sou grato à pena e à paciência de Sarah Kuhn pelos desenhos.

25 Ficará claro, mais adiante, que o que há de especial nesse método de processamento de estímulos depende da possibilidade de reunir os dados em agrupamentos com espaços vagos entre eles. Na ausência de espaços vagos, não há alternativas à estratégia de processamento de dados, que, formulada para um mundo com todos os dados possíveis, é baseada em definições e regras.

Figura 1

Figura 2

Em suma, Johnny aprendeu a aplicar rótulos simbólicos à natureza sem nada que se pareça com uma definição ou regra de correspondência. Em sua ausência, emprega uma percepção de similaridade e diferença aprendida, mas, apesar disso, primitiva. Enquanto adquiria a percepção, aprendeu algo sobre a natureza. Segue disso que esse conhecimento pode ser engastado não em generalizações ou regras, mas na própria relação de similaridade. Que fique claro, não estou supondo de modo algum que a técnica de Johnny é a única pela qual o conhecimento é adquirido e armazenado. Nem penso que seja provável que grandes quantidades de conhecimento humano possam ser adquiridas e armazenadas com o parco recurso às generalizações verbais. Mas insisto no reconhecimento da integridade de um processo cognitivo semelhante ao que foi esboçado. Em combinação com processos mais familiares, como a generalização simbólica e a modelagem, penso que é essencial numa reconstrução adequada do conhecimento científico.

Preciso dizer que os cisnes, gansos e patos que Johnny encontrou em seu passeio com o pai são o que chamo aqui de exemplares? Apresentados a Johnny vinculados a seus rótulos, são soluções de um problema que os membros de sua futura comunidade já resolveram. Assimilá-los faz parte do processo de socialização pelo qual Johnny se torna parte da comunidade e durante o qual aprende sobre o mundo que a comunidade habita. É óbvio que Johnny não é um cientista e ainda não foi ciência o que aprendeu. Mas é possível que se torne um cientista e que a técnica utilizada em seu passeio permaneça viável. Se de fato a utilizará, dependerá de se tornar taxonomista. Os herbários, sem os quais nenhum botânico poderia trabalhar, são depósitos de exemplares profissionais, e sua história é coextensiva à da disciplina que amparam. Mas a mesma técnica, mesmo que de forma menos pura, é igualmente essencial às ciências mais abstratas. Já argumentei que assimilar soluções a problemas como o do plano inclinado e do pêndulo cônico é parte do aprendizado do que vem a ser a física newtoniana. Só depois que diversos problemas como esses tiverem sido assimilados é que o estudante, ou o profissional, pode proceder à identificação de outros problemas newtonianos por si mesmo. Essa assimilação do exemplo é, além do mais, parte daquilo que o capacita a isolar as forças, as massas e as condições de um novo problema e escrever o formalismo que convém à sua solução. Apesar de sua excessiva simplicidade, o caso de Johnny deve sugerir por que continuo a insistir em que os exemplos compartilhados têm funções cognitivas essenciais anteriores à especificação dos critérios que determinam os aspectos em relação aos quais eles são exemplares.

Concluo minha argumentação retornando a uma questão crucial, discutida anteriormente em conexão com as generalizações simbólicas. Supondo que os cientistas realmente assimilem e armazenem conhecimento por meio de exemplos compartilhados, o filósofo precisa se preocupar com o processo? Não poderia, em vez disso, estudar os exemplos e derivar as regras de correspondência que, com os elementos formais da teoria, tornariam os exemplos supérfluos? A tal questão já sugeri a seguinte resposta. O filósofo tem a liberdade de substituir os exemplos pelas regras e, ao menos em princípio, pode esperar ser bem-sucedido. Todavia, nesse processo, ele alterará a natureza do conhecimento que a comunidade da qual os exemplos foram extraídos possui. Com efeito, o que ele faz é substituir um modo de processar os dados por outro. A menos que seja extremamente cuidadoso, ele enfraquecerá a cognição da comunidade. Ainda que com muito cuidado, alterará a natureza das futuras respostas da comunidade a certos estímulos experimentais.

A educação de Johnny, embora não seja em ciência, fornece um novo tipo de evidência para essas afirmações. Identificar cisnes, gansos e patos mediante regras de correspondência, em vez de similaridades, é como traçar círculos fechados sem interseção ao redor de cada agrupamento da Figura 2. O resultado é um simples diagrama de Venn, com três classes não sobrepostas. Todos os cisnes estão em uma classe, todos os gansos em outra, e assim por diante. Entretanto, onde se devem traçar os círculos? Há infinitas possibilidades. A primeira é ilustrada na Figura 3, em que os limites são traçados muito próximos das figuras de aves nos três agrupamentos. Com esses limites, Johnny pode dizer quais são os critérios de pertencimento às classes dos cisnes, dos gansos ou dos patos. Mas a próxima ave aquática que vir talvez lhe cause problemas. A figura desenhada no diagrama é certamente um cisne, segundo o critério da distância percebida, mas não é nem um cisne, nem um ganso, nem um pato segundo as regras de correspondência recém-introduzidas para pertencer às classes.

Portanto, os limites não devem ser traçados tão junto da borda de um agrupamento de exemplares. Passemos então ao outro extremo, a Figura 4, e tracemos limites que esgotem quase todo o espaço perceptivo relevante de Johnny. Com essa escolha, nenhuma ave que ocorra próximo de um dos agrupamentos existentes representará problema, mas, ao evitar essa dificuldade, criamos outra. Johnny sabe que não existem gansos-cisnes. A nova reconstrução de conhecimento priva-o dessa informação. Em seu

A tensão essencial

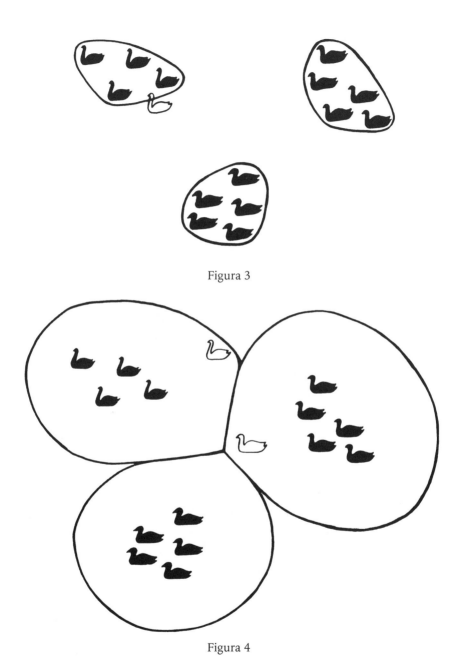

Figura 3

Figura 4

lugar, fornece algo que com toda a probabilidade ele nunca virá a precisar: o nome que se aplica a um dado de ave posicionado no espaço vazio entre cisnes e gansos. A fim de reparar o que foi perdido, podemos imaginar um incremento ao aparato cognitivo de Johnny por meio de uma função de densidade que descreva as chances de encontrar um cisne em várias posições no interior do limite dos gansos, juntamente com outras funções semelhantes para gansos e patos. Mas o critério de similaridade original já fornecia isso. Com efeito, apenas retornamos ao mecanismo de processamento de dados que queríamos substituir.

Está claro que nenhuma dessas técnicas extremas de traçar limites funcionará. A concessão indicada na Figura 5 é um avanço óbvio. Qualquer ave que parecer próxima de um dos agrupamentos pertencerá a ele. Qualquer ave que aparecer a meio caminho entre os agrupamentos não tem nome, mas é improvável que apareça ali um dado. Com esses limites de classe, Johnny terá êxito por algum tempo. Mas não ganhou nada ao substituir o critério de similaridade original pelos limites de classes, e ainda pode ter tido alguma perda. Para que a conveniência estratégica desses limites seja mantida, sua localização talvez tenha de ser alterada sempre que Johnny encontrar outro cisne.

A Figura 6 mostra o que tenho em mente. Johnny deparou com mais um cisne. Ele se encontra, como deveria, dentro dos antigos limites da classe. Não houve problema de identificação. Mas pode haver problema no próximo caso, a menos que novos limites sejam traçados, aqui indicados com as linhas tracejadas para levar em conta a forma alterada do agrupamento de cisnes. Sem o ajuste que amplie os limites da classe dos cisnes, a próxima ave encontrada, embora indiscutivelmente um cisne segundo o critério de similaridade, pode cair dentro ou fora dos antigos limites. Sem a retração simultânea dos limites da classe dos patos, o espaço vago – que, segundo garantiam os mais velhos que Johnny, podia ser preservado – ficaria muito estreito. Se é assim – se cada nova experiência exige algum ajuste nos limites das classes –, fazemos bem em perguntar se Johnny foi sensato em permitir que os filósofos traçassem esses limites para ele. O critério primitivo de semelhança que ele havia adquirido teria lidado com todos esses casos sem problema algum e sem ajustes contínuos. Estou certo de que há uma mudança de significado ou mudança do domínio de aplicação de um termo. Mas apenas a noção de que o significado ou a aplicabilidade dependem de

A tensão essencial

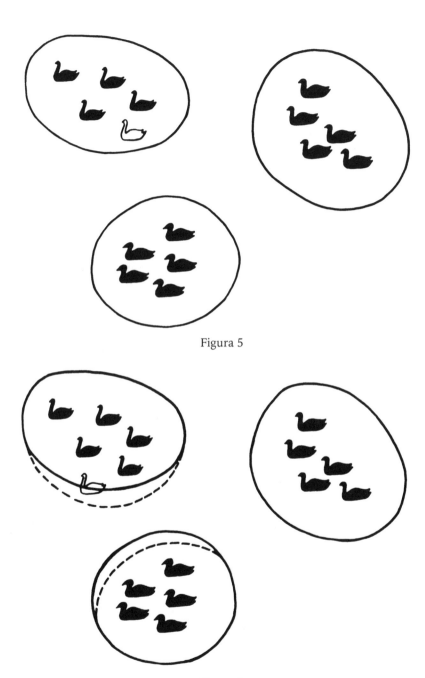

Figura 5

Figura 6

limites predeterminados poderia nos fazer querer empregar aqui uma fraseologia dessa espécie.[26]

Que fique claro que não estou sugerindo que não existem boas razões para traçar limites ou adotar regras de correspondência. Se fosse apresentado a uma série de aves que cobrisse os espaços vagos entre os cisnes e os gansos, Johnny seria forçado a resolver a confusão que resultaria daí por uma linha que dividisse o contínuo cisne-ganso por definição. Ou ainda, se houvesse razões independentes para supor que a cor é um critério estável para a identificação de aves aquáticas, seria sensato que Johnny adotasse a generalização "todos os cisnes são brancos".[27] Essa estratégia poderia poupar um tempo valioso de processamento de dados. Em todo caso, a generalização proporcionaria um ponto de entrada para a manipulação lógica. Há ocasiões em que é conveniente passar para a bem conhecida estratégia baseada em limites e regras. Mas ela não é a única estratégia disponível para o processamento de dados ou estímulos. Existe a alternativa baseada naquilo que chamo de percepção de similaridade aprendida. A observação, seja do aprendizado da linguagem, da educação científica ou da prática científica, sugere que ela é, de fato, amplamente utilizada. Ignorá-la na discussão epistemológica pode ser um ato violento contra nossa compreensão da natureza do conhecimento.

Retorno, por fim, ao termo "paradigma". Ele apareceu em *A estrutura das revoluções científicas* porque eu, historiador e autor do livro, quando examinei as condições de pertencimento às comunidades científicas, não pude recuperar um número suficiente de leis compartilhadas para explicar

---

26 Pelo mesmo motivo, deveriam ser evitadas aqui expressões como "significado vago" ou "textura aberta dos conceitos". Ambas denotam imperfeição, algo que está faltando e poderia ser fornecido em seguida. No entanto, esse sentido de imperfeição é criado apenas por um padrão que exige de nós a posse de condições necessárias e suficientes para a aplicabilidade de uma palavra ou expressão num mundo com todos os dados possíveis. Num mundo em que alguns dados nunca aparecem, um critério como esse é excessivo.

27 Note-se que o compromisso de Johnny com "todos os cisnes são brancos" pode ser um compromisso que tenha tanto uma lei sobre os cisnes quanto uma definição (parcial) dos cisnes. Ou seja, ele pode admitir a generalização como analítica ou sintética. Como sugerido na nota 15, a diferença pode ter grandes consequências, em particular se Johnny encontrar em seguida uma ave aquática negra que se assemelhe muito, em outros aspectos, a um cisne. As leis extraídas diretamente da experiência são corrigíveis parte a parte, ao contrário, em geral, das definições.

o caráter não problemático da conduta de pesquisa do grupo. Concluí em seguida que os exemplos compartilhados de práticas bem-sucedidas poderiam fornecer o que o grupo não possuía com as regras. Esses exemplos eram seus paradigmas e, como tais, eram essenciais à continuidade de sua pesquisa. Infelizmente, tendo chegado a esse ponto, permiti que as aplicações do termo se expandissem, abarcando todos os compromissos compartilhados pelo grupo, todos os componentes daquilo que gostaria agora de chamar de matriz disciplinar. Inevitavelmente, o resultado foi uma confusão que obscureceu as razões originais da introdução desse termo especial. Mas tais razões ainda se mantêm. Os exemplos compartilhados podem cumprir funções cognitivas comumente atribuídas a regras compartilhadas. Quando o fazem, o conhecimento se desenvolve de modo diferente daquele que ocorre quando é governado por regras. Este artigo é, acima de tudo, um esforço para isolar e esclarecer a importância desses pontos essenciais. Se puderem ser percebidos, poderemos dispensar o termo "paradigma", embora não o conceito que levou à sua introdução.

13
Objetividade, juízo de valor e escolha de teoria[1]

No penúltimo capítulo de um controverso livro publicado pela primeira vez há quinze anos, considerei os modos pelos quais os cientistas são levados a abandonar teorias ou paradigmas admitidos há muito tempo em favor de outros. Escrevi então que esses problemas de decisão "não podem ser resolvidos por meio de provas". Discutir seu mecanismo é, portanto, falar "sobre técnicas de persuasão, ou sobre argumento e contra-argumento numa situação em que não pode haver prova". Em tais circunstâncias,

> a resistência obstinada [a uma nova teoria] [...] não é uma violação dos padrões científicos [...] Embora sempre possa encontrar pessoas – Priestley, por exemplo – que não foram razoáveis ao resistir tanto tempo como fizeram, o historiador não encontrará um ponto além do qual a resistência se torna ilógica ou não científica.[2]

É óbvio que enunciados como esses levantaram a questão do porquê, na ausência de critérios compulsórios para a escolha científica, de tanto o

---

1 *Machatte Lecture*. Realizada na Universidade Furman em 30 de novembro de 1973.
2 Kuhn, *The Structure of Scientific Revolutions*, 1970, p.148, 151-2, 159. Todas as passagens das quais foram extraídos esses fragmentos aparecem tal qual na primeira edição, publicada em 1962.

número dos problemas científicos solucionados quanto a precisão das soluções de problemas individuais aumentarem de modo tão notável com o passar do tempo. Ao abordar essa questão, esbocei em meu capítulo final algumas características que os cientistas partilham em virtude da formação que lhes confere o ingresso em uma ou outra comunidade de especialistas. Defendi que, na ausência de critérios capazes de ditar a escolha de cada indivíduo, fazemos bem em confiá-la ao juízo coletivo de cientistas assim formados. "Que melhor critério poderia haver", perguntei retoricamente, "que a decisão do grupo científico?"[3]

Diversos filósofos reagiram a essas observações de uma forma que ainda me surpreende. Disseram que minhas concepções fazem da escolha de teorias "uma questão de psicologia de massas".[4] Kuhn acredita, disseram-me, que "a decisão de um grupo científico em adotar um novo paradigma não pode se basear em boas razões, seja lá de que tipo forem, fatuais ou quaisquer outras".[5] Os debates em torno dessas escolhas, segundo meus críticos, devem ser para mim "mera ostentação retórica, desprovida de substância deliberativa".[6] Afirmações como essas manifestam um completo mal-entendido, algo que já indiquei em um ou outro artigo escrito com outras intenções. Mas tais protestos incidentais tiveram efeitos insignificantes, e os mal-entendidos continuam consideráveis. Concluo que já está mais do que na hora de descrever, de modo mais longo e preciso, o que eu tinha em mente quando proferi enunciados como aqueles com os quais iniciei este ensaio. Se fui relutante em fazê-lo antes, foi sobretudo porque preferi dar atenção a áreas em que minhas concepções divergem mais agudamente das que hoje são aceitas do que com relação à escolha de teorias.

Pergunto, antes de tudo: quais são as características de uma boa teoria científica? Selecionei cinco dentre uma variedade de respostas bastante comuns, não porque sejam as mais abrangentes, mas porque são individualmente importantes e, do ponto de vista coletivo, suficientemente variadas

---

3 Ibid., p.170.

4 Lakatos, "Falsification and the Methodology of Scientific Research Programmes", em Lakatos e Musgrave (ed.), *Criticism and the Growth of Knowledge*, 1970, p.91-195. O trecho citado, que aparece na p.178, está grifado no original.

5 Shapere, "Meaning and Scientific Change", em Colodny (ed.), *Mind and Cosmos: Essays in Contemporary Science and Philosophy*, 1966, v.3, p.41-85. A citação encontra-se na p.67.

6 Scheffler, *Science and Subjectivity*, 1967, p.81.

para indicar o que está em questão. Primeiro, uma teoria deve se conformar com precisão à experiência: em seu domínio, as consequências dedutíveis da teoria devem estar em clara concordância com os resultados da experimentação e da observação existentes. Segundo, uma teoria deve ser consistente, não apenas internamente ou autoconsistente, mas também com outras teorias correntes aplicáveis a aspectos da natureza que lhe são afins. Terceiro, ela deve ter uma extensa abrangência; em particular, as consequências da teoria devem ir muito além das observações, leis ou subteorias particulares cuja explicação motivou sua formulação. Quarto, e fortemente relacionado, ela deve ser simples, levando ordem a fenômenos que, em sua ausência, permaneceriam individualmente isolados e coletivamente confusos. Quinto – um item um pouco incomum, mas de importância crucial para as decisões científicas efetivas –, uma teoria deve ser fértil em novos achados de pesquisa, deve abrir portas para novos fenômenos ou a relações antes ignoradas entre fenômenos já conhecidos.[7]

Essas cinco características – precisão, consistência, abrangência, simplicidade e fecundidade – são critérios usuais para avaliar a adequação de uma teoria. Se não fossem, teria dedicado muito mais espaço a elas em meu livro, pois concordo inteiramente com a imagem tradicional de que elas cumprem um papel vital quando os cientistas têm de escolher entre uma teoria estabelecida e uma rival que acaba de surgir. Em conjunto com outras do mesmo tipo, essas características fornecem *a* base partilhada para a escolha de teorias.

Todavia, duas classes de dificuldades são encontradas com frequência por aqueles que têm de utilizar esses critérios ao escolher, digamos, entre a teoria astronômica de Ptolomeu e a de Copérnico, entre a teoria da combustão do flogisto e a do oxigênio, ou entre a mecânica newtoniana e a teoria quântica. Tomados um a um, tais critérios são imprecisos: indivíduos podem discordar legitimamente sobre suas aplicações em casos concretos. Além disso, quando postos em conjunto, mostram-se em constante conflito uns com os outros: a precisão pode, por exemplo, ditar a escolha de uma

---

7 O último critério, a fecundidade, merece mais atenção do que tem recebido. Em geral, diante da escolha entre duas teorias, o cientista sabe que sua decisão terá impacto sobre sua carreira como pesquisador. É claro que ele é particularmente atraído pela teoria que promete os êxitos concretos que em geral dão reconhecimento aos cientistas.

teoria; já a abrangência, a de sua concorrente. Visto que tais dificuldades, em especial a primeira, também são em certa medida familiares, serei breve em sua elaboração. Ainda que minha argumentação exija que eu as ilustre de passagem, minhas concepções começarão a tomar um caminho próprio tão logo eu exponha as concepções correntes.

Começo pela precisão que, para os presentes fins, considero que abarcam não apenas a concordância quantitativa, mas também a qualitativa. No fim das contas, ela se impõe como o que há de mais próximo a um critério decisivo, em parte porque é menos equívoca que os demais, mas sobretudo porque os poderes preditivos e explicativos, que dela dependem, são características que os cientistas relutam em abandonar. Mas, infelizmente, as teorias nem sempre podem ser discriminadas em termos de precisão. O sistema de Copérnico, por exemplo, não apresentava maior conformidade que o de Ptolomeu até ser drasticamente revisto por Kepler, mais de sessenta anos após a morte de Copérnico. Se Kepler, ou alguém mais, não tivesse encontrado outras razões para escolher a Astronomia heliocêntrica, esses aperfeiçoamentos na conformidade nunca teriam sido feitos, e a teoria de Copérnico teria sido esquecida. É claro que, mais caracteristicamente, a precisão permite discriminações, mas não de um tipo tal que leve sempre a uma escolha inequívoca. A teoria do oxigênio, por exemplo, era universalmente considerada capaz de explicar a relação observada entre os pesos nas reações químicas, algo que a teoria flogística mal tentara fazer. Mas a teoria flogística, ao contrário de sua rival, podia explicar por que os metais eram muito mais semelhantes entre si do que os minérios dos quais provinham. Assim, uma teoria era mais bem ajustada à experiência numa área e outra, noutra. Desse modo, para escolher entre ambas com base na precisão, um cientista teria de escolher a área em que a conformidade era mais importante. Sobre essa questão, os químicos poderiam discordar, e de fato discordaram, sem com isso violar nenhum dos critérios mencionados acima, ou quaisquer outros a serem sugeridos.

Por conseguinte, por mais importante que seja, a precisão por si mesma raramente, ou nunca, é um critério suficiente para a escolha de teorias. Outros critérios também devem ser levados em consideração, embora não eliminem o problema. Para ilustrar, seleciono apenas dois – consistência e simplicidade –, e indago como funcionaram na escolha entre os sistemas heliocêntrico e geocêntrico. Como teorias astronômicas, tanto a de Ptolomeu quanto a de Copérnico eram dotadas de consistência interna, mas suas relações com teorias afins em outros campos eram muito diferentes. A Terra central e estacionária era um ingrediente essencial da teoria física aceita, um corpo firmemente coeso de doutrinas que explicavam, entre outras coisas, como as pedras caem, como a bomba de água funciona e por que as nuvens se movem lentamente no céu. A Astronomia heliocêntrica, que exigia o movimento da Terra, era inconsistente com as explicações científicas disponíveis desses e de outros fenômenos terrestres. Assim, tomado de maneira isolada, o critério da consistência fala de maneira inequívoca a favor da tradição geocêntrica.

A simplicidade, no entanto, favorecia Copérnico, mas somente quando avaliada de modo específico. De um lado, se comparados em termos do esforço computacional efetivo exigido para prever a posição de um planeta num instante particular, os dois sistemas se revelariam substancialmente equivalentes. Esses cálculos faziam parte do ofício dos astrônomos e o sistema de Copérnico não lhes oferecia nenhuma técnica que lhes poupasse trabalho. Nesse sentido, não era mais simples do que o de Ptolomeu. De outro lado, se examinássemos a quantidade de expedientes matemáticos exigidos para explicar não os movimentos quantitativos detalhados dos planetas, mas seus aspectos qualitativos gerais (elongação limitada, movimento retrógrado e afins), veríamos, como bem sabe qualquer criança de escola, que Copérnico requer apenas uma circunferência por planeta e Ptolomeu, duas. Nesse sentido, a teoria copernicana era mais simples, um fato da mais alta importância para as escolhas feitas tanto por Kepler quanto por Galileu e, por isso, essencial para o triunfo final do copernicanismo. Mas essa noção de simplicidade não era a única disponível nem a mais natural para os astrônomos profissionais, pessoas cuja tarefa era o cálculo efetivo da posição planetária.

Uma vez que o espaço é curto e forneci múltiplos exemplos alhures, afirmarei, sem mais, que essas dificuldades em aplicar os critérios usuais de escolha são típicas e surgem com igual vigor tanto em situações do século XX quanto nos exemplos mais bem conhecidos e antigos que esboçamos acima. Quando têm de escolher entre teorias rivais, dois cientistas, ambos compromissados com a mesma lista de critérios, podem, ainda assim, chegar a conclusões diferentes. Talvez interpretem a simplicidade de forma diferente ou tenham convicções diferentes acerca da extensão dos campos em que deve ser observado o critério da consistência. Ou talvez concordem nessas questões, mas divirjam sobre os pesos relativos que devem ser atribuídos a esses ou a outros critérios, quando vários deles são postos em uso ao mesmo tempo. No que diz respeito a divergências desse tipo, nenhuma lista de critérios já proposta é de fato útil. Podemos explicar, como é típico do historiador, por que pessoas particulares fizeram escolhas particulares em momentos particulares. Mas, para isso, devemos passar da lista de critérios compartilhados para as características dos indivíduos que fizeram a escolha. Quer dizer, devemos levar em conta características que variam de cientista a cientista, sem comprometer com isso sua adesão aos cânones que tornam a ciência científica. Embora existam e possam ser descobertos (sem dúvida, os critérios de escolha com que comecei este artigo estão entre eles), esses cânones não são, por si só, suficientes para determinar as decisões de cada cientista. Para isso, os cânones compartilhados teriam de ser elaborados de modo que variem de um indivíduo a outro.

Algumas das diferenças que tenho em mente resultam da experiência anterior de um indivíduo como cientista. Em que parte do campo ele trabalhava quando surgiu a necessidade de escolher? Por quanto tempo trabalhou ali? Quão bem-sucedido foi? Quanto de seu trabalho depende de conceitos e técnicas contestados pela nova teoria? Outros fatores relevantes para a escolha se encontram fora das ciências. A opção inicial de Kepler pelo copernicanismo deveu-se, em parte, à sua imersão nos movimentos neoplatônico e hermético da época. O romantismo alemão predispôs os que estavam sob sua influência tanto ao reconhecimento quanto à aceitação da conservação da energia. O pensamento social britânico do século XIX teve uma influência semelhante em relação à viabilidade e à aceitabilidade do conceito darwiniano de luta pela existência. Outras diferenças significativas dependem da personalidade. Alguns cientistas valorizam mais do que outros a originalidade, e por isso são mais propensos a assumir riscos. Alguns cientistas preferem teorias mais abrangentes e unificadas a soluções exatas e detalhadas de problemas, mas de abrangência aparentemente menor. Fatores diferenciais como esses são descritos por meus críticos como subjetivos e contrastados com os critérios compartilhados, ou objetivos, com que comecei aqui. Embora questione esse uso dos termos, vou aceitá-los por enquanto. Meu argumento, portanto, é que toda escolha individual entre teorias rivais depende de uma mescla de fatores objetivos e subjetivos, ou de critérios compartilhados e individuais. Uma vez que os últimos não figuravam de costume na Filosofia da Ciência, a ênfase que dei a eles dificultou que meus críticos percebessem minha crença nos primeiros.

Tudo que disse até aqui é, antes de tudo, um relato descritivo do que ocorre nas ciências no momento da escolha de uma teoria. Como descrição, aliás, não foi contestado por meus críticos, que rejeitam antes minha alegação de que tais fatos possuem relevância filosófica. Passando para essa questão, começo isolando algumas diferenças de opinião, embora acredite que não sejam muito grandes. Para começar, como os filósofos da ciência puderam ignorar por tanto tempo os elementos subjetivos que, como eles mesmos admitem, participam regularmente das escolhas efetivas de teorias feitas por cientistas individuais? Por que tais elementos lhes pareceram um sinal apenas da fraqueza humana, e não da natureza do conhecimento científico?

Naturalmente, uma das respostas é que poucos filósofos, se é que houve algum, admitiram possuir uma lista de critérios completa ou bem articulada. Durante algum tempo, portanto, nutriram expectativas razoáveis de que a pesquisa adicional pudesse eliminar imperfeições residuais e produzir um algoritmo capaz de ditar uma escolha racional e unânime. Até lá, os cientistas não teriam alternativa senão suprir subjetivamente aquilo de que carecia a melhor listagem corrente de critérios objetivos. Que alguns conseguissem isso, mesmo com uma listagem aprimorada, já era sinal da inevitável imperfeição da natureza humana.

Esse tipo de resposta ainda pode se revelar correto, mas não acredito que algum filósofo ainda espere por isso. A busca por procedimentos de decisão algorítmicos prosseguiu por algum tempo e produziu resultados poderosos e esclarecedores. Mas todos pressupõem que critérios de escolha individuais podem ser enunciados sem ambiguidade e, caso mais de um se revele pertinente, haverá uma função de peso apropriada para sua utilização conjunta. Infelizmente, quando a escolha em questão é a que ocorre entre teorias científicas, houve pouco progresso em relação ao primeiro desses desideratos e nenhum em relação ao segundo. A meu ver, portanto, a maioria dos filósofos da ciência considera, hoje, que o algoritmo buscado tradicionalmente é um ideal não de todo atingível. Concordo inteiramente com isso e assumo doravante que esse é o caso.

Mas para ser plausível, mesmo um ideal tem de se mostrar relevante para as situações em que se supõe que é aplicado. Ao argumentar que essas demonstrações não exigem recurso a fatores subjetivos, meus críticos parecem apelar, de maneira implícita ou explícita, à bem conhecida distinção entre os contextos da descoberta e da justificação.[8] Ou seja, concordam que os fatores subjetivos por mim invocados desempenham um importante papel na descoberta ou na invenção de novas teorias, mas também insistem em que esse processo inevitavelmente intuitivo está fora dos limites da Filosofia da Ciência e é irrelevante para a questão da objetividade científica. A objetividade entra na ciência, continuam eles, por aqueles processos pelos quais as teorias são testadas, justificadas ou julgadas. Não envolvem, ou ao menos não precisam envolver, nenhum fator subjetivo. Podem ser governados por um conjunto de critérios (objetivos) compartilhados pela totalidade do grupo que tem competência para julgar.

Já argumentei que essa posição não se ajusta às observações da vida científica e assumo que isso foi concedido. O que está em questão agora é outra coisa: se esse apelo à distinção entre os contextos da descoberta e da justificação proporciona ou não uma idealização, ainda que apenas plausível e útil. Acredito que não, e o melhor modo de sustentar essa afirmação é sugerir, em primeiro lugar, uma fonte provável de sua aparente importância. Suspeito que meus críticos tenham sido desencaminhados pela pedagogia científica, ou por aquilo que denominei em vários outros lugares de ciência dos manuais. No ensino da ciência, as teorias são apresentadas em conjunto com aplicações exemplares, e essas aplicações podem ser vistas como evidências. Mas essa não é sua função pedagógica principal (os estudantes de ciência sempre se mostram dispostos a aceitar a palavra dos professores e dos textos). Sem dúvida, *algumas* delas faziam *parte* da evidência no momento em que as decisões efetivas foram tomadas, mas representam apenas uma fração das considerações relevantes para o processo de decisão. O contexto da pedagogia difere quase do mesmo modo do contexto da descoberta e do da justificação.

Uma documentação exaustiva desse ponto exigiria uma argumentação maior do que a apropriada aqui, mas dois aspectos do modo como os filósofos costumam demonstrar a relevância dos critérios de escolha merecem ser comentados. Como os manuais científicos que lhes servem em geral de modelo, os livros e os artigos em Filosofia da Ciência sempre se referem a experimentos cruciais famosos: o pêndulo de Foucault, que demonstrou o movimento da Terra; a demonstração de Cavendish da atração gravacio-

---

8 O exemplo menos equívoco dessa posição é talvez o desenvolvido em Scheffler, *Science and Subjectivity*, op. cit., cap.4.

nal; as medições de Fizeau da velocidade relativa do som na água e no ar. Esses experimentos são paradigmas com boas razões para a escolha científica, ilustram o mais eficiente de todos os tipos de argumento à disposição do cientista inseguro em relação a qual de duas teorias seguir, e são veículos de transmissão dos critérios de escolha. Mas eles também têm outra característica em comum. Depois que os experimentos foram realizados, nenhum cientista precisava mais ser convencido da validade da teoria que, agora, seus próprios resultados são usados para demonstrar. Essas decisões foram tomadas muito antes, com base em evidências significativamente mais equívocas. Os experimentos exemplares aos quais os filósofos sempre se referem só teriam sido historicamente relevantes para a escolha de teorias se tivessem produzido resultados inesperados. Seu emprego como ilustração oferece uma economia necessária à pedagogia científica, mas não esclarecem quase nada acerca das características das escolhas que os cientistas são compelidos a tomar.

As ilustrações filosóficas usuais da escolha científica apresentam outra característica problemática. Como indiquei acima, os únicos argumentos discutidos são aqueles favoráveis à teoria que, de fato, triunfou. Lemos que o oxigênio podia explicar as relações de peso; o flogisto, não. Mas nada é dito sobre o poder da teoria do flogisto ou as limitações da teoria do oxigênio. As comparações entre a teoria de Ptolomeu e a de Copérnico são feitas do mesmo modo. Talvez tais exemplos não devessem ser mencionados, uma vez que contrastam uma teoria desenvolvida com uma ainda na infância. Mas, apesar disso, os filósofos os utilizam regularmente. Se o único resultado disso fosse simplificar a situação de decisão, não haveria o que objetar. Mesmo os historiadores não afirmam lidar com toda a complexidade fatual das situações que descrevem. Mas essas simplificações desvirtuam completamente as decisões ao fazer da escolha algo não problemático. Eliminam um elemento essencial das situações de decisão que os cientistas têm de resolver para que seu campo siga em frente. Nessas situações, há sempre ao menos algumas boas razões para cada escolha possível. As considerações pertinentes ao contexto da descoberta são, portanto, também relevantes para a justificação. Os cientistas que partilham as preocupações e sensibilidades do indivíduo que descobre uma nova teoria tendem, *ipso facto*, a aparecer, em uma frequência desproporcional, entre os primeiros adeptos dessa teoria. É por isso que é difícil construir algoritmos para a escolha de teorias, e é por isso também que tais dificuldades pareçam tão absolutamente merecedoras de solução. As escolhas que apresentam problemas são aquelas que os filósofos da ciência precisam entender. Os procedimentos de decisão filosoficamente interessantes têm de funcionar onde, em sua ausência, a decisão ainda está em aberto.

Ainda que de modo sucinto, eu já havia dito isso antes. Há pouco tempo, porém, identifiquei outra fonte, mais sutil, da aparente plausibilidade da posição de meus críticos. A fim de apresentá-la, descreverei em poucas palavras um diálogo hipotético com um deles. Ambos concordamos que cada cientista escolhe entre teorias rivais com o auxílio de algum algoritmo bayesiano que lhe permita calcular um valor de p (T,E), isto é, para a probabilidade de uma teoria T com base na evidência E disponível tanto para ele quanto para os outros membros de seu grupo profissional num instante determinado do tempo. Além disso, ambos interpretamos "evidência" em largas pinceladas, de modo que considerações como simplicidade e fecundidade sejam incluídas. Meu crítico afirma, no entanto, que há apenas um valor de p, aquele que corresponde à escolha objetiva, e acredita que todos os membros racionais do grupo devem chegar a esse mesmo resultado. Eu afirmo, por outro lado, pelas razões já expostas, que os fatores que ele diz serem objetivos são insuficientes para determinar qualquer algoritmo. Em prol da discussão, admito que cada indivíduo tem um algoritmo e todos os seus algoritmos têm muito em comum. Ainda assim, continuo a sustentar que, em última instância, os algoritmos dos indivíduos são diferentes, em virtude de considerações subjetivas com as quais cada um deve completar os critérios objetivos antes que o cálculo possa ser efetuado. Se for liberal, meu crítico hipotético concederá que tais diferenças subjetivas cumprem um papel na determinação do algoritmo hipotético, em que os indivíduos se fiam nos estágios iniciais da competição entre as teorias rivais. Mas provavelmente alegará que, à proporção que as evidências aumentam com o passar do tempo, os algoritmos de diferentes indivíduos convergem para o algoritmo da escolha objetiva que ele havia apresentado no início. Para ele, a unanimidade crescente das escolhas individuais é evidência de sua crescente objetividade e, portanto, da eliminação de elementos subjetivos do processo de decisão.

Isso é o bastante para o diálogo que, é claro, forjei a fim de revelar o *non sequitur* por trás de uma posição aparentemente plausível. Com a mudança das evidências disponíveis ao longo do tempo, os valores de p que os indivíduos calculam em seus algoritmos individuais apenas precisam convergir. É presumível que, com o tempo, esses algoritmos se tornem mais parecidos, mas a unanimidade com que a escolha de teorias é concluída não leva à evidência de que seja assim. Se os fatores subjetivos são necessários para explicar as decisões que a princípio dividem a profissão, também podem estar presentes quando ela está de acordo. Apesar de eu não discutir esse ponto aqui, a consideração das ocasiões em que a comunidade científica se divide sugere que, de fato, eles permanecem.

Até aqui minha argumentação foi direcionada a dois pontos. Primeiro, ela forneceu evidências de que as escolhas que os cientistas fazem entre teorias rivais dependem não apenas de critérios compartilhados – aqueles que meus críticos chamam de objetivos –, mas também de fatores idiossincráticos relacionados à biografia e à personalidade individual. Estes últimos são, no vocabulário de meus críticos, subjetivos, e a segunda parte de minha argumentação tentou afastar alguns modos presumíveis de negar sua importância filosófica. Permitam-me, agora, passar a uma abordagem mais positiva, retomando rapidamente a lista de critérios compartilhados – precisão, simplicidade etc. – com que comecei. Gostaria agora de sugerir que a eficiência considerável desses critérios não depende de eles serem suficientemente articulados para ditar a escolha de cada indivíduo que os aceita. Aliás, caso fossem tão articulados, um mecanismo de comportamento fundamental para o avanço científico não teria função. Aquilo que a tradição considera imperfeições elimináveis em suas regras de escolha, eu considero respostas parciais à natureza essencial da ciência.

Como de costume, começo pelo óbvio. Critérios que influenciam decisões sem especificar qual deve ser seu resultado são familiares em muitos aspectos da vida humana. Na maioria das vezes, porém, não são chamados de critérios ou regras, mas de máximas, normas ou valores. Consideremos primeiro as máximas. O indivíduo que as invoca quando confrontado com uma escolha iminente, em geral as considera frustrantemente vagas e, em muitos casos, também em conflito umas com as outras. Contrastemos "quem não arrisca não petisca" com "quem espera sempre alcança", ou "muitas mãos tornam o trabalho leve" com "muitos padeiros não fazem bom pão". Sozinhas, as máximas ditam escolhas diferentes; juntas, não ditam nenhuma. Ainda assim, ninguém sugere que seja irrelevante para a educação das crianças ensinar a elas máximas contraditórias como essas. Máximas opostas alteram a estrutura da decisão que deve ser tomada, realçando questões essenciais e salientando aspectos da decisão da qual cada indivíduo deve assumir sozinho a responsabilidade. Uma vez invocadas, máximas como essas alteram a natureza do processo de decisão e podem alterar assim seu resultado.

Valores e normas dão exemplos ainda mais claros de orientação eficaz quando há conflito e ambiguidade. Melhorar a qualidade de vida é um valor, e um carro em cada garagem já o acompanhou como uma norma. Mas a qualidade de vida tem outros aspectos e a antiga norma se tornou problemática. Ou ainda, a liberdade de expressão é um valor, assim como a conservação da vida e a propriedade. Quando aplicadas em conjunto, muitas vezes entram em conflito, de modo que foi necessário uma análise de caráter judicial, ainda em andamento, para proibir comportamentos como incitar à desordem ou gritar "fogo!" num auditório lotado. Dificuldades como essas são fontes propícias a frustrações, mas é raro que resultem em acusações de que os valores não têm função ou em protestos a favor de seu abandono. A maioria de nós rejeita esse tipo de resposta por uma aguda consciência de que existem outras sociedades com outros valores, e que tais valores resultam em outros modos de vida, outras decisões sobre o que pode ou não ser feito.

Estou sugerindo, como já se podia esperar, que os critérios de escolha com que comecei funcionam não como regras que determinam a escolha, mas como valores que a influenciam. Duas pessoas profundamente compromissadas com os mesmos valores podem ainda assim, em situações particulares, fazer escolhas diferentes, como de fato o fazem. Mas a diferença de resultado não deve sugerir que os valores compartilhados pelos cientistas sejam menos do que criticamente importantes para suas decisões ou para o desenvolvimento da atividade da qual participam. Valores como precisão, consistência ou abrangência podem se mostrar ambíguos em sua aplicação individual ou coletiva, ou seja, podem ser uma base insuficiente para um algoritmo *partilhado* de escolha. Mas especificam muitíssimo o que cada cientista deve considerar para chegar a uma decisão, o que pode ou não considerar relevante e o que se pode legitimamente exigir que ele exponha como base da escolha que fez. Se alterarmos a lista, por exemplo, para incluir como critério a utilidade social, algumas escolhas particulares serão diferentes, mais parecidas com aquelas que se espera de um engenheiro. Se retirarmos da lista a precisão do ajuste com a natureza, o empreendimento resultante não terá nada a ver com a ciência, mas talvez com a filosofia. Diferentes disciplinas criativas são caracterizadas, entre outras coisas, por diferentes conjuntos de valores compartilhados. Se a filosofia e a engenharia ainda estão muito próximas da ciência, o que dizer da literatura ou das artes plásticas? O fato de Milton não ter ambientado *O paraíso perdido* num universo copernicano não indica que concordasse com Ptolomeu, mas que tinha mais que fazer que ciência.

Reconhecer que os critérios de escolha podem funcionar como valores quando incompletos como regras traz vantagens surpreendentes. Primeiro, como já defendi extensamente, isso explica em detalhes aspectos do comportamento científico que a tradição considerou anômalos ou mesmo irracionais. Mais importante ainda é que permite que os critérios usuais funcionem de modo irrestrito nos estágios iniciais da escolha de teorias, período em que são mais necessários, mas em que, segundo a concepção tradicional, funcionam mal ou nem funcionam. Copérnico obedeceu a eles nos anos necessários para converter a astronomia heliocêntrica de um esquema conceitual global numa maquinaria matemática capaz de prever as posições planetárias. Essas previsões eram o que os astrônomos valorizavam e, em sua ausência, Copérnico nem teria sido ouvido, algo que já havia ocorrido antes com a ideia de uma Terra móvel. O fato de sua própria versão ter convencido a poucos é menos importante do que o reconhecimento, de sua parte, da base sobre a qual seriam tomadas as decisões quanto à sobrevivência do heliocentrismo. Embora idiossincrasias tenham de ser invocadas a fim de explicar por que Kepler e Galileu se converteram muito cedo ao sistema de Copérnico, as lacunas preenchidas por seus esforços para aperfeiçoá-lo foram especificadas apenas pelos valores compartilhados.

Esse resultado possui um corolário que pode ser ainda mais importante. A maioria das teorias sugeridas como novidades não sobrevive. Na maioria das vezes, as dificuldades que as provocaram são explicadas por meios mais tradicionais. Mesmo quando isso não ocorre, é necessário, em geral, muito trabalho, tanto teórico quanto experimental, até que a nova teoria possa exibir precisão e abrangência suficientes para produzir uma convicção bem difundida. Em suma, antes de o grupo aceitá-la, a nova teoria é testada durante algum tempo pela pesquisa de certo número de cientistas, uns com ela e outros com sua rival tradicional. Esse modo de desenvolvimento, no entanto, *exige* um processo de decisão que permite a pessoas racionais discordarem entre si, e essa discordância seria impedida pelo algoritmo partilhado que os filósofos procuraram em geral. Caso estivesse à disposição, todos os cientistas integrados tomariam a mesma decisão no mesmo instante. Com padrões de aceitação muito baixos, eles passariam rapidamente de um ponto de vista global e atrativo para outro, não dando chance para a teoria tradicional responder com atrativos equivalentes. Com padrões altos, ninguém capaz de satisfazer os critérios de racionalidade se inclinaria a experimentar a nova teoria, a articulá-la de modos que mostrassem sua fecundidade ou expusessem sua precisão e abrangência. Duvido que a ciência sobrevivesse à mudança. Aquilo que de um ponto de vista pode parecer vagueza e imperfeição dos critérios de escolha concebidos como regras pode, quando os mesmos critérios são vistos como valores, parecer um meio indispensável de distribuir o risco que sempre está envolvido na introdução de uma novidade, ou em sua manutenção.

Mesmo os que me seguiram até aqui desejarão saber como um empreendimento baseado em valores do tipo que descrevi pode se desenvolver como a ciência o faz, produzindo continuamente novas e poderosas técnicas de previsão e controle. Para essa questão, infelizmente, não tenho resposta, mas isso é apenas outra forma de dizer que não afirmo ter resolvido o problema da indução. Caso a ciência progredisse em virtude de algum algoritmo partilhado e compulsório para a escolha, eu hesitaria igualmente em explicar seu sucesso. Sinto agudamente a lacuna, mas sua presença não torna minha posição diferente da tradicional.

Não é por acaso, afinal, que minha lista de valores que orientam a escolha científica é, tanto quanto se queira, idêntica à lista tradicional de regras que ditam a escolha. Dada qualquer situação concreta à qual as regras dos filósofos possam ser aplicadas, meus valores funcionariam como suas regras, produzindo a mesma escolha. Qualquer justificação da indução, ou qualquer explicação do porquê de as regras funcionarem, seria igualmente aplicável a meus valores. Consideremos uma situação em que a escolha por regras partilhadas se mostre impossível, não porque as regras estejam erradas, mas porque, como regras, são intrinsecamente incompletas. Os indivíduos ainda teriam de escolher e seriam guiados por regras (agora valores) quando o fizessem. Para isso, no entanto, cada um teria antes de elaborar as regras e cada um o faria de modo um tanto diferente, ainda que a decisão ditada pelas regras diversamente completadas se mostrasse unânime. Se assumirmos agora que, além disso, o grupo é grande o bastante para que as diferenças individuais se distribuam numa curva normal, então qualquer argumento que justifique a escolha por regras dos filósofos seria imediatamente aplicável à minha escolha por valores. É claro que um grupo muito pequeno ou uma distribuição demasiado assimétrica, em razão de pressões históricas externas, impediria a transferência do argumento.[9] Mas essas são circunstâncias em que o próprio progresso científico é problemático. A transferência não seria esperada, então.

Estaria satisfeito se essas referências a uma distribuição normal das diferenças individuais e ao problema da indução tornassem minha posição análoga às concepções mais tradicionais. Com respeito à escolha de teorias, nunca imaginei que meu afastamento fosse tão grande e, por isso, fiquei estarrecido com acusações como a de "psicologia de massas", citada no início. Vale notar, porém, que as posições não são completamente idênticas e, para tanto, uma analogia pode ser útil. Muitas propriedades dos líquidos e dos gases podem ser explicadas na teoria cinética dos gases ao supormos que todas as moléculas têm a mesma velocidade. Entre elas, encontram-se as regularidades conhecidas como lei de Boyle e lei de Charles. Outras características, em especial a evaporação, não podem ser explicadas de modo tão simples. Para lidar com elas, deve-se supor que as velocidades moleculares são variadas, distribuídas aleatoriamente e governadas pelas leis do acaso. O que estou sugerindo aqui é que a escolha de teorias também só pode ser em parte explicada por uma teoria que atribua as mesmas propriedades a todos os cientistas que devem fazer a escolha.

Aspectos essenciais do processo conhecido como verificação somente serão compreendidos caso se apele para características em relação às quais as pessoas possam diferir sem deixar de ser cientistas. A tradição assume

---

9 Se o grupo for pequeno, é mais provável que flutuações aleatórias tenham como consequência que seus membros partilhem um conjunto atípico de valores e, por conseguinte, façam escolhas diferentes das que seriam feitas por um grupo maior e mais representativo. O ambiente externo – intelectual, ideológico ou econômico – deve afetar sistematicamente o sistema de valores de grupos muito maiores, e as consequências podem ser dificuldades em introduzir o empreendimento científico em sociedades com valores adversos ou até mesmo, talvez, a consumação desse empreendimento em sociedades em que ele floresceu. Nessa área, contudo, é necessária muita cautela. As mudanças no ambiente em que a ciência é praticada também podem ter efeitos favoráveis à pesquisa. Os historiadores normalmente lançam mão, por exemplo, de diferenças entre ambientes nacionais para explicar por que inovações particulares surgiram e tiveram de início uma continuidade desproporcional em países específicos – como, por exemplo, o darwinismo na Grã-Bretanha ou a conservação da energia na Alemanha. Até o presente, não sabemos nada substancial sobre as condições mínimas dos meios sociais em que um empreendimento como a ciência pode florescer.

sem problemas que essas características são vitais ao processo de descoberta, o que – no mesmo movimento e por essa razão – as exclui dos limites da consideração filosófica. O fato de que possam ter funções significativas também no problema filosófico central de justificação da escolha de teoria é o que os filósofos da ciência têm categoricamente negado até hoje.

O que ainda resta dizer pode ser reunido num epílogo um tanto misturado. Em nome da clareza e para não ter de escrever um livro, ao longo deste artigo fiz uso de alguns conceitos e locuções tradicionais sobre os quais expressei em outras ocasiões sérias dúvidas quanto à sua viabilidade. Para os que conhecem o trabalho em que fiz isso, encerro com a indicação de três aspectos do que disse que, quando postos em outros termos, podem representar mais fielmente minhas concepções e, ao mesmo tempo, indicar as direções principais para proceder a essa reformulação. As áreas que tenho em mente são: invariância de valor, subjetividade e comunicação parcial. Se minhas concepções acerca do desenvolvimento apresentam alguma novidade – algo que pode legitimamente ser posto em dúvida –, não é na escolha de teorias, mas em áreas como essas que meus principais afastamentos da tradição deveriam ser procurados.

Ao longo deste artigo, assumi implicitamente que, sejam quais forem suas fontes iniciais, os critérios ou os valores empregados na escolha de teoria são fixados de uma vez por todas e não são afetados ao participar das transições de uma teoria para outra. *Grosso modo*, mas apenas muito *grosso modo*, acredito que seja esse o caso. Se a lista dos valores relevantes permanecer pequena (mencionei cinco, não de todo independentes) e suas especificações continuarem vagas, então valores tais como precisão, abrangência e fecundidade serão atributos permanentes da ciência. Mas um mínimo de conhecimento histórico é o bastante para sugerir que tanto a aplicação desses valores quanto, de modo mais evidente, os pesos relativos atribuídos a eles têm variado muito com o tempo e segundo o campo de aplicação. Além disso, muitas dessas variações de valores foram associadas a mudanças particulares na teoria científica. Embora a experiência do cientista não forneça uma justificação filosófica para os valores que empregam (justificação que resolveria o problema da indução), esses valores são aprendidos em parte por intermédio dessas experiências e evoluem com elas.

Todo esse assunto requer mais estudo (os historiadores assumem, em geral, os valores científicos, embora não os métodos científicos), mas algumas observações podem esclarecer que tipo de variações tenho em mente.

A precisão, como valor, com o tempo passou a denotar conformidade quantitativa ou numérica, às vezes à custa da qualitativa. Entretanto, antes do início da era moderna, a precisão, nesse sentido, era critério apenas na astronomia, a ciência da região celeste; em qualquer outra área, não era nem esperada nem buscada. No século XVII, porém, o critério de conformidade numérica foi estendido à mecânica, ao longo do século XVIII e no início do século XIX, à química e a outros objetos de estudo, como a eletricidade e o calor, e, no século XX, a várias partes da biologia. Ou podemos pensar na utilidade, um valor ausente de minha lista inicial. Ela também foi significativa no desenvolvimento científico, mas de forma muito mais incisiva e constante na química do que, digamos, na matemática ou na física. Ou então considerar a abrangência. Ela ainda é um valor científico importante, mas muitos avanços científicos foram repetidamente realizados em seu detrimento e o peso atribuído a ele no momento da escolha diminuiu na mesma proporção.

O que pode parecer particularmente problemático em mudanças como essas é que elas ocorrem, em geral, na sequência de uma mudança de teoria. Uma das objeções à nova química de Lavoisier eram as barreiras que impunha ao reagir contra as conquistas associadas ao que havia sido até então um dos objetivos tradicionais da química: a explicação de qualidades como cor e textura, bem como suas alterações. Com a aceitação da teoria de Lavoisier, durante algum tempo essas explicações deixaram de ser um valor para os químicos. A capacidade de explicar variações qualitativas havia deixado de ser um critério relevante na avaliação da teoria química. É evidente que, se essas mudanças de valor fossem tão rápidas ou tão completas quanto as mudanças da teoria às quais estão relacionadas, a escolha de teoria seria uma escolha de valores e uma não poderia fornecer justificação para a outra. Historicamente, porém, a mudança de valores é, em geral, um concomitante tardio e, em larga medida, inconsciente da escolha de uma teoria, e sua magnitude é com frequência menor do que a desta. Para as funções que atribuí aqui aos valores, essa relativa estabilidade proporciona uma base suficiente. A existência de uma retroação pela qual a mudança de teoria afeta os valores que levam à mudança não torna o processo de decisão circular prejudicial.

Quanto ao segundo aspecto em que meu recurso à tradição pode ser enganador, devo ser muito mais cauteloso. Ele exige habilidades de um filósofo da linguagem comum que não possuo. Mas não é necessária grande sensibilidade às sutilezas da linguagem para se sentir desconfortável com a maneira como os termos "objetividade" e, em especial, "subjetividade" funcionaram neste artigo. Peço licença para sugerir rapidamente em que aspectos penso que a linguagem se perdeu. "Subjetivo" é um termo com vários usos estabelecidos: num deles, opõe-se a "objetivo"; em outro, a "judicial", relativo a juízo. Quando meus críticos descrevem como subjetivas as características idiossincráticas para as quais apelo, recorrem – erroneamente, penso eu – ao segundo desses sentidos. Quando se queixam de que privo a ciência de objetividade, confundem o segundo sentido com o primeiro.

Uma aplicação comum do termo "subjetivo" ocorre em questões de gosto, e meus críticos parecem supor que foi nisso que transformei a escolha de teorias. Mas essa suposição carece de uma distinção bastante usual desde Kant. Assim como as descrições de sensações, que também são subjetivas no sentido apreciado aqui, as questões de gosto são indiscutíveis. Suponhamos que, ao sair do cinema com um amigo após assistir a um *western*, eu diga: "Que tremendo filme-pipoca!". Meu amigo, caso não tenha gostado do filme, talvez diga que tenho um gosto pouco exigente, algo com que eu concordaria prontamente em tais circunstâncias. Mas a não ser que diga que menti, ele não pode discordar da afirmação de que gostei do filme, ou tentar me convencer de que aquilo que eu disse sobre minha reação está errado. O que é discutível na observação a respeito do filme não é a caracterização de meu estado íntimo ou a exemplificação de meu gosto, mas meu *julgamento* de que se trata de um filme-pipoca. Caso meu amigo discordasse, poderíamos discutir noite adentro, cada um comparando o filme com os melhores que viu, cada um revelando, de maneira implícita ou explícita, o modo como *julgamos* o mérito ou a estética cinematográfica. Embora um de nós possa convencer o outro antes do fim da conversa, isso não seria necessário para demonstrar que nossa diferença é de julgamento, e não de gosto.

Penso que as avaliações ou escolhas de teorias têm exatamente o mesmo caráter. Não que os cientistas nunca digam que gostam ou não de uma teoria com tais e tais características. Depois de 1926, Einstein não disse muito mais do que isso sobre sua oposição à teoria quântica. Mas sempre se pode exigir dos cientistas que expliquem suas escolhas, que exponham a base de seus julgamentos. Tais julgamentos são eminentemente passíveis de discussão, e aquele que recusa discutir seus julgamentos não pode esperar ser levado a sério. Embora de vez em quando surjam campeões do gosto científico, sua existência só confirma a regra. Einstein foi um desses poucos, e seu isolamento da comunidade científica mostra quão limitado é o papel que o gosto, por si só, pode desempenhar na escolha de teorias. Bohr, ao contrário de Einstein, discutiu as bases de seu julgamento e venceu a contenda. Se meus críticos utilizam o termo "subjetivo" em oposição a "judicial" – sugerindo com isso que tornei a escolha de teorias isenta de discussão –, enganaram-se redondamente quanto à minha posição.

Passemos agora ao sentido em que "subjetividade" é oposto a "objetividade" e notemos, antes de tudo, que ele levanta questões bem distintas das discutidas até aqui. Se meu gosto é pouco ou muito exigente, minha afirmação de que gostei do filme é objetiva, a não ser que eu tenha mentido. No entanto, a distinção entre objetivo e subjetivo não se aplica a meu julgamento de que o filme era um filme-pipoca, ao menos não de forma óbvia e direta. Portanto, quando meus críticos dizem que privo a escolha de teorias de objetividade, devem apelar para um sentido muito diferente de "subjetivo", talvez um em que predisposições, preferências ou aversões pessoais funcionem no lugar, ou a despeito, de fatos efetivos. Mas esse sentido de "subjetivo" não se ajusta melhor do que os anteriores ao processo que descrevo aqui. Quando é necessário introduzir fatores dependentes da biografia ou da personalidade individual para tornar os valores aplicáveis, nenhum padrão de fatualidade ou de efetividade é deixado de lado. É possível que minha discussão sobre a escolha de teorias indique algumas limitações da objetividade, mas não por isolar elementos ditos adequadamente subjetivos. Mas a ideia de que aquilo que exponho sejam limitações também não me satisfaz. A objetividade deveria ser analisável em termos de critérios como precisão e consistência. Se tais critérios não fornecem toda a orientação que nos habituamos a esperar deles, talvez minha argumentação mostre o significado, e não os limites, da objetividade.

Consideremos, para concluir, o terceiro aspecto, ou conjuntos de aspectos, em que este artigo precisa ser reformulado. Pressupus até aqui que as discussões em torno da escolha de teorias não são problemáticas, que os fatos para os quais se apelam em tais discussões são independentes da teoria, e que o resultado das discussões pode ser chamado propriamente de escolha. Já contestei essas três suposições em outro artigo, em que defendi que a comunicação entre proponentes de teorias diferentes é inevitavelmente parcial, que aquilo que cada um toma por fato depende, em parte, da teoria que adota, e que a transferência de aceitação individual de uma teoria para outra é com frequência mais bem descrita como conversão do que como escolha. Embora todas essas teses sejam tanto problemáticas quanto controversas, meu comprometimento com elas não diminuiu em nada. Não as defenderei aqui, mas tenho ao menos de tentar mostrar que o que eu disse pode ser ajustado para se conformar aos aspectos mais centrais de minha concepção do desenvolvimento científico.

Para tanto, lanço mão de uma analogia que desenvolvi alhures. Já afirmei que os proponentes de teorias diferentes são como falantes nativos de línguas diferentes. A comunicação entre eles ocorre por tradução, e isso traz à tona todas as bem conhecidas dificuldades da tradução. Essa é uma analogia incompleta, é claro, pois o vocabulário das duas teorias pode ser idêntico e a maioria das palavras funciona do mesmo modo em ambas. Mas algumas palavras do vocabulário tanto básico quanto teórico das duas teorias – como "estrela" e "planeta", "mistura" e "composto", "força" e "matéria" – funcionam de modos diferentes. Essas diferenças são inesperadas e serão descobertas e localizadas, quando o são, apenas com experiências repetidas de falha de comunicação. Sem prosseguir o assunto, atesto simplesmente a existência de limites significativos ao que os proponentes de diferentes teorias podem comunicar um ao outro. Os mesmos limites tornam difícil ou, mais provavelmente, impossível para um indivíduo ter em mente ambas as teorias ao mesmo tempo e compará-las ponto por ponto entre elas e com a natureza. Esse tipo de comparação, no entanto, é o processo do qual depende a adequação de qualquer palavra como "escolha".

Mas a despeito da incompletude da comunicação, os proponentes de diferentes teorias ainda podem expor uns aos outros – nem sempre com facilidade – os resultados técnicos concretos alcançados pela prática em cada teoria. Pouca ou nenhuma tradução é exigida na aplicação de ao menos alguns dos critérios de valor a tais resultados. (A precisão e a fecundidade são mais imediatamente aplicáveis, talvez seguidos pela abrangência. A consistência e a simplicidade são casos bem mais problemáticos.) Não importa quão incompreensível a nova teoria possa ser aos proponentes da tradição, a apresentação de resultados concretos marcantes persuadirá ao menos alguns de que têm de descobrir como tais resultados foram obtidos. Para tanto, terão de aprender a traduzir, talvez utilizando como uma pedra de Roseta artigos já publicados ou, o que em geral é mais eficaz, visitando o inovador, conversando com ele, observando a ele e a seus estudantes enquanto trabalham. Essas exposições podem não resultar na adoção da teoria; alguns adeptos da tradição podem persistir na tentativa de ajustar a antiga teoria para produzir resultados equivalentes. Mas outros, caso a teoria sobreviva, descobrirão que, em algum ponto no processo de aprendizado da língua, eles pararam de traduzir e começaram a falar a língua como um nativo. Não houve um processo parecido com uma escolha, mas ainda assim começaram a praticar a nova teoria. Além disso, os fatores que os levaram a arriscar a mudança são os mesmos que este artigo ressaltou quando discutiu um processo um tanto diferente, que, seguindo a tradição filosófica, foi chamado de mudança de teoria.

14
Comentários sobre a relação entre ciência e arte[1]

Por razões que logo ficarão claras, o problema da vanguarda [*avant--garde*], tal como apresentado pelos professores Ackerman e Kubler, despertou meu interesse de modo inesperado e, assim espero, fértil. Contudo, por motivos relativos tanto à competência quanto à natureza de minha contribuição, estas observações são dirigidas sobretudo à aproximação defendida pelo professor Hafner entre ciência e arte. Na condição de ex-físico que hoje se ocupa da História da Ciência, lembro-me bem de minha própria descoberta dos paralelos estreitos e persistentes entre as duas atividades, que eu ensinava como polares. Um produto tardio dessa descoberta é o livro sobre as revoluções científicas mencionado pelos meus colegas de mesa. Ao discutir quer os padrões de desenvolvimento, quer a natureza da inovação criativa nas ciências, ele trata cada tópico como papel de escolas rivais e de tradições incomensuráveis, de padrões de valor cambiantes e de modos de percepção mutáveis. Tópicos como esses são há muito tempo elementares para os historiadores da arte, mas têm pouca representação nos escritos sobre a História da Ciência. Não surpreende, portanto, que o livro que os

---

1 Originalmente publicado como "Comment [on the Relation of Science and Art]", *Comparative Studies in Society and History*, v.11, 1969, p.403-12. Reimpresso com a permissão da Society for the Comparative Study of Society and History.

tornou centrais para a ciência tenha também se preocupado em negar, ao menos com fortes insinuações, que a arte possa ser prontamente distinguida da ciência mediante a aplicação das dicotomias clássicas entre, por exemplo, o mundo do valor e o mundo do fato, o subjetivo e o objetivo, o intuitivo e o indutivo. O trabalho de Gombrich, que segue muitas dessas direções, tem sido fonte de grande estímulo para mim, assim como o ensaio de Hafner. Em tais circunstâncias, tenho de concordar com sua principal conclusão: "Quanto mais cuidadosamente tentamos distinguir o artista do cientista, mais difícil se torna a tarefa". Não há dúvida de que essa afirmação descreve minha própria experiência.

Ao contrário de Hafner, no entanto, considero a experiência inquietante e a conclusão, indesejável. Certamente é somente quando tomamos cuidado especial e empregamos nosso aparato analítico mais sutil que a distinção entre o artista e o cientista, ou entre suas produções, parece nos escapar. O observador casual, por mais bem instruído que seja, não sente esse tipo de dificuldade, exceto quando alguns objetos escolhidos a dedo são removidos de seu contexto usual e colocados em outro capaz de desorientar sistematicamente, como em alguns exemplos de Hafner. Se a análise *cuidadosa* faz a semelhança entre a arte e a ciência parecer implausível, talvez isso se deva menos à sua similaridade intrínseca do que à falha dos instrumentos que utilizamos para conduzir um exame minucioso. Como não há espaço para repetir a argumentação desenvolvida em detalhes alhures, apenas expressarei minhas convicções de que o problema da discriminação é muito real neste momento, de que a falha se encontra em nossos instrumentos, e de que um conjunto alternativo é urgente. A análise minuciosa tem de voltar a ser capaz de mostrar o óbvio: a ciência e a arte são empreendimentos muito diferentes, ou ao menos se tornaram diferentes no decorrer dos últimos 150 anos. Ainda não está claro para mim como conseguir isso (o último capítulo do livro acima mencionado aponta as dificuldades), mas o artigo de Hafner me forneceu alguns indícios que eu procurava há muito tempo. Seus paralelos entre ciência e arte são extraídos de três áreas em especial: as produções do cientista e do artista, as atividades das quais resultam tais produções e, por fim, a resposta do público. Comentarei as três, ainda que em ordem não muito sistemática, na esperança de encontrar pontos de entrada para o ainda esquivo problema da discriminação, problema este que ambos compartilhamos, mas em relação ao qual nossas atitudes são muito diferentes.

No que tange ao paralelismo das produções, uma dificuldade já foi indicada. Os exemplos do trabalho artístico e científico justapostos pelos fascinantes exemplos de Hafner são extraídos de uma amostra muito restrita com relação ao material disponível. Praticamente todas as ilustrações científicas a que se refere, por exemplo, são microfotografias de substâncias orgânicas e inorgânicas. Naturalmente, o fato de que tais paralelos possam ser exibidos por si só já levanta problemas importantes quanto às influências que nem eu nem ele estamos preparados para discutir. Mas os empreendimentos não têm de ser similares para que influenciem um o outro. A defesa de uma similaridade intrínseca poderia se beneficiar de um grupo de exemplos escolhidos de forma menos sistemática.

Uma dificuldade mais reveladora surge do contexto artificial em que as ilustrações paralelas são expostas. Ambas são exibidas como obras de arte contra um mesmo fundo, fato que encobre de maneira considerável em que sentido podem ser rotulados como "produções" de suas respectivas atividades. Por mais atípicas e imperfeitas que sejam, as pinturas são produtos finais da atividade artística. É o objeto que o pintor tem a intenção de produzir, e sua reputação deriva do apelo que possui. As ilustrações científicas, ao contrário, são no máximo produtos incidentais da atividade científica. Em geral são feitas, e às vezes analisadas, por técnicos, e não pelo cientista para cuja pesquisa fornecem os dados. Quando os resultados da pesquisa são publicados, as imagens originais podem até ser destruídas. Nos paralelos admiráveis de Hafner, um produto final da arte é justaposto a uma ferramenta da ciência. Na transição desta última do laboratório para a exposição, fins e meios são transpostos.

Uma dificuldade intimamente relacionada ocorre quando se examinam os usos aparentemente paralelos das regras e dos conceitos matemáticos na arte e na ciência. Como Hafner destaca, é indiscutível que considerações de simetria, simplicidade e elegância na expressão simbólica, bem como de outras formas de estética matemática, desempenham papéis importantes em ambas as disciplinas. Mas nas artes a estética é o próprio objetivo do trabalho. Nas ciências é, mais uma vez, no máximo um instrumento: um critério de escolha entre teorias equiparáveis em outros aspectos, ou um guia para a imaginação em busca da solução de um enigma técnico intratável. Apenas se resolver o enigma, apenas se a estética do cientista coincidir com a da natureza, é que ela cumpre algum papel no desenvolvimento da ciência. Nas ciências, é raro que a estética tenha um fim em si mesmo, e nunca é o derradeiro.

Um exemplo talvez mostre melhor isso. Às vezes é sugerido que os astrônomos antigos e medievais eram limitados pela perfeição estética da circunferência e, portanto, as novas percepções espaciais do Renascimento foram a condição para que a elipse desempenhasse uma função na ciência. Isso não está de todo errado. Mas nenhuma mudança estética poderia ter tornado a elipse importante para a astronomia antes do fim do século XVI. Independentemente de sua beleza, a curva não tinha utilidade nas teorias astronômicas baseadas numa Terra central. Foi só depois de Copérnico ter colocado o Sol no centro que a elipse pôde contribuir para a resolução de um problema astronômico, e Kepler, que a utilizou, foi um dos primeiros convertidos ao copernicanismo com competência matemática. Não houve demora entre a possibilidade e sua realização. Indiscutivelmente, a visão pitagórica de Kepler das harmonias matemáticas na natureza foi um instrumento que o levou à descoberta de que órbitas elípticas se ajustavam à natureza. Mas essa visão teve um papel apenas instrumental: a ferramenta certa no momento certo para a resolução de um enigma técnico premente, a saber, a descrição do movimento observado de Marte.

Pessoas como Hafner e eu, para quem as similaridades entre ciência e arte surgiram como uma revelação, têm se preocupado em salientar que o artista, à semelhança do cientista, lida com problemas técnicos persistentes, que têm de ser resolvidos no dia a dia de seu ofício. Enfatizamos, ainda, o fato de que o cientista, à semelhança do artista, é orientado por considerações estéticas e guiado por modos estabelecidos de percepção. Esses paralelos ainda precisam ser mais acentuados e mais desenvolvidos. Mal começamos a descobrir os benefícios de considerar ciência e arte em conjunto.

Contudo, uma ênfase exclusiva nesses paralelos encobre uma diferença vital. O que quer que signifique o termo "estética", o objetivo do artista é a produção de objetos estéticos; os enigmas técnicos são o que ele tem de resolver a fim de produzir esses objetos. Para o cientista, ao contrário, os enigmas técnicos resolvidos são o objetivo, e a estética é um instrumento para sua consecução. Quer no domínio das produções, quer no das atividades, os fins do artista são os meios do cientista e vice-versa. Além disso, essa transposição pode indicar outra de importância talvez maior: aquela entre o público e o privado, entre os componentes explícitos e os não articulados da identidade vocacional. Os membros de uma comunidade científica compartilham, tanto a seus olhos como na percepção pública, um conjunto de soluções de problemas, mas suas respostas estéticas e estilos de pesquisa, em geral eliminados rigorosamente de seu trabalho publicado, são em larga medida variados e privados. Não sou competente para generalizar o que ocorre nas artes, mas não há um sentido em que os membros de uma escola artística compartilham justamente um estilo e uma estética – e são por meio deles identificados – anteriores às soluções de problemas, como determinantes da coesão do seu grupo?

Vamos a outro dos paralelos de Hafner: a reação do público. O estranhamento geral do público é uma reação contemporânea característica tanto da arte como da ciência. A reação é expressa comumente em termos similares. Mas também aqui há diferenças reveladoras. Aquele que hoje desdenha da ciência de sua época não insinua que sua filha de 5 anos poderia fazer o mesmo que os cientistas. Tampouco proclama que o que hoje resulta da atividade mais admirada pelos cientistas não é uma ciência, mas uma fraude. Com relação às ciências, é difícil imaginar um equivalente preciso da charge que inicia o ensaio de Hafner. Tais diferenças podem ser expressas de um modo mais geral. A rejeição pública à ciência, em parte derivada apenas de anseios, é em geral uma rejeição ao empreendimento como um todo: "Eu não gosto da ciência". Já a rejeição pública à arte é uma rejeição a um movimento em favor de outro: "A arte moderna não é arte coisa nenhuma, quero imagens com temas que eu possa reconhecer".

Essas disparidades nas reações indicam uma diferença mais fundamental na relação do público com a arte e com a ciência. Ambas as atividades dependem, em última instância, do apoio público. Diretamente ou por intermédio de certas instituições, o público é um consumidor tanto da arte como dos produtos tecnológicos da ciência. Mas apenas no caso da arte, e não no da ciência, há uma audiência pública. Creio que mesmo a *Scientific American* seja lida predominantemente por cientistas e engenheiros. Os cientistas constituem a audiência da ciência e, para o cientista de uma especialidade particular, a audiência relevante é ainda menor, já que consiste toda dos outros praticantes da especialidade. Apenas eles examinam seu trabalho com olhos críticos, e apenas suas avaliações afetam o desenvolvimento ulterior de sua carreira. O cientista que tenta encontrar uma audiência mais ampla para seu trabalho profissional é mal visto por seus pares. Os artistas, é claro, também avaliam os trabalhos uns dos outros. Com frequência, como salienta Ackerman, os inovadores contam apenas com o apoio de um pequeno grupo de artistas afins contra uma condenação articulada de todo o público e da maioria de seus colegas artistas. Mas muitas pessoas examinam minuciosamente a obra do inovador, e sua carreira depende tanto desse escrutínio quanto da reação dos críticos, das galerias e dos museus. E nenhum destes apresenta paralelo na vida das ciências. Quer valorize ou rejeite essas instituições, o artista é profundamente afetado por sua existência, como às vezes atesta a própria veemência com que as rejeita. A arte é intrinsecamente uma atividade extrovertida, de modo e em grau que a ciência não é.

Até aqui, essas disparidades, tanto em relação à audiência quanto à identidade de meios e fins, foram evocadas apenas como sintomas isolados de uma constelação mais central, e de maior consequência, de diferenças entre ciência e arte. Em última análise, deve ser possível identificar essas discrepâncias mais profundas e mostrar que os sintomas lhe seguem diretamente. Não estou preparado para tentar algo desse tipo, em parte porque conheço muito pouco da arte como atividade. Mas posso sugerir como os sintomas examinados aqui estão interligados e como se vinculam a outros sintomas da diferença. Percebê-los como partes de um padrão nos dará um vislumbre daquilo que um tratamento ulterior de nosso problema deve articular e tornar explícito.

Para tais propósitos, lembrem-se de uma diferença entre cientistas e artistas à qual tanto Ackerman como eu já nos referimos, a saber, suas reações nitidamente diferentes com relação ao passado de suas respectivas disciplinas. Embora os contemporâneos as abordem com uma sensibilidade já modificada, as produções da atividade artística são partes ainda vitais do cenário artístico. O sucesso de Picasso não confinou as pinturas de Rembrandt nos depósitos dos museus de arte. As obras-primas do passado próximo e remoto ainda cumprem um papel fundamental na formação do gosto do público e na iniciação de muitos artistas em seu ofício. Além disso, esse papel é curiosamente indiferente ao fato de que nem os artistas nem seu público aceitam essas mesmas obras-primas como produções legítimas da atividade contemporânea. Em nenhuma outra área o contraste entre arte e ciência se mostra com tanta nitidez. Os manuais de ciência são salpicados de nomes, e às vezes de retratos, de antigos heróis, mas somente os historiadores leem os trabalhos científicos do passado. Na ciência, as rupturas provocam a remoção de livros e jornais – que se tornam desatualizados de repente – da situação circulante em bibliotecas científicas para a obsolescência de um depósito geral. Poucos cientistas são vistos com regularidade em museus de ciência, cuja função, em todo caso, é preservar a memória e atrair futuros profissionais, e não exercitar as habilidades do ofício ou formar o gosto do público.

No entanto, como enfatiza Ackerman, a tênue comunhão entre os artistas e seu público é estabelecida de hábito por produções de tradições passadas, e não pela inovação contemporânea. Eis a função de museus e instituições similares, que, como instituições, na maioria das vezes estão defasadas em uma geração ou mais. Ackerman chega a sugerir que o fim desse atraso – o reconhecimento da inovação pela inovação, antes da apreciação pelos outros artistas – é subversivo ao próprio empreendimento artístico. Segundo essa concepção, que considero plausível e convincente, o desenvolvimento da arte tem sido moldado, em alguns aspectos essenciais, pela existência de uma audiência cujos membros não criam arte e cujos gostos foram formados por instituições avessas às inovações. A meu ver, uma das razões por que não há um público correspondente a esse na ciência (e por que é tão difícil criar um) é que instituições mediadoras, como os museus, não têm nenhuma função na vida profissional do cientista. As produções por intermédio das quais ele poderia estabelecer uma comunhão com o público, ainda que sejam da geração anterior, estão mortas e enterradas para ele.

Há ainda um segundo aspecto no problema da audiência, mas antes devemos examinar outro lado do padrão das relações entre os sintomas. Por que o museu é essencial ao artista e ineficaz para o cientista? Acredito que a resposta esteja relacionada com a diferença de seus objetivos, discutida anteriormente, mas careço de um ingrediente crucial para esse argumento. O que teria de saber, e até aqui fui incapaz de descobrir, é o que o artista pensa quando admira uma obra-prima antiga por suas próprias realizações estéticas, reconhecendo ao mesmo tempo que pintar do mesmo modo violaria os princípios básicos do credo artístico. Posso apenas admitir e apreciar, mas não incorporar ou compreender, uma atitude que aceita os trabalhos de, digamos, Rembrandt como arte viva, mas acusa de forjados trabalhos que hoje só poderiam ser distinguidos dos de Rembrandt (ou de sua escola) por meio de testes científicos (o deslocamento do termo "forjado" para esse contexto é interessante, pois é um tanto forçado). Nas ciências não ocorre esse problema, e é inconcebível que um trabalho seja forjado nesse sentido, embora não nos sentidos usuais. Se perguntado por que seu trabalho é semelhante ao de, digamos, Einstein ou Schrödinger, e não ao de Galileu ou Newton, o cientista responderia que Galileu e Newton, por mais talentosos que fossem, estavam errados, equivocados. Meu problema, portanto, é saber o que está no lugar do "certo" e do "errado", do "correto" e do "incorreto", numa ideologia que declara extinta uma tradição, mas viva suas produções. Resolver essa questão me parece a condição necessário para um entendimento mais profundo da diferença entre arte e ciência. Mas reconhecer sua existência já permite algum progresso.

Como a maioria dos enigmas, aqueles que o cientista deseja resolver são vistos como se tivessem apenas uma solução, ou uma solução melhor do que as demais. Encontrá-la é o objetivo e, tão logo isso acontece, as tentativas anteriores perdem a relevância para a atividade de pesquisa que lhes fora atribuída. Para o cientista, passam a ser excesso de bagagem, um fardo desnecessário que deve ser posto de lado segundo os interesses da disciplina. Com elas, descarta-se a maioria dos traços relativos a fatores idiossincráticos e privados, o meramente histórico e estético, que levaram o descobridor à solução do enigma. (Comparem o lugar de honra conferido aos esboços preliminares dos artistas ao destino dos rascunhos dos cientistas. Os primeiros guiam o espectador para uma apreciação mais completa; os últimos, se comparados às versões subsequentes e mais aprimoradas, esclarecem apenas a biografia intelectual do autor, não a solução do enigma.) É por isso que nem as teorias ultrapassadas nem as formulações originais da teoria vigente são de muito interesse para os praticantes. Em outras palavras, é por isso que a ciência, como atividade de resolução de enigmas, não tem lugar nos museus. É evidente que o artista também tem enigmas para resolver em relação à perspectiva, à coloração, à técnica de pintura ou ao enquadramento. Sua solução, porém, não é o propósito de seu trabalho, mas um meio de realizá-lo. O objetivo do artista, que já admiti ser incapaz de caracterizá-lo de maneira adequada, é o objeto estético, a produção mais global à qual não se aplica a lei do terceiro excluído. Depois de apreciar a *Odalisca* de Matisse, podemos ver com outros olhos a de Ingres, mas esta continuará a ser admirada. Ambas poderão tornar-se peças de museu, ao passo que as duas soluções de um enigma científico não.

As diferentes posições das soluções de enigmas no eixo meios-fins fornecem ainda uma segunda resposta, talvez mais fundamental, ao problema do público como audiência da arte e da ciência. Ambas as disciplinas apresentam enigmas a seus praticantes, e em ambos os casos as soluções de tais enigmas são técnicas e esotéricas. Como tais, são de extremo interesse para outros praticantes, respectivamente artistas e cientistas, mas quase passam despercebidas ao público em geral. Os membros desse grupo mais amplo habitualmente não conseguem reconhecer por si mesmos um enigma ou uma solução, seja na arte, seja na ciência. O que lhes interessa são produções mais globais dos empreendimentos: obras de arte, de um lado, e teorias da natureza, de outro. Mas à diferença das obras de arte para o artista, as teorias são, para os cientistas, sobretudo instrumentos. Como defendi de modo mais abrangente em vários outros lugares, eles são educados para assumi-las e utilizá-las, e não para criá-las ou provocar sua mudança. Exceto em casos muito específicos, que, de fato, suscitam reações públicas, aquilo que mais interessa ao público nas ciências é, para o cientista, uma preocupação decididamente secundária.

O valor atribuído às produções do passado, a identidade entre meios e fins e a existência de um público são todos elementos que podem ser vistos como partes de um único padrão de diferenças interligadas entre a arte e a ciência. É provável que esse padrão se revele com mais nitidez com uma análise mais aprofundada, mas, até o momento, possuo apenas uma diminuta noção de quais são os melhores conceitos para realizá-la. Entretanto, o que posso fazer, à guisa de prefácio a umas poucas observações finais, é estender o padrão a fim de abarcar outros sintomas adicionais da diferença, sintomas extraídos agora de um exame das formas como a arte e a ciência se desenvolvem no tempo.

Em outra ocasião, como indicou Ackerman, eu me preocupei em enfatizar a similaridade entre as linhas evolutivas das duas disciplinas. Em ambas, o historiador é capaz de distinguir períodos em que a prática se dá conforme uma tradição embasada em uma ou outra constelação de valores, técnicas e modelos. Em ambas, também é capaz de isolar períodos de mudança relativamente súbita, em que uma tradição, e um conjunto de valores e modelos, cede lugar a outra. Presumimos, porém, que tudo isso pode ser dito sobre o desenvolvimento de qualquer empreendimento humano. Com respeito às linhas gerais de um padrão de desenvolvimento, minha originalidade, se é que houve, foi apenas insistir em que aquilo que há muito tem sido reconhecido com relação ao desenvolvimento, digamos, das artes ou da filosofia, também se aplica à ciência. Reconhecer essa semelhança, portanto, é apenas o primeiro passo. Feito isso, devemos estar preparados também para descobrir várias diferenças reveladoras nas sutilezas da estrutura do desenvolvimento. Muitas delas são fáceis de encontrar. Por exemplo, justamente porque o sucesso de uma tradição artística não torna outra errada ou equivocada, a arte é capaz de comportar – com muito mais facilidade do que a ciência – diversas tradições ou escolas simultâneas e incompatíveis. Pela mesma razão, no caso de uma mudança de tradição, as controvérsias que lhe seguem são comumente resolvidas com muito mais rapidez na ciência do que na arte. Nesta última, sugere Ackerman, a controvérsia em torno da inovação somente é estabelecida quando surge uma nova escola que se torne alvo de críticos furiosos. Mesmo assim, presumo, o fim da controvérsia apenas representa a aceitação da nova tradição, e não o fim da antiga. Nas ciências, ao contrário, a vitória ou a derrota não é adiada muito tempo, e o lado vencido se torna proibido. Os adeptos remanescentes, quando há algum, são vistos como pessoas que abandonaram o campo. Ou ainda, embora a resistência à inovação seja uma característica comum à ciência e à arte, o reconhecimento póstumo só ocorre com regularidade nas artes. A maioria dos cientistas cujas contribuições foram reconhecidas viveu o bastante para apreciar a recompensa por seus feitos. Em casos excepcionais, como o de Mendel, a contribuição pela qual o cientista teve reconhecimento tardio foi redescoberta por outros. O caso de Mendel é típico do reconhecimento póstumo por uma realização científica em que seus brilhantes escritos não tiveram efeito sobre o desenvolvimento posterior de seu campo. O paralelo com a arte não se mantém, pois, da morte de Mendel até a recuperação de seus trabalhos, não houve uma escola mendeliana que tenha trabalhado isolada por algum tempo e depois tenha sido abarcada pela tradição científica principal.

Essas diferenças são extraídas do comportamento grupal de artistas e cientistas, mas também podem ser observadas no desenvolvimento de carreiras individuais. Os artistas podem realizar voluntariamente, em uma ou mais ocasiões durante sua vida, mudanças dramáticas de estilo, e às vezes o fazem. Ou ainda, os artistas, em sua maioria, começam a pintar no mesmo estilo de seus mestres e só mais tarde descobrem a linguagem pela qual afinal serão conhecidos. Embora raras, mudanças como essas ocorrem na carreira de um cientista individual, mas não são voluntárias. (A exceção, ela própria esclarecedora, são aqueles que abandonam completamente um campo por outro, por exemplo, a física pela biologia.) Ao contrário, são impostas a ele quer por profundas dificuldades internas à tradição que ele adotou de início, quer pelo sucesso particular de uma inovação produzida por um colega em seu campo específico. E mesmo assim são empreendidas com relutância, pois mudar o estilo num campo científico é admitir que suas produções anteriores e a de seus mestres estavam erradas.

Uma observação perspicaz de Ackerman indica, a meu ver, o caminho para o centro dessa constelação de diferenças de desenvolvimento. Segundo ele, na evolução da arte, não há nada muito semelhante às crises internas enfrentadas pela tradição científica quando os enigmas que ela deseja resolver deixam de responder como deveriam. Concordo com isso e acrescentaria apenas que algumas dessas diferenças são inevitáveis entre uma atividade que tem por missão resolver enigmas e outra não. (Notem que, a respeito de muitas das diferenças em questão, o desenvolvimento da matemática se assemelha ao da arte de modo mais próximo do que ao da ciência, e que as crises na matemática são relativamente mais raras. Poucos enigmas matemáticos são reconhecidos antes do momento de sua solução. De qualquer modo, deixar de resolver esses enigmas, a não ser que residam nos fundamentos da matemática, nunca lança dúvidas quanto aos pressupostos do campo, mas apenas quanto à capacidade de seus praticantes. Nas ciências, ao contrário, qualquer problema pode suscitar uma questão de fundamento, caso apresente uma resistência tenaz à solução.) A observação de Ackerman deve estar correta e, quando percebida como parte do padrão, leva a consequências extremamente importantes.

A função das crises nas ciências é sinalizar a necessidade de inovação, canalizando a atenção dos cientistas para uma área em que uma inovação fértil pode surgir e aventar pistas que levem à natureza dessa inovação. Precisamente porque a disciplina tem incorporado nela esse sistema de sinalização, não há necessidade de a própria inovação ser um dos principais valores para os cientistas, e a inovação pela inovação pode assim ser condenada. A ciência tem sua elite e bem pode ter sua retaguarda, seus produtores de *kitsch*. Mas não existe nenhuma vanguarda científica e a existência de uma poderia ameaçar a ciência. No desenvolvimento científico, a inovação tem de ser uma reação, de preferência relutante, a desafios concretos lançados por enigmas concretos. Ackerman sugere que também as artes são ameaçadas pela reação contemporânea à vanguarda, e ele pode estar certo. Mas isso não deve encobrir a função histórica que a existência de uma vanguarda torna manifesta. Seja individualmente, seja em grupos, os artistas de fato buscam novos temas para expressar e novas formas de expressá-los. De fato, fazem da inovação um de seus valores principais, e começaram muito antes de a vanguarda ter dado expressão institucional a esse valor. Ao menos desde o Renascimento, esse componente inovador da ideologia do artista (que não é o único componente nem é facilmente compatível com os demais) desempenhou no desenvolvimento da arte aquilo que as crises internas têm feito para promover a revolução na ciência. Dizer com certo orgulho que a ciência é cumulativa, ao passo que a arte não – como fazem tanto artistas quanto cientistas –, é enganar-se quanto ao padrão de desenvolvimento em ambos os campos. No entanto, essa generalização muitas vezes repetida expressa, de fato, o que talvez seja a mais profunda das diferenças que examinamos aqui: os valores radicalmente diferentes atribuídos por cientistas e artistas à inovação pela inovação.

Concluo invocando a prerrogativa pessoal ou profissional de mudar abruptamente minha exposição para comentar, muito de passagem, as observações de Kubler sobre a utilização que Ackerman faz de meu livro sobre as revoluções científicas. A falha seguramente é minha, pois os pontos referidos por Kubler estão entre os mais obscuros do livro. Apesar disso, parece-me pertinente indicar que ele se equivoca com relação tanto às minhas concepções quanto à sua possível influência sobre os problemas aqui discutidos. Antes de tudo, nunca pretendi limitar as noções de paradigma e revolução às "teorias principais". Ao contrário, tenho para mim que a importância especial desses conceitos é que permitem uma compreensão mais completa do caráter estranhamente não cumulativo de eventos como a descoberta do oxigênio, do raio X ou de Urano. Mais importante ainda é que os paradigmas não devem ser de todo igualados às teorias. Mais fundamentalmente, eles são exemplos concretos de realizações científicas, as soluções efetivas de problemas que os cientistas aceitam e estudam com cuidado e nas quais modelam seu próprio trabalho. Se a noção de paradigma puder ser de utilidade ao historiador da arte, serão os quadros, e não os estilos, que servirão de paradigmas. Esse modo de estabelecer o paralelo pode se mostrar importante, pois descobri que os problemas que me levaram a não falar em termos de teorias e a falar em termos de paradigmas são quase idênticos aos que fizeram Kubler tratar com desdém a noção de estilo. Tanto "estilo" quanto "teoria" são termos utilizados para descrever um grupo de trabalhos reconhecidamente similares (são "de um mesmo estilo" ou são "aplicações da mesma teoria"). Em ambos os casos, é difícil – acredito que, em última análise, impossível – especificar a natureza dos elementos compartilhados que distinguem determinado estilo ou determinada teoria de outros. Minha resposta a tais dificuldades é sugerir que os cientistas são capazes de aprender a partir dos paradigmas, ou de modelos aceitos, na ausência de qualquer processo semelhante à abstração de elementos que possam constituir uma teoria. Algo desse tipo poderia ser dito em relação à maneira como os artistas aprendem ao examinar minuciosamente obras de arte particulares?

Kubler faz outra generalização, para mim muito importante. "Na realidade", diz ele, "as observações de Kuhn são etológicas, dirigidas mais ao comportamento da comunidade do que aos resultados que ela obtém". Nesse caso não há nenhum mal-entendido. Como descrição, a observação de Kubler apreende muito bem vários de meus principais interesses. Todavia, incomoda-me perceber que essa descrição pode ser usada, sem qualquer qualificação, para declarar que tais interesses são irrelevantes para as questões discutidas aqui. O que tento sugerir, tanto no livro mencionado por Kubler quanto nos comentários anteriores, é que muitos dos problemas que mais intrigam historiadores e filósofos da ciência e da arte perdem seu ar paradoxal e tornam-se objetos de pesquisa quando são percebidos como etológicos ou sociológicos. Que a ciência e a arte são atividades humanas, isso é truísmo, mas não é, só por isso, desprovido de consequências. Talvez os problemas relativos ao "estilo" e à "teoria" se encontrem, por exemplo, entre os muitos preços que pagamos por ignorar o óbvio.

Referências bibliográficas

AGASSI, J. *Towards an Historiography of Science*: History and Theory. The Hague: Mouton, 1963. v.2.

AGRICOLA, G. *De re metallica*. Nova York: Dover Publications, 1950.

ARISTÓTELES. Physica. In: *The Works of Aristotle*. Oxford: Clarendon Press, 1930. v.2.

ARMITAGE, A. *A Century of Astronomy*. Londres: Sampson Low, 1950.

ARQUIMEDES. Sobre os corpos flutuantes. *Sociedade Brasileira de História da Ciência*, n.16, 1996. p.69-80.

ASHTON, T. S. *The Industrial Revolution, 1760-1830*. Londres/Nova York: Oxford University Press, 1948. [Ed. port.: *A Revolução Industrial, 1760-1830*. 6.ed. Mem Martins: Europa-América, 1995.]

BACHELARD, G. *Étude sur l'évolution d'un problème de physique*. Paris: Vrin, 1928.

BARBER, B.; FOX, R. C. The Case of the Floppy-Eared Rabbits: An Instance of Serendipity Gained and Seredipity Lost. *American Sociological Review*, v.64, 1958. p.128-36.

BARNES, S. B.; DOLBY, R. G. A. The Scientific Ethos: A Deviant Viewpoint. *Archives européennes de sociologie*, v.11, n.5, 1970. p.3-25.

BAYEN, P. Essai d'expériences chymiques, faites sur quelques précipités de mercure, dans la vue de découvrir leur nature. Seconde partie. *Observations sur la physique*, v.3, 1774. p.280-95.

BEER, J. The Emergence of the German Dye Industry. *Illinois Studies in the Social Sciences*, v.44, 1959.

BÉLIDOR, B. de F. *Architecture hydraulique*. Paris: Firmin Didot, 1819.

BEN-DAVID, J. Scientific Productivity and Academic Organization in Nineteenth-Century Medicine. *American Sociological Review*, v.25, 1960. p.828-43.

BERNOULLI, D. *Hydrodynamica, sive de viribus et motibus fluidorum, commentarii.* Estrasburgo: J. R. Dulseckeri, 1738.

_____. Remarques sur le principe de la conservation des forces vives pris dans un sense général. *Hist. Acad. de Berlin*, 1748. p.356-64.

BERTHOLD, G. *Rumford und die Mechanische Warmetheorie.* Heidelberg: s.ed., 1875.

BIOT, J. B. *Traité de physique experimentale et mathématique.* Paris: Deterville, 1816. v.1.

BIRINGUCCIO. *Pyrotechnia.* Veneza: s.ed., 1540.

BOAS, M. The Establishment of the Mechanical Philosophy. *Osiris*, v.10, 1952. p.412-541.

_____. *Robert Boyle and Seventeenth-Century Chemistry.* Cambridge: Cambridge University Press, 1958.

BORDA, J. C. Mémoires sur les roues hydrauliques. *Mem. l'Acad. Roy.*, 1767.

BORING, E. G. *History of Experimental Psychology.* 2.ed. Nova York: Appleton-Century-Crofts, 1950.

BOYER, C. B. *The Concepts of the Calculus: A Critical and Historical Discussion of the Derivative and the Integral.* Nova York: Hafner, 1949. (Uma edição em brochura foi publicada como *The History of the Calculus and Its Conceptual Development*, Nova York: Dover, 1959.)

BOYLE, R. *The Beginning of an Experimental History of Colours.* Londres: s.ed., 1664.

_____. Hydrostatical Paradoxes, Made out by New Experiments. In: BIRCH, T. (ed.). *The Works of the Honourable Robert Boyle.* Londres: A. Millar, 1744. v.2.

_____. New Experiments and Observations Touching Cold. In: BIRCH, T. (ed.). *The Works of the Honourable Robert Boyle.* Londres: A. Millar, 1744. v.2.

BRAITHWAITE, B. *Scientific Explanation.* Cambridge: Cambridge University Press, 1953.

BROWN, T. M. The Electric Current in Early Nineteenth-Century Electricity. *Historical Studies in the Physical Sciences*, v.1, 1969. p.61-103.

_____. The College of Physicians and the Acceptance of Latromechanism in England, 1665-1695. *Bulletin of the History of Medicine*, v.44, 1970. p.12-30.

BRUNET, P. *Les physiciens Hollandais et la méthode expérimental en France au XVIIIe siècle.* Paris: A. Blanchard, 1926.

_____. *Introduction des théories de Newton en France au XVIIIe siècle.* Paris: A. Blanchard, 1931.

BULLETIN DE LA SOCIETÉ D'HISTOIRE NATURELLE DE COLMAR, v.1, 1899. p.183-335.

BURTT, E. A. *The Metaphysical Foundations of Modern Physical Science.* ed.rev. Londres: Routledge & Paul, 1950. [Ed. bras.: *As bases metafísicas da ciência moderna.* Brasília: UnB, 1991.]

BUTTERFIELD, H. *Origins of Modern Science, 1300-1800.* Londres: Bell, 1949; 2.ed. rev. Nova York: Macmillan, 1957. [Ed. port.: *As origens da ciência moderna.* Lisboa: Edições 70, 1992.]

CAJORI, F. *A History of Physics.* Nova York: Macmillan, 1922.

_____ (ed.). *Sir Isaac Newton's Mathematical Principles of Natural Philosophy and His System of the World.* Berkeley: University of California Press, 1934.

CARDWELL, D. S. L. *The Organisation of Science in England: A Retrospect.* Melbourne/London: Heinemann, 1957.

CARNOT, L. N. M. *Essai sur les machines en général*. Dijon: Defay, 1782.

———. *Oeuvres mathématiques*. Basel: J. Decker, 1797.

———. *Principes fondamentaux de l'équilibre et du mouvement*. Paris: Deterville, 1803.

CHALMERS, T. W. *Historic Researches: Chapters in the History of Physical and Chemical Discovery*. Londres: Morgan Bros., 1949.

CLAGETT, M. *The Science of Mechanics in the Middle Ages*. Madison: The University of Wisconsin Press, 1959.

CLOW, A.; CLOW, N. L. *The Chemical Revolution*. Londres: Batchworth Press, 1952.

COHEN, I. B. *Franklin and Newton: An Inquiry into Speculative Newtonian Experimental Science and Franklin's Work in Electricity as an Example Thereof*. Filadélfia: American Philosophical Society, 1956.

COLDING, L. A. Undersögelse on de almindelige Naturkraefter og deres gjensidige Afhaengighed og isaerdeleshed om den ved visse faste Legemers Gnidning udviklede Varme. *Dansk. Vid. Selsk*, v.2, 1851. p.121-46.

———. History of Conservation. *Philosophical Magazine*, v.27, 1864. p.57-8.

———. On the History of the Principle of the Conservation of Energy. *Philosophical Magazine*, v.27, 1864. p.56-64.

CONANT, J. B. *The Overthrow of the Phlogiston Theory: The Chemical Revolution of 1775-1789*. Cambridge: Harvard University Press, 1950.

CORIOLIS, G. *Du calcul de l'effet des machines, ou considérations sur l'emploi des moteurs et sur leur évaluation pour servir d'introduction à l'étude speciale des machines*. Paris: Carilian-Goeury, 1829.

COSTABEL, P. *Leibniz et la dynamique: les textes de 1692*. Paris: Hermann, 1960.

COULOMB, C. Observation théorique et expérimentale sur l'effet des moulins à vent, et sur la figure de leurs ailes. *Mem. l'Acad. Roy.*, 1781. p.68.

———. Résultat de plusieurs expériences destinées a déterminer la quantité d'action que les hommes peuvent fournir par leur travail journalier, suivant les différentes manières dont ils emploient leurs forces. *Mem. de l'Inst.*, v.2, 1799. p.381.

CRANE, D. Social Structure in a Group of Scientists: A Test of the "Invisible College" Hypothesis. *American Sociological Review*, v.34, 1969. p.335-52.

CROMBIE, A. C. *Augustine to Galileo*. Londres: Falcon Educational Books, 1952.

———. *Robert Grosseteste and the Origins of Experimental Science, 1100-1700*. Oxford: Clarendon Press, 1953.

——— (ed.). *Scientific Change*. Londres/Nova York: Basic Books/Heineman, 1963.

CROSLAND, M. The Development of Chemistry in the Eighteenth Century. *Studies on Voltaire and the Eighteenth Century*, v.24, 1963. p.369-441.

D'ALEMBERT, J. L. *Traité de dynamique*. Paris: David, 1743 [2.ed. Paris: David, 1758].

DALTON, J. Experimental Essays on the Constitution of Mixed Gases; on the Force of Steam or Vapour from Water and Other Liquids in Different Temperatures, Both in a Torricellian Vacuum and in Air; on Evaporation; and on the Expansion of Gases by Heat. *Manch. Mem.*, v.5, 1802. p.535-602.

DARWIN, C. *The Origin of Species*. 6.ed. Nova York: D. Appleton, 1889. [Ed. bras.: *Origem das espécies*. 4.ed. Belo Horizonte: Itatiaia, 2002.]

DAUMAS, M. *Les instruments scientifiques aux XVIIe et XVIIIe siècles*. Paris: Presses Universitaires de France, 1953.

———. *Lavoisier: théoricien et expérimentateur*. Paris: Presses Universitaires de France, 1955.

DESAGULIER, J. T. *A Course of Experimental Philosophy*. 3.ed. Londres: A. Millar et al., 1763. 2v.

DICKINSON, H. W.; JENKINS, R. *James Watt and the Steam Engine*. Oxford: Clarendon Press, 1927. p.353-4.

DIJKSTERHUIS, E. J. *The Mechanization of the World Picture*. Oxford: Clarendon, 1961.

DOIG, P. *A Concise History of Astronomy*. Londres: Chapman, 1950.

DREYER, J. L. E. *A History of Astronomy from Thales to Kepler*. 2.ed. Nova York: Dover, 1953.

DUGAS, R. *La mécanique au XVIIe siécle*. Paris: Dunot, 1954.

_____. *A History of Mechanics*. Neuchâtel/Nova York: Griffon/Central Book, 1955.

DUHEM, P. *Études sur Léonard de Vinci*. Paris: Hermann, 1906-1913. 3v.

DUPREE, A. H. *Science in the Federal Government: A History of Policies and Activities to 1940*. Cambridge: Belknap, 1957.

_____. *Asa Gray: 1810-1888*. Cambridge: Harvard University Press, 1959.

EINSTEIN, A. Zur Elektrodynamik bewegter Körper. *Annalen der Physik*, v.17, 1905. p.891-921.

_____. *Ueber die spezielle und allgemeine Relativitätstheorie. Gemeinverständlich*. Braunschweig: Vieweg, 1916. [Ed. bras.: *A teoria da relatividade especial e geral*. Rio de Janeiro: Contraponto, 1999.]

EPSTEIN, P. S. *Textbook of Thermodynamics*. Nova York: John Wiley and Sons, 1937.

EULER, L. Mechanica sive motus scientia analytice exposita. In: *Opera omnia*. Leipzig/Berlim: Teubner, 1911-.

_____. *Tentamen novae theoriae musicae*.

FARADAY, M. *Experimental Researches in Electricity*. Londres: R. Taylor & W. Francis, 1844. v.2.

FÄRBER, E. The Color of Venous Blood. *Isis*, v.45, 1954. p.3-9.

FEYERABEND, P. K. Explanation, Reduction and Empiricism. In: FEIGL, H.; MAXWELL, G. (ed.). *Scientific Explanation, Space, and Time*. Minneapolis: University of Minnesota Press, 1962.

FOX, R. *The Caloric Theory of Gases from Lavoisier to Regnault*. Oxford: Clarendon Press, 1971.

_____. Scientific Enterprise and the Patronage of Research in France, 1800-1870. *Minerva*, v.11, 1973. p.442-73.

_____. The Rise and Fall of Laplacian Physics. *Historical Studies in the Physical Sciences*, v.4, 1976. p.89-136.

GALILEI, G. *Dialogues Concerning Two New Sciences*. Evanston/Chicago: Northwestern University Press/Chicago University Press, 1946. [Ed. bras.: *Duas novas ciências*. 2.ed. Rio de Janeiro/São Paulo: Museu de Astronomia/Nova Stella, 1988.]

_____. *Dialogue Concerning the Two Chief World Systems*. Berkeley: University of California Press, 1953. [Ed. bras.: *Diálogo sobre os dois máximos sistemas de mundo*. 2.ed. São Paulo: Discurso Editorial, 2004.]

GILLISPIE, C. C. The Encyclopedic and the Jacobin Philosophy of Science. In: CLAGETT, M. (ed.). *Critical Problems in the History of Science*. Madison: University of Wisconsin Press, 1959.

_____. The Natural History of Industry. *Isis*, v.48, 1957. p.398-407.

_____. *The Edge of Objectivity: An Essay in the History of Scientific Ideas*. Princeton: Princeton University Press, 1960.

GILLISPIE, C. C. Remarks on Social Selection as a Factor in the Progressivism of Science. *American Scientist*, v.56, 1968. p.439-50.

GROVE, W. R. *A Lecture on the Progress of Physical Science since the Opening of the London Institution*. Londres: s.ed., 1842.

_____. *On the Correlation of Physical Forces: Being the Substance of a Course of Lectures Delivered in the London Institution in the Year 1843*. Londres: s.ed., 1846.

GUERLAC, H. Joseph Priestley's First Papers on Gases and Their Reception in France. *Journal of the History of Medicine*, v.12, 1957. p. 1.

_____. Some French Antecedents of the Chemical Revolution. *Chymia*, v.5, 1959. p.73-112.

_____. *Lavoisier, The Crucial Year: The Background and Origin of His First Experiments on Combustion in 1772*. Ithaca: Cornell University Press, 1961.

HAAS, A. E. *Die Entwicklungsgeschichte des Satzes von der Erhaltung der Kraft*. Viena: Hölder, 1909.

HABER, L. F. *The Chemical Industry during the Nineteenth Century*. Oxford: Clarendon Press, 1958.

HAFNER, E. M.; PRESSWOOD, S. Strong Interference and Weak Interactions. *Science*, v.149, 1965. p.503-10.

HAGSTROM, W. O. *The Scientific Community*. Nova York: Basic Books, 1965.

HALL, A. R. *The Scientific Revolution, 1500-1800*. Londres/Nova York: Longmans/ Green, 1954.

HANDALL, J. H. *Making of the Modern Mind*. Boston/Nova York: Houghton Mifflin Company, 1926.

HANSON, N. R. *Patterns of Discovery*. Cambridge: Cambridge University Press, 1958.

_____. *Patterns of Discovery: An Inquiry into the Conceptual Foundations of Science*. Cambridge: Cambridge University Press, 1961.

_____. Discovering the Positron. *British Journal for the Philosophy of Science*, v.12, n.47, 1961. p.194-214. v.12, n.48, 1962. p.299-313.

HAÜY, R. Sur la double réfraction du Spath d'Islande. *Mémoires de l'Academie de Sciences de Paris*,1788. p.34-60.

HAWKINS, D. Review of "The Structure of Scientific Revolutions". *American Journal of Physics*, v.31, 1963. p.554-5.

HELL, B. Robert Mayer. *Kantstudien*, v.19, 1914. p.222-48.

HELM, G. *Die Energetik Nach Ihrer Geschichtlichen Entwickelung*. Leipzig: Veit, 1898.

HELMHOLTZ, H. von. *Ueber die Erhaltung der Kraft: Eine physikalische Abhandlung*. Berlim: G. Reimer, 1847.

_____. *Wissenschaftliche Abhandlungen von Hermann Helmholtz*. Leipzig: Barth, 1882. v.1.

HEMPEL, C. G. Fundamentals of Concept Formation in Empirical Science. *International Encyclopedia of Unified Science*, v.2, n.7, 1952.

HESSE, M. B. *Models and Analogies in Science*. London: Sheed & Ward, 1963.

HILL, C. Debate: Puritanism, Capitalism and the Scientific Revolution. *Past and Present*, n.29, 1965. p.68-97.

HINDLE, B. *The Pursuit of Science in Revolutionary America, 1735-1789*. Chapel Hill: University of North Carolina Press, 1956.

HIRN, G. A. Études sur les lois et sur les principes constituants de l'univers. *Revue d'Alsace*, v.1, 1850. p. 24-41, 127-42, 183-201. v.2, 1851. p.24-45.

HIRN, G. A. Notice sur les lois de la production du calorique par les frottements mediats. *Bulletin de la societé industrielle de Mulhouse*, v.26, 1854. p.238-77.

_____. Études sur les principaux phénomènes que présentent les frottements médiats, et sur les diverses manières de déterminer la valeur mécanique des matières employées au graissage des machines. *Bulletin de la Societé Industrielle de Mulhouse*, v.26, 1854. p.188-237.

_____. *Récherches sur l'équivalent mécanique de la chaleur*. Paris: s.ed., 1858.

HOBSBAWM, E. J. *The Age of Revolution, 1789-1848*. Cleveland: World Publishing Company, 1962. [Ed. bras.: *A era das revoluções*. 6.ed. Rio de Janeiro: Paz e Terra, 1988.]

HOLTON, G. *Introduction to Concepts and Theories in Physical Science*. Cambridge: Addison-Wesley Press, 1952.

HOLTZMANN, K. *Über die Wärme und Elasticität der Gase und Dämpfe*. Mannheim: s.ed., 1845.

HUDSON, L. *Contrary Imaginations: A Psychological Study of the English Schoolboy*. Londres: Methuen, 1966.

HUYGENS, C. *Horologium oscillatorium*. Paris: s.ed., 1673.

INSTITUTE FOR THE HISTORY OF SCIENCE. *Critical Problems in the History of Science: Proceedings*. Ed. Marshall Clagett. Madison: University of Wisconsin Press, 1957, 1959.

JAMMER, M. *Concepts of Mass in Classical and Modern Physics*. Cambridge: Harvard University Press, 1961.

JONES, B. *The Life and Letters of Faraday*. Cambridge: Cambridge University Press, 1870. v.2.

JONES, F. A. *Thomas Alva Edison*. Nova York: T. Y. Crowell & Co., 1908.

JOULE, J. P. On the Calorific Effects of Magneto-Electricity, and on the Mechanical Value of Heat. *Philosophical Magazine*, v.23, 1843.

_____. Sur l'équivalent mécanique du calorique. *Comptes rendus*, v.28, 1849. p.132-5.

_____. *The Scientific Papers of James Prescott Joule*. Londres: Physical Society, 1884.

_____. On Matter, Living Force, and Heat. In: *The Scientific Papers of James Prescott Joule*. Londres: Physical Society, 1884.

_____. On the Changes of Temperature Produced by the Rarefaction and Condensation of Air. In: *The Scientific Papers of James Prescott Joule*. Londres: Physical Society, 1884.

JOURNAL OF THE HISTORY OF IDEAS. *Roots of Scientific Thought: A Cultural Perspective*. Ed. Philip P. Wiener e Aaron Noland. Nova York: Basic Books, 1957. (Seleções dos primeiros 18 volumes.)

KAHLBAUM, G. W. A. *Liebig und Friedrich Mohr, Briefe, 1834-1870*. Braunschweig: s.ed., 1897.

KELVIN, W. On the Dynamical Theory of Heat. In: *Mathematical and Physical Papers*, 1882. v.1.

KOENIGSBERGER, L. *Hermann von Helmholtz*. Oxford: Clarendon Press, 1906.

KOYRÉ, A. *Études galiléennes*. Paris: Hermann, 1939. 3v. Actualités scientifiques et industrielles, n.852, 853, 854. Volume 1: *À l'aube de la science classique*. Volume 2: *La loi de la chute des corps*: Descartes et Galilée. Volume 3: *Galilée et la loi d'inertie*. [Ed. port.: *Estudos galilaicos*. Lisboa: Dom Quixote, 1986.]

KOYRÉ, A. *From the Closed World to the Infinite Universe*. Baltimore: The Johns Hopkins Press, 1957. [Ed. bras.: *Do mundo fechado ao universo infinito*. 4.ed. Rio de Janeiro: Forense Universitária, 2001.]

_____. *La révolution astronomique: Copernic, Kepler, Borelli*. Paris: Hermann, 1961.

KUHN, T. S. Robert Boyle and Structural Chemistry in the Seventeenth Century. *Isis*, v.43, 1952. p.12-36.

_____. *The Copernican Revolution: Planetary Astronomy in the Development of Western Thought*. Cambridge: Harvard University Press, 1957. [Ed. port.: *A revolução copernicana*. Lisboa: Edições 70, 2002.]

_____. The Caloric Theory of Adiabatic Compression. *Isis*, v.49, 1958. p.132-40.

_____. Newton's Optical Papers. In: COHEN, I. B. (ed.). *Isaac Newton's Papers and Letters on Natural Philosophy*. Cambridge: Cambridge University Press, 1958.

_____. Energy Conservation as an Example of Simultaneous Discovery. In: CLAGETT, M. (ed.). *Critical Problems in the History of Science*. Madison: University of Wisconsin Press, 1959.

_____. The Essential Tension: Tradition and Innovation in Scientific Research. In: TAYLOR, C. W. (ed.). *The Third (1959) University of Utah Research Conference on the Identification of Creative Scientific Talent*. Salt Lake City: University of Utah Press, 1959. p.162-77.

_____. The Function of Measurement in Modern Physical Science. *Isis*, v.52, 1961. p.161-93.

_____. The Essential Tension: Tradition and Innovation in Scientific Research. In: TAYLOR, C. W.; BARRON, F. (ed.). *Scientific Creativity: Its Recognition and Development*. Nova York: Wiley, 1963.

_____. *The Structure of Scientific Revolutions*. Chicago: University of Chicago Press, 1962. 2.ed. Chicago: University of Chicago Press, 1970. [Ed. bras.: *A estrutura das revoluções científicas*. 9.ed. São Paulo: Perspectiva, 2009.]

_____. Comments. In: NELSON, R. R. (ed.). *The Rate and Direction of Inventive Activity, a Report of the National Bureau of Economic Research*. Princeton: Princeton University Press, 1962.

_____. History of Science. *International Encyclopedia of the Social Sciences*, v.14, 1968. p.74-83.

_____. Comment [on the Relation of Science and Art]. *Comparative Studies in Society and History*, v.11, 1969. p.403-12.

_____. Logic of Discovery or Psychology of Research? In: LAKATOS, I.; MUSGRAVE, A. (ed.). *Criticism and the Growth of Knowledge*. Cambridge: Cambridge University Press, 1970.

_____. Reflections on My Critics. In: LAKATOS, I.; MUSGRAVE, A. (ed.). *Criticism and the Growth of Knowledge*. Cambridge: Cambridge University Press, 1970. [Ed. bras.: Reflexões sobre meus críticos. In: *O caminho desde a estrutura*. São Paulo: Unesp, 2003.]

_____. Alexandre Koyré and the History of Science. *Encounter*, v.34, 1970. p.67-70.

_____. Notes on Lakatos. *Boston Studies in Philosophy of Science*, v.8, 1971. p.137-46.

_____. Scientific Growth: Reflections on Ben-David's "Scientific Role". *Minerva*, v.10, 1972. p.166-78.

_____. *Die Entstehung des Neuen: Studien zur Struktur der Wissenschaftsgeschichte*. Frankfurt: Suhrkamp, 1977.

KUHN, T. S. et al. *Sources for History of Quantum Physics: An Inventory and Report*. Filadélfia: The American Philosophical Society, 1967.

LA MER, V. K. *American Journal of Physics*, v.22, 1954. p.20-7. v.23, 1955. p.91-102, 387-9.

LAGRANGE, J.-L. *Mécanique analytique*. Paris: Desaint, 1788.

_____. *Théorie des fonctions analytiques*. Paris: Imprimerie de la République, 1797.

_____. *Oeuvres*. Paris: Gauthier-Villars, 1867-92.

LAKATOS, I. Proofs and Refutations. *British Journal for the Philosophy of Science*, v.14, 1963-64. p.1-25, 120-39, 221-43, 296-342.

_____. Falsification and the Methodology of Scientific Research Programmes. In: LAKATOS, I.; MUSGRAVE, A. (ed.). *Criticism and the Growth of Knowledge*. Cambridge: Cambridge University Press, 1970.

LAMÉ, G. *Cours de physique de l'École polytechnique*. 2.ed. Paris: Bachelier, 1840.

LAPLACE, P. S. *Traité de mécanique céleste*. Paris: J. B. M. Duprat, 1798-1825.

_____. *Oeuvres complètes*. Paris: Gauthier-Villars, 1878-1912.

LAVOISIER, A. L. *Traité élémentaire de chimie*. Paris: Cuchet, 1789.

_____; LAPLACE, P. S. Mémoire sur la chaleur. *Hist. de l'Acad.*, 1780. p.355-408.

LIEBIG, J. *Chemische Briefe*. Heidelberg: C. F. Winter, 1844.

LILLEY, S. Social Aspects of the History of Science. *Archives internationales d'histoire des sciences*, v.2, 1949. p.76-443.

LOVEJOY, A. O. *The Great Chain of Being*. Cambridge: Harvard University Press, 1964. [Ed. bras.: *A grande cadeia do ser*. São Paulo: Palíndromo, 2005.]

MACH, E. *History and Root of the Principle of the Conservation of Energy*. Chicago: The Open Court Publishing Co., 1911.

_____. *Die Principien der Wärmelehre*. 3.ed. Leipzig: Barth, 1919.

MAIER, A. *Studien zur Naturphilosophie der Spätscholastik*. Roma: Edizioni de "Storia e Letteratura", 1949-1958. 5v.

MANUEL, F. *Portrait of Isaac Newton*. Cambridge: Harvard University Press, 1968.

MASON, S. F. *Main Currents of Scientific Though*. Nova York: Abelard-Schuman, 1956.

MASTERMAN, M. The Nature of a Paradigm. In: LAKATOS, I.; MUSGRAVE, A. (ed.). *Criticism and the Growth of Knowledge*. Cambridge: Cambridge University Press, 1970.

MAYER, J. R. Bemerkungen über die Kräfte der unbelebten Natur. *Annalen der Chemie und Pharmacie*, v.42, 1842.

_____. *Die Organische Bewegung in ihrem Zusammenhange mit dem Stoffwechsel*. Heilbronn: s.ed., 1845.

MCCORMMACH, R. Editor's Foreword. *Historical Studies in the Physical Sciences*, v.3, 1971. p.ix-xxiv.

MCKIE, D. *Antoine Lavoisier: Scientist, Economist, Social Reformer*. Nova York: Henry Schuman, 1952.

_____; HEATHCOTE, N. H. de V. *The Discovery of Specific and Latent Heat*. Londres: E. Arnold & Co., 1935.

MCMULLIN, E. (ed.). *Galileo, Man of Science*. Nova York: Basic Books, 1965.

MELDRUM, A. N. The Development of the Atomic Theory: Berthollet's Doctrine of Variable Proportions. *Manchester Memoirs*, v.54, 1910. p.1-16.

MELDRUM, A. N. The Reception Accorded to the Theory Advocated by Dalton. *Manchester Memoirs*, v.55, 1911. p.1-10.

_____. *The Eighteenth Century Revolution in Science: The First Phase*. Calcutá: Longmans, Green & Co, 1930.

MENDELSOHN, E. The Emergence of Science as a Profession in Nineteenth-Century Europe. In: HILL, K. (ed.). *The Management of Scientists*. Boston: Beacon Press, 1964.

MERTON, Robert K. Priorities in Scientific Discovery: A Chapter in the Sociology of Science". *American Sociological Review*, v.22, 1957. p.635-59.

_____. *Science, Technology and Society in Seventeenth-Century England*. Nova York: Fertig, 1970.

MERZ, J. T. *History of European Thought in the Nineteenth Century*. Londres: William Blackwood & Sons, 1923-1950. v.1.

METZGER, H. *Les doctrines chimiques en France du début du XVIIe à la fin du XVIIIe siècle*. Paris: Presses Universitaires de France, 1923. v.1.

_____. *Newton, Stahl, Boerhaave et la doctrine chimique*. Paris: Alcan, 1930.

_____. *La philosophie de la matière chez Lavoisier*. Paris: Hermann, 1935.

MEYER, E. von. *A History of Chemistry from the Earliest Times to the Present Day*. Londres: Macmillan, 1891.

_____. *A History of Chemistry*. 3.ed. Londres: Macmillan, 1906.

MEYERSON, E. *Identity and Reality*. Londres: Allen & Unwin, 1930.

MICHEL, P.-H. *De Pythagore à Euclide*. Paris: Les Belles Lettres, 1950.

MOHR, C. F. Ansichten über die Natur der Wärme. *Annalen der Chemie und Pharmacie*, v.24, 1837. p.141-7.

_____. Ueber die Natur der Wärme. *Zeitschrift für Physik*, v.5, 1837. p.419-45.

MOUSNIER, R. *Progrés scientifique et technique au XVIIIe siécle*. Paris: Plon, 1958.

MULLINS, N. C. Social Networks among Biological Scientists. Dissertação de doutorado. Harvard University, 1966.

_____. The Development of a Scientific Specialty. *Minerva*, v.10, 1972. p.51-82.

MULTHAUF, R. P. The Scientist and the "Improver" of Technology. *Technology and Culture*, v.1, 1959. p.38-47.

MURDOCH, J. Philosophy and the Enterprise of Science in the Later Middle Ages. In: ELKANA, Y. (ed.). *The Interaction between Science and Philosophy*. Atlantic Highlands: Humanities Press, 1974.

NASH, L. K. *The Atomic Molecular Theory*. Cambridge: Harvard University Press, 1950.

_____. The Origins of Dalton's Chemical Atomic Theory. *Isis*, v.47, 1956. p.110-6.

NAVIER, C. L. M. H. Détails historiques sur l'emploi du principe des forces vives dans la théorie des machines et sur diverses roues hydrauliques. *Annales de Chimie et de Physique*, v.9, 1818. p.146-59.

_____. *Résumé des leçons données à l'École des ponts et chaussées sur l'application de la mécanique à l'établissement des constructions et des machines*. Paris: Carilian-Goeury, 1838.

NEEDHAM, J. *Science and Civilisation in China*. Cambridge: Cambridge University Press, 1954-1965. 4v.

NEUGEBAUER, O. *The Exact Sciences in Antiquity*. 2.ed. Providence: Brown University Press, 1957. (Uma edição em brochura foi publicada pela Harper em 1962.)

NICOLSON, M. H. *The Breaking of the Circle: Studies in the Effect of the "New Science" upon Seventeenth-Century Poetry*. ed.rev. Nova York: Columbia University Press, 1960. (Uma edição em brochura foi publicada em 1962.)

NORDENSKJÖLD, A. E. *Carl Wilhelm Scheele, Nachgelassene Briefe und Aufzeichnungen*. Estocolmo: s.ed., 1892.

NORMAN, R. *The newe attractive, shewing the nature, propertie, and manifold vertues of the loadstone; with the declination of the needle, touched therewith, under the plaine of the horizon*. Londres: s.ed., 1720.

O'MALLEY, C. D. *Andreas Vesalius of Brussels, 1514-1564*. Berkeley/Los Angeles: University of California Press, 1964.

OSGOOD, C. E. *The Measurement of Meaning*. Urbana: University of Illinois Press, 1957.

PAGEL, W. *William Harvey's Biological Ideas*. Nova York: Karger, 1967.

PANOFSKY, E. *Galileo as a Critic of the Arts*. The Hague: Nijhoff, 1954.

PARENT, A. Sur la plus grande perfection possible des machines. *Hist. Acad. Roy.*, 1704. p.323-38.

PARTINGTON, J. R. *A Short History of Chemistry*. 2.ed. Londres: Macmillan, 1951.

_____. *A History of Chemistry*. Nova York: St. Martins, 1961-1970. 4v.

_____; MCKIE, D. Historical Studies of the Phlogiston Theory: IV. Last Phases of the Theory. *Annals of Science*, v.4, 1939. p.113-49.

PASCH, A. *Experience and the Analytic: A Reconsideration of Empiricism*. Chicago: University of Chicago Press, 1958.

PASSER, H. C. *The Electrical Manufacturers, 1875-1900*. Cambridge: Harvard University Press, 1953.

PAUL, H. W. La science francaise de la seconde partie du XIXe siècle vue par les auteurs anglais et américains. *Revue d'histoire des sciences*, v.27, 1974. p.147-63.

PIAGET, J. *Les notions de mouvement et de vitesse chez l'enfant*. Paris: Presses Universitaires de France, 1946.

PICARD, E. *Sadi Carnot, biographie et manuscrit*. Paris: Gauthier-Villars, 1927.

_____. *Réflexions sur la puissance motrice du feu*. Paris: A. Blanchard, 1953.

POLANYI, M. *Personal Knowledge*. Chicago: University of Chicago Press, 1958.

PONCELET, J.-V. *Introduction à la mécanique industrielle*. 3.ed. Paris: Gauthier-Villars, 1870.

POPPER, K. *Open Society and Its Enemies*. Londres: Routledge, 1945. [Ed. bras.: *A sociedade aberta e seus inimigos*. 3.ed. Belo Horizonte: Itatiaia, 1998.]

_____. *The Poverty of Historicism*. Londres: Routledge and Kegan Paul, 1957. [Ed. port.: *A pobreza do historicismo*. Setúbal: Esfera do Caos, 2007.]

_____. *Logic of Scientific Discovery*. Nova York: Basic Books, 1959. [Ed. bras.: *A lógica da pesquisa científica*. 6.ed. São Paulo: Cultrix, 2000.]

_____. *Conjectures and Refutations*. Londres: Routledge, 1963. [Ed. bras.: *Conjecturas e refutações*. 5.ed. Brasília: UnB, 2008.]

PRICE, D. J. S. *Science Since Babylon*. New Haven: Yale University Press, 1961. [Ed. bras.: *A ciência desde a Babilônia*. Belo Horizonte: Itatiaia, 1976.]

_____. The Science of Scientists. *Medical Opinion and Review*, v.1, 1966. p.81-97.

_____; BEAVER, D. B. Collaboration in an Invisible College. *American Psychologist*, v.21, 1966. p.1011-8.

PRIESTLEY, J. *History ... of Discoveries relating to Vision, Light, and Colours*. Londres: s.ed., 1772.

QUINE, W. V. Two Dogmas of Empiricism. In: *From a Logical Point of View*. Cambridge: Harvard University Press, 1953.

RAMSAY, W. *The Gases of the Atmosphere: The History of Their Discovery*. Londres: Macmillan, 1896.

RANDALL Jr., J. H. *The School of Padua and the Emergence of Modern Science*. Pádua: Antenore, 1961.

RATTANSI, P. M. Paracelsus and the Puritan Revolution. *Ambix*, v.11, 1963. p.24-32.

_____. The Helmontian-Galenist Controversy in Restoration England. *Ambix*, v.12, 1964. p.1-23.

REGNAULT, V. *Mem. de l'Acad.*, v.21, 1847. p.1-767.

REIF, F. The Competitive World of the Pure Scientist. *Science*, v.134,1961. p.1957.

RICHTMEYER, F. K.; KENNARD, E. H.; LAURITSEN, T. *Introduction to Modern Physics*. 5.ed., Nova York: McGraw-Hill, 1955.

ROGER, J. *Les sciences de la vie dans la pensée française du XVIIe siècle: la génération des animaux de Descartes à l'Encyclopédie*. Paris: Colin, 1963.

ROGET, P. M. *Treatise on Galvanism*. Londres: s.ed., 1829.

ROLLER, D.; ROLLER, D. H. D. *The Development of the Concept of Electric Charge: Electricity from the Greeks to Coulomb*. Cambridge: Harvard University Press, 1954.

RONCHI, V. *Histoire de la lumière*. Paris: Armand Colin, 1956.

ROSSI, P. *Francis Bacon: From Magic to Science*. Londres: Routledge & Kegan Paul, 1968. [Ed. bras.: *Francis Bacon: da magia à ciência*. Londrina: Eduel, 2006.]

ROSSI, P. *Philosophy, Technology, and the Arts in the Early Modern Era*. Nova York: Nelson, 1970.

RUDOLPH C. Testability and Meaning. *Philosophy of Science*, v.3, 1936. p.420-71. v.4, 1937. p.2-40.

RUMFORD, B. *Complete Works*. Londres: Macmillan, 1876. v.3.

RUNES, D. D. (ed.). *The Diary and Sundry Observations of Thomas Alva Edison*. Nova York: Philosophical Library, 1948.

RUSK, R. D. *Introduction to Atomic and Nuclear Physics*. Nova York: Appleton Century Crofts, 1958.

RUSSELL, B. *A History of Western Philosophy*. Nova York: Simon & Schuster, 1945. [Ed. bras.: *História da filosofia ocidental*. 4.ed. Brasília: UnB, 1982.]

SARTON, G. *Introduction to the History of Science*. Baltimore: Williams & Wilkins, 1927-1948. 3v.

SCHAGRIN, M. L. Resistance to Ohm's Law. *American Journal of Physics*, v.31, 1963. p.536-47.

SCHEFFLER, I. *Science and Subjectivity*. Indianapolis: Bobbs-Merrill, 1967.

SCHELLING, F. W. J. *Einleitung zu seinem Entwurf eines Systems der Naturphilosophie*. Jena/Leipzig: Christian Ernest Glaber, 1799.

_____. *Erster Entwurf eines Systems der Naturphilosophie*. Jena/Leipzig: Christian Ernest Glaber, 1799.

_____. Allgemeiner Deduktion des dynamischen Processes oder der Kategorien der Physik, 1800.

SCHIMANK, H. Die geschichtliche Entwicklung des Kraftbegriffs bis zum Aufkommen der Energetik. In: SCHIMANK, H.; PIETSCH, E. (ed.). *Robert Mayer und das Energieprinzip, 1842-1942*. Berlim: VDI, 1942.

SCHOFIELD, R. E. The Industrial Orientation of the Lunar Society of Birmingham. *Isis*, v.48, 1957. p.408-15.

_____. *The Lunar Society of Birmingham: A Social History of Provincial Science and Industry in Eighteenth Century England*. Oxford: Clarendon, 1963.

SÉGUIN, A. Observations générales sur le calorique ... réflexions sur la théorie de MM. Black, Crawford, Lavoisier, et Laplace. *Annales de Chimie*, v.3, 1789. p.148-242, 182-90; v.5, 1790. p.191-271.

SÉGUIN, M. *De l'influence des chemins de fer et de l'art de les construire*. Liège: Librairie Scientifique et Industrielle, 1839.

SHAPERE, D. The Structure of Scientific Revolutions. *Philosophical Review*, v.73, 1964. p.383-94.

_____. Meaning and Scientific Change. In: COLODNY, R. G. (ed.). *Mind and Cosmos: Essays in Contemporary Science and Philosophy*. University of Pittsburgh Series in the Philosophy of Science. Pittsburgh: University of Pittsburgh Press, 1966. v.3.

SHRYOCK, R. H. *The Development of Modern Medicine*. 2.ed. Nova York: Knopf, 1947.

SILLIMAN, R. H. Fresnel and the Emergence of Physics as a Discipline. *Historical Studies in the Physical Sciences*, v.4, 1976. p.137-62.

SINGER, C. J. *The Discovery of the Circulation of the Blood*. London: Bell, 1922.

SOMMERVILLE, M. *On the Connexion of the Physical Sciences*. Londres: John Murray, 1834.

SPIERS, I. H. B.; SPIERS, A. G. H. *The Physical Treatises of Pascal*. Nova York: Columbia University Press, 1937.

STAHLMAN, W. D. Astrology in Colonial America: An Extended Query. *William and Mary Quarterly*, v.13, 1956. p.551-63.

STAUFFER, R. C. Persistent Errors Regarding Oersted's Discovery of Electromagnetism. *Isis*, v.44, 1953. p.307-10.

_____. Speculation and Experiment in the Background of Oersted's Discovery of Electromagnetism. *Isis*, v.48, 1957.

STEGMÜLLER, W. What Is a Paradigm? In: *Structure and Dynamics of Theories*. Berlim/Heidelberg/Nova York: Springer Verlag, 1976.

STOCKING Jr., G. W. Franz Boas and the Culture Concept in Historical Perspective. *American Anthropologist*, New Series, v.68, 1966. p.867-82.

SUPPES, P. The Desirability of Formalization in Science. *Journal of Philosophy*, v. 65, 1968. p.651-64.

TATON, R. L'école royale du génie de Mézières. In: TATON, R. (ed.). *Enseignement et diffusion des sciences en France au XVIIIe siècle*. Paris: Hermann, 1964.

TAYLOR, C. W.; BARRON, F. (ed.). *Scientific Creativity: Its Recognition and Development*. Nova York: John Wiley, 1963.

TAYLOR, L. W. *Physics, the Pioneer Science*. Boston: Houghton Mifflin Co., 1941.

THOMSON, I. J. *Recollections and Reflections*. Nova York: Macmillan, 1937.

THOMSON, W. Electrical Units of Measurement. *Popular Lectures and Addresses*. Londres: Macmillan, 1889-1891. 3v.

THORNDIKE, L. *A History of Magic and Experimental Science*. Nova York: Columbia University Press, 1923-1958. 8v.

_____. The True Place of Astrology in the History of Science. *Isis*, v.46, 1955. p.273-8.

TRUESDELL, C. A. The Rational Mechanics of Flexible or Elastic Bodies 1638-1788: Introduction to Leonhardi Euleri *Opera omnia* Vol. X et XI seriei secundae. *Leonhardi Euleri Opera omnia*, s.2, v.11, p.2. Turim: Fussli, 1960.

_____. Reactions of Late Baroque Mechanics to Success, Conjecture, Error, and Failure in Newton's *Principia*. *Texas Quarterly*, v.10, 1967. p.238-58.

UNWIN, W. C. The Development of the Experimental Study of Heat Engines. *The Electrician*, v.35, 1895. p.46-50, 77-80.

VALLERY-RADOT, R. *La vie de Pasteur*. Paris: Hachette, 1900.

VINDING, P. Colding, Ludwig August. *Dansk Biografisk Leksikon*. Copenhague, 1933-1944.

VUCINICH, A. S. *Science in Russian Culture*. Palo Alto: Stanford University Press, 1963. v.1.

WAARD, C. *L'expérience barométrique, ses antécédents et ses explications*. Thouars (Deux-Sèvres): Imprimerie Nouvelle, 1936.

WALKER, W. C. The Detection and Estimation of Electric Charge in the Eighteenth Century. *Annals of Science*, v.1, 1936. p.66-100.

WESTFALL, R. S. *Science and Religion in Seventeenth Century England*. New Haven: Yale University Press, 1958.

WEYRAUCH, J. J. *Die Mechanik der Wärme in gesammelten Schriften von Robert Mayer*. Stuttgart: Cotta, 1893. p.23-30.

_____. *Kleinere Schriften und Briefe von Robert Mayer*. Stuttgart: Cotta, 1893.

WHEWELL, W. *History of the Inductive Sciences*. ed.rev. Londres: John W. Parker, 1847. 3v.

WHITE, J. H. *The Phlogiston Theory*. Londres: Edward Arnold & Co., 1932.

WHITTAKER, E. *A History of the Theories of Aether and Electricity*. Londres: Nelson, 1951-1953. 2v. (Volume 1: *The Classical Theories*, volume 2: *The Modern Theories, 1900-1926*. O volume 1 é uma edição revista de *A History of the Theories of Aether and Electricity from the Age of Descartes to the Close of the Nineteenth Century*, publicado em 1910. Uma edição em brochura foi publicada pela Harper em 1960.)

WHORF, B. L. *Language, Thought, and Reality: Selected Writings*. Cambridge: MIT, 1956.

WINDELBAND, W. *History of Philosophy*. 2.ed. Nova York: Macmillan, 1901.

WIRTH, L. (ed.). *Eleven Twenty-Six: A Decade of Social Science Research*. Chicago: University Chicago Press, 1940.

WOLF, A. *A History of Science, Technology, and Philosophy in the Sixteenth and Seventeenth Centuries*. 2.ed. Londres: Allen and Unwin, 1950.

WOLF, R. *Geschichte der Astronomie*. Munique: R. Oldenbourg, 1877.

WOLLASTON, W. H. On the Oblique Refraction of Iceland Crystal. *Philosophical Transactions*, v.92, 1802. p.381-6.

YATES, F. A. *Giordano Bruno and the Hermetic Tradition*. Chicago: University of Chicago Press, 1964. [Ed. bras.: *Giordano Bruno e a tradição hermética*. 2.ed. São Paulo: Cultrix, 1995.]

YATES, F. A. The Hermetic Tradition in Renaissance Science. In: SINGLETON, C. S. (ed.). *Science and History in the Renaissance*. Baltimore: Johns Hopkins University Press, 1968.

YOUNG, R. M. Malthus and the Evolutionists: The Common Context of Biological and Social Theory. *Past and Present*, n.43, 1969. p.109-45.

ZILSEL, E. The Origins of William Gilbert's Scientific Method. *Journal of the History of Ideas*, v.2, 1941. p.1-32.

Índice remissivo

Compilado por Robert S. Bernstein

Abade Nollet, 72, 75, 86

Abrangência da teoria, 341, 351, 358

Academia de ciências francesa *ver* Académie Royale des Sciences, Paris

Academias científicas *ver* organizações individuais

Académie Royale des Sciences, Paris, 75-6, 78-9, 81-3, 115-6, 123n.23, 213, 223-4n.43

Ação a distância, 49. *Ver também* Forças; Física, newtoniana

Accademia dei Lincei, 73

Accademia del Cimento, 82

Ackermann, J. S., 361, 365-7, 369-72

Aepinus, F. U. T., 71

Afinidade química, 71, 74, 96, 101-2, 105

Agassi, J., 129

Agricola, G., 79n.22, 81
De re metallica, 81

Agricultura, 76, 162

d'Alembert, J. L., 108, 119n.77
Traité de dynamique, 108

Álgebra, 64, 85

Alhazen, 155

Allen, L., 85n.27

Alquimia, 68, 71, 230

Ambiente externo à ciência
econômico, 15, 29, 59n.4, 131, 138, 146, 159, 254, 352. *Ver também* Revolução Industrial
institucional, 57-8, 61, 72, 86, 131, 160, 168, 314, 365-6
intelectual, 15, 56-7, 72, 78-9, 122, 139, 141, 156-7, 158-9, 344, 352-3. *Ver também* Ciência e religião
social, 15, 37, 58, 131, 136, 141, 154, 160, 168, 254, 344. *Ver também* Tese de Merton

Ambiente institucional da arte, 365-7

Amontons, G., 75

Ampère, A. M., 85-6, 240

Análise textual, 10-5, 30-2, 35, 45-6, 94-5, 130, 133, 167, 171-2, 204

Anatomia, 56, 61-2n.7, 64n.10, 76, 134, 220

Anderson, C. D., 185n.4

Anomalia, 17, 52, 183, 191-2, 208, 218-27, 237, 252, 279-80. *Ver também* Crise científica

Anticiência *ver* Hostilidade à ciência; "Problema das duas culturas"
Antropologia, 134
Aprendizagem, 246, 314-5
Aproximação *ver* Precisão
Aristóteles, 11-4, 44, 47-9, 51-2, 60n.5, 62n.7, 65, 263-4, 268, 270, 277, 281
  Física, 11, 263, 272-4
  Questões mecânicas, 79
Aristotélicos, 11, 48-53
Armitage, A., 221n.35
Arquimedes, 61, 63, 138, 231
  Corpos flutuantes, 60, 79
Arquitetura, 79
Arte e ciência, 15, 21, 79-81, 150, 156, 161, 169, 176, 244, 247, 361-73. *Ver também* Arquitetura; Ofícios e ciência
Artífice, 68, 79
Arts mécaniques, 75, 80, 86
Ashton, T. S., 159n.8
Astrologia, 291-4
Astronomia e arte, 156, 363-4
Astronomia, 55, 60-1, 63, 73, 75-6, 78-9, 83, 146, 134, 138-9, 154, 156, 189-90, 193, 206-9, 221, 222, 225, 229-30, 238, 247, 293-4, 341-2, 354, 363-4. *Ver também* Mecânica celeste
Atomismo
  antigo, 77, 138
  moderno, 212
  Ver também Filosofia corpuscular
Atrito, 97
Atwood, C., 206, 210

B

Bachelard, G., 235n.64
Bacon, F., 59n.4, 65-8, 72, 78-81, 83, 124, 128, 131, 136-8, 159n.8, 160
  Novum organum 65, 150
Bacon, R., 67
Barber, B., 219n.33
Barnes, S. B., 22n.9
Barron, F., 18n.6, 160-1n.9
Bateria de Volta, 96, 99-100, 221
Bayen, P., 186-8

Bayes, T., 348
Beaver, D. de B., 313n.10
Becquerel, A. H., 221
Beer, J., 163n.13
Belidor, B. de F., 109n.47
Ben-David, J., 58n.3, 136, 144
Bérard, J., 116
Bernoulli, D., 91-2n.5, 108, 113, 118-9n.77, 124n.96, 324
Bernoulli, J., 82, 118
Berthold, G., 124n.94
Berthollet, C. L., 163, 212n.26, 322n.19
Biologia, 11, 88, 122-3n.92, 134, 153, 158, 245, 248, 355, 370
Bioquímica, 118
Biot, J. B., 124n.96
Birch, T., 69n.14, 234-5n.62
Biringuccio, V., 79n.22
  Pyrotechnica, 81
Black, J., 71-2, 82, 124, 186, 233-4n.61, 240
Blackett, P., 185
Boas, F., 72n.17, 124n.94, 134, 215n.28, 230n.52
Boas, M., 72n.17, 124n.94, 134, 215n.28, 230n.52
Bocklund, V., 186n.8
Boerhaave, H., 82, 124n.94, 228n.51
Bohr, N., 152, 257-8n.3, 281, 357
Boltzmann, L., 12, 152
Borda, J. C., 111-2n.52, 125n.100, 332
Borelli, G. A., 381
Boring, E. G., 134, 197
Botânica, 56, 76, 128
Boyer, C. B., 134
Boyle, R., 12, 67-9, 72-3, 78, 81-3, 159n.8, 215, 234n.62, 238
  Experimental History of Colours, 74
Bradley, J., 231
Brahe, T., 67, 80, 225, 231, 289, 294
Braithwaite, R. B., 198n.5, 275, 302n.33
Breguet, A., 83
Brehier, É, 120-1n.84
Brillouin, L., 85n.27
Brougham, H., 223-4n.43

A tensão essencial

Brown, T. M., 81n.23, 145n.1, 178n.23, 322n.19
Brunelleschi, F., 79
Brunet, P., 82n.24
Bruno, G., 388
Brunschvicg, L., 35, 130
Buffon, G. L. L. de, 75
Bulletin signalétique, 135
Bunge, M., 48
Burtt, E. A
  Metaphysical Foundations of Modern Physical Science, 130, 150
Butterfield, H
  Origins of Modern Science, 13, 59n.4, 70, 131, 149-50, 168

C

Cabalismo, 77n.20. *Ver também* Hermetismo
Cajori, F., 97n.13, 206n.16
Cálculo, 65, 162
Calor, 16, 49, 60, 71, 80-6, 89-126, 140, 154, 234-5, 248, 251
  equivalente mecânico do, 113-6
  fisiológico, 117-8
  teoria dinâmica do, 91-2n.5, 92, 100, 110, 117, 123-5, 216-7
  Ver também Teoria calórica; Flogisto
Campbell, N., 143
Campo eletromagnético, 51
Cardwell, D. S. L., 135
Carnap, R., 276n.30
Carnot, L. N. M., 108n.45, 109-10
  Essai sur les machines en general, 109n.46
Carnot, S., 85-6, 90-3, 98-100, 103-7, 110-6, 125, 162, 276n.31
  Reflection sur la puissance motrice de feu, 114
Causa
  conceitos aristotélicos de, 14, 48
  conceitos de, na física, 14, 45-54, 79
  concepções larga e estreita de, 46-7, 52
  igualdade de, e efeito, 101-2
Cavendish, H., 71, 202, 206n.18, 346

Center for Advanced Study in the Behavioral Sciences, 238
Centre National de la Recherche Scientifique, Paris, 113
Chalmers, T. W., 221n.38
Chambers, R., 157
Châtelet, M. du, 118
Ciência
  antiga, 60-2, 71, 123, 128
  como conhecimento, 22, 43, 56, 175, 195, 205, 258-310, 319, 331, 345
  como força social, 159-60
  como resolução de enigmas, 17, 208-9, 238, 250-1, 269, 291-315, 366-7
  comparada a outras disciplinas, 32-4, 83, 141, 169n.17, 291-4, 351, 361-73
  do século XVIII, 59, 64, 71-8, 83, 86, 91, 98, 103-4, 83, 113, 119, 122-3, 128, 134-6, 140, 165, 185-9, 206-8, 231-2
  e arte, 16, 21, 79-81, 150, 156, 161, 169, 177, 244-5, 247-8, 361-73
  e filosofia da ciência, 37-8, 160, 284
  e filosofia, 34, 39, 63, 118-22
  e ofícios, 68, 70-1, 80-1, 140, 155, 161, 163, 292
  e psicologia, 20, 45-8, 87-8, 104n.33, 118, 121n.84, 126, 173, 241-55, 259-63, 309-10, 326, 339-40, 344, 373
  e religião, 15, 129, 136, 138, 154-75. *Ver também* Puritanismo; Tese de Merton; Edito de Nantes
  e sociologia, 22-21, 34, 37-8, 58, 142-4, 161, 174, 313, 373
  e tecnologia, 160-4, 168, 254
  medieval, 62-5, 69, 77, 130, 238-9, 263-5, 268
  na Alemanha, 75, 86, 87, 96, 110-2, 122, 161, 165
  na França, 72, 75-6, 82-3, 84-7, 91, 96, 106-8, 110, 115-6, 122-3, 135-6, 138-9, 155, 161, 163, 165, 208-11, 228
  na Grã-Bretanha, 73, 76, 82, 85-6, 87, 96, 110, 115-6, 121, 135-6, 138-9, 155, 157, 161-2, 165, 344

391

no Islã, 62-3
no Renascimento, 63, 77, 79-81, 128-9, 139, 156, 363
no século XIX, 59, 63, 70, 72, 74, 82, 83-129, 135, 140, 162-3, 165, 190-1, 207-8, 212-3, 234, 236, 238-9, 344
no século XVI, 64-5, 71, 79, 294
no século XVII, 11, 14, 31, 34, 59, 63-5, 71-3, 75-7, 80-1, 124, 128, 130, 135-44, 206, 210-1, 229-37, 256-82
no século XX, 128, 164, 205-6, 257, 343
normal, 16-9, 199, 205, 238, 243, 248-53, 287-310
Ver também Ambiente externo à ciência
Ciência(s), uma ou várias, 55-9, 70, 131, 206
Ciência aplicada *ver* Ciência, e tecnologia
Ciência baconiana, 65-88, 165, 230, 233-6, 240. *Ver também* Tradição experimental
"Ciência da ciência", 144
Ciência "extraordinária", 218-29, 289. *Ver também* Crise científica
Ciência normal, 17-9, 199, 205, 238, 243, 248-53, 287-310. *Ver também* Resolução de enigmas, na ciência; Revoluções científicas
Ciência revolucionária *ver* Ciência normal; Revoluções científicas
Ciências biológicas, 61-2n.7, 64n.10, 134, 136, 139, 176
Ciências clássicas, 60n.5, 61-6, 69-79, 81, 83, 139-41, 164. *Ver também* Tradição matemática
Ciências da vida *ver* Ciências biológicas
Ciências físicas, 41, 55-88, 128, 130, 194-240, 257-82
Ciências sociais, 38-9, 71, 134, 140, 144, 200, 212-3, 237-8, 244-5, 247-8, 290
Cientistas como historiadores da ciência, 126-33, 150-1, 153, 167
Clagett, M., 134, 137

Clapeyron, E., 110-1n.49, 117n.69
Clark, G. N., 56n.2
Clausius, R., 90n.3, 234
Clément, R., 115
Clow, A., 163n.12
Clow, N. L., 163n.12
Cognição, 37, 126, 259, 269, 302-6, 319, 326-37. *Ver também* Percepção
Cohen, I. B., 73, 134, 216n.l30, 223n.43, 228n.50
Colding, L. A., 89, 94, 98-9, 104, 114, 117, 119, 121-2
Coleridge, S. T., 121n.84
Colodny, R. G., 340n.5
Comportamento científico, 22, 46-7, 316, 323, 351. *Ver também* Psicologia, Sociologia
Compressão adiabática, 115-7n.69
Compromissos
da comunidade, 20-3, 57, 208, 227, 235-6, 298
metafísicos, 67, 98-9, 118, 316
Ver também Hipóteses; Paradigmas
Comte, A., 128, 131, 166
Comunicação, 16, 23, 142, 165, 184, 204n.12, 244, 290-1, 307, 314-5, 353-60
Comunidades científicas, 16-7, 141, 159, 177, 183, 194, 203, 218, 243, 290, 307, 309, 312-39, 348, 364, 373
Conant, J. B., 186n.6, 187, 226n.48
Conceitos físicos *ver* Linguagem da ciência; Movimento; Tempo, conceito de
Conceitos metafísicos, 119
Condorcet, M. J., 128, 166
Confirmação *ver* Falseamento; Escolha de teoria
Conhecimento
científico, 21, 43, 56, 193, 195, 205, 258-310, 319, 331, 345
individual *versus* coletivo, 20, 203, 279-80
positivo ou sólido, 13, 36, 38, 128-31, 155, 165-6, 196, 297, 302, 303, 307, 316

Consenso, 18-20, 247-8, 325-6

Conservação
da energia, 15, 17, 89-126
da força, 97-8
da *vis viva*, 91-2n.5., 106-111, 118, 124
do poder, 102, 113-4

Consistência, 256-82, 340-4, 351, 358

Controvérsia científica, 82n.25, 227n.49, 229, 236, 322

Controvérsias de prioridade, 93-4, 184-6

Copernicanismo, 16, 72, 77, 242, 343-4

Copérnico, N., 17, 63, 76, 158, 202, 223, 289, 295, 342-3, 351, 364

Coriolis, G., 109-10n.48, 113, 115

Corrente elétrica, 96, 103, 184, 214

Cosmologia, 57, 72

Costabel, P., 134

Coulomb, C. A., 71, 86, 112, 134, 153, 215-7, 233, 240

Crane, D., 313n.9

Crawford, A., 118, 124n.95

Criatividade, 241-55

Crise científica, 142, 218-27, 237-8, 281-2, 289-90, 372. *Ver também* Anomalia

Critério de demarcação, 290-3, 300

Crítica como instrumento metodológico, 33-4, 150-1n.4, 281-3, 289, 293

Crombie, A. C., 18n.6, 65, 232n.56, 238-9, 279n.32

Crosland, M., 134

D

Dados, 43, 70, 73, 79, 114-6, 137, 199-200, 209-12, 249, 280-1, 283, 293, 326-36, 363. *Ver também* Medição

Dalton, J., 12, 84, 115, 134, 153, 211-2, 214, 322n.19

Dampier, W. C., 166

Dante, 66n.12

Darwin, C., 17, 57, 134, 136, 149, 152, 157-8
Origem das espécies, 57, 134, 158, 225n.45

Darwin, E., 157

Darwinismo, 134, 149, 157n.7, 242, 353n.9

Daumas, M., 134, 186-8n.15, 226-7n.48, 234n.62

Davy, H., 124n.95, 125n.99

Debate internalismo-externalismo, 56n.2. *Ver também* História externa da ciência; História interna da ciência

Delambre. J. P. J., 128

Delaroche, F., 116, 213, 217

Desagulier, J. T., 111

Descartes. R., 13, 31, 49, 63-4n.9, 67, 77, 81, 83, 138, 149-50n.3, 152, 197, 281, 326
Discurso do método, 150
Le monde, 13
Regulae, 65

Descoberta
estrutura da, 16-7, 96, 183-94, 202
lógica da, 20-1, 202, 283-310, 345
papel da, 17, 70-2, 103-4, 126, 163
pré-requisitos para, 96
simultânea, 91-5, 123-6, 184-90, 192

Descoberta simultânea, 91-5, 123-6, 184, 190, 192

Desenvolvimento científico, 13-17, 57-8, 60, 63-4, 129, 131, 133, 135, 140-4, 146, 152, 154-6, 166, 230, 237, 242, 248, 269, 283-4, 288-90, 308-9, 349-50, 354. *Ver também* Progresso científico; Revolução científica

Desormes, C.-B., 115

Dickinson, H. W., 111-2n.50-51

Diferenças nacionais em ciência, 81-2, 85-6, 136. *Ver também* Tese de Merton; Ciência

Dijksterhuis, E. J., 131, 134
Mechanisering van het wereldbeeld, 150

Dirac, P., 185n.4

Divulgação científica, 104, 204n.12

Doig, P., 189n.16

Dolby, R. G. A., 22n.9

Dreyer, J. L. E., 226n.46

Du Fay, C. F. de C., 75
Dugas, R., 133, 206n.16, 324n.20
Duhem, P., 129-30
Dulong, P. L., 116
Dupree, A. H., 134-6

E

Ecole du génie, Mézières, 86
Ecole polytechnique, 86-7, 165
Economia, 29, 39, 237
Edison, T. A., 254-5n.6
Edito de Nantes, 83, 155
Educação científica, 16, 37, 75, 79, 84-7,
    135, 165, 236, 244-55, 277, 306-10,
    314, 323, 326-31. *Ver também* Técnica
    pedagógica, em ciência
Efeito mecânico *ver* Trabalho
Einstein, A., 152, 205, 208, 242, 257,
    281, 289, 322n.19, 356-7, 367
Eletricidade, 16, 49, 56-7, 60, 70-1, 78,
    83, 86, 90-1, 97-126, 128, 134, 140,
    155, 160, 215-6, 248, 254-5, 322, 354
    Ver também Galvanismo
Eletromagnetismo, 52, 99-100, 103-4,
    120
Eletroquímica, 96-7, 113
Eletrostática, 86, 97
Elkana, Y., 63n.8
Empirismo, 43-4, 62n.7, 65, 203, 275-6
Energia *ver* Conservação, da energia
Enganos na ciência, 296-8
Engenharia, 15, 49, 99n.18, 104n.34,
    106-16, 162, 293, 351
Engenheiros, 21, 79-81, 86, 95-6n.10,
    98-9, 112n.54, 114-5n.61, 147, 350,
    365
Epistemologia, 21, 195, 270, 326
    Ver também Conhecimento
Epstein, P. S., 91-2n.5
Escolástica, 63, 138
Escolha de teoria, 216-8, 226-9
Especialidades científicas, 16, 21,
    55-61, 314. *Ver também* Comunidades
    científicas
Estática, 60, 63, 65, 79, 162. *Ver também*
    Hidrostática
Estética, 363-4

Estrutura da ciência *ver* Organização
    da ciência; Paradigmas;
    Institucionalização da ciência
Estrutura da descoberta científica *ver*
    Descoberta, estrutura da
Euclides, 60n.5, 61, 63, 79
    Geometria, 79
    Óptica, 79
Eudoxo, 273n.23
Euler, L., 63, 82, 152, 208
    Mechanica, 108
    Tentamen novae theoriae musicae, 64n.9
Exemplares.
    Ver Paradigmas, como exemplos
    padrão
Experimento, 43, 59, 62, 63-70, 74, 79,
    87, 95, 106, 116, 140, 149, 154-5,
    186-7, 195-240, 278-82, 287-9,
    298-9, 320
    crucial, 346-8
    Ver também Instrumentos;
    Experimentos mentais
Experimentos mentais, 20, 22, 65, 68,
    138, 257-82
Explicação
    causal, 47, 52
    científica, 14, 48-54, 79, 199 227,
    306-10

F

Falseamento, 285, 292, 298-9, 300n.29,
    301
Faraday, M., 91-105, 114, 121
Färber, E., 72n.18
Farmácia, 71-2, 75-6, 81
Fecundidade da teoria, 341, 348, 358
Feigl, H., 378
Feyerabend, P., 143
Fichte, J. H., 121
Filosofia, 27-44, 153, 290, 295-6,
    319-37, 345
    e ciência, 34, 39, 63, 118-122
    Ver também Filosofia corpuscular;
    Empirismo; Filosofia experimental
Filosofia corpuscular, 77
Filosofia da ciência, 14, 27-44, 144,
    197, 318-20, 344-8, 373

e ciência, 37-8, 160, 284
e História da Ciência, 14, 27-44, 128-9, 275-6, 283-310, 348
Filosofia da linguagem, 275-7, 283, 300-5, 319-36, 357-8. *Ver também* Linguagem da ciência
Filosofia experimental, 68, 72, 74, 84, 154, 230, 239. *Ver também Physique expérimentale*
Finley, M. I., 145n.1, 169n.17
Física
aristotélica, 11-2, 43-5, 4-54, 77, 130, 263-5, 272-5
medieval, 53-4, 130, 264-5
moderna, 44, 51-4, 59, 84-8, 190, 194, 205-6, 257, 277
newtoniana, 11, 43, 49-54, 86, 130, 215
no século XIX, 49-51, 84-8, 213-4
no século XVII, 47-51, 130, 265-68, 260. *Ver também* Mecânica, no século XVII
no século XVIII, 49-54, 84
Ver também Leis de cobertura em História; História, como explicação; Análise textual
Fisiologia, 55, 61, 64n.10, 117-8, -5, 134, 154, 248
Fizeau, A. H., 247
Flogisto, 78, 187, 226, 228n.51, 341, 347
Forças, 19, 48, 54, 91-126
centrais, 108
conservação das, 98
Formalismo, 318-24
Forman, P. F., 85n.27, 96, 120
Fotografia, 97, 363
Foucault, J. B., 346
Fourier, F. M. C., 234-5, 240
Fox, Renee C., 219n.33
Fox, Robert, 86n.28, 87n.30-31
Franklin, B., 72-3n.18, 153, 197
Fresnel, A. J., 85, 223n.43, 232
Freud, S., 152
Função social da ciência, 62n.7, 136, 351, 365-6
Funções potenciais, 108

G

Galeno, 64n.10, 155
Galilei, Galileu, 11, 13, 31, 49, 63-4n.9, 66, 69, 73, 76-7, 80-1, 83, 130, 138, 152, 207n.19, 210-1, 214, 223, 258, 260, 264-70, 272-3n.23, 274, 277, 281, 323-4, 343, 351, 367
Diálogos, 264-9
Duas novas ciências, 38, 150, 266, 268
O ensaiador, 150
Galvani, L., 220-1
Galvanismo, 91-2n.5, 96, 100-1, 120
teoria do contato para o, 91-2n.5, 96n.11, 101-2
teoria química para o, 96-7, 99
Garfield, E., 315n.12
Gauss, K. F., 63, 82, 86, 208, 233
Geikie, A., 128
Geison, G., 64n.10
Geologia, 128, 153, 245, 248, 293n.22
Geometria, 61, 64, 76, 79-80, 85
Getzels, J. W., 242, 244
Gilbert, W., 67, 77, 81, 137, 230n.53
Gillispie, C. C., 122n.92, 136, 151n.5, 160n.9, 162n.11, 174n.20
Gombrich, E. H., 362
Gramme, Z. T., 254
Gray, A., 82, 134
Green, G., 86
Grize, M., 46
Grosseteste, R., 65n.11, 76, 239n.68
Grove, W., 91, 93, 98-102-5, 114, 121-2n.92, 125
On the Correlation of Physical Forces, 91n.4, 93n.6, 97n.13, 102, 105, 121n.84, 123n.93, 125n.97
Guerlac, H., 60n.5, 72n.17, 116n.64, 134-5, 163n.12, 186n.6, 234
Guerra, 164
Guilford, I. P., 244
Guttridge, G., 172

H

Haas, A. E., 107n.40, 119n.75, 119n.78, 120n.80, 120n.83, 123n.93
Haber, L. F., 163n.12

Hafner, E. M., 289n.10, 361-5
Hagstrom, W. O., 144, 313n.10
Hahn, R., 145n.1, 149n.2
Halbwachs, F., 51
Hales, S., 82, 188, 192, 226n.46
Hall, A. R., 137, 223n.41
Haller, A. von, 91-2n.5
Hamilton, W., 318n.15, 321n.18
Hanson, N. R., 143, 185n.4, 203n.10,
    206n.17, 211n.25, 280n.34
Harmonia, 60-1, 63-4
Harvey, W., 149-50n.3, 176n.21
Hauksbee, F., 82
Haüy, R. J., 223n.43, 232n.58
Hawkins, D., 306n.38
Heathcote, N. H. de V., 124n.94,
    233n.61, 235
Heckscher, A., 107n.41
Hedebol, K. E., 89n.2
Heilbron, J. L., 85n.27, 145n.1
Heisenberg, W., 258n.3
Hell, B., 121n.88
Helm, G., 91-2n.5
Helmholtz, H. von
Helmont, J. P. van, 78, 81n.23, 177n.22
Hempel, C. G., 36, 276n.30, 300n.9
Herão de Alexandria, 79
    Pneumatic, 79
Herbart, J. F., 120
Hermann, C. H., 89-90n.2, 91-2n.5,
    117n.69, 118, 119n.77, 122n.89,
    257n.1
Hermetismo, 77-9, 81, 83, 176-7, 344
Herschel, W., 189-91, 193-4
Hesse, M. B., 143
Hessen, B., 56n.2
Hidrodinâmica, 84-5
Hidrostática, 59, 65, 68, 233
Hiebert, E., 170n.40, 112n.54
Hill, C., 138
Hill, K., 84n.26
Hindle, B., 136
Hipóteses, 21. *Ver também*
    Compromissos, da comunidade
Hipóteses metafísicas, 100
Hirn, G. A., 90-2, 98-9, 104, 111, 114,
    121-2

História
    como explicação, 10-3, 29, 39-41
    e história da ciência, 14, 145-81
    intelectual, 134-6, 151-81
    liberal, 153, 158, 172
    socioeconômica, 134, 146, 151, 159,
        164, 169
História da ciência
    e filosofia da ciência, 14, 27-44,
        128-9, 275-6, 283-310, 348
    funções da, 128-34, 142-4
    história da, 127-9, 146-7
    profissionalização da, 127, 131, 134,
        146, 173-4
    Ver também História externa da
    ciência; História interna da ciência;
    Tradições historiográficas
História da filosofia, 33, 129, 167, 169-71
História externa da ciência, 15, 129,
    133, 135-6, 166, 176-8. *Ver também*
    Tradições historiográficas
História interna da ciência, 15, 56n.2,
    140-5. *Ver também* Tradições
    historiográficas
História natural, 76, 79, 230
Hobsbawm, E. J., 159-60n.8
Holton, G., 224n.44
Holtzmann, K., 90-2, 98-9, 104, 111,
    114, 117n.69, 125
Hooke, R., 67, 72, 74, 81-3, 239
Hostilidade à ciência, 174-6, 178, 364-5
Hudson, L., 173n.18-19
Huygens, C., 64n.9, 74, 83, 107,
    223n.43, 232, 323, 324

I

Incomensurabilidade, 23, 311-2n.3
Individualidade, papel da, na ciência,
    344, 348-52
Indução, 297, 352-4
Indústria, 75-6, 107, 137, 160-1, 163-4.
    Ver também Ofícios e ciência
Ingres, J. A., 368
Inovação
    artística, 361, 365-6
    científica, 218-29, 233, 241-55, 322,
        361

Institucionalização da ciência, 37, 75, 83, 164-5, 310
Instituições científicas, 73-5, 135, 140. *Ver também* organizações individuais
Instituições médicas, 61n.6, 367
"Invisible College", 82, 313n.10
Institut National *ver* Académie Royale des Sciences, Paris
Institute for the History of Science, *137*
Instrumentos, 68-71, 73, 75, 79, 129, 138, 140, 191, 197, 201, 208-14, 221, 224, 230-4, 278. *Ver também* Artífice Invenção
Isis, 135

J

Jackson, P. W., 242, 244
Jammer, M., 133
Jenkins, R., 111-2n.50-51
Jones, B., 102n.23
Jones, F. A., 255n.6
Joule, J. P., 89-90n.3, 93-4, 98-101, 104-5, 111, 114, 116, 125, 214
Journal of the History of Ideas, 137, 230n.53
Juventude dos descobridores, 224

K

Kahlbaum, G. W. A., 93n.6
Kant, I., 119n.78, 121, 356
Kaufmann, H. von, 91-2n.5
Kelvin *ver* Thomson, W.
Kemble, E. C, 85n.27
Kennard, E. H., 221n.38, 224n.44
Kepler, J., 49, 63-4n.9, 70, 76-7, 156, 162, 225, 294, 324, 342-4, 351, 364
Kessler, M. M., 315n.12
Kirchhoff, G. R., 88
Klein, F., 128
Knight, F., 200n.6
Koenigsberger, L., 117n.69, 119n.77, 122n.89
Kopp, H., 128
Koyré, A., 13n.3, 35, 46, 56n.2, 70, 131-2, 134, 150, 154, 167, 210n.24, 231n.55, 239

Krafft, J., 235n.63
Kristeller, P., 171
Krüger, L., 9-10
Kubler, G., 361, 372-3
Kuhn, S., 329n.24

L

La Mer, V. K., 276n.31
Laboratórios, 165
Lagrange, J. L., 82, 113n.56, 128, 152, 208, 318n.15
Mécanique analytique, 108-9
Lakatos, I., 13n.2, 20n.8, 283n.1, 299, 311n.3, 312n.7, 340n.4
Lamé, G., 110n.49
Lange, F. A., 130
Laplace, P. S. de, 63, 82, 85, 87, 118, 124n.96, 208, 213, 235
Mécanique celeste, 108
Latitude das formas, 264
Lauritsen, T., 221n.38, 224n.44
Lavoisier, A., 12, 71, 86n.28, 91-2n.5, 95n.10, 118, 124, 153, 163, 185-9, 194, 205, 221, 223, 226-8, 233-4n.61, 240, 270, 289, 355
Lawrence, A., 121n.85
Lawrence, R., 121n.85
Le Févre, J., 75
Leavis, F. R., 173
Lee, T. D., 289
Lei da refração de Snell, 226, 232
Lei de Bode, 193n.20
Lei de Boyle, 214, 220, 353
Lei de Charles, 353
Lei de Coulomb, 216, 220
Lei de Dulong e Petit, 105
Lei de Gresham, 134
Lei de Hooke, 214
Leibniz, G. W., 118-9, 134
Leis científicas, 91n.4, 104n.34, 105, 115, 200, 203n.10, 235, 299
Leis de cobertura em História, 29, 39-42
Leis de Kepler, 156, 208
Leis de Newton, 50, 206-8, 210, 216, 324

Leonardo da Vinci., 73, 79, 81
Lexell, A. J., 190
Liebig, J. von, 91n.4, 93, 99, 104, 111, 114, 117-8, 121, 165
Lilley, S., 136
Lineu, C. von, 158
Linguagem da ciência, 17-9, 22-3, 46, 60, 204, 260-69, 276-7, 304-6, 323-4, 331. *Ver também* Filosofia da linguagem
Literatura científica, 71, 81, 110, 136, 141, 204. *Ver também* Livros clássicos, função dos; Manuais, função dos
Livros clássicos
   função dos, 20, 57, 128, 150-1, 245, 365-6
   Ver também Manuais, função dos
Lógica, 37-8, 269, 275-6, 316, 326
   da descoberta, 21, 202, 283-310, 345
   do conhecimento, 283, 295-6, 301-310
London Institution, 91n.4, 102n.24
Lorentz, H. A., 289
Lovejoy, A. O., 35, 167
   A grande cadeia do ser, 130
Lunar Society, 135, 162n.11
Lyell, C., 152

M

Mach, E., 123n.93, 129, 235n.63
Magia *ver* Hermetismo
Magnetismo, 49, 70-1, 78, 86, 97-104, 119-20, 140, 155, 162, 216
Mahoney, M. S., 79n.22
Maier, A., 131, 134
Malthus, T. R., 157
Malus, E. L., 223-4n.43
Manuais
   função dos, 19, 56-8, 133, 183, 196-209, 244-55, 319, 323, 347. *Ver também* Livros clássicos, função dos
Manuel, F.
   Portrait of Isaac Newton, 175
Máquina de Atwood, 206, 210-1
Máquinas

interesse científico pelas, 96-126, 162
Máquinas a vapor
   Comissão Central francesa para, 116
   e ciência, 97-8, 111-2, 133-4, 115-7, 162
Mariotte, E., 74
Marxismo *ver* Tradições historiográficas, e historiografia marxista
Mason, S. F., 236n.65
Massa, 19, 107, 276
Masterman, M., 312n.7
Matemática, 61-5, 76-7, 79, 83-5, 86-7, 128, 133-4, 138-9, 154, 162, 247
   pura e aplicada, 84-5
Matematização, 85-6, 233, 236. *Ver também* Medição; Quantificação
Matisse, H., 368
Matriz disciplinar *ver* Paradigma, como matriz disciplinar
Matteucci, C., 114n.58
Maxwell, J. C., 234. *Ver também* Campo eletromagnético
Mayer, J. R., 89-90n.3, 93-4, 96n.11, 98, 100, 104-7, 110-2, 117-8, 121, 125
McCormmach, R., 88n.32
McKie, D., 124n.94, 221n.36, 226-7n.48, 233n.61, 235
McMullin, E., 66n.12
Mecânica celeste, 51, 84
Mecânica, 76, 78-9, 84-5, 133-4, 139, 154, 229, 231, 264, 324-5, 353-4
   celeste, 51, 84-5
   newtoniana, 11, 49
   no século XVII, 11, 13, 138
   Ver também Arts mécaniques
Medição
   eficácia especial da, 218-29
   função da, 17, 103-4, 109, 115, 195-240, 276
   Ver também Matematização; Quantificação
Medicina, 15, 61n.6, 62n.7, 72, 75, 84, 134, 139-40, 164-5, 293. *Ver também* Farmácia

Meldrum, A. N., 186n.6, 216n.26
Melloni, M., 97
Mendel, G., 370
Mendelsohn, E., 84n.26
Mersenne, M., 64n.9
Merton, R. K., 21, 56n.2, 82n.25, 137-40, 144, 184n.3
Merz, J. T., 121n.86, 125n.101, 135-6, 236n.65
  History of European Thought in the Nineteenth Century, 121n.86, 125n.101, 135, 236n.5
Metalurgia, 76
Meteorologia, 293
Método experimental *ver* Experimento
Método filosófico, 31-4. *Ver também* Crítica como instrumento metodológico
Método hermenêutico, 13, 15. *Ver também* Análise textual
Método(s) científicos(s), 20, 28, 37, 129, 131, 138-9, 141, 144, 155, 158, 160, 195
Métodos históricos, 10, 27-8, 31-4, 39-42, 46, 95, 131, 235. *Ver também* Leis de cobertura em História; método hermenêutico; análise textual
Metzger, H., 124n.94, 134, 188n.15, 228n.51
Meyer, E. von, 121n.86, 221n.36
Meyerson, E., 35, 130, 228n.51
Michel, P.-H., 134
Millar, A., 74n.19
Milton, J
  O paraíso perdido, 351
Mineralogia, 76
Mink, L., 39
Modelos científicos, 19, 41, 106, 109-10, 154, 165, 245, 323-5, 373. *Ver também* Paradigmas, como exemplos padrão
Modelos historiográficos, 15, 39, 43, 130, 134, 151, 167-8, 175-6
Mohr, C. F., 91, 93-5, 97-101, 104-5, 117, 119, 121n.84, 125
Molière, J. B. P., 49

Monge, G., 86
Montgolfier, M. L., 122-3n.92
Montmor Academy, 82
Montucla, J. E., 128
Motores elétricos, 93, 111, 116
Mott, N. F., 85n.27
Mousnier, R., 159-60n.8
Movimento
  com relação ao lugar, 63-79
  conceitos de, 45-55, 63, 69, 78, 260-82
  energia do, 97-126
  teoria aristotélica do, 11-3, 24, 263-5
Movimento baconiano, 66, 68-70, 72-3, 137-40, 154-5, 164, 168. *Ver também* Filosofia experimental
Movimento em relação ao lugar, 63-79
Movimento perpétuo, 91-2n.5, 102, 112n.53, 123
Mullins, N. C., 313n.10
Multhauf, R. P., 160n.9
Murdoch, J., 63n.8
Musgrave, A., 20n.8, 283n.1, 311n.3, 312n.7, 340n.4
Música. *Ver* Harmonia
Musschenbroek, P. van, 82

N

Nash, L. K., 212n.26
Naturphilosophie, 119-23, 125
Navier, C. L., 109, 115
Needham, L., 133
Nelson, R. R., 160n.9
Neoplatonismo, 77n.20, 138, 156, 177. *Ver também* Hermetismo
Neugebauer, O., 133
Neumann, F. E., 64
Newton, I., 11-2, 17, 49, 63-4n.9, 67, 69, 73-5, 77, 81-2, 87, 130, 134, 136, 138, 159n.8, 175, 205-8, 213, 220, 223-4, 226-8, 231-2, 247, 274, 277, 318n.15, 321n.18, 367
  Óptica, 74, 216n.30. 232, 246
  Principia, 38, 57, 153, 314n.11
Nicolson, M. H., 136
Noland, A., 137

Nordenskjöld, A. E., 186n.7
Norman, R., 143
Newe Attractive, 81
Notação científica, 316-20, 326-36, 363

O

Objetividade, 20, 242-3, 309, 355-7. *Ver também* Subjetividade
Observação e teoria, 43, 62, 74, 138, 189, 191, 197, 207, 208-9, 252, 283, 287-94, 298-303
Occhialini, G. P. S., 185n.4
Oersted, H. C., 96, 104n.33, 120-2
Oettingen, A. von., 107n.41
Ofícios e ciência, 68, 70-1, 79-81, 140, 155, 161, 163, 292. *Ver também* Indústria
Ohm, G. S., 240, 322
Oken, L., 121
O'Malley, C. D., 134
Ontologia, 12, 77n.20, 316
Óptica, 16, 60-7, 70-1, 73-4, 79, 85-6, 98, 128, 138-9, 154, 222-6, 229, 231-2, 246-8
Organização da ciência, 37, 164, 236. *Ver também* Comunidades científicas; Institucionalização da ciência
Osgood, C. E., 262n.7
Oxigênio, descoberta do, 184-9, 191

P

Padrões de citação, 314-5
Pagel, W., 176
Palissy, B
Discourse, 81
Panofsky, E., 131, 171
Papin, D., 83
Paracelso, 78, 81
Paradigmas, 16-22, 195, 246-7, 249-54, 284n.4, 302-6, 311-358, 372-3
como compromissos da comunidade, 19, 312, 337. *Ver também* Compromissos, da comunidade
como consenso, 19, 247-8, 325
como exemplos padrão, 19, 40-1, 245, 302-3, 316, 324-5, 331, 336, 373
como matriz disciplinar, 325-37

Paradoxo, 237, 264-6, 268
Parent, A., 111
Paret, P., 169n.17
Partington, J. R., 133, 186n.6, 188n.14, 192n.19, 212n.26, 221n.36, 226-7n.48, 233-4n.61
Pascal, B., 68-9n.14, 77, 81, 233n.59
Pasch, A., 203n.10
Passer, H. C., 163n.13, 255n.6
Pasteur, L., 221
Patronato, 79, 81
Paul, H. W., 87n.31
Peltier, J. C. A., 97
Pensamento convergente, 242-55
Pensamento divergente, 242, 244, 255
Percepção, 260-63, 283n.1-2, 329-37, 361. *Ver também* Cognição; Psicologia, da *Gestalt*; Relação de similaridade
Pesquisa científica, 32, 195, 204, 219-20, 244-53, 259-63, 297-8, 304, 250
Pesquisa filosófica, 32-4
Petit, A. T., 105, 116
Philosophical Transactions,187, 223-4n.43, 232n.58
Physique expérimentale, 72, 75, 86, 124n.96
Piaget, J., 45-7, 260-4, 268, 271n.19, 281
Piazzi, G., 193n.20
Picard, E., 90n.3
Picasso, P., 366
Pietsch, E., 107n.40
Planck, M., 12, 225n.45
Platão, 60n.5, 290. *Ver também* Neoplatonismo
Playfair, L., 152
Pneumática, 65, 79, 192, 226, 233
Poder, 102, 113-4
Poggendorf, J. C., 105n.38, 128
Poisson, S. D., 85-6, 115, 233, 235
Polanyi, M., 279n.33
Poliniére, P., 75
Política para a ciência, 144, 160
Poncelet, J. V., 109-10n.48, 115
Ponte de Wheatstone, 322

Popper, K. R., 21, 143, 283, 285n.5
   Logic of Scientific Discovery, 283n.2,
   287n.6, 301n.30, 309n.42
Positivismo, 144, 283
Precisão, 71, 201-3, 207, 214, 338-
   41, 351, 358. *Ver também* Dados;
   Falseamento; Medição; Observação e
   teoria; Escolha de teoria
Presswood, S., 289n.10
Prestígio da ciência, 133, 135, 195
Previsão, 184-5, 205-8, 216-7
Prévost, A., 223-4n.43
Price, D. J. de S., 144, 194n.21, 237-40,
   313n.10, 315n.12
Priestley, J., 128, 185-94, 232n.58, 339
"Problema das duas culturas", 173, 177
Problemas historiográficos, 63n.8,
   55-9, 63, 148-50, 171, 176-94,
   269, 283-316, 306-08. *Ver também*
   Tecnicidade da ciência, problemas da
Processos de conversão, 96-121, 125,
   222n.40
Profissionalização da ciência, 84, 87,
   134-5, 165, 236, 314. *Ver também*
   Institucionalização da ciência
Profissões científicas, 32-3, 141,
   184, 202, 236, 314. *Ver também*
   Institucionalização da ciência
Progresso científico, 53-4, 60, 101, 128,
   133, 141, 174, 193, 228, 269, 283,
   291-2, 306, 308
Proust, L. J., 212, 322n.19
Psicanálise, 175, 291-2
Psicologia
   da *Gestalt*, 13, 17, 30-1, 59n.4, 286
   da pesquisa, 309-10
   e ciência, 20, 45-8, 87-8, 104n.34,
   118, 121n.24, 126, 173, 241-58, 259-
   63, 309-10, 326, 361, 344, 373. *Ver*
   também Cognição
   e História da Ciência, 45-54, 173,
   175-6, 258
   história da, 134
Ptolomeu, 60n.5, 61, 63, 67, 70, 155,
   202, 232, 394, 341-3, 347, 351
   Almagesto, 60

Puritanismo, 83, 137, 154. *Ver também*
   Tese de Merton
Pyenson, L., 88n.33

Q

Quantificação, 73, 104-6, 110n.48-9,
   113, 196-209, 229, 232-7. *Ver também*
   Matematização; Medição
"Quarta lei da termodinâmica", 201n.7
Química, 56, 70-2, 75-6, 78, 82, 84,
   86-8, 95n.10, 100-2, 120, 133-5, 153,
   162-4, 188, 194, 198, 212, 220-1,
   226, 228, 230, 233-4, 240, 245, 248,
   293, 355. *Ver também* Teoria calórica;
   Flogisto
Quine, W. V. O., 23, 203n.10, 275n.29
"Quinta lei da termodinâmica", 201

R

Rabb, T., 55n.1
Raios-X
   descoberta dos, 190-1, 194, 221
Ramsay, W., 202n.9
Ramsey, F. P., 202, 275
Randall, J. H., Jr., 65
Rattansi, P. M., 81n.23, 177n.22
Reação do público à ciência e à arte,
   363, 364-7
Reaumur, R. A. F. de, 75
Regnault, V., 85n.28, 116
Regra mertoniana, 264, 265n.14
Reif, F., 184n.3
Relação de similaridade, 323-36
Religião e ciência. *Ver* Ciência, e
   religião
Rembrandt, 366-7
"Rendimento" de uma máquina, 99,
   111, 114, 117
Resolução de enigmas
   na arte, 366-7
   na ciência, 17, 208-9, 237, 250-1,
   269, 291-4, 366-7
   históricos, 40-3. *Ver também*
   História, como explicação
Resolução de problemas, 19, 245,
   251, 279-80, 319-37. *Ver também*

Paradigmas; Resolução de enigmas; Manuais, função dos
Revolução científica, 63-5, 70-1, 76-83, 130, 138-40, 149-50, 154-5, 160-1, 164, 176-7, 229-30, 232
uma segunda, 165, 234, 236, 238
Ver também Anomalia; Crise científica
Revolução Industrial, 106, 149, 159n.8, 161-2, 164
Revolução Química, 59n.4, 48n.17, 149, 163, 186
Richter, J. B., 233-4n.61
Richtmeyer, F. K., 221n.38, 224n.44
Roentgen, G., 190-1, 193-4, 220
Roger, J., 136
Roget, P. M., 91-2n.5, 102-3n.28, 105
Roller, D. H. D., 215n.29, 230n.53, 233 n.60
Roller, D., 215n.29, 230n.53, 233 n.60
Romantismo, 344
Ronchi, V., 247n.4
Rosa-cruzismo, 77n.20. *Ver também* Hermetismo
Rossi, P., 78n.21, 79n.22
Royal College of Chemistry, Londres, 165
Royal Society of London, 75-6, 82, 91n.4, 135
Rumford, B. T., 91-2n.5, 124
Runes, D. D., 255n.6
Rusk, R. D., 221n.39
Russell, B., 130, 167

S

Sachs, J., 128
Santillana, G. de., 137
Sarton, G., 55n.1, 131, 166
Saussure, H. B. de, 82
Sauveur, J., 64n.9
Savery, T., 111
Schagrin, M. L., 322n.19
Scheele, C. W., 185-6, 189
Scheffler, I., 340n.6, 346n.8
Schilpp, P. A., 283n.1
Schimank, H., 107n.40
Schofield, R. E., 135, 162n.11

Schorske. C, 145n.1, 169
Schrödinger, E., 319, 325n.22, 367
Scientific American, 365
Seebeck, T. J., 97
Séguin, A., 124n.95
Séguin, M., 90, 93, 95n.9, 98-9, 104, 111, 114, 116-7, 118n.70, 122n.92, 125
Selye, H., 242
Sendling, F. W. J
Shapere, D., 312n.4, 340n.5
Shryock, R. H., 136
Silliman, R. H., 87n.30
Simplicidade da teoria, 341-4, 348, 358, 363
Singer, C. J., 134
Singleton, C. S., 78n.21, 176n.21
Sistema copernicano, 341-3, 347, 351-2
Sistema ptolomaico, 72, 202, 269, 294 297, 341-2, 341
Skinner, Q., 55n.1
Smeaton, J., 111, 125n.100
Smith, A., 157
Snell, W., 232
Snow, C. P., 173, 314
Sociedade Real da Dinamarca, 89n.2
Sociedades científicas *ver* Organizações individuais
Sociologia, 22, 29, 131, 144
da ciência, 20-1, 34, 37-8, 58, 144, 161, 174, 313, 373
Ver também Epistemologia; Conhecimento, científico; Tese de Merton; Ambiente externo à ciência, social Sommerfeld, A., 171
Sommerville, M., 97-9
Spencer, H., 157
Spengler, O., 237
Spiers, A. G. H., 233n.59
Spiers, I. H. B., 233n.59
Sprat, T., 135
Stahl, G. E., 124n.94
Stahlman, W., 292n.20
Stauffer, R. C., 96n.12, 120
Stegmüller, W., 20n.7
Stevin, S., 80
Stocking, G. W. Jr., 134

A tensão essencial

Subjetividade, 339-40, 344-5, 353-8. *Ver também* Objetividade
Suppe, F., 211n.1
Suppes, P., 321n.18
Swerdlow, N., 60n.5
Swineshead, R., 264

T

Tales, 290
Tannery, P., 131
Taton, R., 86n.29, 135
Tawney, R. H., 82
Taylor, C. W., 18n.6, 90n.3, 160-1n.9, 238n.67, 241n.1
Taylor, L. W., 190n.17, 194n.21
Technische Hochschulen, 161
Técnica pedagógica
  em ciência, 27, 73, 75, 79, 84-6, 125-33, 166, 183, 203, 207, 244-55, 262, 331, 346-7
  em filosofia, 30-4, 171-2, 346-7
  em história e história da ciência, 30-4, 55, 59, 127, 131, 147-50, 171-6
Técnicas científicas, 37, 71, 194, 210-3, 217-8, 221, 229, 248, 278, 314, 343
Tecnicidade da ciência
  problemas da, 56, 146-51, 178
Tecnologia, 79, 129, 137, 159-63. *Ver também* Ciência, e tecnologia
Tempo
  conceito de, 37, 45
Teofrasto, 62n.7
Teoria calórica, 86n.28, 90-1n.3, 115-6, 124-5, 185, 188, 214, 216-7, 235, 269, 276, 297, 342
Teoria da relatividade, 53, 205-8, 228, 276n.31, 289, 322n.19
Teoria das máquinas, 107-10
Teoria de contato para o galvanismo, 91-2n.5, 96, 102-3
Teoria do *impetus*. *Ver* Movimento, conceitos de
Teoria evolucionista. *Ver* Darwinismo
Teoria quântica, 37, 52-3, 228, 257-8
Teorias científicas, 37-8, 42-3, 67, 74, 120, 142, 198, 203n.10, 283, 318, 340-1. *Ver também* Observação e teoria

Terminologia científica *ver* Linguagem da ciência; Filosofia da linguagem
Termodinâmica, 12, 89-126, 162
Tese de Merton, 82-3, 137-40, 142, 154-5, 168
Tesla, N., 254
Thomson, J. J., 221n.38
Thomson, W. (Lorde Kelvin), 90-1, 125n.99, 195, 200, 234
Thorndike, L., 133, 292n.18, 292n.20, 294n.23
Torricelli, E., 69, 80, 233
Toulmin, S., 275n.25
Trabalho, 89-126
  especialmente, 105-16
Tradição científica aristotélica, 11, 13, 48-54, 79, 263. *Ver também* Física, aristotélica
Tradição experimental, 15-6, 55-88, 138, 230
Tradição matemática, 14-5, 59-65, 72-81, 84-8, 229
Tradições científicas, 17, 55-88, 156-8, 193, 241-55, 268-9, 293, 368. *Ver também* Tradição experimental; Tradição matemática
Tradições filosóficas, 15, 35, 63, 65, 70, 140, 259, 348-50, 358
Tradições historiográficas, 55-9, 128-22, 146, 157, 166-8
  e historiografia marxista, 131, 137, 162, 175, 291
  Ver também História externa da ciência; História interna da ciência
Tradições kantianas, 15, 35, 130
Trigonometria, 85
Troeltsch, E.,82
Truesdell, C. A., 133, 324n.20

U

Unidades científicas, 108-9, 111-2
Universidades, 75, 79, 120, 139-40, 161
Unwin, W. C, 162n.10
Utilidade da ciência, 81, 137, 159, 351, 354
Utilitarismo, 81-3

V

Vallery-Radot, R., 221n.34
Valores na ciência, 20-2, 137, 244, 309-10, 350-5, 361
Velocidade, 106-8, 259-82
Verdade analítica e sintética, 203n.10
Vinding, P., 121n.85
Vis viva, 106-8, 113-4. *Ver também* Conservação, da *vis viva*
Visão de mundo científico, 57, 72
Visão de mundo, 57, 72
Vitalismo, 117n.69, 121
Vitrúvio, 80
   De architectura, 79
Volta, A., 96, 102, 221
Vucinich. A., 135

W

Waard, C. de, 69n.15
Walker, W. C., 233n.60
Watt, J., 111, 163
Weber, M., 82, 137
Weber, W. E., 87
Westfall, R. S., 136
Weyrauch, J. J., 89n.2, 94n.7-8, 105n.38, 110n.49, 112n.53, 118n.71, 125n.98-9

Whewell, W., 129, 208n.22, 223n.43, 231n.54
White, J. H., 226-7n.48
Whittaker, E. T., 96n.12, 97n.14, 133, 223n.43, 233n.60
Whorf, B. L., 275
Wiener, P. P., 137
Wilcke, J. C., 71
Windelband, W., 121n.84
Wirth, L., 195n.2
Wittgenstein, L., 143
Wohlhueter, W., 20n.7
Wolf, A., 206n.16, 206n.18, 207n.21, 215n.29, 230n.53, 231n.54, 232n.56-7
Wolf, R., 193n.20
Wolff, C. F., 119n.78
Wollaston, W. H., 232n.58

Y

Yang, C. N., 289
Yates, F. A., 78n.21, 131, 176
Young, R. M., 157n.7
Young, T., 223-4n.47, 232

Z

Zilsel, E., 137, 230n.53
Zittel, K. A, 128

SOBRE O LIVRO

Formato: 16 x 23 cm
Mancha: 27,5 x 49 paicas
Tipologia: IowanOldSt BT 10/14
Papel: Pólen Soft 80 g/m² (miolo)
Cartão Supremo 250 g/m² (capa)

1ª edição: 2011
408 páginas

EQUIPE DE REALIZAÇÃO

Edição de Texto
Mariana Echalar (Copidesque)
Silvia Mourão (Preparação de original)
Alexandra Costa (Revisão)

Capa
Estúdio Bogari

Editoração Eletrônica
Eduardo Seiji Seki (Diagramação)